国际信贷实务与案例

钱婵娟　编著

上海财经大学出版社

图书在版编目(CIP)数据

国际信贷实务与案例/钱婵娟编著. —上海：上海财经大学出版社，
2017.9
ISBN 978-7-5642-2714-2/F·2714

Ⅰ.①国… Ⅱ.①钱… Ⅲ.①国际信贷 Ⅳ.①F831.6

中国版本图书馆 CIP 数据核字(2017)第 090630 号

□责任编辑　江　玉
□封面设计

GUOJI XINDAI SHIWU YU ANLI
国际信贷实务与案例
钱婵娟　编著

上海财经大学出版社出版发行
(上海市中山北一路 369 号　邮编 200083)
网　　址:http://www.sufep.com
电子邮箱:webmaster @ sufep.com
全国新华书店经销
上海崇明裕安印刷厂印刷装订
2017 年 9 月第 1 版　2017 年 9 月第 1 次印刷

787mm×960mm　1/16　19 印张　393 千字
印数:0 001—3 000　定价:48.00 元

前　言

国际信贷是国际经济、国际金融领域的重要研究方向,但目前偏重实务的可操作性研究成果及图书较为鲜见。本书主要精选近年来该领域的中国本土案例,对应各种国际信贷方式分类设立专题,详细展示了每一典型案例的事实情境与解决方案,对其操作特征、交易细节、关键要点、利弊得失等辅之以专业性的剖析和点评,总结和提炼有益的经验启示与对策建议。在帮助读者正确掌握案例所体现的国际信贷原理和操作方法的同时,本书强化相关知识在实践中的应用,为进一步探索国际信贷业务创新提供可资借鉴的丰富样本。

本书内容力求体现系统性和综合性,集取的案例涵盖了各种广泛应用的国际信贷方式,具体包括国际银行信贷、政府贷款、国际金融机构贷款、国际债券融资、国际租赁融资、国际项目融资、国际贸易短期信贷以及出口信贷与信保等,借助案例的分析与解读提供具体的实践指导。同时,本书也力求具有较强的可读性,行文提纲挈领、数据资料准确、语言流畅简洁,适合作为高等院校金融专业和其他经济管理类本科生及研究生案例教学的教材,也可供金融机构和企业相关专业人士作参考。此外,在新形势下,基于实践角度的国际信贷策略需要不断顺应环境变化作适时调整,本书也强调与时俱进,添加了最新的实务动态,以便保持与外部环境的同步变化。

本书的出版,衷心感谢上海财经大学出版社江玉编辑的努力和帮助。由于时间仓促和作者水平所限,书中错漏缺点在所难免,不尽如人意之处衷心希望同行专家及广大读者见谅并不吝指正。

钱婵娟
2017 年 5 月

目　录

前言 …………………………………………………………………………… 1

第一部分　国际银行信贷专题 …………………………………………… 1
案例 1　中国银行再融资助力发电企业"走出去" ……………………… 1
案例 2　光明联姻维他麦的融资创新 …………………………………… 7
案例 3　两岸三地上海银行的双币银团贷款 …………………………… 15
案例 4　万华集团的海外并购之路 ……………………………………… 20
案例 5　仲利国际银团贷款项目 ………………………………………… 25
案例 6　巴克莱银行 LIBOR 利率操纵案 ……………………………… 29
案例 7　国际银团贷款的税费分析 ……………………………………… 37

第二部分　政府贷款专题 ………………………………………………… 42
案例 8　日本"黑字还流"贷款 ………………………………………… 42
案例 9　日元政府贷款的汇率风险 ……………………………………… 49
案例 10　陕西省四城市五个天然气输配项目
　　　　　——政府贷款与国际金融组织贷款的比较 …………………… 53

第三部分　国际金融机构贷款专题 ……………………………………… 58
案例 11　兴业银行与 IFC 的能效融资合作 …………………………… 58
案例 12　北京环境二期世界银行贷款项目 …………………………… 63
案例 13　上海城市环境项目世界银行 APL 贷款及融资创新 ……… 68
案例 14　甘肃黑河水电亚洲开发银行贷款项目 ……………………… 77
案例 15　亚洲开发银行对东盟国家的高等教育援助 ………………… 85
案例 16　新疆职业教育世界银行贷款项目 …………………………… 91

第四部分　国际债券融资专题 ································ 100
- 案例 17　房企海外发债的结构创新 ································ 100
- 案例 18　中国银行成功发行全球首只"一带一路"债券 ················ 110
- 案例 19　从熊猫债、点心债到木兰债
  ——中国债券市场的"请进来"与"走出去" ················ 115

第五部分　国际租赁融资专题 ································ 126
- 案例 20　工银租赁与天津保税区携手开拓飞机租赁的"东疆模式" ······ 126
- 案例 21　橡胶机械设备之跨境融资租赁 ································ 134
- 案例 22　长航的船舶租赁之殇 ································ 139

第六部分　国际项目融资专题 ································ 150
- 案例 23　中亚天然气管道工程项目融资 ································ 150
- 案例 24　南美 MPE3 油田开发项目融资 ································ 158
- 案例 25　北京地铁 4 号线：PPP 运作轨道交通模式 ················ 165

第七部分　国际贸易短期信贷专题 ································ 180
- 案例 26　青岛港有色金属融资骗贷案 ································ 180
- 案例 27　打包放款的风险 ································ 186
- 案例 28　进口押汇无力偿付案 ································ 188
- 案例 29　提货保函欺诈风险案一 ································ 190
- 案例 30　提货保函欺诈风险案二 ································ 192
- 案例 31　进口保理商的信用风险 ································ 194
- 案例 32　进口保理商拒付案 ································ 198
- 案例 33　国际保理争议案 ································ 200
- 案例 34　国际暗保理的尴尬 ································ 203
- 案例 35　出口背对背保理 ································ 208
- 案例 36　CEF 在中国的首单国际保理 ································ 214
- 案例 37　渣打携手李宁打造银企供应链融资 ································ 221
- 案例 38　浙江义乌"e 透"供应链融资 ································ 228
- 案例 39　大宗商品结构性贸易融资 ································ 233

第八部分　出口信贷与信保专题 ································ 237
- 案例 40　中国五矿和中冶集团出口巴西钢厂项目 ················ 237

案例 41	福费廷止付风波	240
案例 42	代理型福费廷被动垫款案	242
案例 43	TBEA 的福费廷融资	245
案例 44	IFC 担保项下出口贸易融资	250
案例 45	福费廷包买商的风险	255
案例 46	出口信保融资风险案一	256
案例 47	出口信保融资风险案二	259
案例 48	结算方式调整与银行风险	261
案例 49	宁波 SDN 公司的出口信用风险管理	266
案例 50	农产品出口的政治风险	275
案例 51	低风险老买家追偿案	278
案例 52	非洲买方集团诈骗案	280

参考文献 285

第一部分 国际银行信贷专题

案例1 中国银行再融资助力发电企业"走出去"

一、案情回放

(一)背景概述

1. 收购方

华能国际电力股份有限公司(以下简称"华能国际")是中国最大的上市发电公司之一。公司主要业务为投资、建设、经营管理电厂,发电业务广泛分布于境内的东北电网、华北电网、西北电网、华东电网、华中电网和南方电网及境外的新加坡。公司及其附属公司截至2008年底全资拥有17家营运电厂、1家营运电力公司,控股13家营运电力公司及参股5家营运电力公司。其股权结构参见图1—1。

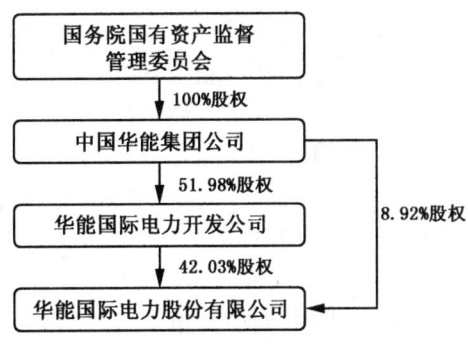

图1—1 华能国际的股权结构

2. 被收购方

新加坡大士能源公司(Tuas Power Ltd. 以下简称"大士能源")是新加坡淡马锡控股

(私人)有限公司[①]的子公司(以下简称"淡马锡")。大士能源是新加坡三大发电厂之一,占新加坡电力市场约26%的份额。公司成立于1995年,其业务范围包括发电、多元电力设施的开发、供应、贸易及零售以及其他相关服务。大士能源共拥有2 670兆瓦装机容量,包括1 200兆瓦的燃油蒸汽轮机组及1 470兆瓦天然气联合循环发电机组。同时,大士能源还通过其全资子公司大士能源供应私人有限公司提供能源零售服务。2007年6月,为开放新加坡的电力市场,引入竞争模式,淡马锡宣布计划出售大士能源100%的股权。

(二)并购告捷

2008年初,华能国际成功通过首轮投标,随后进入第二轮竞标。其竞争对手主要是日本的丸红、中国香港电灯集团、马来西亚的Tanjong Plc等5家公司。

竞标中,华能国际与日本的丸红报价旗鼓相当,淡马锡决定上述两家公司谁承诺先完成交割就由谁中标。2008年3月12日,华能集团考虑到华能国际是上市公司,此笔收购涉及上市公司相关的信息披露、股东大会等因素,难以符合淡马锡要求的时效,因此,华能集团内部临时决定将收购主体变更为华能集团以满足淡马锡对交割时限的要求,并承诺于2008年3月24日前完成交割。

2008年3月10日,华能集团的境外子公司中新电力(私人)有限公司(以下简称"中新电力")成立。该公司于2008年3月24日以42.35亿新元(约合30亿美元、210亿元人民币)的交易价格从淡马锡手中成功收购大士能源100%的股权,从而获得了新加坡约1/4的电力市场份额,以及世界第三大炼油中心——新加坡裕廊岛登布苏工业区的热电多联产项目开发权。2008年4月29日,华能国际与华能集团签署转让协议,受让华能集团拥有的中新电力100%的股权。

华能融资结构的合理安排成为此次成功竞购的关键因素之一。雷曼兄弟是华能集团聘请的并购财务顾问,中国银行与雷曼兄弟共同主导了方案设计。最终的融资方案是:由华能集团的中新电力作为收购主体,由进出口银行、中国银行海外银团和雷曼兄弟组织的海外银团分别对华能国际、中新电力两个层次主体贷款。

具体融资结构包括:①由雷曼兄弟组织8家境外银行提供海外银团无追索权的项目过桥贷款[②] 22.5亿新元(等值14亿美元)。②华能集团以资本金形式向中新电力注入9.85亿美元资本金,其中包括人民币自有资金购汇1.97亿美元和进出口银行外汇贷款15年期7.88亿美元。③中国银行以中银香港为牵头行、新加坡分行为簿记行,其他9家海外分、子行参与的方式组织海外银团,向中新电力提供等值6亿美元的5年期股本贷

[①] 新加坡淡马锡控股(私人)有限公司是由新加坡财政部独资拥有,于1974年按新加坡公司法注册的有限责任公司,是当今世界著名的国有控股公司之一。

[②] 过桥贷款(bridge loan)又称搭桥贷款,是一种过渡性的短期资金融通,期限较短,最长不超过一年,利率相对较高,可以用于满足并购方实施并购前的短期融资需求。

款。其中,中银香港提供5 000万美元贷款,新加坡分行提供1.5亿元新元贷款,其他海外分、子行参与剩余约4.4亿美元贷款,总行公司部向该银团提供担保。中银香港5 000万美元由总行公司部委托国际结算部开立融资保函,其余部分由总行公司部切分额度。

此次并购过程如图1-2所示。

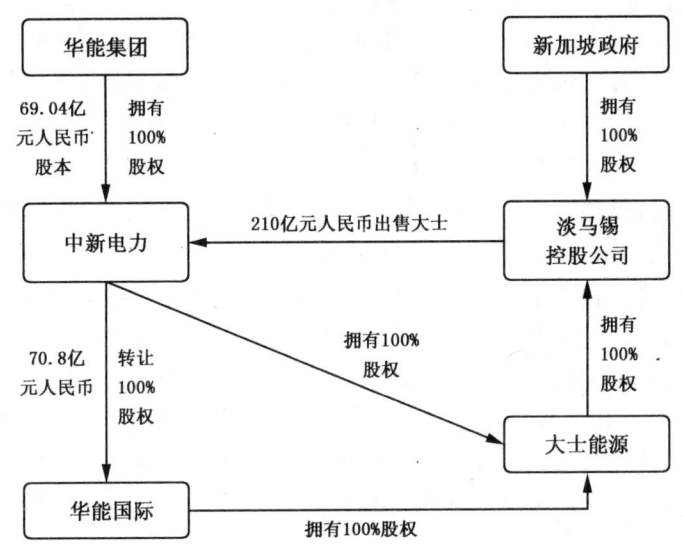

图1-2　华能国际对新加坡大士能源并购过程

(三)再融资困境

该项目境外银团过桥贷款于2009年9月24日到期。2008年9月,雷曼兄弟宣布破产,全球金融市场动荡,已经很难开展大规模的信贷融资。海外各家银行的信贷政策更加审慎,条件异常苛刻:①融资金额大幅缩水。不仅无法按照原有份额提供融资支持,而且需要公司引入额外的贷款银行参加再融资,使得公司按时偿付过桥贷款面临较大的风险。②融资期限大幅缩短。大多数银行只能提供3～5年的贷款,贷款迅速到期再融资的不确定性使得大士能源的长期稳定发展面临较大挑战。③融资成本大幅上扬。境外银行再融资利差约在350BP～400BP,即便华能国际提供担保,利差可降至300BP～350BP,仍远远超过了过桥贷款提供时双方确定的意向价格,这将大大降低大士项目的经济价值和经营回报。④还款计划十分苛刻。大士能源在融资期内将始终保持现金流极为紧张的局面,财务风险较大。⑤限制性条款众多。如严格的财务比率和账户限制、额外的尽职调查要求和财务模型分析等,这些条款严重束缚了大士能源的正常经营,并使其时刻面临较大的违约风险。

华能国际高层与海外银团各牵头安排行进行了多次沟通和交流,但海外行对大士项目已经无法按照 2008 年 3 月收购时的意向融资条件提供融资支持。无奈之下，华能宣布解除融资委托书，法国巴黎银行、东方汇理银行、新加坡华侨银行、星展银行等外资银行退出华能项目。

（四）中国银行操盘重组融资

为满足华能国际的再融资需求，在国家外汇管理局等部门的支持下，中国银行为华能国际操刀设计了一整套金融服务方案。华能需要长期融资，并且融资币种要与项目现金流收入相匹配，以规避汇率风险，希望将中国银行此前提供的 5 年期 4.9 亿美元及 1.5 亿新加坡元存量贷款一并置换，以上两项合计不超过 32 亿新加坡元，贷款期限 15 年。同时，希望引入华能国际的信用降低融资成本。

最终，中国银行提供的再融资方案是：大士能源以价值约 12 亿新加坡元的部分资产在新加坡注册成立 100%控股的全资子公司大士发电；华能国际向中国银行总行提供反担保后，中国银行总行利用国家外汇管理局核定的对外担保额度为中国银行境外银团提供融资担保；中国银行境外银团为大士发电提供约 31.5 亿新加坡元长期贷款；大士发电向大士能源支付约 31.5 亿新加坡元，购买大士能源其他全部发电相关资产；大士能源以无息贷款方式向中新电力提供约 31.5 亿新加坡元资金，中新电力归还全部现有贷款（共计约 31.5 亿新加坡元，包括 22.5 亿新加坡元过桥贷款、中国银行 4.9 亿美元和 1.5 亿新加坡元 5 年期贷款）。这一再融资方案如图 1-3 所示。

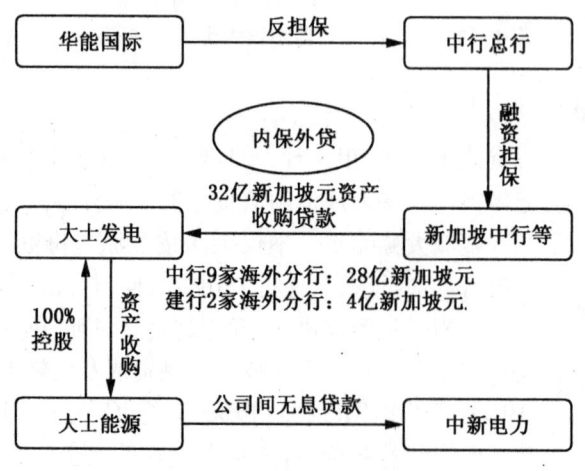

图 1-3　华能再融资方案

（五）再融资完美收官

2009 年 9 月 21 日，华能国际与中国银行签署"新加坡大士公司再融资项目"银团贷款协议。该银团贷款总金额 32 亿新加坡元，由中国银行下属中银香港及新加坡分行担任该银团安排行,中国银行新加坡分行同时担任代理行,中国银行九家海外分行及两家中国建设银行海外分行作为参与行参加该银团,参贷总额28亿新加坡元,中国建设银行海外分行参贷总额4亿新加坡元,期限15年。该协议的签署为按时偿还境外银团过桥贷款提供了强有力的保证,最大限度地降低了项目融资成本,有效规避了汇率风险。

二、案例评析

(一)中行再融资方案的亮点

1. 内保外贷降低融资成本

内保外贷是指境内银行根据境内企业总公司的申请,在境内企业向境内银行出具无条件、不可撤销反担保的前提下,为该企业在境外注册的全资附属企业或参股企业出具融资性保函或备用信用证(即内保),银行将保函/备用证发至银行的境外分行或其有授信额度的代理行,由境外分行或其代理行向集团企业的境外分支机构放款的融资行为(即外贷)。内保外贷具有审批快、贷款额度大、融资成本相对较低、手续简便等特点。由于境外子公司往往设立时间不长,很多是壳公司,财务报表数据不理想,难以在当地依靠自身力量直接获得银行融资,这时就需要借助母公司的担保来实现信用增级以获得银行授信支持,同时也可以充分利用境外相对较低的融资利率实现低成本融资。

中国银行大胆引入内保外贷。2009年9月21日,华能国际与中国银行股份有限公司、中国建设银行股份有限公司在北京签署了保证合同。本次担保的被担保人为大士发电,债权人为中国银行股份有限公司和中国建设银行股份有限公司,担保的方式为连带责任保证,所担保的主债权为债权人中国银行股份有限公司的澳门分行、东京分行、悉尼分行、伦敦分行、新加坡分行、巴黎分行、米兰分行、约翰内斯堡分行、法兰克福分行和债权人中国建设银行股份有限公司的香港分行、新加坡分行与大士发电于2009年9月21日签署的融资协议及其修订或补充项下发生的债权,其金额不超过32亿新加坡元。担保的期限为主债权的清偿期届满之日起两年。此举大大提高了大士发电的信用等级,降低了项目融资成本,利率仅为2.41%~2.46%,与海外银团单位提供的方案相比,华能的融资费用大大降低。

2. 债务与资产重组获取税收优惠

根据新加坡当地企业所得税法规定,只有直接用于购买生产经营性资产的贷款的利息才能在税前抵扣,而中新电力贷款购买的是大士能源的股权,其贷款利息不能税前抵扣。为有效利用新加坡当地税收政策,取得收购贷款利息税前抵扣的税收优惠,必须将中新电力的股权收购贷款转变为资产收购贷款。

中国银行为此设计了庞大的资产、债务重组方案:由华能国际向新加坡当地税务部门申请并取得批准后,在新加坡成立由大士能源100%控股的大士发电私人有限公司(简称"大士发电"),以大士发电作为再融资的借款人,借入款项后支付给大士能源,以完成对大士能源的资产收购,购买大士能源其他全部发电相关资产,再由大士能源通过公司间贷款的形式将款项转至中新电力,由中新电力偿还现有贷款。由于大士发电的贷款用于收购大士能源的资产而非股权,因此,其贷款利息可在税前作为费用列支。这一方案每年将为华能国际节约约 1 900 万新加坡元税务支出,约合 1 亿元人民币。

3. 特批对外担保

根据中国外汇管理局规定,对外担保人必须是境内公司的全资子公司,而根据重组方案,未来再融资的借款人大士发电是华能国际的三级子公司,如何为其进行海外担保成为再融资的又一困难。为此,中国银行专门向外汇管理局上交了特批申请并在预定的时间内得到了满足。

(二)中国银行牵头再融资的优势与经验

1. 充分发挥国际化和多元化特色

中国银行是中国国际化和多元化程度最高的、具有全球重要性影响的跨国经营银行集团,拥有遍布世界的业务网络,具有海内外一体化、多元化的集团优势,专业能力、经验积累及国际人才优势突出。借助海内外全功能平台,总分行联动、海内外联动,跨境业务、复杂业务境内境外协同开展,中国银行为客户设计了综合性、专业化的金融服务方案,缓解了华能"走出去"的资金"瓶颈",成为支持国家"走出去"战略的金融中坚力量。

2. 注重银团贷款资源整合和跨境协调

银团贷款一直是中国银行的传统优势产品。中国银行从 20 世纪 80 年代初就率先在国内成立专业团队开展银团贷款业务,2007 年在全球成立了亚太、欧非和美洲三大银团贷款中心,以实现经营的集约化和管理的专业化。对银团贷款的各种资源,中国银行十分注重整合和协调:三大银团贷款中心分别负责各自的区域市场,各海外分支机构负责具体银团贷款客户关系和具体市场跟踪,总行负责全面协调整合各海外分行的客户资源和人力资源。银团贷款中心集中统一调配各家海外分支机构负责银团贷款的人才,控制银团贷款风险,为华能的海外布局提供了优质、高效的金融支持。

3. 抓住机遇,积极迎合客户需求

2008 年次贷危机致使全球金融市场动荡,多家重要的金融机构宣布破产或关闭,跨国银行的银团业务大幅萎缩,这却给了中资银行发展海外银团贷款一个逆势突围的绝好机遇。中国银行及时捕捉到这一百年难遇的市场商机,在再融资项目中担当了重要角色。作为牵头行,所设计的银团方案应适合项目的特点,融资结构必须得到各方认可。中国银行从客户需求出发,凭借其全球庞大的分支机构,为华能集团提供了多达 6 种融资方案以供选择。债务与资产重组、特批对外担保、全球统一资金调度和划转,在中国银行设计的复杂融资方案背后,由于各海外行有时差问题,意味着各相关业务部门必须 24 小时盯住各行放款进度和资金划转,同时,为了帮助华能规避汇率风险,中国银行在自身新加坡元存款有限的情况下,通过货币掉期从国际市场筹集新加坡元以满足资金需求。整个过程中,中国银行上下高度重视,克服了时间要求紧、融资金额大、重组结构复杂、涉及跨国税收政策等重重困难,在很短时间内就完成了全部环节,创造了中资银行支持跨国并购的一个经典范例。

三、结论与启示

银团贷款可以有效降低集中性风险、节约资本,收益又具有中间业务收入的特点,目前已成为国际金融市场重要的融资方式之一。在我国,随着经济的高速增长,为基础设施建设、企业"走出去"等提供金融支持的大型银团贷款项目日益增多,华能再融资项目的顺利完成,是我国发电企业和金融业实现强强联合、互利共赢、共对危机的成功典范。中国银行作为独家牵头安排行,凭借其全球网络和有竞争力的报价,最终成为这笔巨额融资的赢家。按照国际惯例,银团贷款的牵头安排行一般可收取相当于筹资额1‰~2‰的银团安排费。中国银行在赚取资产利息收入的同时,还可以获得一笔很可观的中间业务收入。华能企业则借助中国银行的信用增级和信用输出,帮助自己在境外的尚不具备当地融资能力的子公司获得融资,最大限度降低了融资成本,有效规避了汇率风险,是全球经济不景气背景下央企"走出去"的成功样本。

这一融资案例同时也折射出金融危机后全球融资格局"西进东退,重心东移"的微妙变化,标志着中国银行在全球主流商业银行林立的银团贷款市场上取得了突破性的进展,其市场品牌和国际影响力正在逐步扩大。

参考文献:

[1]杜艳.中行操刀华能国际150亿元再融资[N].21世纪经济报道,2009-09-22.

[2]卢东斌,黄振京.基于软、硬约束因素的跨国并购人力资源整合研究——以中国华能国际并购新加坡大士能源为例[J].管理学家,2010(5).

案例2 光明联姻维他麦的融资创新

一、案情回放

(一)背景概述

1. 收购方

光明食品集团(Bright Food,以下简称"光明集团")成立于2006年8月8日,集团整合了上海益民食品一厂、上海农工商集团、上海市糖业烟酒集团、锦江国际的相关资产组建而成,是一家以食品产业链为核心的大型国有综合性食品产业集团,资产规模达458亿元。其目前拥有光明乳业、金枫酒业、梅林股份和海博股份等上市公司以及光明、大白兔、冠生园、梅林、正广和等知名品牌。在2010年度中国品牌500强排行榜中,光明品牌排名第23位,品牌价值达455.12亿元。

2. 被收购方

维他麦(Weetabix)创建于1932年,总部设在英国北安普顿郡。2003年11月,维他麦被专注于杠杆收购(leverage buyout)的私募股权基金狮王资本(Lion Capital)斥资6.42亿英镑收购。[①] 作为英国最大的麦片生产企业、第二大谷物类和谷物条食品生产商,维他麦公司旗下除了具有代表性的Weetabix品牌外,同时拥有欧宝、Oatibix、乐迪及维多滋等优质品牌,约占英国14.5%的市场份额。除在英国本土有5家工厂外,公司在北美拥有2家工厂,南非和肯尼亚有2个销售公司,全球雇员约2 000人。产品出口全球80多个国家和地区。公司收入与利润长期保持强健和可持续增长,2010年销售收入近4.5亿英镑,税前利润2 040万英镑。

但是,维他麦在中国的业务尚未铺开,全部由专营进口食品代理的西诺迪斯(Sinodis)进口销售,由于渠道受限,中国区销售只做到了600万元人民币,远远落后于百事食品旗下的桂格和美国的家乐氏。

(二) 强强联姻,各取所需

光明集团拥有渠道优势,在上海及华东地区零售网络发达,但原有品牌和产品无法满足集团扩张需要,因此,通过海外并购进入高端产品市场,实现规模扩张的同时提升利润,成为光明谋求长远发展的战略选择。集团从2010年起大举开展海外并购,成功率超过30%,树立了企业良好的国际形象。

选择维他麦,主要是看中它在健康食品领域的国际市场竞争力。维他麦拥有丰富的产品线,代表产品Weetabix早餐饼是世界上唯一使用群体覆盖从婴儿到老人的产品,有极强的市场能力和议价能力;公司年毛利率达64.7%;拥有优秀的职业管理团队;产品研发能力亦为同业翘楚。并购这家企业符合光明集团的发展战略,并对现有产业有很好的协同效应和示范作用。

而维他麦选择联姻光明集团的重要因素则是看好潜力巨大的中国市场。尼尔森数据显示,目前中国早餐谷物市场的年销售额达到26亿元人民币,近几年一直以10%~20%的速度增长。借助光明集团在长三角地区强大的分销实力,维他麦有望打开市场局面。由于战略愿景和战略理念上,维他麦的股权持有者狮王资本与光明集团很是契合,双方很快确定了排他性谈判的并购方式。

(三) 并购融资过程

经过谈判,交易双方以维他麦企业价值12亿英镑、负债9亿英镑和股权价值3亿英

---

① Lion Capital 的前身是总部位于美国得克萨斯州达拉斯市的私募股权基金巨头 Hicks, Muse, Tate & Furst 的欧洲分支。

镑定价。2012年5月3日,光明集团和狮王资本联合宣布,光明集团收购英国Weetabix公司60%的股权,其余40%股份继续由狮王资本和管理层持有。这成为当时中国食品企业最大一宗海外并购案。

按照国际惯例,光明集团在支付股权价格的同时,还必须主导目标公司的债务重组。这意味着要完成交易,光明集团必须支付1.8亿英镑股权,并对9亿英镑负债中的股东贷款(shareholder loan,约5亿英镑)提供再融资。

光明集团2011年营业收入769亿元人民币(122亿美元)、税息折旧及摊销前利润12亿美元、净利润26.5亿元人民币,业内普遍认为公司的自有资金并不充裕。为了完成收购,光明集团先后应用了杠杆收购(leverage buyout)、过桥贷款(bridge loan)和俱乐部贷款(club loan)等诸多创新金融手段。

1. 调整目标企业的债务结构

维他麦原有9亿英镑负债中,2.3亿英镑为年利率9%的股东贷款,6.7亿英镑为年利率7%的商业贷款。按国际上利率市场化的执行规则,股东贷款视同权益性贷款,可不计入商业贷款的负债率,并在不影响现金流的情况下,可获得更好的贷款利率。为此,光明集团对维他麦债务结构作了重新安排,将股东贷款调整为5亿英镑,商业贷款降低为4亿英镑,商业贷款的负债率由原来的2.2倍降为1.3倍,为商业贷款利率创造了下调空间。

2. 全杠杆方式开展债务再融资

具体途径是:1.8亿英镑的股权收购款由国家开发银行提供5年期的并购贷款,其中自筹30%,借款70%,公司将并购贷款作为资本金注入光明集团在香港的公司,后者再把1.8亿英镑注入境外的融资和并购平台,以自有资金27%的比例向香港银行融资并发行美元债,共计融资5亿英镑,再用6.8亿英镑去完成交易。

3. 俱乐部贷款、过桥贷款、发债多管齐下

并购团队与参与融资的银行谈妥,如果光明集团评级达到投资级别,将会拆分融资,商业贷款与发债同时进行,融资行可按融资比重参与发债。这一创新想法得到了银行的积极响应。于是光明集团将香港融资的5亿英镑折合成8.5亿美元,其中5.5亿美元作为商业贷款,3亿美元发行美元债。

2012年6月,光明集团在香港向全球金融机构发出3年期5.5亿~8.5亿美元贷款的条款书,并允许各金融机构在10月后予以回复。30多家中外资银行纷纷表示合作意愿,但在光明集团开出"苛刻"的融资价格以及财务承诺等条件后,16家银行主动退出。对留下的10多家银行,光明集团宣布采取财务成本更低的"俱乐部贷款"方式。

10月,光明集团与14家中外资银行达成3年期7.5亿美元俱乐部贷款和5年期5亿美元的债券发行。其中,国家开发银行、中国银行、交通银行等中资银行的贷款占融资总额的50%左右,另外还包括汇丰、苏格兰皇家、巴克莱、荷兰合作银行、澳新等外资银行的

贷款。此次俱乐部贷款的综合成本为 LIBOR+230BP,每家参与行最低认购额为 2 000 万美元。

要想发行利率较低的美元债,就必须接受国际评级机构的市场评级。在我国,此前几乎没有国有企业开放国际评级的先例,但光明集团主动通过三大国际信用评级机构对企业信用进行评级,2012 年 9 月分别获得穆迪 Baa、标准普尔 BBB 和惠誉 BBB 的信用评级,评级展望为"稳定",均列于投资等级。标准普尔指出,虽然光明集团财务杠杆较高、现金流疲软,但由于其与上海市政府的关联关系,所以光明集团在国内资本市场融资的渠道非常宽敞,而且上海市政府在其面临财务困境时提供足够且及时的特别支持的可能性"较高"。这次评级为在香港发行海外债券顺利铺路。

考虑到发行美元债的时间窗口问题,发债之前,光明集团所需的这部分资金由银行给予 3 亿美元 1 年期的过桥贷款。光明集团的思路很清晰:先通过 1 年期的过桥贷款募得资金完成交割,然后找合适的时间窗口在海外发行国际债券。过桥贷款虽然成本较高,但对完成收购至关重要。

伦敦时间 2013 年 5 月 13 日,光明香港公司完成美元债券定价,成功发行了 5 亿美元年固定利率为 3.123%的 5 年期国际债券。[①] 其中 3 亿美元偿还过桥贷款,2 亿美元置换成 5 年期的国债,偿还部分银行贷款。

(四)大结局

2012 年 11 月 5 日,光明集团正式完成了对维他麦 60%股份的并购和股权交割,交易对价 6.8 亿英镑(约合 70 亿元人民币),并购顺利完成。

并购后的 2013 年 1—2 月,维多麦即实现"开门红":完成 9 亿元人民币的销售收入,利润总额 5 500 万元,其中光明集团可获净利润 3 900 万元。上半年净收入为 26 亿元,同比增长 5%;实现净利润 1.41 亿元,增长 130%。收购不到两年,维他麦焕发"第二春",营业收入超过 52 亿元,净利润近 4 亿元,相比收购前的净利润翻了近 3 倍。

靓丽的成绩单集中体现了并购的经营协同、财务协同效应:光明集团的渠道和维他麦优良的产品组合、一流的生产标准和产品创新优势结合达到了优势互补;光明利用维他麦的上游产业链资源,加强了自身产业链控制以及与国外高端品牌的竞争力;维他麦进军拥有广阔市场的中国,在上游资源整合的同时进行渠道互享;维他麦财务状况改善,融资成本下降 2 260 万英镑;光明集团增加了 1 600 万英镑的年利息收入。

二、案例评析

从 2010 年起,光明集团参与了多项海外并购,通过数次国际化的大练兵,不断调整海

---

① 发债主体是"光明国际"下设的"光明香港",而"光明国际"是光明集团在海外管理融资的平台。光明集团借助这个平台向香港银行融资并发行美元债,完成了最后 5 亿英镑(8.5 亿美元)的融资。

外并购的思路和策略。此次并购案凸显了光明集团在海外并购中不断娴熟的资本运作技巧、对国际市场游戏规则的熟练把握以及对金融资本和金融杠杆游刃有余的运用。

(一)尽职调查对正确评估和选择并购对象的重要性

12亿英镑的资产价值、9亿英镑的负债,维他麦高达75%的负债率以及基本持平或略有亏损的净利润曾让众多市场观察者对之评价不高。然而,光明通过尽职调查发现,公司9亿英镑负债中股东贷款的利率高达9%,显然有悖常理,在欧洲经济普遍萧条的背景下,维他麦完全可以很轻松地获得2%~4%的融资利率。显然,维他麦的高负债并非源于经营不善,而是原股东狮王资本有意将财务杠杆用到极致的缘故,通过贷款将大量的利息下沉到企业,使得净利润持平或亏损,进而合理规避英国的高额税收。

事实上,在光明集团财务总监曹晓风看来,维他麦产品的毛利率高达64%,属于食品行业中非常高的水准,现金转换率每年均达到100%,维他麦本身就是一头"现金奶牛"。维他麦的高额负债非但不会让光明集团的收购前景产生变数,反而可能成为日后有力的经济增长点。不能单纯以负债率的高低评价一个收购项目的风险性。事实证明,基于尽职调查所作出的这一判断谨慎而科学,显示了光明集团极为精准的投资眼光。

(二)财务结构重组的战略目的

光明集团作为维他麦公司新的战略投资者,更为关注企业的长远发展和长期利益,与原股东PE投资者狮王资本关注资本的短期增值存在很大差异。把维他麦债务重组作为公司融资决策的第一步,是希望降低融资成本、优化资金运作。国外一般根据企业的财务状况和信用等级实行市场化利率,商业负债率越高,会被认为风险偏大,相应融资利率就高,所以,降低商业贷款比重,就可以从国际市场获得更低的利率。经过测算,维他麦正常的负债规模约为4亿英镑左右,因而在调整后的债务结构中,商业贷款降低为4亿英镑。

表 2—1　　　　　　　　　维他麦公司的财务结构重组　　　　　　　　　单位:英镑

原财务结构		调整后的财务结构	
资产	负债:9亿	资产	负债:9亿
	其中: (1)股东贷款2.3亿 (2)商业贷款6.7亿		其中: (1)股东贷款5亿 (2)商业贷款4亿
	股东权益:3亿		股东权益:3亿
合计:12亿	合计:12亿	合计:12亿	合计:12亿

如表2—1所示,狮王资本原2.3亿英镑股东贷款的利率为9%,调整后光明集团提供的股东贷款利率为7%~7.5%,并且通过降低商业贷款比重,4亿英镑商业贷款利率也随之降至市场化水平,光明集团在香港金融市场的融资利率不超过4%。以此推算,改变

负债结构将使得维他麦的融资成本从 7 400 万英镑降低到 5 140 万英镑,直接减少 2 260 万英镑,付出的现金流从 4 690 万英镑降至 3 540 万英镑,利息费用、融资利率等财务成本的大幅降低将极大地改善企业财务状况。此外,光明集团还与银行谈妥了采用公司负债水平和利率挂钩的浮动利率,进一步降低融资成本。

(三)融资组合拳的创新特色

1. "空麻袋背米"的全杠杆融资降低并购风险

此次收购,光明集团仿效国际上通行的杠杆收购做法,以被收购方资产作抵押为收购行为进行债务(杠杆)融资,而光明的全杠杆融资方案显得更为精明(参见表 2—2)。因为这次并购顶着食品业最大海外融资的光环,银行可以赚取中期业务以及汇率业务的收益,融资行还可按融资比重参与发债,可谓名利双收,所以光明集团的过桥贷款利率很低,3 个月加息 75BP,6 个月 100BP 左右。

表 2—2　　　　　　　　　光明集团的全杠杆融资方案

融资需求	融资来源
股东权益:1.8 亿英镑	国家开发银行 5 年期并购贷款
股东贷款:5 亿英镑 (折合 8.5 亿美元)	5 年期国际债券 3 亿美元 • 发债前借 3 亿美元过桥贷款完成并购 • 实际发债 5 亿美元,偿还过桥贷款及银行贷款
	3 年期俱乐部贷款 5.5 亿美元 • 实际获得贷款额度 7.5 亿美元

2. 俱乐部贷款有效降低融资成本

不同于国际上常用的银团贷款,光明集团此次采用了俱乐部融资,主要基于以下考虑:首先,银团贷款牵头行"背书溢价"会导致高融资成本。银团中的中小银行虽然也会参考融资企业的基本面,但很大程度依赖于牵头大银行对贷款的背书和隐性担保,因此,企业为顺利实现融资,不得不向银团特别是牵头行支付更高的成本。其次,银团贷款所有的融资事务由牵头行主导,企业虽省时省力,但无法全部掌握银行融资的细节。如果银行间利益达成一致,企业容易被"绑架"。再次,俱乐部贷款中没有牵头行,企业与众多银行直接谈判价格、财务承诺和法律条款,大小银行平等竞争,可以压低财务成本。最后,俱乐部贷款可以使企业团队在国际市场融资过程中得到充分锻炼,通过与银行的沟通可以了解其关注点,未来的财务管控更有针对性。

俱乐部贷款与银团贷款的比较见表 2—3。

表 2—3　　　　　　　　　　　俱乐部贷款与银团贷款的区别

	俱乐部贷款	银团贷款
利	• 项目执行过程较快 • 无需评级 • 交易成本和融资成本有吸引力 • 收款和还款条款灵活	• 6~8 周的项目执行时间 • 无需评级 • 取款和还款条款灵活 • 具有一定的公众效应
弊	• 没有公众效应 • 通常为短期融资 • 需要花大量时间和每家银行谈判并达成一致	• 通常比债券的条款严格 • 通常为 3 年期的短期融资 • 牵头行"背书溢价"

采用多种创新方法的光明集团最终得以大幅降低融资成本：内地融资成本为 3 个月 LIBOR＋250BP；香港融资成本为 3 个月 LIBOR＋230BP；在英国维他麦层面的融资，由于债务结构调整带来商业贷款的负债率大幅下降，也取得 LIBOR＋235BP，后锁定基础利率为 350BP 的浮动利率。

3. 投资级信用评级是低成本融资的关键性保证

光明集团经过标普、穆迪和惠誉评级后，获取了主权和债券的投资评级，不仅帮助公司完成了海外融资渠道的战略安排，也使原计划控制在 4% 以内的融资成本降低至 3%~3.2%。此外，在申请国际信用评级的过程中，信用评级机构对债务比例、现金流等财务指标的格外关注，也让光明集团对国际评级机构财务管控的视角和重点有了深刻的理解，有利于企业提升管控能力和水平，主动与国际接轨。

4. 海外发债探索跨国并购融资新渠道

光明集团此番还试水了国内企业海外并购中很少"涉猎"的渠道——海外发债。香港发债踩点精准，在美元基准利率下调到谷底之时，经过精彩的路演，吸引了超额 10 倍以上的投资额和 191 家投资者的参与，顺利募集到融资资金。在投资者的地区分布中，亚洲占 82%，欧洲占 18%；在投资者类型分布中，基金资产管理占 50%，银行占 26%，保险占 15%，私人银行占 9%。

而在收购完成后，光明集团还计划尽快将维他麦在香港上市，释放债务风险。光明集团要求维他麦管理层将公司从英国会计制度转为国际会计制度，并做好利润，以满足香港的上市条件。

(四) 历经挫折后的成长与智慧

光明集团曾在海外有过多次收购，成败不一，所谓"吃一堑长一智"，汲取教训，从失败中成长，渗透在了公司并购融资过程的很多细节之中：一是收购低调。从 2012 年 5 月双方公布收购事宜到正式完成收购交割，光明的收购行动紧锣密鼓却毫不张扬。二是签订排他性协议。鉴于之前收购澳大利亚CSR失败的教训,光明集团与维他麦公司签订了排他性协议,要求只能"一对一"谈,目的就是在谈判合作中避免节外生枝。三是团队作战。从一开始,光明集团就组建起包括商业银行、律师事务所、会计师事务所、跨国投资银行在内强大的顾问团队,提供坚强后盾。尤其PE所起的作用非常明显。四是避免养老金缺口。此前光明集团收购"联合饼干"曾因养老金问题而搁浅。这次根据德勤会计师事务所的尽职调查,维他麦有超过1.5亿英镑的养老金资金缺口。因此,光明集团要求狮王资本以当时英国国债利率水平为基准先拿出一次性补偿3 000万英镑,以弥补养老金缺口。

三、结论与启示

光明集团的收购案例为未来中国企业的跨国并购行为提供了很好的借鉴作用。

(一)前期准备务必扎实充分

为了确定并购的可靠性,减少风险与损失,并购前并购方要事先下足功夫、做足功课,把项目了解清楚,对目标公司的外部环境和内部情况进行审慎调查与评估,如光明集团由财务总监牵头海外并购,从头介入管理,做足尽职调查,对行业的分析、判断较为科学,从而正确评判了维他麦75%的负债率,成功避开养老金陷阱,并在此基础上对融资架构作创新安排,奠定了并购成功的基础。

(二)积极借用"外脑",博采众长

光明集团发布并购消息发布后,40多家中外资银行第一时间表达出提供融资的意愿,并施展各自专长拿出融资方案,比如海外发债、提高股东贷款的比例等,为光明集团确定最终融资方案提供了很多富有价值的意见和参考。集思广益、兼收并蓄,才成就了光明集团运用创新的手段,以最佳的商业利益体现企业能力和价值的国际融资演练。

(三)善于运用金融资本和杠杆

融资难、融资渠道方式相对单一是我国很多企业海外并购面临的突出问题,要善于运用金融资本和金融杠杆,拓宽融资思路,优化筹资结构,降低融资成本和并购风险。即便本身资本实力很强的企业,在并购中引入金融资本仍有必要。光明集团综合运用全杠杆融资、海外发债、俱乐部贷款和过桥贷款等多种融资策略,成为跨国并购融资创新的业界标杆。

(四)合理控制融资成本

如何把融资成本控制在最合理的状态,光明集团并购案也提供了最佳典范。调整负债结构、全杠杆融资、信用评级、俱乐部贷款一系列策略体现出光明团队的缜密考量。并购团队广泛接洽境内外银行,借助摸底谈判、非约束性报价、信息反馈等系列环节,引导银行为融资价格进行必要的竞争,综合考虑、全面论证,筛选融资银行,实现了最佳的筹资效应。

(五)并购后注重整合与协同

海外收购机遇和风险并存,并购交割只是并购整合的起点,而不是终点。成功的并购,并不止于项目的谈成、交割的完成,而是签约之后的协同效益、对接和整合的成功。整合管理做得好,可以实现"1+1>2"的效果;否则,只不过是麻袋装土豆,甚至"1+1<2"的失败并购也屡见不鲜。

参考文献:

[1] 曹晓风.光明食品海外并购巧融资[J].上海国资,2013(6).

[2] 曹晓风.光明并购维他麦融资创新[J].上海国资,2013(11).

[3] 王宗南.在创新中收购Weetabix——学习党的十八大报告笔谈[EB/OL].http://www.brightfood.com/cn/detail.aspx?Class_ID=27&info_id=43602.

[4] 刘晓翠.光明食品集团:全杠杆融资收购维他麦背后[J].上海国资,2013(7).

[5] 刘晓翠.光明并购维多麦交出首份成绩单[J].上海国资,2013(9).

[6] 杨冠宇.光明并购法:CFO掌控1 000亿资产逼退近30家银行[J].环球企业家,2014(5).

[7] 陈善昂.企业融资伸手海外[J].中国外汇,2011(24).

[8] 施智梁,等.光明收购维他麦始末[J].财经,2012—11—05.

[9] 魏宗凯,陈爱平.光明食品集团发行5亿美元国际债券[EB/OL].新华网,2013—05—15.

[10] 佚名.光明食品完成中国食品业最大海外并购案[EB/OL].http://finance.eastmoney.com/news/1344,20121106257848013_0.html.

案例3 两岸三地上海银行的双币银团贷款

一、案情回放

(一)背景概述

1. 借款人

韩华新能源(启东)有限公司(原江苏林洋新能源,以下简称"韩华新能源")生产基地位于江苏省启东市经济技术开发区林洋工业园内,占地面积420多亩,是一家国内领先的专业从事晶体硅太阳电池、组件、硅薄膜太阳电池和光伏发电系统的研发、制造与销售的国际化高科技企业,是国内太阳能光伏产业的十大重点骨干企业之一,在各种大型太阳能光伏并网和独立发电系统的工程设计、建设安装、工程维护等方面积累了较为成熟的技术。目前公司的总产能达到组件1.5GW、电池1.3GW、硅片1.1GW,与兄弟公司韩华

Q-cells合并太阳能电池产能全球列第二位。① 公司实际控制人为 Hanwha SolarOne Co., Ltd.,后者于 2004 年 8 月 27 日在美属开曼群岛注册成立,注册资本 36 100 万美元,于 2006 年 12 月 21 日在美国纳斯达克上市。

2010 年,世界 500 强企业韩华集团(Hanwha)斥资 4 340 亿韩元(约 3.7 亿美元)现金收购了江苏林洋新能源 49.9%的股权,进入光伏产业。韩华集团成立于 1952 年,是韩国的十强企业之一,同时也是财富全球 500 强公司。公司的活跃领域包括制造与建筑、金融和服务与休闲行业,有 62 年行业经验、35 亿美元总销售额、117 亿美元资产价值、190 家全球网络合作伙伴。作为工业领域的领军企业,韩华的制造和建筑业务涵盖从基础化学和高新材料,到房地产开发和太阳能总体解决方案。

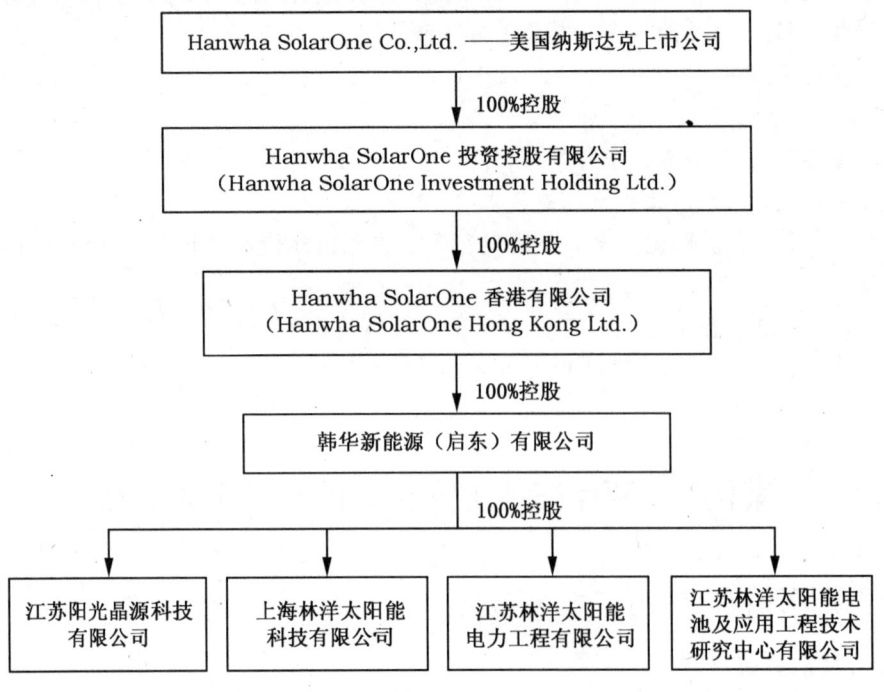

图 3—1 韩华新能源股权结构

韩华新能源的股权结构如图 3—1 所示。在 2010 年韩华集团入股之后,韩华新能源加速了国际化进程。为了持续进行业务拓展、技术革新和品牌建设,韩华新能源需要一笔大额融资。由于韩华新能源日常结算主要采用美元,部分原材料依赖进口,有美元贷款的

---

① 2015 年 2 月,世界最知名的两家光伏制造商——韩华新能源和韩华 Q-cells 合并成 Hanwha Q-cells Co., Ltd.,合并后的公司成为新的全球太阳能领域领导者,在纳斯达克的交易代码为 HQCL。

需求,希望获得较长期限的美元、人民币双币种贷款,以匹配企业日渐增长的中长期流动资金需求。

2. 贷款行

上海银行获悉韩华新能源的贷款需求后,组建了从经营单位到总行的银团专项营销小组,并根据项目情况和贷款条件,利用上海银行特有的沪、港、台三地平台,与上海商业银行深圳分行、上海商业储蓄银行联合牵头,为企业设计了特色银团贷款项目方案,以便满足客户对贷款要价和融资成本的较高要求。

上海银行与台湾上海商业储蓄银行、香港上海商业银行均源于上海,在当地都被称为"上海银行",有着天然的上海情结。港台的上海银行前身是1915年著名银行家陈光甫创立的上海商业银行。1950年,陈光甫在港注册成立上海商业银行,1954年把总部迁到台北。在美资参股下,台湾上海商业储蓄银行于1965年在台北开业。台湾上海商业储蓄银行是香港上海商业银行的控股股东。上海银行和香港上海商业银行之间则相互持股。香港上海商业银行是香港的第六大银行,其主要股东除台湾上海商业储蓄银行、美国富国银行外,早在1998年,上海银行就间接参股香港上海商业银行,购入了22%的股权。2001年12月29日,香港上海汇丰银行、香港上海商业银行又参股上海银行11%。限于目前的法律限制,台湾上海商业储蓄银行还不便直接入股大陆银行。

2000年4月,在上海银行倡议下,三行高层在上海举行了首届沪港台"上海银行"业务研讨会,提出了构建"沪港台'上海银行'全方位战略合作关系"的目标,成功建立了沪港台"上海银行"新型合作伙伴关系。上海银行由此成为中国银行业首家专设服务港台企业管理机构的中资银行。2006年,台湾开放银行离岸业务部和海外分行对大陆台商授信后,三行联合牵头组建了首笔三地银行合作、在岸和离岸资金组合的美元银团贷款。

(二) 银团结构及内容

1. 银团结构

根据韩华新能源要求的贷款利率水平和提供的担保方式,结合沪、港、台三地银行能提供的利率报价,此次组建的银团总额为3 000万美元和3.3亿元人民币,分为三个部分,每一部分的贷款用途、担保方式均不相同(如表3—1所示)。

(1) PART A:3.3亿元人民币,贷款利率为3年期基准利率下浮10%,由韩华新能源的实际控制人、美国上市公司Hanwha SolarOne Co., Ltd. 提供全额连带责任保证担保。

(2) PART B:1 000万美元,贷款利率为美元6个月期LIBOR上浮175BP,由韩华新能源母公司Hanwha SolarOne HongKong Ltd.提供全额连带责任保证担保。

(3) PART C:2 000万美元,贷款利率为美元6个月期LIBOR上浮125BP,由备用信用证形式提供担保,并由上海银行南京分行开立备用信用证。此备用信用证由Hanwha SolarOne Co., Ltd. 提供全额连带责任保证担保。

表3-1　　　　　　　　　　　　银团贷款各部分组成

银团组成	借款金额	贷款用途	担保方式
PART A	3.3亿元人民币	3亿元人民币用于置换存量贷款,其余用于补充流动资金	由借款人的实际控制人提供全额连带责任保证担保
PART B	1 000万美元	补充流动资金	由借款人母公司提供全额连带责任担保
PART C	2 000万美元	补充流动资金	由上海银行南京分行开立备用信用证形式提供担保

2. 银团分销

银团贷款由上海银行南京分行、上海商业储蓄银行和上海商业银行深圳分行联合牵头,由上海银行南京分行担任贷款代理行,由上海银行南京分行担任PART A与PART C的担保代理行,由上海商业储蓄银行担任PART B的担保代理行。其中,上海银行南京分行认购PART A中3亿元人民币以及为PART C开立2 000万美元备用信用证;上海商业储蓄银行认购PART B中800万美元以及PART C部分的2 000万美元;上海商业银行深圳分行认购PART A中3 000万元人民币以及PART B中的200万美元,详见表3-2。

表3-2　　　　　　　　　　　　银团成员及承贷额度

银团成员	银团角色	承贷额度	贷款占比(%)
上海银行南京分行	联合牵头行	3亿元人民币	57.14
上海商业银行深圳分行	联合牵头行	3 000万元人民币+200万美元	8.19
上海商业储蓄银行	联合牵头行	2 800万美元	34.67
合　计		3.3亿元人民币+3 000万美元	100

3. 银团贷款息费

此笔银团贷款期限为3年,人民币利率基准下浮10%,1 000万美元利率为LIBOR+1.75%,2 000万美元利率为LIBOR+1.25%,代理费为基准利率上浮4%的部分,承诺费为基准利率上浮4%的部分。

银团牵头费按各牵头行银团贷款中美元贷款认购部分的0.9%收取,由韩华新能源在提款后一个月内一次性支付。

二、案例评析

韩华新能源银团贷款的特色在于由人民币和美元双币、在岸和离岸资金组合而成。这也是继台湾再次扩大银行的离岸业务部和海外分行的授信对象至大陆外资控股企业

后,三地"上海银行"在沪、港、台以跨境银团贷款方式首次向大陆非台商企业发放的贷款。其优势体现为:

(一)依托两岸三地、境内外联动的金融服务平台

三地"上海银行"通过跨境银团合作,整合上海、香港、台湾三地的本外币信贷资金,发挥境外美元资金多、利率低的优势,根据企业自身特点、实际需求量体裁衣,为企业设计个性化产品组合。在操作上,通过在境内外分别设立担保代理行,解决了企业的资信跨境共享问题。同时,充分考虑到借款人境内外的现金流状况,结合贷款用途和担保方式将银团结构进行合理分层设计,利用境内、境外两个市场融资,利用不同的利率和汇率,满足企业用款和成本需求的同时,也充分发挥了三地金融资源互补的优势。

(二)跨境贷款降低企业融资成本,规避汇率风险

韩华的银团贷款项目属于新能源行业,是现今制造业的典型代表,境外有采购需求,且项目金额较大,在国内信贷紧缩的形势下,企业融资尤其是外汇融资面临很大挑战:人民币升值预期使企业外汇贷款的需求加大,但国内银行的外汇资金来源有限,且人民币持续升值令银行外汇贷款尤为紧张,融资利率居高不下,企业要获得大额的外汇贷款可谓难上加难。而如果融资币种与实际需求不能匹配,企业还将承担汇率风险。跨境贷款的实施通常十分困难:对境外银行来说,无法深入了解国内企业的真实情况,业务调查需要花费更多精力;对境内企业而言,不熟悉境外市场,不了解境外银行的信贷流程、风险偏好和法律法规,沟通成本巨大。上海银行横跨沪、港、台三地的跨境金融平台恰好解决了上述难题,参贷行涉及三地,通过合理的组合不仅满足了企业大额美元的资金需求,且大幅降低了企业的融资成本,并规避了汇率风险。

(三)银团贷款收获良好的经济和社会效益

银团贷款在收取贷款利息、银团费用以外,还通过业务进一步加深了银企合作关系,在现金管理、国际结算业务、NRA账户开立等方面与客户展开全方位合作,实现银企双赢、共同发展。

三、结论与启示

上海银行沪、港、台三地银团贷款是三地"上海银行"合作加深的服务和产品创新。随着"三地上银,一心为您"的整体品牌逐步深入人心,上海银行在业界的相对竞争优势凸显。一方面,银行业间加强合作,实现优势互补和资源共享,正在成为扩展市场份额和参与全球化的有效途径;另一方面,在国内外汇信贷额度紧张的市场环境下,外资企业对在岸和离岸的组合型资金筹措的需求正在不断扩大,上海银行三地金融平台提供跨境银团贷款,无疑是帮助企业构建境外长期稳定的融资渠道、为企业国际化发展提供全方位金融服务的有效解决方案。

值得一提的是,2011年韩华新能源获得跨境银团贷款之时,外债额度审批还是必需的前提条件。自 2016 年 5 月 3 日起,国家取消外债事先审批,将本外币一体化的全口径跨境融资宏观审慎管理试点扩大至全国范围内的金融机构和企业。对金融机构和企业,中国人民银行和国家外汇管理局不再实行外债事前审批,而是由金融机构和企业在与其资本或净资产挂钩的跨境融资上限内,自主开展本外币跨境融资。这一举措必将大幅改善境内企业的投融资政策环境,进一步促进跨境融资的便利化。

参考文献:

[1]中国银行业协会银团贷款与交易专业委员会.中国银行业银团贷款优秀案例[M].北京:中国金融出版社,2014.

[2]林小川.沪港台"上海银行"组建跨境银团贷款[N].21世纪经济报道,2011-07-26.

[3]钱谊娟,肖石.两岸三地"上海银行"的兄弟盟[J].中国经济周刊,2011(44).

[4]周依亭.沪港台三地"上海银行"神秘牵手[N].经济观察报,2002-01-08.

案例 4 万华集团的海外并购之路

一、案情回放

(一)背景概述

1. 收购方

万华集团有限公司(以下简称"万华")旗下上市公司烟台万华成立于 1998 年 12 月 20 日,是亚太地区最大的 MDI[①]制造商,国内市场占有率连续十年名列首位。2010 年底,烟台万华实现销售收入 94.3 亿元,净利润达 15.3 亿元。

聚氨酯是一个寡头垄断的全球化产业,业内四大巨头已实现了欧、美、亚三大洲的产能及销售网络的布局。欧洲是四大跨国公司的主要盈利区域,市场规模大且靠近中东及东欧和独联体等新兴市场。早在 2002 年,万华就制定了国际化战略,2008 年金融危机促使公司调整战略实施方案,转向并购,此时匈牙利的 BorsodChem Zrt 公司进入了万华的视野。

2. 被收购方

BorsodChem Zrt.(以下简称"BC 公司")于 1949 年建立,位于匈牙利考津茨包尔齐考市,是匈牙利最大的化工公司,曾是世界上能生产异氰酸酯的八家公司之一,2006 年被

---

① MDI 即二苯基甲烷二异氰酸酯,是制备聚氨酯的关键原料,广泛应用于轻工、化工、电子等领域。

欧洲最大的私募基金英国 Permira 并购基金斥资 16 亿欧元收购。由于金融危机,公司遭遇经营困境与债务危机,截至 2009 年底,总资产 16.45 亿欧元,负债总额 14.73 亿欧元,净资产 1.72 亿欧元,净利润亏损 1.61 亿欧元。

2009 年上半年,BC 公司在股东 Permira 支持下委托重组顾问与债权人谈判,寻求债务重组。欧美聚氨酯行业内竞争对手受欧盟反垄断法的限制不能对其收购,业外公司不具备产业整合优势,危机时期又不敢贸然行动,这就为万华收购 BC 提供了极好的机遇。

(二) 曲折的并购之路

1. 一厢情愿,举步维艰

万华的收购想法一开始被 Permira 当场拒绝。2009 年 8 月,在得知 Permira 提供给高级债债权人重组方案后,万华赴匈牙利再次提出收购意向,还是遭到拒绝,无法参与债务重组谈判。

2. 另辟蹊径,峰回路转

正面接触百般受阻后,万华研究发现,BC 公司当时的资本结构中,股权约 4.6 亿欧元,负债共 10 亿欧元,其中次级债①2.5 亿欧元,高级债 7.5 亿欧元,负债马上要还,但原股东已无力投入。BC 公司债权在二级交易市场大幅折价,次级债价格只有票面价值的 25%~30%,2.5 亿欧元次级债只值 5 000 万欧元,如果能够控制次级债的 2/3,即支付 3 000 多万欧元,就可以否定大股东原先计划的重组方案。

于是,2009 年 8 月,万华通过香港的战略合作伙伴,以 4 700 万欧元的价格收购了 BC 公司 2/3 以上的次级债(共计面值 1.56 亿欧元),争取到以债权人身份参与重组谈判的资格,收购进程出现转机。

3. 危机四伏,首战告捷

重返谈判桌,万华面临来自四方的压力:一是 Permira 在股东层面的反击。二是公司高级债权人的藐视和敌意。当时万华面临欧洲 60 多家态度强硬的银行,他们甚至还请到了摩根斯坦利的欧洲兼并总裁亲自操刀防御。三是公司管理层的反抗,充斥着抵触情绪。四是匈牙利政府的压力和复杂法律体系的挑战。

历经艰苦谈判,2009 年 10 月 15 日,万华与对方草签了《意向性框架协议》,以手中持有的次级债换取了 BC 公司 36% 的股权,同时还有很多小股东保护条款,并保证在 2013 年后以"公平市场价格"向 Permira 购买其余股权的买入期权。

4. 背水一战,扭转乾坤

然而,万华作为无经营权、无实际管理权的小股东方在获取最终控制权之前仍面临极

---

① 次级债是夹层债(mezzanine debt)最常见的形式,是风险和成本介于优先债(高级债)和股本之间的灵活的融资方式。它要求企业按期偿还本金和利息,通常要求比优先债更高的利息。其融资费用低于股权融资,对股权人体现出债权的优点;其权益低于优先债,对优先债权人而言,体现出股权的优点。企业破产清算时,优先债提供者首先得到清偿,其次是夹层债提供者,最后是公司的股东。

大风险。2009年11月中旬,新的契机出现,原计划向BC公司贷款1亿欧元的匈牙利开发银行宣布退出,原交易方案需要大幅改动,向Permira要求获取实质控股的拉锯式谈判启动。

通过合作伙伴,万华连续在二级市场收购BC公司高级债,并对外宣称将购买超过1/3的高级债,控制重组,向Permira施压。谈判中,万华成功引入IPO及公开竞拍等市场定价机制,弱化"市场公平价格"可能对万华并购成本带来的不利影响。但是,鉴于匈牙利法律的复杂性,即使万华买下BC公司1/3以上的高级债,也不可能获得重组控制权,而且市场收购高级债已很难超过1/3。

多次交锋和博弈后,2010年2月24日,万华与Permira达成《投资框架协议》,海外并购取得重大突破。2010年6月,万华持有的债权转换为对BC公司38%的股权(从First Chemical Holding手中购买了38%的BC股份),万华向BC公司贷款1.4亿欧元(约合1.89亿美元)完成其未竣工的化工厂,同时拥有未来24个月内增持股份的选择权。

(三)高杠杆的并购融资解密

海外并购除了谈判之外,最关键的是企业资金,万华此次收购BC公司交易总金额为12.63亿欧元,等值于110多亿元人民币。万华如何融到这笔巨额资金?

显然,依靠自身的资产,公司根本解决不了这么大的资金问题。就算想要支付大额资金给海外客户,也需要有关部门的审批,很可能导致万华贻误最佳收购时机。因此,本次收购所需资金主要在海外筹集,来自于三部分:

第一部分是万华海外子公司的贷款。为推动BC公司第二套16万吨/年TDI装置建设,万华海外子公司为BC公司提供了1.4亿欧元贷款。

第二部分是银团贷款。万华委派中国银行作为独家牵头行,联手交通银行、国家开发银行和中国工商银行等组建银团,向承贷主体BC公司提供了5年期9亿欧元低成本贷款,除了偿还以1.4亿欧元收购BC 38%股份而签订的贷款,主要用来置换原来高利率(贷款利率最高至15%)的银行高级债。上述资金属于收购过程中的BC公司债务,不同于传统意义上的股权收购,不但满足了收购过程的资金需求,还大大降低了BC公司的财务费用。

第三部分是万华自付2.23亿欧元作为收购股权的对价及中介费用。

可见,12.63亿欧元的收购,万华实际只耗资2.23亿欧元,溢价率不到150%。而如果在匈牙利新建一个与BC同等规模的工厂,就需要17亿~20亿欧元的投资。

而此前为了保证万华及时在市场上收购BC公司部分次级债和高级债,取得谈判的话语权,中国银行总计为其提供了内保外贷融资性保函54亿元人民币,通过内保外贷方式,借助香港融资平台,筹集资金约4亿欧元并如期到位,相关资金甚至提前一天到达对方授权的账户。

(四)圆满落幕

2011年2月1日,万华与BC公司宣布:万华继2010年6月收购BC公司38%的股权后,又收购了由珀米拉公司和维也纳资本合伙公司持有的股权,拥有股权达96%,至此万华正式控股BC公司,成功跻身为仅次于拜耳、巴斯夫的全球第三大氰酸酯供应商。

因交易的复杂性和重要影响,英国《金融时报》赞誉"万华收购BC公司是中国历史上首次成功的敌意收购",在欧洲引起极大震动。该并购被《国际金融评论》(IFR)评为2010年度欧洲、中东、非洲地区最佳重组交易奖,创造了中国企业海外并购的多项"第一"。

二、案例评析

万华之所以能够成功并购BC公司,主要归因于:

(一)战略方向高瞻远瞩

不同于以往的财务投资或获取技术与资源目的,万华案是中国首例以战略制约为主要目的的海外收购,在竞争对手主要盈利的欧洲区域形成战略制约,摆脱了生产和销售的区域局限性,规避了盈利地域集中化的风险,保证万华在亚洲的产能优势转化为可持续盈利优势。收购主要基于三方面的考虑:一是自建生产基地耗时耗力风险高,并购能缩短3~4年的审批时间,同时获得欧洲的市场通道、销售团队和员工;二是并购将减少竞争对手并形成协同效应;三是避免重复建设,保护行业竞争。

(二)时机与标的选择精准

石化产业循环周期通常为7~9年。2009-2010年正值周期谷底,化工公司估值最低,BC公司又债台高筑,正是并购的最佳时机,万华抓住了金融危机带来的稍纵即逝的机遇,成功购入海外有增值潜力的资产。加之匈牙利地理区位和地缘政治的重要性,政策、法律、投资环境稳定,人才素质较高,人力成本有一定优势,税收较为优惠,收购BC公司可以在欧洲建立桥头堡,大大缩短万华的全球化进程。

(三)运作团队专业、有执行力

跨国并购是涉及众多利益相关者的系统工程,专业性强,技术复杂,既需要通晓国际通行规则、相关国家法律法规,更需要熟谙资本运作,灵活运用。万华的并购团队各有专长、经验丰富、执行力强,[1]在与国际顶级投资银行高手的交锋中沉着应对,借助资金、信

---

[1] 参与其中的有:赵兵,万华实业集团董事,合成国际执行董事,哥伦比亚大学运筹学博士,曾在多家国际世界顶级投资银行供职,主要负责本次收购的交易方案和总操盘。牧新明,万华实业集团董事,美国北卡罗来纳州大学会计学博士,曾任美国奥斯汀大学金融学教授,金融及资本专家,主要负责本次收购交易方案的制定和方案的执行。王炼,万华实业投资总监,曾任摩根斯坦利、高盛等七家国际投资银行主要负责人,美国麻省理工学院数学博士和卡内基梅隆大学金融学博士,主要负责本次交易的债务交易。丁皓,美国弗吉尼亚大学化学博士,万华实业总裁助理,加氢反应化工专家,交易团队核心成员,主要负责交易的跟踪和执行。蔡国华,工学博士、北京大学光华管理学院应用经济学博士后、长江商学院EMBA,烟台市副市长。

息、经验和跨国人脉网络,众多成员默契配合,化解了并购谈判的重重困难。英国《金融时报》称之为"不戴手套的拳击手",美国《华尔街杂志》也评价万华团队做得非常漂亮,市场化运作,完全按照国际资本市场规则出牌。

(四)金融援持快捷高效

万华收购过程复杂,架构设计、时效要求很高,涉及香港地区的筹资、"夹层债"收购、股权及债务的置换和交割、抵押品转移、监管账户操作等多个环节,其中诸多条件互为前提,环环相扣,还要受到匈牙利监管部门的贷款政策约束。在此次成功并购的背后,以中国银行为首的银团功不可没,第一阶段的内保外贷和第二阶段的银团贷款为企业提供了强有力的金融支持。

在收购第一阶段,根据债转股收购方案,中国银行山东分行提出"内保外贷"融资方式,5天内即由中银香港放款,协助收购BC公司次级债,顺利取得谈判筹码。中国银行融资性保函在境外有很高的认可度,通过为公司增信,可有效解决并购资金来源问题。相比国内的外币融资,内保外贷方式获得的境外融资成本相对较低,还有助于公司有效应对汇率风险,解决货币错配;依托中国银行国内外分支机构及代理行资源,贷款询价有很大选择空间,方便为公司争取到有竞争力的价格,节省公司的资金成本。

在收购第二阶段,中国银行又创造性地设计出债务置换的融资方案。中国银行山东分行作为项目发起行,联动匈牙利分行、卢森堡分行、法兰克福分行等中国银行多家海外机构完成银团组建,中国银行成为银团贷款独家牵头行、融资顾问行和担保代理行。在总行的大力支持下,项目实现了"总行协调安排外汇资金、境内分行发起授信、海外分行簿记放款、海内外分行利益共享"的全新运作模式。

境外贷款成本较低,"物美价廉"。在海外机构网络方面,中国银行具有无可比拟的优势,海外机构已横跨全球六大洲41个国家和地区,代理行遍及179个国家和地区,足以为企业提供全球化、一体化的综合金融服务。中国银行充分利用中银集团设在亚太、欧洲和美洲的银团中心,根据世界各地汇率走势调拨资金,以最低的成本、最快的速度组建银团,不到两个月就实现了9亿欧元贷款,在符合各行授信条件情况下的按时足额放款,使万华成功完成债务置换以及股权转让。

除此以外,社会各方尤其是国家有关部委、驻匈牙利大使馆对万华并购也提供了密切关注和大力支持,如中国驻匈使馆商务处在这次并购中充分运用了中匈两国的政府关系。

三、结论与启示

万华并购案在国际上产生重大影响,对中国企业实施"走出去"战略具有"灯塔效应"。企业"走出去"面临新市场、新法规、新政策和新环境等一系列挑战,风险巨大,过程复杂,离不开外交、金融、政策、人才等各方面的协调与支持,需要全方位和多层次的通力合作。中国本土金融业在这一过程中所扮演的角色尤为重要,因为海外并购中融资途径、融资成本和融资效率往往是决定并购成败的关键,国内企业海外并购一定要选好合适的金融合作伙伴。

此次并购,不仅实现了万华集团的国际化战略,并购之后,对万华、BC 公司、中国、匈牙利企业和社会等多个层面都有贡献,也使中国银行赢得了丰厚的利润回报和极高的国际赞誉,成为银企合作双赢的典型代表。

参考文献:

[1] 朱剑平.解密万华成功并购 BC 公司案[N].上海证券报,2011—03—01.

[2] 朱剑平.烟台万华并购案为何有"灯塔效应"[N].上海证券报,2011—03—01.

[3] 王小平,刘静.山东中行助力企业"出海"扬帆[N].齐鲁晚报,2014—12—15.

[4] 李建奎.烟台万华并购匈牙利 BC 公司[M]//田明宝.十四个沿海城市开放纪实·烟台卷.北京:中国文史出版社,2014.

[5] 孙红伟.幕后的主角——专访烟台万华常务副总裁兼 CFO 寇光武[J].中国外汇,2011(8).

案例 5　仲利国际银团贷款项目

一、案情回放

(一)背景概述

加快融资租赁业发展,对于有效扩大相关行业的投资、生产和消费,支持中小企业融资,帮助企业开拓国际市场,带动现代服务业发展等,具有十分重要的意义。近年来,受诸多政策利好的影响,中国融资租赁业呈现迅猛发展态势,加上融资租赁公司高达 10 倍的融资杠杆优势,其银行贷款呈现井喷式增长。

(二)项目需求

仲利国际租赁有限公司(Chailease International Finance Corporation,以下简称"仲利国际")是台湾上市公司中租控股(Chailease Holding)在上海注册成立的外商独资公司,属于国内规模较大的外资租赁公司。该公司于 2005 年进入大陆市场,专注于为中小企业提供设备融资服务,行业分布广泛。随着业务的日渐增长,仲利国际用于购买租赁机器设备的流动资金需求也越来越大。

仲利国际与下游终端客户签署的租赁合同金额大多集中在 500 万元以下,每次从确定购买意向、签署租赁物购买合同到需要实际使用贷款资金购买租赁物的时间很短,大约 2~3 天。根据中国银监会"三个办法一个指引",流动资金贷款必须实现实贷实付,完全以"受托支付"的方式完成资金的划转。具体流程如图 5—1 所示。

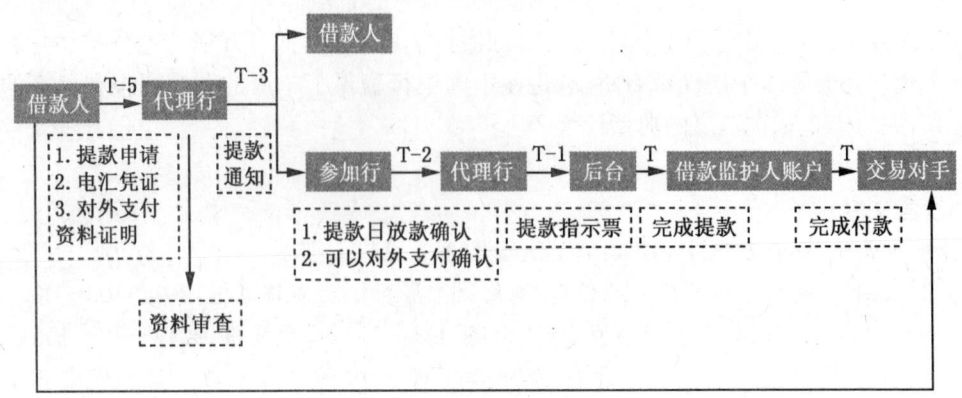

图 5—1　原支付流程

这种受托支付在实务操作中产生诸多问题：首先，由于账户中不能留有余额，必须根据每次实际需要对外支付的金额决定提款金额，导致提款金额出现不为整数的情况。其次，在有对外付款需求的当天进行提款，导致提款的次数明显增加，常常因为小额的支付需求，需要多次提款，频繁的提款增加了银行和借款人的工作量。再次，租赁行业往往需要准备大量的支付证明材料，费时费力。最后，遇到月末、季末、年末或银行贷款额度紧张的月份，增加了银行的放贷压力，有些中资银行无法按时发放贷款，企业正常的提款需求不能得到及时满足。

（三）银团筹组思路

以银团贷款、咨询业务为专长的瑞穗实业银行（以下简称"瑞穗"）是本次银团贷款牵头行之一。[①] 为解决上述问题，针对企业需求的项目银团设计主要从两方面着手：一是探索新型的受托支付模式，在符合规定的前提下，优化贷款操作流程，减轻放款压力，满足借款人频繁支付的需求；二是追加应收账款质押，在提升整体贷款质量的同时，增加银行的整体贷款收益，提高银行发放贷款的积极性。

考虑到仲利国际与其下游终端客户签署的租赁合同多为 2~3 年，瑞穗银行提出以银团方式为其提供 3 年期的承诺性定期贷款融资的方案。由于租赁公司的最终还款来源为各类中小企业支付的租赁款，要求借款人将其回笼的应收账款质押给银行，便于银行及时

---

① 瑞穗实业银行是 2002 年 4 月由第一劝业银行、富士银行、日本兴业银行三行合并、重组后成立的一家银行，直属于日本第二大综合金融集团——瑞穗金融集团，与瑞穗银行共同经营旗下银行业务。其全资子公司瑞穗实业银行（中国）于 2007 年 6 月成立。瑞穗中国主要面向的是在中国开展业务的日资企业和以"走出去"为战略目标的中资企业。

监管其资金回笼情况。同时,由于仲利国际的租金来源主体遍布全国,为加强可操作性,特邀请一家中资银行担任租金收款银行,将本银团贷款项下的所有租金回笼到该银行,该银行则每季度出具一份资金回笼报告给各贷款人,便于银行了解租金回收情况。

该项目于2011年年中最终完成签约,一共有4家中外资银行参与,总金额达到8.3亿元人民币。瑞穗银行和上海银行担任联合牵头行。瑞穗银行担任贷款代理行和担保代理行,负责贷款额度的管理和应收账款的质押登记;上海银行担任监管代理行和结算代理行,负责还本付息资金的划转和回笼应收账款的监管。其他银行的角色和承贷比例详见表5—1。

表5—1　　　　　　　　　　　　银团贷款结构

银团成员	银团角色	承贷额度(亿元)	贷款占比(%)
瑞穗中国	联合牵头行	1.5	18
上海银行	联合牵头行	5	60
中国农业银行	联合牵头行	1.5	18
华一银行[①]	参加行	0.3	4
合计		8.3	100

注:华一银行(First Sino Bank)是中国台海两岸合资的首家华人银行。由莲花国际有限公司、永亨银行有限公司和上海浦东发展银行共同投资组建。1997年1月在上海成立。主要服务于投资中国大陆的台湾、香港及其他外资企业及个人。

二、案例评析

该项目银团组建时间历时半年,期间虽然经历了银行收紧银根、贷款成本大幅上涨的特殊阶段,仍于2011年年中最终成功完成签约并达到超额认购,瑞穗银行作为主牵头行,将贷款额度的82%成功分销给中资大型银行、中资股份制银行和台资银行,贷款规模从最初的3.5亿元增长到8.3亿元,获得了高度的市场认可。

本案为国内业界的银团业务创新提供了良好的典范,其最大亮点在于充分考虑租赁公司自身经营特点和融资需求,创新银团贷款应用模式,具体体现为:

(一)支付环节的结构创新

为了满足客户的需求,瑞穗银行牵头的这一银团贷款项目作出了很好的创新尝试,即受托支付方式的结构创新,详见图5—2。

优化后的支付流程具体步骤是:首先,月初借款人预估本月需要用款的总额,一次性提款。其次,额度代理行收到提款通知后,通知所有参贷行,参贷行将其份额在指定的时间划入借款人在额度代理行开立的贷款专户。该专户由额度代理行代为管理,客户仅可

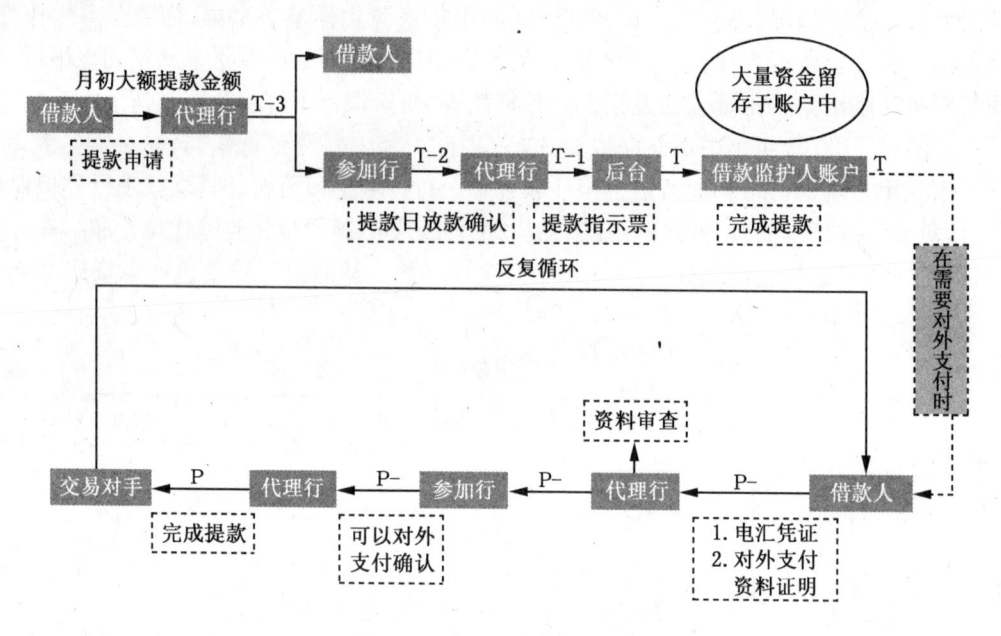

图 5-2 优化后的支付流程

按照贷款合同规定通过额度代理行来对外付款。再次，每次对外支付时，客户需提交对外支付资料证明，向银行申请对外付款。银行审查资金用途后，方对外付款。最后，月初提款金额未使用的部分在月末强制还款。通过月初大额提款、月中逐笔完成对外支付、月末账户清零的举措将受托支付的形式进行优化，在不违背当局监管要求、不弱化银行监管资金用途的前提下，改善了提款和用款的操作流程，合理减轻了事务工作量，提高了客户的满意度。

（二）租金回笼的质押保障

考虑到仲利国际最终还款来源即租金的地域广泛性，银团贷款追加应收账款质押，同时邀请上海银行担任监管代理行和结算代理行，以充分利用中资银行开发的应收账款管理系统，对回笼资金进行有效监管，降低了还款风险，提高了银行收益。

三、结论与启示

近年来，中国租赁市场呈现快速增长态势，对于租赁公司来说，长期且稳定的大额融资是其事业发展必不可少的重要一环。此次银团贷款向仲利国际提供一定期限的稳定大额贷款，为企业在融资以及事业发展方面提供了良好的金融解决方案，解决了企业的燃眉之急，同时也达到了银行授信风险分散化的目的，实现了企业和银行的共赢。未来随着金融创新的不断深化，银行与租赁、银行与银行的合作空间将愈发广阔。从资金筹措多样化的角度来看,这种融资组合的市场空间巨大。

面对社会经济发展需求的多样性和借款人要求的复杂性,银团贷款应充分体现灵活多样的特性,在不违背监管政策的前提下,突破各种传统方式和流程的约束,积极开展产品和业务模式创新,有效保障和平衡各方的利益诉求,为企业提供全面贴心的金融服务支持,实现银企利益共享、互利共赢。瑞穗银行牵头的仲利国际租赁有限公司银团贷款项目在这方面作出了很好的创新尝试。

参考文献:

中国银行业协会银团贷款与交易专业委员会.中国银行业银团贷款优秀案例[M].北京:中国金融出版社,2014:170—174.

案例 6 巴克莱银行 LIBOR 利率操纵案

一、案情回放

(一) 背景概述

2008 年 4 月,《华尔街日报》报道,怀疑一些 LIBOR 报价行存在操纵利率的行为——在 2007—2008 年全球金融危机中,一些银行故意低报其借入资金的利率,以免向监管者或市场参与者暴露其经济困境。2008 年 5 月,《华尔街日报》报道了一项研究结论,该研究比较了 LIBOR 利率和根据信用违约互换市场数据估算的银行同业借贷成本两者的差异,结果发现,当时 16 家 LIBOR 报价行中的 5 家——花旗银行、西德意志银行、汇丰银行、摩根大通银行以及瑞士联合银行故意低报了利率。该研究还指出,违约保险市场显示这些报价行的财务状况出现较大差异,但其对借入资金的利率报价却相似,由此报价行之间可能存在勾结。同月,巴克莱集团(Barclays PLC,BCS)承认在过去几年里操纵过 LIBOR 报价。2012 年 6 月 27 日,美国商品期货交易委员会(CFTC)、英国金融服务监管局(FSA)和美国司法部同时披露,与英国巴克莱公司就虚假报价以及操纵伦敦银行同业拆放利率(LIBOR)/欧洲银行同业欧元拆放利率(EURIBOR)案达成和解协议,巴克莱公司被认定在 2005—2009 年期间操纵、虚报 LIBOR 和 EURIBOR,处罚 2.9 亿英镑(约 4.52 亿美元)。消息披露后,引发市场强烈震动。

该事件被曝光以后,瑞银集团、德意志银行、苏格兰皇家银行、汇丰银行、花旗银行、美国银行、法国兴业银行等机构也因涉嫌操纵利率受到监管机构调查。监管部门的文件显示,这些机构的交易员不仅相互串通人为改变美元 LIBOR 报价,也涉嫌操纵 EURIBOR、日元 LIBOR 报价和东京银行间同业拆借利率(TIBOR)。

(二)巴克莱的利率操纵手法

从目前披露的资料来看,巴克莱银行试图操纵基准利率主要发生在 2005—2009 年,利率操纵时间长达 5 年之久。

1. 巴克莱为其衍生品交易虚报操纵 LIBOR 和 EURIBOR

巴克莱在很多的利率互换等场外衍生品交易中充当客户的对手方,然后再通过对冲自身利率风险,获得之间的差额收益。巴克莱交易员通过电话、电子邮件、即时信息等方式向本行报价员发出各种要求,以利于自己的衍生品头寸,这些要求包括:指定利率水平、要求高报或低报,甚至要求把巴克莱的报价作为奇异值剔除出计算范围。FSA 调查显示,巴克莱违反 LIBOR/EURIBOR 定义,为了衍生品交易员头寸而低报或者高报美元、日元、英镑的 LIBOR 和 EURIBOR 水平,使巴克莱自己持有的衍生品头寸获利或减少损失。2005 年 1 月至 2009 年 5 月,巴克莱以及其他银行的交易员至少 173 次向巴克莱的美元 LIBOR 报价员提出报价要求;2005 年 9 月至 2009 年 5 月,至少 58 次向巴克莱的 EURIBOR 报价员提出报价要求;至少有 14 名衍生品交易员,包括高级交易员曾经提出报价要求。而巴克莱报价员在多数情况下都采取了纵容的态度,并同意回应这些要求。FSA 分析了从 2006 年 1 月 3 日到 2007 年 8 月 6 日之间的 111 次出现交易员要求的美元 LIBOR 报价,其中 70% 与交易员要求的一致,16% 不清楚,只有 14% 不一致;分析了从 2006 年 2 月 23 日到 2008 年 6 月 3 日之间的 42 次出现交易员要求的 EURIBOR 报价,其中 86% 与交易员要求的一致,2% 不清楚,只有 12% 不一致。

2. 巴克莱应其他银行交易员要求而报价

除了为自己的衍生品头寸考虑,巴克莱交易员还会为其他银行的交易员(部分是转投其他金融机构的巴克莱前任交易员)要求巴克莱报价员虚报 LIBOR 和 EURIBOR。据 FSA 调查,巴克莱前任交易员们至少有 12 次向巴克莱交易员提出关于 LIBOR 的报价要求,至少有 20 次向巴克莱交易员提出关于 EURIBOR 的报价要求。巴克莱的衍生品交易员也会要求其他银行交易员反过来帮忙,请其他银行报价员虚假报价。据 FSA 调查,自 2006 年 2 月至 2007 年 10 月,巴克莱的 5 名衍生品交易员至少 63 次向其他银行的交易员提出要求,请他们转发关于 EURIBOR 和美元 LIBOR 的报价要求,其中涉及 EURIBOR56 次。

3. 与其他银行串谋操纵报价

在个别情况下,这些不同银行的交易员还会联合起来,同时影响巴克莱和其他银行的 EURIBOR 报价。手法包括:向巴克莱报价员提出要求;在关键日期之前或当日向其他银行交易员提出要求;有时还鼓励现金市场交易员在货币市场达成交易或报价来间接影响 EURIBOR。从 2006 年 12 月起,一些交易员就开始密谋操纵在 NYSE LIFFE 交易的 2007 年 3 月到期的 EURIBOR 期货合约。巴克莱一名交易员计划做多 3 个月合约,希望从较低的 EURIBOR 报价中获利。该交易员在合约到期前一直联络四家报价行的衍生品交易员。在合约到期日的前一个工作日 2007 年 3 月 16 日和最后交易日当日,他不但要求巴克莱银行报价员报低 EURIBOR、联系银行现金部门的人员试图间接影响价格,还要求几家银行交易员向各自的报价员发出请求,要求报低 EURIBOR。根据事后他们之间的通信记录,该策略似乎获得了成功。

4. 管理层要求报价员低报 LIBOR

从 2007 年 8 月开始,公众对于银行 LIBOR 报价更为关注。LIBOR 报价越高,就会被认为融资成本增加,银行面临流动性困难。相对于其他银行,巴克莱的 LIBOR 报价偏高,从 2007 年 9 月 1 日到 2008 年 12 月 31 日,巴克莱 3 个月美元 LIBOR 报价在 66% 的时间里高出 12 家其他报价银行。这一情况引起了媒体的注意并被报道。巴克莱的高层管理人员对这种负面报道十分关注,中层管理人员对报单员发出指令降低 LIBOR 报价,以避免媒体关注。

(三)利率操纵的表现

在一般情况下,LIBOR 利率与美联储发布的欧洲美元利率比较相近。在 2008 年金融危机期间,3 个月欧洲美元利率超过 3 个月 LIBOR 利率高达 195 个基点,表明金融机构提交的利率报价低于实际的市场美元融资成本。[①] 随着融资形势的改善,欧洲美元和 LIBOR 利率双双开始下降。图 6-1 显示了 2005—2012 年 3 个月欧洲美元利率与 3 个月 LIBOR 利率走势对比。

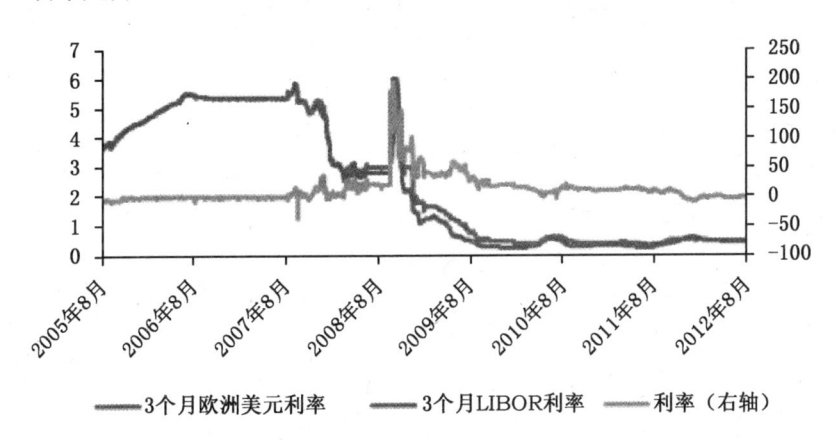

资料来源:美联储、英国银行家协会、中国邮政储蓄银行资金部。

图 6-1 近年来 3 个月欧洲美元利率与 3 个月 LIBOR 利率走势对比

若各行报价采用欧洲美元利率作为衡量银行间融资成本的基准,则有多家金融机构

---

① 伦敦银行家协会 2008 年 4 月 7 日公布的美元 1 个月 LIBOR 利率为 2.72%,但美联储当日稍后给出的银行间有担保贷款利率为 2.82%。根据经济学常识,一般信用拆借的利率要高于有担保的信用放款利率。

报价远低于市场利率。事实上,2008年9月30日劳埃德银行(Lloyds)提交的LIBOR利率低于当日3个月欧洲美元利率高达215个基点,在当前所有报价行中利差最大,花旗银行(Citibank)报价也低于欧洲美元利率达210个基点,瑞士信贷(Credit Suisse)和巴克莱银行(Barclays)报价也远低于由市场决定的欧洲美元利率。

二、案例评析

(一)操纵案的成因分析

利率操纵事件为什么会一再发生?除了巴克莱银行的交易员和管理层缺乏职业操守,公司内部缺乏有效的内部控制之外,也暴露出LIBOR定价机制的缺陷和监管体系的不完善。

1. 巴克莱银行内控、合规管理不到位

(1)巴克莱对报价流程缺乏完整、有效的内控系统。

首先,2009年12月之前,巴克莱的LIBOR和EURIBOR报价没有内部控制和审计。巴克莱没有制定内部政策来说明报价过程公正性的重要意义,没有给报价员提供报价过程和报价要求的培训,也没有对报价过程进行监管,更没有对整个报价过程进行专门记录,报价完全由报价员个人决定。其中,美元LIBOR的报价自1995年起一直由一位在美元货币市场具有丰富经验的报价员每天完成报价,[①]而EURIBOR的报价自1999年起也一直由一名货币市场报价员完成,期间从未更换过报价员。

其次,没有重视相关机构的建议改进报价行为。自2005年以来,巴克莱内部员工多次发现基准利率报价过程存在利益冲突、报价过程不透明等问题;2007年12月12日,欧洲银行联盟提醒报价银行在履行报价义务时应遵守制定的EURIBOR报价规则,建议报价银行每天在报价时进行系统和严格的管理;2009年,BBA明确规定LIBOR应如何决定,并要求报价公司对所报的利率进行内部审计。无论是来自内部的质疑还是外部的建议,都没有让巴克莱意识到LIBOR和EURIBOR报价过程存在的风险,直到2009年12月以后巴克莱才对利率报价流程进行了改进。

最后,报价流程的改进没有触及核心问题。巴克莱在2009年和2010年改进报价流程的措施包括沟通渠道约束、报价信息的讨论权限限制等,但均未触及报价过程的两个核心:一是没有对报价员在报价时与公司内部和外部人员的信息交流进行监控,无法从根本上杜绝报价员与衍生品交易员进行信息沟通、合谋操纵LIBOR报价的可能性;二是巴克莱虽然已经对报价流程进行内审,但对报价流程没有进行必要的记录。

[①] 巴克莱的美元LIBOR报价员在决定报价时要综合考虑以下因素:伦敦美元货币市场交易,以及巴克莱以该利率进行资金拆借的能力;声讯经纪商的市场信息;隔夜金融新闻及巴克莱内部的研究资料;中央银行的利率政策;之前的报价;对联邦公开市场委员会利率政策的预期等。

(2)巴克莱合规部门未通过设置信息隔离机制防范利益冲突。

首先,巴克莱合规部长期忽视报价信息隔离机制的重要性。巴克莱一位高级管理者于2007年9月曾指出,该公司基准利率报价员和衍生品交易员存在潜在的利益冲突,并反映到公司合规部门,提出报价员报价时不应考虑公司的衍生品头寸。此时正值巴克莱因报价经常高于同行,陷入公众对该公司流动性不足、资产质量下降的质疑和负面评价中。合规部先同意起草公司规则,确保报价员在报价时不再考虑公司衍生品头寸,但随后又提出报价员报价时考虑公司衍生品头寸不存在任何风险,认为没有必要在报价员和衍生品交易员之间进行信息隔离。随后巴克莱合规部没有与报价员商讨此事,也没有制定相应的应对政策。

其次,巴克莱合规部没有与监管机构进行清晰和有效的沟通。2007年12月4日,巴克莱的一名报价员对公司下调LIBOR报价的做法提出质疑,并对美元LIBOR的形成方式表示担忧,担心巴克莱和其他银行正在形成错误的基准利率,损害报价银行和监管机构的信誉。两天后,巴克莱合规部就LIBOR的报价问题与英国金融服务局进行了沟通,汇报了其他报价银行普遍低报的现象,但没有指出自身在LIBOR报价中存在的问题。随后巴克莱继续采用原有方法进行报价,公司高管仍然能够直接干预LIBOR的报价。

2. 巨额非法利益的驱动

(1)利率操纵有利于银行在危机时降低借贷成本。金融危机期间,银行流动性紧张、资金紧缺,若LIBOR上升,将导致银行借贷成本上升。因此,大型国际金融机构有动力在LIBOR报价时报出比实际更低的利率,以使得最终LIBOR维持低位,降低融资成本。

(2)避免暴露真实资金流动性。银行担心金融危机期间根据实情报价会暴露自身真实的资金流动性状况,使流动性危机被市场察觉,认定为高风险,因而刻意压低报价就成为参考银行间彼此"心照不宣"的行为,致使LIBOR完全低于真实的市场利率水平。

(3)LIBOR对利率衍生品市场影响巨大。据国际清算银行(BIS)统计,截至2011年12月,全球场外交易衍生产品名义价值总量达648万亿美元,其中利率衍生品占78%,为504万亿美元。通过改变利率,国际金融机构可以使衍生品价值向有利于自己的方向变动,极其微小的利率改变都能给自己带来巨额收益。

3. LIBOR定价机制存在缺陷

(1)LIBOR与EURIBOR的编制方法——截尾均值法。

LIBOR是英国银行同业之间的短期资金借款的成本,由英国银行家协会BBA选定一批银行,各自估算并报出在伦敦货币市场中各家银行能够获得的同业拆出利率(详见表6—1),各报价银行在报价时必须只考虑在货币市场借款时的成本,不能考虑其衍生品交易情况和其他因素。计算时,去掉价格最高的25%银行报价(金融危机期间为4家)和最低的25%银行报价(4家),将剩余50%(8家)报价银行的报价平均后作为各种货币最终的LIBOR价格。EURIBOR是指欧洲银行间欧元的同业拆放利率,与LIBOR形成机制类似,报价来自于42~48家欧洲银行。计算时,去掉最高的15%报价和最低的15%报价,将剩下的70%报价进行平均得到每个期限的EURIBOR。

表6—1　　　　　　　　2007年美元LIBOR报价的16家银行[①]

美国银行 Bank of America	摩根大通银行 JP Morgan
东京三菱银行 Bank of Tokyo-Mitsubishi	劳埃德银行 Lloyds TSB
巴克莱银行 Barclays Bank plc.	诺林丘银行 Norinchukin
花旗银行 Citibank	荷兰拉博银行 Rabobank
瑞士信贷银行 Credit Suisse	加拿大皇家银行 Royal Bank of Canada
德意志银行 Deutsche Bank	苏格兰皇家银行 RBS
哈利法克斯银行 HBOS	瑞士银行 UBS
汇丰银行 HSBC	西行意志州银行 West LB

注:2011年2月以后,报价银行数量变为18家,且名单也有变化。
资料来源:British Bankers' Association(www.bba Libor.com);Reuters, "Five banks probed over benchmark rate-source",2011.3.17。

(2)定价机制的缺陷。

这种定价机制明显存在两个问题:一是报价行的数据准确与否很难考证。BBA从报价银行收集的数据是报价银行对自己借款需支付多少利息的估计数据,而非实际交易数据,因而有可能偏离市场真实情况。对此做法,BBA给出的理由是,"并非所有报价行每天都需要其所报币种/期限的资金,因此根据银行的现实交易来报价是不可行的"。二是容易被操纵。根据LIBOR的形成机制,在通常情况下,如果只有少数银行故意报高或报低价格,其报价会作为极端报价被剔除,不影响最终形成价格。但如果有多家银行同时高报或低报,或者串通起来后报价,则剔除极端值平均后仍有可能影响最终报价。BBA作为LIBOR的发布者,性质上属于自律性行业协会,自身不具有监管责任和能力,在保证LIBOR公允性和准确性的动机和能力上都存在问题。

4. 相关金融监管的缺失

LIBOR虽每日公开,但其异常并没有及时引起关注。例如,2007年,巴克莱就曾向英美金融机构反映LIBOR报价存在低估,但监管当局并未及时作出反应和加强严格监管。2007年8月至2008年10月,巴克莱与美联储就LIBOR相关问题沟通就达10次。

纽约联邦储备银行曾就改进 LIBOR 形成机制向英国中央银行提出过建议,但并未采取措施阻止巴克莱的利率操纵行为。国际清算银行在 2008 年 3 月发表的《国际银行业与金融市场发展》报告中专门提到,与其他参考利率相比,LIBOR 的可靠性可能存在问题。2008 年 4 月,《华尔街日报》刊文也未被及时关注,甚至英国监管机构在时隔 3 年后才着手介入调查。显然,监管的疏忽在某种程度上纵容了巴克莱银行等投资银行的操纵行为。

(二)LIBOR 操纵案的影响

1. 公众信任度下降

作为当今全球两大最主要市场基准利率形成机制之一,LIBOR 在相当长时间内都将是不可替代的,LIBOR 在形成过程中被操纵,意味着整个金融市场的定价基准失真,影响范围巨大。这次事件让人质疑 LIBOR 的实用性与合理性,它在国际金融市场上的主导性地位受到损害,甚至影响了伦敦国际金融中心的地位,降低了人们的信心和信任度。

2. 威胁金融安全

LIBOR 是全世界最重要的金融指标之一,直接影响工商业贷款、个人贷款、按揭以及数额巨大的衍生品市场的定价以及货币政策制定。LIBOR 与 EURIBOR 是全球场内交易的利率期货合约、期权合约的定价基础。芝加哥商业交易所(CME)交易的世界上最活跃利率期货合约——3 个月欧洲美元(Eurodollar)期货合约就是以美元 LIBOR 作为定价基础,2011 年该合约成交额达 564 万亿美元。在泛欧交易所旗下 NYSE LIFFE 交易的 3 个月 EURIBOR 期货 2011 年成交 241 万亿欧元。

在 OTC 市场上,LIBOR 与 EURIBOR 已成为全球短期利率市场最主要的基准利率,被广泛应用于利率互换、贷款、结构性债券和其他固定收益证券和场外衍生产品。根据国际清算银行统计,2011 年上半年包括利率互换、远期利率协议和利率(场外)期权在内的场外利率衍生产品名义持仓价值为 554 万亿美元,其中约 220 万亿美元挂钩欧元利率,170 万亿美元挂钩美元利率,50 万亿美元挂钩英镑利率。这意味着 LIBOR 每变动 1 个基点,就可能在全球范围内造成数百万美元的利润或亏损。如此重要的基准利率受到操纵,会对整个金融体系的安全产生威胁。

三、结论与启示

LIBOR 操纵事件暴露出全球金融体系存在普遍的系统性欺诈和明显的监管漏洞,对全球金融体系影响深远。

(一)改革 LIBOR 形成机制

LIBOR 作为基准利率对金融衍生品工具定价的作用已成共识,迫在眉睫的任务是恢复货币市场中基准汇率的信誉。围绕 LIBOR 定价存在的问题,目前的改革方案可分为重建派和改良派两大类。重建派主张以实际成交的利率指标取代基于银行报价的

LIBOR，从根本上杜绝报价行操纵基准利率的行为。改良派则基于 LIBOR 在当前全球金融市场发挥的重要作用，认为用其他指标替换 LIBOR 的成本太高，因而主张在现有的定价机制下对其进行局部改良。LIBOR 的调整可能是一项极其复杂而困难的工作，用其他更具优越性的基准利率取代 LIBOR 可作为中长期改革目标，从短期来看更现实的选择是对现行利率定价中存在的问题进行修正完善。如大幅增加报价行数目，降低银行在报价时串谋的难度；对截尾均值法进行改良；加强和完善 LIBOR 定价机制的外部监管与内控管理等。

（二）完善大型金融机构的内控制度

具体措施包括：第一，严格执行相关规则，提高报价准确程度。第二，建立内部控制机制与科学决策流程，加强合规审查。例如，设置"防火墙"，保证报价员的报价不会受到管理层、其他交易部门的影响，对与报价部门的通信流程加以规定。建立强制留痕制度，报价员确定报价的影响因素、定价模型、相关信息等应强制留痕，相应记录应长期保留备查。成立监控组织，对报价员的报价定期监控，并对报价记录进行审计，还可以每年邀请第三方独立机构进行审计。第三，加强对相关人员的培训和管理。

（三）加强外部监管

一方面，应强化信息披露。LIBOR 被操纵在金融危机期间时有发生，与银行的信息披露不足有很大关系。检验 LIBOR 真实性更可靠的方法是将报价与银行短期借债利率相比较，但银行的短期债务成本并不公开，这也间接导致了 LIBOR 的异动长期被忽视。因此，为确保 LIBOR 数据的真实性，要提高报价行的信息披露要求。另一方面，应加强 LIBOR 的报价监管。金融监管机构要加强外部监管，并采取不定期检查的方式防止 LIBOR 的报价出现异常，确保报价银行履行自身义务。此外，建立淘汰与惩处制度，对发现报价异常的银行，取消资格并严格执行惩罚措施。

参考文献：

[1]彭作刚,严敏.LIBOR 利率操纵事件原因影响及启示[J].债券,2012(9).

[2]李良松.美元 LIBOR 操纵案及对中国的启示[J].上海金融,2012(6).

[3]韩冰洁,等.巴克莱公司 LIBOR 虚报操纵案分析[J].证券市场导报,2013(3).

[4]谷红.基准利率改革方案的评析及启示——从 LIBOR 到 SHIBOR[J].征信,2015(11).

[5]文森特·布鲁索,等.LIBOR 丑闻：构想新的参考利率[EB/OL].http://www.voxeu.org/article/libor-scandal-and-reform,2013.

[6]张纲纲.利率操纵案震动伦敦金融业[J].南风窗,2012(16).

案例 7　国际银团贷款的税费分析

一、概述

国际银团贷款是由一家或几家银行牵头、多家银行参加而组成的银团按照内部的分工和比例向某一借款人发放的贷款,又称为辛迪加贷款(Syndicated loan)。对借款人而言,不仅要考虑银团贷款带来的好处,也要考虑除了支付贷款利息外,国际银团贷款跨越不同国家法律所带来的税收和各类成本。贷款协议中大多规定税收条款,国际银团贷款涉及的税收主要包括预提税、印花税、营业税以及对贷款人在借款人所在国开立的办事机构征税。除了利息以外,还要支付各种费用,作为对银团成员付出时间和精力的报酬和补偿。本文以哈萨克斯坦的借款人为例,分析国际银团贷款中影响借款人融资成本的常见税费因素。

二、影响借款人融资成本的税费因素

(一)利息计算与预提税抵扣

国际银团贷款协议中通常都有税收补偿(tax gross-up)条款,该条款规定借款人要保证贷款银行净所得利息,若利息支付时需支付任何税收,该税负由借款人承担。这一条款在实务中存在众多争议,主要涉及利息的计算方法及预提税是否可以抵扣的问题。[①] 预提税由借款人缴纳,其应付税款可以是从向境外支付的利息总额中扣减,也可以是应付利息总额上的附加成本,取决于借贷双方之间的安排。

如哈萨克斯坦某公司向境外银行借款 8 000 万美元,借款协议规定税后利率为 2%,即年利息 160 万美元,预提税税款由借款人支付,所得税税率为 20%。在实务应用中,因计息方法和预提税抵扣存在差异,形成以下四种方案:

方案 1:借款人支付利息时充当代扣代缴义务人的角色,代缴的预提税是利息的一部分,由于利息可以税前抵扣,预提税也可以在税前抵扣。

方案 2:依据是可以税前抵扣的支出明细中并没有列明所得税这一项。预提税事实上由借款人用自有资金支付,这种方案按照税前 200 万美元利息计算预提税,同时税前可抵扣额度低。

方案 3 和方案 4:依据是借款人用自有资金代为支付税金,支付的预提税也分为可抵扣和不抵扣两种。

各种方案的税收及抵扣计算详见表 7—1。

[①] 预提税(withholding tax)是指主权国家向非居民企业征收的企业所得税。

表7—1　　　　　　　　　　计息方法和预提税抵扣的不同方案　　　　　　　　　单位：万美元

方案	税后利息 A	预提税 B	总成本 C	税前可抵扣额 D	备注
1	160	40	200	200	B=A÷(1-20%)×20% 预提税可抵扣
2	160	40	200	160	B=A÷(1-20%)×20% 预提税不可抵扣
3	160	32	192	192	B=A×20% 预提税可抵扣
4	160	32	192	160	B=A×20% 预提税不可抵扣

如果不考虑资金的时间价值，无论是从净利润还是从现金流的角度来看，方案1等价于方案4，都比方案2好，比方案3差。方案2的结果对借款人而言最差。尽管方案1从税收基本原理来看最科学合理，但哈萨克斯坦某些州的税务局会倾向于方案2、3、4。因此，要利用税务条款合理合法地避税，又不引起当地税务局的争议，需要借款人提前做好相应的规划。

(二)税收协定与预提税

哈萨克斯坦对黑名单国家及与其签署税收协定的国家在预提税方面给予了不同待遇。黑名单里的国家通常是"国际避税港"，对跨国纳税人提供低税、免税或给予大量税收优惠，从而成为跨国公司的避税天堂，如开曼群岛、毛里求斯等。《哈萨克斯坦税法》第194条规定对黑名单国家支付利息预提税时适用税率为20%，对黑名单以外的国家和地区适用税率为15%，对签署了避免双重征税协定的国家适用更优惠的10%税率。因此，如果最终贷款人注册在黑名单国家，借款人将按照20%的税率支付利息预提税，相比签署了税收协定的国家，需多缴10%的税收。

另外，《哈萨克斯坦税法》对适用避免双重征税协定规定的优惠税率也有一定的限制。《哈萨克斯坦税法》第212条第1款明确规定，若适用双重征税协定规定的优惠税率，则最终收款人必须注册在与哈萨克斯坦签署税收协定的国家，这里的最终收款人是指具有、占有、使用、分配收入的主体，不是与该收入有关的代理人和名义上的持有人。这可以理解为收款人必须是公司，不是分公司或者代表处。《哈萨克斯坦税法》又规定，如果汇出利息是先汇给代理人，代理人再汇给最终收款人的，也可适用双重征税协定规定的优惠税率，但要满足两个条件，一是在贷款协议中要明确支付金额、代理人和最终收款人的名称，二是要向税务机关提供最终收款人的居民纳税人证明。

由此可见，为尽量利用避免双重征税协定最大限度地降低税负，在哈萨克斯坦境内的借款人应要求贷款银行安排利息和费用的收款人均注册在与哈萨克斯坦签署税收协定的国家，如果部分收款人是作为代理人收款的，还应在合同中注明收款细节。

(三)资本弱化及税法约束

资本弱化(thin capitalization)问题的产生,来源于企业对不同融资方式的选择。企业一般通过两种方式融通资金,一是股权融资,二是债权融资。从税收角度看,企业支付给债权人的利息可以在税前扣除,而支付给股东的股息却不能税前扣除,因此,债务融资相比股权融资在税收上更具优势。企业可以通过操纵融资方式,如加大借贷款(债权性融资)而减少股份资本(权益性融资)比例的方式增加税前扣除,将贷款支付的利息作为财务费用在税前扣除,达到降低企业税负的目的。

哈萨克斯坦在税法中制定了防范资本弱化的条款,对企业取得的借贷款和股份资本的比例作出规定,对超过一定比例的借贷款利息支出不允许税前扣除。根据《哈萨克斯坦税法》第103条的规定,税前利息列支有限额控制,其计算公式为:

$$税前利息列支限额 = (A+B)+(C/D) \times E \times (F+G+H)$$

式中:A——除 B、F、G、H 之外的利息;

B——向哈萨克斯坦商业银行贷款支付的利息;

C——年自有资本平均余额;

D——年负债平均余额;

E——系数,若贷款提供方为金融企业,则 E=7,若贷款提供方为其他法人,则 E=4;

F——向关联方贷款支付的利息;

G——向黑名单国家和地区贷款支付的利息;

H——向附加贷款条件(定期存款和保证金)的非关联方贷款支付的利息。

这意味着,若哈萨克斯坦境内企业从境外金融企业取得的借款超过净资产的7倍,则利息不得税前抵扣,从境外非金融企业取得的借款超过净资产的4倍,则利息不得税前抵扣。

(四)隐性提高成本的费用

在国际银团项目中,银行除收取利息外,按照惯例往往还会涉及一些其他收费。银团贷款的各参加行地位不同,所取得的收益也有区别,常见的由借款人在利息外支付的费用一般有信用证费、承担费、代理费、杂费等,这些费用对借款人来说是计算融资成本时必须要考虑的因素。

1. 承担费(commitment fee)

这是一般银团贷款中均会规定的费用。在贷款规定提款期的前提下,贷款行以未提取贷款额为基数,按一定承担费率收取。通常从合同签字日或首次提款日起算,至提款期结束。承担费的费率一般低于利率。但是,如果根据银团贷款协议规定,借款人在较短期限内,如1个月,一次性提取全部贷款,或者提款期限虽较长,但提款是按计划进行的,则借款人可以免付承担费。

2. 代理费(agent fee)

代理费是代理行行使代理功能而收取的费用,取决于代理行工作量的大小,如果银团的参加行多、提款次数多、还款次数多,则代理费就高。代理费率由代理行根据项目需要耗费工小时核算出一个年费,一般在数万美元左右,由代理行和借款人协商而定,一年一付。

3. 杂费(miscellaneous fee)

杂费有时也称为前端费(front-end fee),由借款人向牵头行支付,用于补偿其在组织银团、安排签字仪式等工作中所发生的费用支出,一般包括(但不限于)律师费、通讯费、印刷费、交通费等费用。其支付方式有两种:一种是由牵头行向借款人实报实销,另一种方式是按贷款金额的一定比率收取。实务中以第一种方式居多。

4. 管理费(management fee)。管理费是一般银团贷款中均收取的一种费用,由借款人一次性按银团贷款金额的一定比率支付,然后由代理行按各贷款人在银团中的参与份额分付给各贷款人。管理费费率一般在 0.25%～0.5%。

除了上述几种常见费用外,鉴于银团贷款形式的不同或银团内部组织的不同,有时还有安排费(arrangement fee)、包销费(underwriter fee)等其他费用形式。在实践中,贷款行往往在浮动利率 LIBOR 基础上增加一个较低的利差,但会额外索要五花八门的较高的信用证费、前端费、承诺费、代理费等,有时费用甚至超过利息,使得贷款利息表面看起来不高,借款人实际适用的利率却很高。

三、结论与启示

国际银团贷款是国际信贷的一种重要方式,它之所以在国际金融市场中深受借款人的青睐,主要在于其自身所具有的一些特征和优势。首先,银团贷款能满足借款人的大额资金需求。多家银行的联合有效突破了各银行资金实力的限制,为大型项目的投资和建设提供了支持。其次,银团贷款有利于节省谈判时间和精力,降低筹资成本。由于各家银行的贷款条件相同,采用统一贷款协议,因此,借款人无需向传统双边贷款那样同各家银行进行一对一的谈判,只要与其牵头行商谈基本就可以完成,由此可降低交易成本。最后,银团贷款所受市场关注度较高,影响广泛,有助于提高借款人的国内外声誉;另外,通过牵头行的推介,借款人还可以与原本没有业务往来的银行建立起业务关系,从而扩大往来银行范围。

对借款人而言,在满足融资需求的同时总是希望尽可能降低融资成本,提高资本效率。以上对哈萨克斯坦借款人的税费分析,为国际银团贷款中借款人的实务操作提供了一些有益的借鉴:

(一)参考各国税制和税费条款,优化纳税方案

以预提税为例,什么情况下要缴预提税?哪些非居民企业适用预提税扣缴?预提税的税率是多少?扣缴义务人应如何扣缴税款?国际融资中的各种税费及纳税方案选择常常困扰着国际借款人。为了最大限度地降低税负负担,避免争议和可能面临的税务罚款,借款人应事先充分了解东道国对外签订的相关税收协定，在借款协议签订过程中聘请律师和会计师提前筹划税收条款，争取享受所在国的税收政策优惠，实现企业利益最大化。

(二)合理安排资本结构,利用资本弱化避税

资本弱化是跨国纳税人为了追求利益最大化进行避税的方法，其产生的主要动因是税法上对利息和股息的税收差别待遇，目前已成为广泛采用的国际避税方式，与此同时，利用资本弱化避税问题，也已经引起各国税务当局的密切关注，各国纷纷设立资本弱化的税收条款，限制企业隐藏权益资本，增加债务融资，特别是发达国家税务当局防范资本弱化的规则日趋严格。因此，借款人应密切关注各国资本弱化的约束与规制、对资本弱化的度量，在特定的资本弱化规则下研究企业的投融资决策，筹划好资本结构，谋求融资金额和融资成本之间的最佳平衡点。

(三)明晰费用组成,避免隐性融资成本

国际银团贷款涉及多种费用，这些费用与利息最大的区别是利息与本金、利率挂钩，但费用与贷款本金无关，借款人无论是否在提款期内支取了资金，无论是否提前偿还了部分本金，前端费、承担费、代理费都是固定不变的。因此，借款人不能被低利率所迷惑，一定要综合权衡贷款的利息和费用。银团贷款收费应当按照"自愿协商、公平合理、质价相符"的原则由银团成员和借款人协商确定，如果借款人对提款期的时间安排和还款计划有所规划，则应该在费用与利息的划分上与银行进行谈判，避免"利率不高,费用不少"的现象，防止贷款行索要隐性费用而变相提高实际利率。

参考文献：

高喜章.国际银团贷款中有关融资成本的问题研究——以东道国哈萨克斯坦为例[J].会计之友,2016(1).

第二部分　政府贷款专题

案例 8　日本"黑字还流"贷款

一、案情回放

(一) 背景概述

日本于 20 世纪 50 年代初提出"贸易立国论",进出口额持续增长。进入 70 年代,日本对外贸易出现巨额盈余(黑字)并持续扩大。经常项目收支自 1983 年起连年保持顺差,1984 年为 370 亿美元,1986 年为 880 亿美元,其中仅对美国的贸易顺差就超过 500 亿美元,1987 年日本贸易黑字达到 964 亿美元,1988 年虽有所下降,但也有 930 亿美元的贸易黑字。巨额贸易顺差的存在使日本承受了巨大的国际社会压力,成为日本经济发展的障碍,长期保持下去将使日本在世界经济格局中处于日益孤立的地位,并会招致各国贸易保护主义措施的报复。这对于日本这样一个原料和产品都严重依赖海外市场的岛国来说十分不利。

为缓解压力,自 20 世纪 80 年代中期开始,大藏省制定了"黑字还流"计划(capital recycling program),通过政府以及日本输出入银行、日本协力银行、亚洲开发银行等金融机构将国际贸易盈余、外汇储备、国内私人资本通过政府开发援助(official development assistance,ODA)和商业贷款渠道流回发展中国家,以达到削减国际收支顺差、促进对外投资、改善对外关系的目标。

(二)"黑字还流"计划的主要内容

1. 增加内需,扩大进口

日本决定增加内需,扩大进口,以减少贸易盈余。据统计,1987 年,日本民间设备投资实际增长率为 10%,由此带动的内需增长率达到 6%;1988 年,日本民间设备投资实际增长率为 17%,内需增长率相应提高到 6.8%。[①] 与此同时,日本逐步开放国内市场,增

[①] 日本日兴经济研究中心经济预测数。

加进口。

2. 增加向欧美等发达国家的资本输出

日本为避开关税与非关税壁垒,将投资重点从亚洲转向欧美国家。20世纪80年代以来日本的"黑字还流"计划实际上是这种政策的继续。据大藏省公布的资料,日本1987年海外直接投资较上年增长了49.5%,达到333.64亿美元,其中向美国、加拿大等北美地区的投资为153.57亿美元,比上年增长了47.1%,占当年海外投资总额的46%。

3. 增加向发展中国家尤其是亚太地区的直接投资及各种援助贷款

贸易黑字向发展中国家的还流,既可使贸易顺差绝对数额的增长势头得到一定程度的遏止,也可通过为亚太地区提供资金和技术以增强日本在该地区的大国地位,还可通过产业结构的调整扩大制成品的进口,日本政府可谓用心良苦。

(二)"黑字还流"计划的实施概况

该计划于1987—1991年施行,共三期约650亿美元,相当于1987年日本GDP的2.6%。

第一期计划于1986年9月提出,侧重于向国际开发性金融机构出资,计划额度约为100亿美元,主要由三部分构成:一是在世界银行成立日本特别基金,基金总额为20亿美元,主要为发展中国家的经济调整项目提供贷款支持;二是从外汇储备中拿出总额为30亿美元的SDR,合计36亿美元,向IMF提供政府贷款;三是参与国际开发金融机构的增资计划,合计39亿美元,具体参与了国际开发协会和亚洲开发基金的资本扩充计划,为前者提供等额26亿美元的日元注资,为后者提供等额13亿美元的日元资本。

1987年5月29日,为缓解外部压力,日本内阁会议决定实施"紧急经济应对计划"以扩大内需,纠正国际收支不平衡格局。为此,日本决定实施第二期计划,进一步推动日本国内资金特别是居民储蓄资金向发展中国家流出。计划金额约为200亿美元,主要包括:第一,鼓励国际开发性金融机构在日本发行日元债券,并建立或扩充日本特别基金,合计总额80亿美元。第二,鼓励日本输出入银行、日本海外协力基金和日本国内商业银行参与世界银行等国际开发性金融机构的日元银团贷款项目,并将通过日本海外协力基金直接向发展中国家提供双边援助性日元贷款,合计金额预计将超过90亿美元。其中,日本输出入银行及日本国内的商业银行参与世界银行等国际开发性机构的银团贷款项目,向发展中国家提供商业性日元贷款,计划额度60亿美元;日本海外协力基金积极参与由国际开发协会组织的面向最不发达国家的银团贷款项目,向发展中国家提供援助性日元贷款,帮助其实施经济结构调整,额度30亿美元;向发展中国家提供补充无偿援助贷款。这部分贷款由海外协力基金通过双边渠道直接向发展中国家发放。第三,扩大向发展中国家的无约束性贷款规模,预计总额30亿美元。日本输出入银行联合日本的商业银行,通过双边形式,直接向发展中国家提供,此外,日本输出入银行还将承销发展中国家在日本发行的日元债券,帮助发展中国家政府直接募集日本国内的私人资金。

第三期计划于1989年7月提出,计划额度350亿美元,是日本支持布雷迪计划(Brady Plan)的实质举措,主要包括以下内容:第一,日本输出入银行将配合IMF和世界银行等国际机构,通过平行贷款(parallel lending)和联合融资(co-financing)的方式向主要债务国提供总额为135亿美元的日元贷款。其中,至少80亿美元将定向提供给布雷迪计划涉及的债务救助国。第二,日本海外协力基金提供金额为70亿美元的援助性日元贷款,其中20亿美元将提供给布雷迪计划的救助国。第三,继续向世界银行等国际开发性金融机构提供资金支持或资金捐助,预计金额为145亿美元。

(三)"黑字还流"计划的资金来源及业务构成

1. 资金来源

计划资金主要来源于政府开发援助资金(ODA)和私人储蓄资金。其中,ODA资金的30%来源于税收,是无成本资金,70%来源于向国民借入的邮政储蓄、国民年金、养老保险、发行国债等低息资金。私人储蓄资金则主要来源于家庭和企业的储蓄,属高成本资金,通过商业银行存款、日本输出入银行发债以及外国政府和国际机构发行日元债券等途径筹集。总体来看,私人资金是"黑字环流"贷款的主要来源,占比71%。

2. 业务构成

"黑字还流"计划混杂了政府开发援助(ODA)和商业性日元贷款两类业务。其中,ODA包括向国际金融机构出资和通过日本海外协力基金向海外提供具有援助性质的日元贷款两类。通过海外协力基金发放的援助性质"黑字还流"日元贷款年利率为2.5%~3.5%,贷款期限30年,含10年宽限期,绝大部分为无限制或部分限制援助贷款,贷款的赠与部分要求不低于25%。而向国际金融机构出资涉及的金额高达325亿美元,占整个计划资金的50%,是"黑字还流"实施的主渠道。商业性日元贷款业务可分为日本输出入银行的海外日元贷款业务,以及日本商业银行参与的由日本输出入银行或国际开发性金融机构组织的海外日元银团贷款业务。商业性质"黑字还流"日元贷款的年利率为5%左右,贷款期为20年,含10年宽限期。

3. 资金投向

"黑字还流"贷款主要为亚太地区的发展中国家提供优惠贷款,主要以亚太地区发展中国家的能源原材料出口企业为对象,具体投向受援国的石油、煤炭、天然气、钢铁、铜、锡、木材、橡胶等资源的出口产品基地建设,涉及纺织、轻工、机电、农牧渔、原材料等300多个项目,受援国项目投产后将产品出口到日本,并以出口贸易获取的日元收入偿还贷款。

4. 实施机构

海外经济协力基金(OECF)是日本重要的对外援助机构。在"黑字还流"计划中,日本政府通过OECF发放援助性日元贷款约100亿美元,占还流资金的15.4%,是政府开发援助支持企业对外投资的重要手段之一。OECF根据日本政府与受援国政府达成的援助协议,具体负责提供资金援助贷款,主要对象为发展中国家的政府及其机构,也对一些与发展中国家经济发展有关的日本企业提供贷款资金。贷款形式主要包括两类：一是针对某一项具体投资的项目贷款，包括工程项目贷款、工程服务贷款、改扩建贷款等；二是规划贷款，为受援国的某一经济计划或方案提供的贷款，包括结构调整贷款、部门调整贷款、进口商品贷款、金融中介贷款及部门贷款。

日本的政策性金融机构——日本输出入银行在"黑字还流"中也发挥了重要作用，提供了 90 多亿美元贷款。根据《日本输出入银行法》，银行职责是通过提供信贷促进日本与其他各国以贸易为主的经济交流，主要从事融资业务和担保业务，包括进出口信贷、对外直接贷款、债务担保、对外直接贷款担保及再担保等。其具体做法是：与国际机构、民间金融机构联合贷款 60 多亿美元，以输出入银行的资金做引子，通过联合贷款及其他形式，引导民间资金流向发展中国家；直接对发展中国家提供无附加条件贷款 30 亿美元，补充完善民间金融机构对企业"走出去"支持的不足。贷款期限多为 15 年，利率视国际市场和贷款项目情况，比 OECF 贷款期限短、利率高，形成业务互补。

二、案例评析

(一)"黑字还流"计划的效果评价

"黑字还流"计划启动以来，在推动日元境外使用、削减日本巨额贸易顺差、缓解资源匮乏难题、促进资金流出与回流的有效循环、改善对外关系等方面起到了一定作用。

1. 削减了巨额贸易顺差，缓解资源匮乏难题

通过将贸易黑字还流向发展中国家，保持了国际贸易平衡，又减少了摩擦。1987—1989 年，日本经常项目顺差从 843.5 亿美元减少至 632.1 亿美元；对外投资总量 10 116.0 亿美元，大大超过了经常账户盈余；国际收支差额(资本账户赤字抵消经常账户黑字后)从 422.2 亿美元缩减至 85.1 亿美元；1987 年后，日本外汇储备基本稳定在 700 亿美元左右。同时，对发展中国家自然资源项目的日元贷款，引导受援国将产品出口到日本，使日本取得石油、煤炭、天然气等资源，有效缓解了资源匮乏难题。

2. 推动境外市场发展，改善对外关系

日本向发展中国家提供日元贷款，再由受援国以出口获得日元收入偿还贷款，形成日元还流渠道。东亚是计划贷款的主要接受地区，中国得到"黑字还流"资金 1 400 亿日元，缓解了中国外汇紧缺问题，密切了日中关系。通过大量的对外投资，日本企业充分利用发展中国家生产成本较低的优势，将低端、劳动密集型产业大量向发展中国家转移，日本对全球经济的影响力显著提升。

3. 日元在进出口结算中的比例大幅提升，助推日元国际化

1970—2005 年，日元在日本出口结算中的比例从 0.9% 升到 40%，在进口结算中的比例从 0.3% 升到 19%，在世界贸易结算中的比例达到 6%。随着资本的不断输出，日元在国际结算、储备、投资与信贷以及国际市场干预方面的作用全面提升。日元在 IMF 特

别提款权的比重从 1981 年的 13% 提高至 1991 年的 17%;日元在各国外汇储备中的比重 1994 年达到 12%,同期以日元计价的国际债券市场占有率也达到 13.3%。

4. 为企业"走出去"奠定基础

"黑字还流"为后续企业投资和日元商业贷款提供了条件和便利,支持日本企业在被投资地区的发展。1985—1989 年,日本对外投资持续快速增长,5 年累计投资达 13 786.1 亿美元,增长 2.2 倍。其中,直接投资增长 6.1 倍,证券投资增长 0.9 倍,其他投资增长 4 倍。日本私人部门海外资产因此迅速增长,从 1985 年的 1 248 亿美元增至 1989 年的 4 514 亿美元,增长 2.6 倍,私人部门净国外资产占国外总资产比重从 1984 年的 39% 猛增至 1989 年的 72%。

(二)"黑字还流"计划的不足及其原因

该计划的持续性效果不明显,主要体现在:

1. 还流资金开发性和循环性不强

其主要原因在于:政府开发援助缺乏长远考虑,导致"黑字还流"计划前后政策性资金明显脱节,不利于发挥政府持续引导作用;项目贷款一次性投入,资金通过偿还贷款本息方式重回日本后,缺乏继续循环还流和持续贷款;不少项目贷款集中于与日本进口相关行业,缺乏科学可行性调查,逾期较高,无法循环使用贷款资金。

2. 对外投资缺乏可持续性

"黑字还流"计划结束后,日本对外投资规模大幅减少,1990—1994 年年均 1 267.3 亿美元,较 1985—1989 年下降了 54%。对外投资从 1989 年最高点的 3 185.6 亿美元减少到 1992 年最低点的 280.1 亿美元,其中企业对外直接投资从 460.2 亿美元减少到 173.9 亿美元,减幅 62.2%。

3. 未能使日元真正"走出去"

"黑字环流"计划中的资本输出以长期资本为主,旨在将巨额经常收支黑字转化为长期资本。自计划开始,长期资本纯输出额从 1985 年的 63.1 亿美元增加到 1988 年的 500 亿美元。但从 20 世纪 90 年代开始,长期资本输出减少,输入增加,1991 年日本长期资本收支出现了输入大于输出的情况,巨额经常收支黑字并没有有效转化为长期资本流向各国,而是用于偿还对外短期借款或作为国外存款等银行部门的对外短期债权。

4. 日元贸易结算地位依旧低下

即使在日元使用比重高同时又是日本最大出口地的东亚,日元标价比例也只有 49.9%,美元为 48.1%,对欧美出口中,日元标价比例非常低(参见表 8—1)。这和日本产品的竞争力状况并不相符。

表 8—1　　　　　　　　主要发达国家贸易中本币标价比例　　　　　　　单位:%

	出　口				进　口			
	1980年	1988年	1992—1996年	2002—2004年	1980年	1988年	1992—1996年	2002—2004年
美国	97.0	96.0	98.0	95.0	85.0	85.0	88.8	85.0
德国	82.3	79.2	76.4	61.1	43.0	52.6	53.3	52.8
日本	28.9	34.3	35.9	40.1	2.4	13.3	20.5	23.8
英国	76.0	57.0	62.0	51.0	38.0	40.0	51.7	33.0
法国	62.5	58.5	51.7	52.7	34.1	48.9	48.4	45.3
意大利	36.0	38.0	40.0	59.7	18.0	27.0	37.0	44.5

资料来源:刘文杰,等.发展海外贷款推动人民币境外使用——日本"黑字环流"案例[J].金融发展研究,2014(9):78.

日元国际化在"黑字还流"计划结束后开始放缓,甚至出现倒退,主要表现在:首先,在经常账户下,受日本贸易模式及结构影响,日元在出口结算的比重一直高于进口结算比重,造成日元流回国内;其次,在资本账户下,对外直接投资的日资企业在后续融资和经营中较少使用日元,且大量对外证券投资投向非日元计价资产,金融交易中对外债权债务均以外币计价为主,日元难以通过资本账户流出;最后,在进入20世纪90年代后,各国对日元的储备意愿显著减弱,其国际货币地位日益下降。

影响"黑字环流"资金境外效果的主要原因在于:第一,日元汇率变动大,借款国还款压力大,从而减少对日元的使用,特别是在日元大幅升值的20世纪90年代,日元汇率的不稳定使得东亚国家对日元债务心存顾虑。第二,原材料成本在产品价格中比重大,由于原材料基本以美元定价,从而影响了计价币种选择。"黑字环流"计划支持的主要是石油、煤炭、天然气、钢铁、铜、锡、木材、橡胶等资源类产品,这类产品日元标价比例很低(参见表8—2)。

表 8—2　　　　　　1981年和1991年日本出口各行业标价比例对比　　　　　单位:%

	1981年		1991年					
	对世界		对美国		对东亚		对世界	
	美元	日元	美元	日元	美元	日元	美元	日元
总体	61.4	32.5	83.4	16.5	45.9	50.8	46.8	39.4
纺织	78.9	18.3	80.1	19.5	71	28.5	63	32.5
化学	77.2	15.4	74.8	25	78.6	20.1	63	26.2
金属制造	82	16	89.3	10.6	78.8	19.9	76.8	19.5
钢铁	91.2	7.5	99.1	0.9	88.6	10.9	87.7	9.4

说明:表中数据是根据出口合同数量,而非出口量统计的标价货币比例。

资料来源:日本经济产业省,Export Confirmation Statistics.1981年数据来自国际贸易产业部,转引自 Taguchi(1982)。

三、结论与启示

日本在20世纪80年代实施的"黑字还流"计划通过日元海外贷款这一手段,在一定程度上推动了日元的国际化,支持了日本企业"走出去"。他山之石,可以攻玉,其经验教训对推动人民币的国际化和支持中国企业"走出去"有借鉴意义。

(一)拓宽人民币输出渠道,鼓励人民币境外贷款和投资

资本输出是货币国家化的重要条件,开展境外人民币贷款业务,是实现人民币资本输出的重要途径,有利于增加境外人民币供给,发展人民币离岸市场业务,改善我国对外债权的币种结构,提升人民币在国际货币体系中的地位。近年来,我国企业"走出去"的步伐正在不断加快,跨境人民币贷款可充分利用人民币流动性充足的优势,为企业"走出去"提供有效的资金支持,带动银行境外分支机构人民币跨境支付清算、人民币融资等中间业务发展,在带来新的利润增长点的同时增强国际竞争优势。

(二)增强政府导向和推动作用

政府的支持和推动是本币"走出去"的重要保障,在人民币对外输出过程中,无论是资本项目的开放还是专门操作机构的设立,都需要政府充分发挥主导作用,而优惠政策可以为境外贷款提供巨大的推动力。如日本提供的日元贷款,由于具有援助性质,利率优惠程度较高、贷款期限长、附加条件少,推动了初期阶段迅速地走出国门。

(三)构建"走出去"金融支持体系

与实施"一带一路"战略和国家外交战略紧密衔接,构建政策性金融和商业性金融相结合的境外投资金融支持体系,以政策性金融撬动商业性金融,共同为企业对外投资提供金融服务;推动金融资本和产业资本联合"走出去";完善境外投融资机制,如借鉴日本协力银行的组织模式,设立专营海外人民币贷款的机构,通过债券市场募集人民币长期资金,以市场化利率向对我国有需求的国家或地区提供人民币贷款,支持其对我国的出口采用人民币结算,用获取的人民币收益偿还贷款;探索建立专项基金如人民币海外合作基金等,推动人民币海外贷款和投资,有计划、有步骤、有针对性地让人民币"走出去",扩大人民币在全球贸易投资中的影响力。

(四)促进人民币离岸市场的发展

人民币的境外流通需要完备的市场环境,需要更多的离岸中心,同时需要更多的人民币金融产品,满足持有者投资和风险对冲的需要,这会直接影响到境外个人、企业、银行持有和使用人民币的意愿。目前,中国香港、新加坡、伦敦、法兰克福等地的人民币离岸市场业务已有长足发展,但相比在岸市场,境外人民币存量有限,流动性不足,产品也较为单一,难以满足交易主体的需求,因此,需要加快人民币离岸市场建设,支持离岸市场人民币计价金融产品的创新,扩大人民币的境外循环。

(五)维持人民币币值稳定

货币国际化需要稳定的货币币值作为重要支撑,人民币汇率波动幅度和未来走势是影响人民币"走出去"的重要因素。从国际经验看,日元汇率不稳定,严重阻碍了日元国际化进程,近年全球外汇储备及全球外汇交易的币种结构显示,日元占比均呈下滑趋势。随着人民币汇率市场化改革的深入,汇率波动弹性增大,人民币未来双向浮动将成为常态,保持人民币汇率在合理均衡水平上的基本稳定是提升人民币国际接受度的一项关键性安排。

(六)实现"走出去"的可持续性发展

吸取"黑字还流"长期无法持续的教训,推进人民币国际化和我国企业"走出去"的可持续性发展,在"走出去"战略的推进过程中,应以实体经济的国际竞争力为基本保障,以企业"走出去"对外投资为主要载体,有力推进人民币稳步"走出去"。

参考文献:

[1] 刘文杰,等.发展海外贷款推动人民币境外使用——日本"黑字环流"案例[J].金融发展研究,2014(9).

[2] 唐功爽.日本"黑字还流"计划对我国金融支持"一带一路"和"走出去"战略的启示[J].北方金融,2015(10).

[3] 越石.日本企业"走出去":曾经的教训和经验[J].国际融资,2009(12).

[4] 刘肯.日本"黑字还流"计划探析[J].中国金融,2012(1).

[5] 任克军.日本的"黑字还流"计划及其对亚太地区经济的影响[J].世界经济,1989(9).

[6] 陈琳."黑字还流"计划的实施过程[J].财经,2013(6).

案例9 日元政府贷款的汇率风险

一、案情回放

2006年6月23日,中国财政部代表中华人民共和国同日本国际协力银行签署了C05-P214号贷款协议,协力银行同意贷给海南省不超过31.5亿日元的金额,用以实施海南省日元贷款人才培养项目,以促进海南经济与社会的发展。最终,海南省政府决定将这次日元贷款用于提高高等院校办学水平和条件。其中,配给海南大学17.8795亿日元。海南大学将所得日元贷款主要用于四号教学楼、社会科学学科群实验室与行政办公楼、热带农业与生命科学学科群实验楼(一期)、中日友好交流中心、研究开发中心楼(含报告厅)共5个项目的建设。

承包商工程款的一部分由日元贷款支付,另一部分由学校自筹的配套资金支付。根据贷款协议,2013年12月15日为日元贷款截止日期,因此,项目工程款的支付需在此日期之前完成。提款报账采用合同约定汇率。基于贷款协议,海南大学在合同专用条款中规定:日元的汇率为中国银行总行在投标截止日以前第10天公布的日元现汇卖出中间价,该兑换率为合同执行期间的标准(不变)汇率。但日元贷款汇入承包商账户后,对于承包商何时兑换人民币并无要求,也就意味着承包商若自身流动资金充足,则可选择先垫付工程款,等汇率较高时再兑换人民币,从而获得额外收益。

海南大学利用此次日元贷款建设的各项目,最早于2009年3月12日签订合同,最晚于2012年3月31日签订合同。2009年上半年,日元对人民币汇率下降后又逐渐浮动上升。2010年年初经历小幅下降后,开始持续走高,最终达到0.08以上。2011年继续保持高于0.08的水平,并创造了新高。2012年前8个月,汇率继续围绕0.08波动,但之后就快速大幅下跌,跌幅超过20%。2013年4月之后,汇率基本围绕0.06波动。其中,日元对人民币汇率大幅下跌,主要源于安倍晋三上台后推行的"无限量"宽松政策。因此,2012年8月之后,实际汇率一直低于合同汇率,承包商因此一直处于汇兑损失状态,而且未兑换的日元贷款工程款越多,汇兑损失越大。

二、案例评析

外国政府贷款一般指定贷款国的币种(外币),而除了采购国外的设备与材料外,项目计量和使用的货币一般都是本国货币,因此,在使用外汇贷款的过程中,汇率风险是最为常见的风险。本案中,根据海南大学与承包商的合同条款,日元贷款工程款直接支付到承包商账户,提款报账采用合同约定的不变汇率。2012年下半年以后,日元对人民币汇率持续震荡下跌,很难回到合同汇率,最终使承包商承担了巨大的汇兑损失。究其原因,可以归结为承包商对汇率的预测过于乐观、缺乏风险防范措施、提款报账方式与流程繁琐,以及本外币资金支付的合同约定不当。

1. 汇率预测过于乐观

2009年上半年,日元对人民币汇率先下降后上升,2010年持续走高,2011年继续保持高位,合同初期出现的都是实际汇率大于合同汇率的情形,使承包商对汇率的预测十分乐观,只是根据签订合同日期之前的历史汇率数据,就得出汇率不会出现太大波动的片面结论,不太重视汇率预测,汇率防范不及时不到位,为后面的汇兑损失埋下了隐患。

2. 汇率风险防范措施不充分

本案中的承包商主要通过四个途径规避汇率风险:第一,签订合同时,曾与海南大学试图协商增设共同承担汇率变动风险的专用条款,约定汇率变动幅度为±5%时,承包商盈亏自负,但若超过+5%,超过5%的盈利部分返还给校方,若低于-5%,损失部分由双方共同承担。然而,最后协商未能成功,遭拒后也就没有采取额外的风险防范措施。结果是项目的汇率风险完全转移给了承包商。第二,基于对日元汇率变动趋势的粗略分析,决定是否动用到账日元贷款。第三，根据日元汇率变动趋势，确定日元贷款、人民币的支付顺序或两种货币同时支付时的支付比例。第四，在日元汇率较高时提高日元贷款支付比例。总体而言，项目承包商的汇率风险防范意识不足，规避措施较少且不灵活，既没有规范化的汇率预测方案，也没有考虑过用金融工具避险。

3. 繁琐的日元提款报账流程

提款报账的方式与程序会影响承包商收到外国政府贷款的时间及数量，进而影响承包商将外币贷款兑换成本币的实际价值。对于外国政府贷款项目，根据政府规定，提款报账时，承包商不仅需要准备完善的申请材料，还要经由多个机构和部门的层层严格审批。原则上，工程款每个月申请一次，但日元贷款的支付程序较为复杂，中间涉及的部门较多。按《海南省日元贷款项目提款报账办法》规定，由海南大学编报提款申请书并提交给省教育厅项目办，省教育厅项目办汇总编制提款申请表、支付一览表、分类明细表、用款计划表，报省财政厅，审核无误后，通过中技国际招标公司报送中国进出口银行。中国进出口银行审核后，将申请材料提交日本协力银行北京代表处，由北京代表处通知协力银行总部将提款资金通过中国银行特别账户拨付给承包商(参见图9－1)。

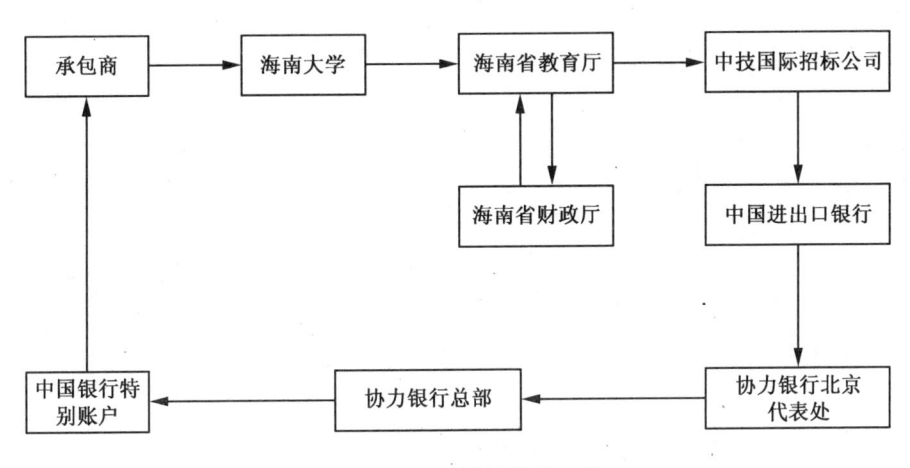

由于申请以及审批程序严格，导致提款报账周期延长，承包商往往几个月才能获得一笔日元贷款，增加了汇率风险。

图9－1 项目提款报账流程

4. 合同对本外币资金支付的约定不当

外国政府贷款项目一般要求借款单位有一定比例的国内配套资金，因而承包商工程款的支付包含国内配套资金和外国政府贷款两部分。前者由用款单位(业主方)根据承包商的提款报账申请，从外国政府贷款指定账户上直接支付到承包商账户；后者由借款单位按约定方式支付，对承包商没有汇率风险。然而，对于外国政府贷款与国内配套资金的支付顺序以及每次支付比例的问题,如果合同事先不作约定,或者没有根据汇率预测作出合理的安排,承包商就可能遭受汇率风险。例如,2012年8月是日元汇率下跌的转折期,热带农业与生命科学学科群实验楼(一期)项目2012年3月签订合同,受汇率变动影响最大。此外,该项目承包商选择先用配套人民币支付,决策失误。而同期签订合同的研究开发中心项目却因日元贷款支付比例较小,并且选择了先用日元贷款支付,仅通过两次支付申请,就拿到全部日元款项,从而避免了汇率风险。

三、结论与启示

外国政府贷款具有利率低、期限长、优惠度高等特点,但贷款的币种由贷款国指定,汇率风险较大。如果不能有效防范外汇兑本币汇率的大幅波动,就可能导致项目运行状况不佳,严重影响项目的绩效。因此,有关单位及部门必须强化汇率风险防范意识。

(一)熟悉政府贷款相关政策以及流程

对于外国政府贷款项目,各国政府都有相应的管理办法和施行程序,应仔细研究项目相关的政策、流程及文件,挖掘于己有利的信息,并充分利用。例如,一般外国政府贷款项目的提款报账程序比较繁琐,周期较长,对承包商而言,可选择于己有利的申请时间以及每次的提款额度等,或者在汇率较高时提高外国政府贷款支付比例等。这样可有效降低汇率风险带来的不利影响。

(二)建立完善的汇率风险管理制度

针对外国政府贷款外汇现金流形成的风险敞口,财政部门及用款单位应建立专门的管理机构,配备相应人员,建立汇率风险管理体系,包括汇率风险的识别、风险限额的设定、不同类型汇率风险的测量和管理手段的选择及事后风险管理的评估系统等,把汇率风险损失控制在最小范围内。

(三)培养专业的风险管理人才

外国政府贷款各级管理机构、承包施工单位应配置专业的汇率风险管理人员,发挥其专业特长,有效、灵活地利用各种汇率预测方法和技术,科学地预测出汇率变动趋势,并结合工程项目的特点,强化汇率风险防范措施,有效规避汇率风险。

(四)充分利用合同与金融衍生工具积极避险

承包商可与业主在合同中积极沟通、协商约定,以规避汇率风险。此外,利用远期、外汇掉期、外汇期权、货币互换等金融衍生交易也是有效的避险方法,要积极利用现有的工具主动进行汇率风险管理,达到规避风险的目的。

参考文献:

向鹏成,谯宁.基于承包商视角的外国政府贷款项目汇率风险防范——以海南大学日元贷款建设项目为例[J].国际经济合作,2015(9).

案例 10　陕西省四城市五个天然气输配项目
——政府贷款与国际金融组织贷款的比较

一、案情回放

陕西省共有西安、咸阳、铜川、宝鸡四个城市利用国外贷款建设城市天然气输配工程。咸阳、铜川天然气项目利用亚洲开发银行贷款,西安和宝鸡利用外国政府贷款,其中西安天然气一期和二期工程分别利用法国和西班牙政府混合贷款,宝鸡天然气项目利用意大利政府贷款。

(一)西安市天然气城市气化一期工程

项目建设内容:建设年供气能力 4 亿标准立方米,年日均供气 100 万标准立方米。建设高压管道 35 公里、中压管网 360 公里、调度控制中心 1 座、高中压调压站 5 座、自动控制系统和储配站 4×10 000 立方米球罐,发展居民用户 48.5 万户。项目总投资 8.3 亿元人民币,其中国债 7 000 万元,城市地方配套 1 600 万元,国内银行贷款 4 000 万元,法国政府贷款 1.39 亿法郎。该项目于 1995 年 1 月开工建设,1997 年 7 月 1 日通气点火,2001 年基本建成。1996 年 6 月 15 日,法国政府混合贷款签约,贷款总额 1.39 亿法郎。其中 45% 为政府贷款(6 249.6 万法郎),55% 为买方信贷(7 638.4 万法郎)。贷款条件如下:政府贷款部分贷款期限 36 年,含 18 年宽限期(建设期),年利率 0.5%。买方信贷部分贷款期 10 年,含 5 年宽限期,年利率 5.95%。转贷方式:贷款由中国建设银行陕西省分行转贷,由省财政厅作为二类项目担保,另加 1.5% 转贷费,还贷方式为一年两次等额还款。

(二)西安天然气二期工程

西安天然气二期工程利用西班牙政府混合贷款 3 221 万欧元,于 2003 年 11 月签约。其中,西班牙政府贷款占 50%,贷款 30 年(含 10 年宽限期),利率 0.3%。西班牙商业银行出口信贷占 50%,贷款期 10 年(含 5 年宽限期),利率 4.03%。贷款由中国银行转贷,另加 1.5% 转贷费,其余贷款条件不变。

(三)宝鸡天然气项目

项目建设内容:建设 4×4 000 立方米储气球罐及城市输配管网。项目利用意大利政府贷款 517 万欧元,于 2001 年 10 月签约,贷款期 40 年(含 19 年宽限期),年利率 0.3%,一年两次等额还款。2003 年 9 月 4 日,宝鸡天然气公司与中国银行签署转贷协议,利率和还款方式不变,贷款期 19 年(含 7 年宽限期),另加 1.8% 转贷费。

(四)咸阳天然气项目

咸阳天然气项目是亚洲开发银行贷款陕西西安—咸阳—铜川环境污染综合治理工程项目的子项目。项目建设内容为:建设 3×5 000 立方米储气球罐及城市输配管网,建设年供气能力1.5亿立方米。亚洲开发银行提供贷款1 100万美元(实际提款439.14万美元)。1997年12月签约,贷款期20年(含4年宽限期),实行浮动利率,贷款由省财政厅以同等条件转贷至咸阳天然气公司,设备实行国际采购,一年还款两次。

(五)铜川天然气项目

铜川天然气项目也是亚洲开发银行贷款陕西西安—咸阳—铜川环境污染综合治理工程项目的子项目。项目建设内容为:建设4×1 000立方米储气球罐及城市输配管网,建设年供气能力4 000万立方米。总投资1.19亿元,其中利用亚洲开发银行贷款804万美元。

二、案例评析

(一)软贷款的两重性

本案中无论是亚洲开发银行贷款还是政府贷款,都是基于官方信用的融资,通常利率较低、偿还期和宽限期较长,属于优惠性的软贷款。如亚洲开发银行贷款条件是贷款期20年,其中宽限期4年。相比较而言,政府贷款的贷款期和宽限期更长,名义利率更低,费用少,带有官方经济开发援助的性质,并且常以混合贷款的方式发放,结合使用一定比例的买方信贷或卖方信贷。例如,法国政府贷款的软贷款比重为45%,商业贷款比重为55%,赠与成分在35%以上;西班牙政府贷款软贷款和商业贷款比例各50%,赠与成分在35%以上;意大利政府贷款则为100%软贷款。

然而,政府贷款在提供优惠条件的同时,一般都限定用途或附加一定的条件。例如,限制性采购。德国、丹麦、挪威、瑞典、芬兰等国家承诺其贷款的第三国采购比例由15%提高到50%;西班牙的第三国采购比例由10%提高到30%,其中15%可采购我国设备;加拿大的第三国采购比例上调为30%。再如,投向方面的限制。一般关注基础设施、社会发展、环保等民生项目,投向局限于有限的领域。因此,申请使用政府贷款时对其优惠性与苛刻性的两重性特点要有客观充分的认识。

(二)财务成本的综合权衡

国际上衡量贷款优惠程度的重要指标是赠与成分(grant element,GE)。赠与成分定义为贷款的最初票面价值与折现后的债务清偿现值的差额,通常以占贷款面值的百分比来表示,即该差额占贷款面值的百分比。赠与成分可根据贷款的利率、偿还期、宽限期和收益率等数据计算。

$$GE = 100 \times \left[1 - \frac{r}{a}\middle/ d\right]\left[1 - \frac{\frac{1}{(1+d)^{aG}} - \frac{1}{(1+d)^{aM}}}{d(aM-aG)}\right]$$

其中,r为贷款年利率,a为每年偿付次数,G为宽限期(自签订贷款协议生效日期至第一次还款日期之间的期间),M为偿还期(以年计算)。根据经济合作与发展组织的规定,市

场的综合贴现率 d 实行差别贴现率 DDR(differentiated discount rate)。

$$DDR=(10\%-CIRR)/4+CIRR$$

在实际计算时,对市场的综合贴现率 d 应除以每年偿付次数 a。按一年还款两次,则 $d=DDR/2$。

混合贷款的赠款率应根据各种贷款的赠款率及其所占比例求出平均值,即

$$GE=\sum X_i GE_i$$

其中,GE 为混合贷款的赠款率;X_i 为该种贷款占总贷款的百分比;GE_i 为第 i 种贷款的赠款率。

对咸阳天然气亚洲开发银行贷款项目,选取 1997 年公布的美元商业参考利率(Commercial Interest Reference Rate,CIRR)平均值 7.05%,贷款利率 r 为 6.27%;由于亚洲开发银行贷款采取一年两次本金递增方式,为便于比较,现假定为一年两次等额还款。对政府贷款,选取 2003 年公布的欧元 CIRR 平均值 5.27%,根据上述条件可计算出各种贷款的赠与成分:

亚洲开发银行贷款的赠与成分 $GE=11.30\%$

西班牙政府混合贷款的赠与成分 $GE=40.89\%$

经转贷后的 GE:28.22%

意大利政府软贷款的赠款率 $GE=79.88\%$

经转贷后的 GE:37.72%

从计算结果看,西班牙政府混合贷款的财务成本比亚洲开发银行贷款低 29.59%,经国内转贷后低 16.92%;意大利政府软贷款财务成本比亚洲开发银行贷款低 68.58%,经国内转贷后低 26.42%。[①]

根据以上结果,西班牙、意大利政府贷款看似比亚洲开发银行贷款更为优惠,但是,如果考虑到外国政府贷款和国际金融组织贷款的采购方式存在国际竞争性招标和限制性招标的差别,财务综合成本的结果正好相反。亚洲开发银行贷款采用国际竞争性招标,采购严格按照菲迪克(FDIC)合同条款进行,贯彻最低价中标原则,而政府贷款往往有限制性采购要求。这样一来,政府贷款项目的球罐采购成本比亚洲开发银行项目分别高出 64.74%、100%,即西班牙政府混合贷款的综合成本比亚洲开发银行贷款高 35.12%,经转贷后高 47.82%;意大利政府软贷款的综合成本比亚洲开发银行贷款高 31.42%,经转贷后高 73.58%。

(三)贷款的手续和时效性

申请国际金融组织贷款和政府贷款的手续十分繁杂,时效性较差,隐性成本较高。以

[①] 国内转贷条件:按财政部有关文件规定,不管国际金融组织贷款还是外国政府贷款,第Ⅰ类贷款(统借统还)转贷费 0.25%,第Ⅱ类贷款(统借自还)转贷费 0.3%,第Ⅲ类贷款(自借自还)转贷费不超过 2%。

政府贷款为例,获得贷款需要通过国家相关部门即财政部以及发展和改革委员会的层层审批。审批通过后,还需要通过招标来选取最佳的项目承包商,并就项目的运作与中标的承包商进行商务谈判,再者还要两国的项目银行签署金融协议。所有程序完成之后,才开始项目的实质运作,比如交付设备、基建施工等。所有这些程序的完成通常需要1~2年的时间。

三、结论与启示

(一)积极利用国际金融组织及外国政府贷款意义重大

国际金融组织和外国政府贷款有它们自身的优点,外债贷款有准预算资金性质,可直接服务政府产业政策和投资重点,较国内贷款期限长、利率低,项目建设期结束后还有偿还本金宽限期的优惠条件,可以减轻还贷压力。因此,借款时应本着低息低费、条件优惠的原则,科学、适度、适量地争取利用国际金融组织和外国政府贷款等优惠性的软贷款。

(二)国际金融组织及外国政府贷款的顺利推进需要通力合作

很多欠发达地区利用国际金融组织和外国政府贷款范围窄、数额小、方向单一,存在一些思想误区,主要是认识不够,不了解使用条件和申请程序。国际金融组织和外国政府贷款是以国家和地方政府信誉担保借入的外债,具有规范性、程序性和政策性,需要多道程序和一定的时间过程。申请利用外债必须要有计划性,要与规划中的、已经拍板决策近两三年以上的项目相对接,外债的借入与国内资金配套使用,贷款的利用需要部门之间配合,最终使用单位需要同时向发展和改革部门申请立项,向财政部门申请资金,发展和改革部门、财政部门纳入备选项目后,要对项目进行可研论证,对偿还能力作财务评估,然后经政府同意,两部门同时分别向省发展和改革委员会以及省财政厅上报材料,经同意后,再分别向国家发展和改革委员会以及财政部上报文件,经国务院同意后,由财政部与提供贷款的国际金融组织或外国政府进行谈判。由此可见,外债的利用是环环相扣、协同运作、密切配合的系统工程,宜本着"借得来、用得好、还得上"的原则,科学利用外债。

(三)贷款的选择应综合考量多种因素

首先,结合优惠性贷款支持的领域条件、要求及最新变化。从大方向看,无论是国际金融组织贷款还是外国政府贷款,目前主要向环保领域扩展。

其次,国际贷款利率也有调整,此外,贷款的名义利率与实际利率未必相同。考虑到限制性招标采购可能提高项目的融资成本,以及国内金融机构实行脱钩转贷,根据项目周期和投资回收期重新确定转贷条件,转贷后贷款条件趋硬,更加提高了贷款的综合成本。因此,选择贷款时,还要结合总的财务成本比较各类贷款条件的优劣程度。

再次,关注优惠性贷款的附加条件。不能只见其优惠性,而忽视附加条件的苛刻性。比如设备能否进行国际性招标,国际竞争价格与采购价格的比较,设备能否符合我方项目的技术要求,以及指定贷款币种所带来的汇率风险等。

最后,政府贷款和国际金融组织贷款更适合中长期发展规划而非燃眉之急。贷款都需要经过法定的批准程序,经历前期调研、项目申报、项目批复、项目招标,采购合同谈判积、签署和生效,申请和获得免税文件,设备进口、安装、培训、使用,以及还款等多道环节。

参考文献:

朱光海,冯宗宪.案例研究:外国政府贷款与国际金融组织贷款条件比较分析[J].企业经济,2006(1).

第三部分　国际金融机构贷款专题

案例 11　兴业银行与 IFC 的能效融资合作

一、案情回放

(一)背景概述

国际金融公司(IFC)自 20 世纪 90 年代开始就与中国政府在气候变化领域和节能减排领域一直保持合作。由于整个金融部门及全行业对这一领域缺乏理解和认识,融资成为节能减排行业的发展"瓶颈"。在这一背景下,IFC 按照中国财政部的要求,设计了一个中国节能减排融资项目,通过损失分担机制和技术援助的框架设计,带动金融机构对产业的认识,证明节能减排项目兼具社会效益和经济效益,使之成为它们将来的战略领域之一。

2005 年,兴业银行开始与 IFC 合作,共同探讨国内能效融资商业模式。2006 年 5 月,兴业银行与 IFC 合作推出"能源效率融资项目",成为国内首家推出"能效贷款"产品的商业银行。根据双方签署的《能效融资损失分担协议》,IFC 向兴业银行提供 2 亿元人民币的本金损失分担,以支持首期发放最高可达 4.6 亿元人民币的贷款组合,兴业银行以 IFC 认定的节能、环保型企业和项目为基础发放贷款。倘若贷款发生损失,IFC 将根据约定情形和补偿比例,分担兴业银行的贷款本金损失。IFC 还承诺为兴业银行提供特别技术援助,包括聘请专职的金融顾问和能源专家,帮助提供产品设计、项目节能可行性咨询以及节能项目评估培训等服务支持,并收取一定的手续费。

(二)山东海化项目

山东海化股份有限公司(以下简称"山东海化")的电石泥制纯碱项目贷款就是其中的一个成功案例。

传统的纯碱生产方法不仅需要消耗大量的焦炭与电力,煅烧过程还会产生大量二氧化碳。2008 年 5 月,山东海化发明了"电石泥用于氯碱法制纯碱生产的方法",这是一种既能将电石泥"废物再利用",又可避免二氧化碳产生与排放的创新工艺。尽管诸如此类的技术工艺对企业提高能源使用效率、节约能源使用成本方面具有显著成效,但工业生产线的节能技改项目往往由于缺少周转资金而无法落地实施。山东海化这样的企业尽管是我国纯碱行业的领头羊,但想推广一个技改项目的话,也很难获得金融机构贷款。因为按照传统模式,贷款银行将要求公司提供担保、抵(质)押物等,非常麻烦,也很难申请。事实上,在获得专利后,公司总经理曹希波就一直为技术改造的资金发愁。

2008年,兴业银行向山东海化推荐节能减排项目贷款,为公司电石泥综合利用制纯碱项目提供了2.65亿元贷款,贷款期限长达5年,还款期限也很灵活,使项目落地成为可能。该节能减排贷款模式突破了原有企业贷款注重担保条件、期限较短等固有缺陷,降低了贷款门槛,拓宽了贷款期限,并可根据项目的实际现金流,采用分期付款的方式。对于缺乏抵押品的企业来说,这些创新较好地解决了融资难题。

该项目上线后,截至2009年底的环保效果评估显示,与同等规模纯碱装置相比,不仅大幅降低了纯碱厂石灰石、焦炭消耗,年综合节能11.5万吨标准煤,节约石灰石43.7万吨,还实现年减排二氧化碳31.6万吨,项目废水基本全部回收利用,光节约成本即可为集团年均创造5 900万元的经济效益。

2007年6月,英国《金融时报》(FT)和IFC联合颁发全球2006年度"可持续金融业务奖",表彰领先并创新于将社会环境目标和银行治理、业务模式相融合的优秀银行,共设年度可持续银行奖、新兴市场可持续银行奖、年度可持续银行家奖、年度可持续交易奖、碳融资成就奖五个奖项。兴业银行获得了两项提名并最终获得年度可持续交易奖的亚军,这是中国银行业首次获此殊荣。

二、案例评析

能源效率融资合作项目贷款是指为包括能源效率、温室气体减排、可再生能源的运用以及与环境保护相关的符合节能条件的项目提供信贷融资,以支持中国企业节能技改项目资金需求的新型贷款产品。客户范围包括使用节能设备的工商业企业和事业单位,并将燃气、电力和节能设备等供应商作为项目合作伙伴。

(一)能效贷款的特色

能效贷款在中国大陆属于首创,面向的对象以中小企业为主,产品设计具有显著区别于其他贷款产品的特点。

1. 担保门槛

能效贷款以借款人和项目现金流测算作为风险考量重点,侧重于第一还款来源的有效性,允许适当降低担保门槛,较好地解决了企业担保难问题。与传统信贷流程相比,能效融资项目贷前调查更着重调查借款人、设备、项目等是否符合有关能效项目规定,分析拟实施项目的能源节约效益。同时,改变了以往过度依赖担保的传统风险控制方法,采用捆绑设定贷款担保方式及其他信用增级方式,包括设定贷款项下设备的第一抵押权、借款人开立保证金账户、与公共事业单位的服务捆绑,等等。在贷款审查和审批阶段,能效项目贷款从损失分担协议出发,不再要求采用抵(质)押、保证等担保措施涵盖项目全部风险敞口,而主要依据对贷款风险概率的评估进行决策,不强求客户的充分担保,从而方便能效企业融资。

2. 贷款定价

贷款定价根据节能项目产生的实际经济效益而定。通过项目内部收益率测算,以及实施后的净现金流分析确定贷款利率和还款期限。在融资期限上,允许向企业提供5年以内的中长期贷款,这样能够很好地解决中小企业中长期贷款难问题。

3. 分期还款

企业可根据项目实施的现金流和自身经营情况来选择还款期限,解决了企业的还款压力。

4. IFC的技术帮助

IFC提供评审技术、市场开发技术、判断技术等帮助。例如,IFC要求银行审查人员通过计算内部报酬率、投资回报期、负债率,以及其他对银行业务和敏感的指数来评估项目的融资可行性,帮助兴业银行改进和完善贷款审批机制。

5. 经济效益与社会效益并重

在评估项目给银行带来经济效益的同时,也注重项目实施产生的能源结余和环境效益。

(二)能效贷款的合作机制——优势互补与损失分担

在能效融资项目中,IFC负责提供信贷指引、产品设计、技术援助和人员培训,兴业银行负责选择符合条件的企业并发放贷款。

1. 市场调研

IFC充分利用在能效领域的专业经验和专家团队,对中国能效市场展开广泛的调查和研究,与兴业银行分享能效行业的相关信息,提高后者对能效行业的理解与把握。

2. 风险管理

IFC与兴业银行共同开发新的融资产品。IFC协助银行制定能效融资产品的风险定价管理办法和操作流程,针对不同贷款客户或贷款项目的风险程度给予相应的风险定价;协助银行制定能效融资项目的贷款审查操作流程(或指引)。此外,IFC还向银行传授国外中小企业融资的成熟产品和实践经验,提供业务咨询服务。

3. 担保形式

根据兴业银行与IFC的损失分担协议,银行方在审核发放能效设备融资时,应要求贷款企业提供适当的担保,即银行除对企业贷款购买的设备设定抵押权外,还要求企业将其未来的应收账款和收益项目作为贷款担保,以此增强企业的还款意愿。合作双方借鉴英美银行的通行做法,创新了担保方式,在抵(质)押物设定中约定,银行至少应对其贷款项下的设备取得第一抵押权,进行有效的抵押登记,并考虑是否需要其他的保证形式,包括债务偿还准备金和抵押固定资产、质押其他应收账款等担保。

4. 营销推广

IFC 提供包括公用事业单位、能源管理公司和能效设备供应商在内的市场营销渠道,协助兴业银行开展能效项目风险审查、贷款用户燃气或热能需求量估算、能效设备价值评估以及合理的贷款规模安排,协助开拓更多的营销渠道。通过营销活动,IFC 借助兴业银行网络,延展了自身的服务能力。

5. 项目执行

项目的执行强调综合利用市场经验和工具。IFC 分担贷款损失机制的核心是:如果兴业银行发放的合格贷款产生损失,一经认定,即可要求 IFC 按一定比例补偿本息损失。这就需要双方约定未来贷款如何清收以及在什么情况下认定贷款损失的问题。银行则必须在贷款协议中尽量设定自力救济条款。

6. 技术支持和人员培训

IFC 向兴业银行提供能效项目的系列培训,包括能效市场、技术要求和经济效益,信贷风险管理和财务分析,能效项目贷款的操作流程,项目市场营销,融资租赁模式,以及如何使用 IFC 的风险分担机制等。同时,IFC 还根据兴业银行的要求,提供中小企业融资及风险溢价融资的服务经验,包括中小企业融资的最佳实践、中小企业融资的产品设计及风险控制、风险溢价融资的设计原理,以及风险溢价融资的计算模型等。

(三)能效贷款的成效

这一合作模式的积极成效主要体现在以下几个方面:

1. 从 IFC 角度看

(1)体现 IFC 的发展宗旨。作为世界银行集团属下的政府间国际组织,其宗旨是对发展中成员国的私营企业进行投资。该项目正是 IFC 发展宗旨的准确体现。为实现促进环境保护和可持续发展目标,IFC 以往采用直接赠款方式,带有经济援助性质,无法较好地激励借款方建立持续的"造血机制",且 IFC 可用作环保投资的资金毕竟有限。通过与国内银行开展能效融资合作,可以充分发挥银行信贷杠杆作用,实现环保和可持续发展目的。

(2)开拓新的投资领域。IFC 的职能是开发性质,但它并不接受政府担保,也不提供优惠融资。作为营利性的机构,IFC 尽管不一定追求利润的最大化,但寻找可盈利的投资领域对于 IFC 来说是必须的。IFC 投资于该项目背后的原因就是以节能减排为代表的绿色能源领域的高利润率以及广阔的发展前景。

2. 从兴业银行角度看

(1)提高了对绿色信贷的重视程度。兴业银行 2008 年 10 月正式决定采纳"赤道原则",成为中国第一家采纳"赤道原则"的银行,也是全世界第 63 家赤道银行。节能减排贷款只是兴业银行绿色金融[①]实践的一项业务。经过近几年的研究和探索,兴业银行现已初步形成以能效金融、环境金融、碳金融三个板块为主体,面向企业客户和零售客户的绿色金融业务体系。

(2) 促进了公司治理理念和文化的提升。通过多年绿色金融业务的实践,兴业银行的公司治理理念实现了从股东利益至上,到兼顾各相关者利益,再到倡导环境、社会、经济统一和谐可持续发展的三段式飞跃。

(3) 开辟了新的业务门类,加快了经营转型步伐

绿色金融已成为兴业集团重要的业务门类,形成品种丰富的集团绿色产品体系。提供绿色金融服务,可以提升客户的管理风险能力和长期盈利能力,反过来促进银行 RAROC(风险调整后的资本收益率)的提升,这正是银行经营转型的根本目标之一。

(4) 赢得了国内外赞誉

通过与 IFC 的合作,学习借鉴国际一流银行的先进做法,兴业银行改进了项目贷款审批机制,完善了自身信贷流程与风险管理,使得能效融资模式更具商业性、推广性和可持续性,由此在市场上集聚了品牌效应,在国内能效贷款领域处于领先地位,受到包括美国能源基金会等多方关注。兴业银行在国际上展示了中国的良好形象,为国家增加了美誉。

3. 从社会角度看

(1) 融资渠道更为丰富。能效融资项目的实施,推动了企业对环保节能设备的生产与使用,帮助广大中小企业摆脱了融资困境,购买和研发节能设备,降低能耗和污染,有助于促进中国环保产业的发展。

(2) 节能减排效果良好。截至 2010 年 10 月末,兴业银行已累计发放节能减排贷款 423.05 亿元。这些贷款所支持的项目可实现在我国境内每年节约标准煤 1 819.78 万吨,年减排二氧化碳 4 956.95 万吨,年减排化学需氧量(COD)71.83 万吨,年减排二氧化硫 2.01 万吨,年综合利用固体废弃物 612.5 万吨,年节水量 3 659.1 万吨。特别值得关注的是,自兴业银行开办该项业务以来,所有节能减排项目贷款不良率保持为零,且贷款收益水平在中长期项目中处于较高水平。

三、结论与启示

兴业银行与 IFC 能源效率融资合作项目是典型的绿色金融项目,是中国可持续金融模式的有益探索,为商业银行发展中小企业贷款、履行社会责任与可持续金融创新提供了

---

① 所谓"绿色金融",是指金融部门把环境保护作为一项基本政策,在投融资决策中考虑潜在的环境影响,把与环境条件相关的潜在的回报、风险和成本融合进日常业务中,在金融经营活动中注重对生态环境的保护以及环境污染的治理,通过对社会经济资源的引导,促进社会的可持续发展。

丰富的实践经验。该案例带来的启示主要有：

(一)绿色金融是现代金融发展的大势所趋

绿色金融是商业利益和环保公益兼得的创新业务。发展绿色金融符合国际潮流。当前美国60%的银行正在对传统信贷管理流程进行"绿色化"改造，涉及绿色债券、证券化、信用卡等；欧盟在2008年宣布以后三年投资1 050亿欧元支持绿色经济。而在我国，发展绿色金融将成为《金融行业"十三五"规划》的重要内容。因此，实现企业、社会和自身共赢发展，树立可持续绿色金融理念应成为大家的一致共识。

(二)金融机构应自觉践行社会责任

绿色金融不仅可以拓宽银行业务，获取经济效益，还能帮助企业管理风险，促进人与环境、自然和谐发展。金融机构要借鉴国际上通行的可持续发展原则和惯例来实现自我约束，将自身发展与环境社会发展相结合，以绿色金融创新来履行金融机构的社会责任，推进绿色信贷业务创新。

(三)绿色金融将成为商业银行特色化转型方向

绿色金融隐藏着巨大的商机，未来，围绕着绿色环保产业的经营特点所创新推动的金融工具和金融服务，将成为金融机构新的利润增长点。无论从银行的社会责任形象塑造还是从收益上看，绿色信贷战略对银行来说都有非常重要的意义。目前，国内绿色金融市场总体上处于起步阶段，绿色金融占中国商业银行资产的比重不足2%，资金缺口为现有融资的20倍左右，未来发展空间十分巨大。

(四)利用国际先进技术和资金发展绿色金融

不同于普通信贷项目，绿色金融在技术、成本、风险控制方面对金融机构提出了更高的要求，应充分鼓励与海外各国和全球或区域性的国际金融组织开展多种形式的合作，在引进优惠资金的同时，引入国外先进技术、管理智慧和发展理念，促进银行业务能力建设。

参考文献：

赵洁,陈志伟.兴业银行与国际金融公司能效融资合作探析[J].福建金融,2007(7).

案例12 北京环境二期世界银行贷款项目

一、案情回放

(一)项目概况

世界银行贷款北京环境二期项目(以下简称"环二项目")于2001年5月11日正式生效并开始实施,2009年贷款部分执行完毕。贷款签约金额为3.49亿美元,同时搭配使用

2 500万美元的全球环境基金(GEF)赠款。该项目的目标是减少北京市空气污染和水污染。项目建设的主要内容包括：在城八区(今城六区)推动使用天然气的燃煤锅炉改造项目，将市区上千台中型燃煤采暖锅炉改造为燃气锅炉；在集中供热系统中推进节能；在占市区面积1/4的凉水河和清河流域建设污水收集管网、污水处理设施和防洪及治理污染的设施；加强北京的环境管理政策和机构建设等。

(二)项目效益

环二项目实施期间正是北京经济迅猛发展时期，也是北京市筹备奥运会的关键时期。该项目定位准确，前瞻性强，使环境治理与城市经济同步发展，较好地满足了北京市在发展过程中对改善空气质量和水环境的迫切需要，对首都环境改善和社会发展起到了积极的促进作用。

1. 减少水污染

(1)铺设完成了清河、凉水河水系等主干管线，建成了三座污水处理厂，使北京市污水处理率由1999年的25%提高到2008年的93%，总污水处理能力由108万吨/日提高到252万吨/日，为北京市排水系统的进一步完善作出了重要的贡献。

(2)环二项目河道治理总长度共约78.37公里，河道的综合治理提高了河道防洪排水能力，改善了河道水质，为北京市河道环境的整体改善起到了示范作用，为北京成功举办奥运会和经济社会发展提供了水环境保障和水安全保障。其中，朝阳奥运承载区水环境治理项目——坝河治理工程荣获全国水利工程最高奖——中国水利工程优质(大禹)奖。这是国内首个区县级水利建设管理工程，被中国水利工程协会认定为我国水利工程建设中的精品工程。

(3)建成了国内比较先进的大屯垃圾转运站，日处理垃圾能力1 800吨，最高日处理量可达2 400吨。项目购置的垃圾转运车辆，解决了垃圾沿途遗洒、扬尘、臭气、白色污染等二次污染问题，从根本上解决了由于垃圾直接卸地产生的渗沥液对地表及地下水的污染问题。

(4)再生水项目应用亦庄开发区污水处理厂的二级出水作为水源，为开发区内工业企业提供高品质生产用水，节约了水资源，减少了开发区污水排放量，达到了"节能"和"减排"的双重效果。

2. 减轻空气污染

(1)空气质量监测设备的购置，提升了北京市环保局控制空气污染的技术能力，尤其是具有国际先进水平的空气质量管理决策支持系统的成功开发，为提高北京市政府对空气质量管理的水平发挥了非常重要的作用。

(2)锅炉置换子项目对北京市供暖季的空气质量改善起到了积极作用，在政策宣传、市场培育、产品推广、技术引进、完善服务等方面都对煤改气进程起到了切实的重要推动作用，为北京市其后几年清洁燃料计划的大范围实施奠定了良好的基础。

3. 技术援助

(1)推动了污水管理的行业改革和企业化改造。2001年,根据项目要求,市政府批准了市排水公司的改革方案,成立排水集团,至2006年年底,排水集团完成了战略、财务、人力资源三个方面的重组和改造,公司的机构能力得到了长足发展。北京市排水集团已跻身于国内一流城市污水管理公司行列,为北京市政府主管部门及时了解城市污水行业的特点、汲取国外水行业改革的经验教训、改进北京市污水管理的决策机制、提高管理效率提供了有益的帮助。它成功地促成了北京市污水治理政府管理理念和机制的改进、城市公共事业的行业改革以及排水公司的企业化改造。

(2)提高了北京市政府主管部门对降低空气污染的强烈意识,提升了"十一五能源规划"中对清洁能源利用的重视程度,为北京市政府出台"可再生能源利用管理办法"提供了重要支持。

(3)认真吸取了国外水资源管理,如湿地、城市下垫面变化对降雨产汇流影响等方面的先进经验,为北京市水务局提出了"北京市湿地现状调查及保护方案"、"北京市城市下垫面现状研究及控制性"等管理措施和建议。

(4)研究完成了"大兴区水系总体规划及凤河治理工程规划"、"新凤河再生水利用工程对环境影响的研究"。

二、案例评析

环二项目是近年来北京市实施的最大的世界银行项目,给北京市带来了巨大的环境和社会效益,该项目充分体现了世界银行的项目设计和管理特色。

(一)关注可持续发展和整体效益

世界银行在设计项目时特别关注项目的可持续性和项目的整体性。为了实现可持续地改善北京市的空气质量,环二项目在设计上是全方位的,不仅通过供暖锅炉煤改气工程进行污染源治理,还通过购置先进的空气质量监测设备、开发具有国际先进水平的空气质量管理决策支持系统提高北京市的空气质量监测水平和管理能力。此外,为了配合污染源的治理,贷款部分的锅炉煤改气项目还利用GEF赠款进行供暖节能和燃气利用技术的研究,帮助北京实现从燃煤到燃气的能源平稳过渡和新型能源的可持续发展。同时,世界银行还鼓励将一部分贷款用于提高北京市环保局对空气质量进行监测和管理的能力。另外,针对当时供暖系统能效低下的问题,另一部分GEF赠款被用于供暖节能工作。

世界银行重视项目整体效益的理念也值得称道。例如,世界银行贷款不仅支持污水处理厂的建设,同时支持污水管网、污泥处置设施、河道整治项目和污水再生利用等配套设施的发展和建设,还注重并督促了相关管理机制的改革和创新。这既促进了水环境治理项目整体经济效益的合理化运作,也实现了项目的环境效益和社会效益的最大化。

不难看出,环二项目的考虑非常全面,不仅解决了空气污染问题本身,还关注解决方案是否可持续，长远上是否有助于节能减排、保护环境。项目内容相互配合，有机结合为一个整体。

（二）资金管理上注重安全高效和合理利用

世界银行拥有一套确保资金安全和合理高效利用的资金使用管理程序，主要包括以下几个环节：

第一，项目执行方制定并报批采购计划，以落实资金具体投向。

第二，项目单位必须严格按照世界银行《采购指南》和《选择和聘请咨询顾问指南》中的流程和规则进行招标采购活动，期间必须使用世界银行编制的标准招标文件、标准评标报告、合同范本等标准文件。

第三，世界银行根据合同的大小确定不同的审批方法，对于大额招标采购，会事先审批大额招标文件、评标报告和合同草本，而对小额采购每年进行一次事后抽查，既保证了对资金的有效监管，又兼顾了效率性。

第四，对合同资金的支付采用回补制。世界银行资金的专用账户只对已发生的合格费用进行支付。这种做法能够有效地规避不合格费用和虚报冒领等资金管理风险的发生。但世界银行又支持多种提款方式和费用报表的使用，可以按照项目管理的实际需要，结合合同金额的大小分别采用不同方式进行支付，既有原则性又有灵活性，提高了资金的使用效率。

第五，财务管理措施合理而严格。世界银行贷款项目的财务管理程序十分严谨，内部控制制度健全。世界银行对贷款资金的监督和管理贯穿了整个采购、合同变更和支付的全过程。"技术、价格、程序合理"原则是资金管理的基准，也是项目内容变更、合同变更的最基本原则和依据。世界银行非常注重对项目执行单位财务能力的要求和培养，具体体现在项目实施前的机构财务能力评估、有针对性的改善建议以及项目实施期间的持续培训和定期检查等方面。

上述程序和规则凝聚着世界银行几十年的管理经验，已成为一套前后衔接、相互呼应的完整的资金管理制度，不仅最大限度地保障了投资方对资金使用的有效监管，也最大限度地兼顾了资金使用的效率。

（三）采购方法灵活多样，合同管理科学有效

世界银行项目具有多种采购方式，其好处在于不论是货物采购还是聘请咨询公司，项目执行单位都可以根据项目进度要求、合同预算大小、采购对象的性质和市场状况等具体情况向世界银行申请使用适宜的招标采购方式，方便项目执行单位进行管理，在保证项目质量的同时也确保了项目进度。如环二项目锅炉置换子项目最初计划采用国际竞争性招标的方式打包采购燃气锅炉。随着北京市锅炉改造高峰渐渐过去，经中方提议，世界银行同意增加以国内询价的方式（类似于国内的"货比三家"）采购锅炉，既满足了用户的多样化需求，又大大缩短了招标采购时间，确保了燃气锅炉的及时到位。

在合同变更管理方面,世界银行设定了合理的变更尺度和管理权限。例如,对合同变更的审批依据规模大小分别对待,合理的合同变更金额可以控制在原合同价的15%以内(根据不同的项目内容而定),等等。环二项目中河道治理项目由于最初按初步设计进行招标导致在合同执行期间出现了较多变更,而由于此项目涉及奥运水环境治理,对于完工时间有明确要求,经与世界银行多次磋商,最终完成了各项合同变更手续,保证了施工进度。实践证明,世界银行的变更管理系统既严格规范又灵活方便,简化了审批程序,也规避了不必要的合同纷争。各相关水利工程执行单位均认为,该方法为水利工程施工合同的规范管理提供了有益的经验。

(四)严格的过程管理保障项目进度和质量

世界银行项目从开始执行之日起,就要接受世界银行严格而持续的监督和管理。世界银行专家团队每隔半年亲临施工现场检查,掌握项目进度和质量情况,并及时提出解决问题和改进现状的方案和办法。定期的、详细的项目文件报告制度也是世界银行了解和掌握项目进展情况的重要依据,世界银行检查团每次检查后都要编写"项目检查备忘录"(每年两次),项目执行人要编写"项目进度报告"(每年两次),此外还有专项的定期报告,如拆迁工作外部监测报告等。通过这种严密持续的过程管理,不仅保证了世界银行项目实施的正确方向,更重要的是搭建了世界银行与项目管理团队沟通的桥梁,使世界银行能够随时掌握项目进展情况和存在问题,并及时提出解决方案和建议。

三、结论与启示

如何合理地利用世界银行贷款,最大限度地发挥世界银行项目的示范效应和带动效应,环二项目的实践证明以下经验值得推广:

(一)充分利用世界银行智力资源,推动环保领域技术创新

作为当今最具影响力的国际金融组织,世界银行集聚了世界一流的专家资源和领先的技术资源,世界银行项目所设定的技术目标和采用的技术方案往往汲取了各国项目的经验教训,不仅具备世界先进水平,也具有一定的前瞻性,更加符合项目所在地当时及未来的发展需要。由北京市环保局实施的空气质量管理决策支持系统项目就是典型,该系统包含了美国环保局地方大气质量模型的最先进技术。

(二)充分利用世界银行政策空间,实现贷款资金使用效益最大化

经过几十年的发展,世界银行已经建立起了一整套较为完善和成熟的管理体系,世界银行的项目管理既有规范的制度和严密的程序,又可以进行灵活、务实的调整,保障了资金使用的安全性、合理性、经济性和实用性。在项目实施过程中,应充分利用世界银行的政策空间,根据环境、市场的变化,调整项目的资金结构、项目目标、支付比例,力争贷款资金使用效益的最大化。

(三)充分利用世界银行技术援助,分享国际先进经验和管理模式

世界银行项目不但具有资金支持功能,还能发挥引进和交流发展知识的功效,通过项目示范,可以引入成功的国际发展知识、模式和经验,推动国际新技术和管理方法在国内的应用,从而促进相关改革,增加项目附加值。世界银行项目通过能力建设推动项目的顺利实施,以更有效地帮助受援国实现社会、生态和经济协调发展。通过实施世界银行项目,很多行业和部门引进了国际先进经验和管理模式,如竞争性招投标、环境影响评估、社会评价、项目成本效益分析、提款报账制等。应充分发掘世界银行作为知识银行的优势,申请项目时加大技术援助资金和软课题研究的比重,积极学习国外的先进经验,推动理念更新以及体制机制创新。

(四)严格遵守世界银行制度规定,确保项目建设质量和效益

严密的管理程序和严格的监督检查正是世界银行项目成功率高、影响力大的原因之一。必须严格按照世界银行的各项要求,结合项目自身特点,制定一套适应项目管理要求的规章制度和项目资金支付管理办法。规章制度和项目管理工作流程的健全和完善,可以改进项目内部管理,有效提高贷款资金的使用质量和效益。

参考文献:

[1]王雨晴.透过世界银行贷款北京环境二期项目看世界银行的项目设计和管理特色[J].经济研究参考,2011(17).

[2]北京财政局.以我为主、为我所用——发挥世界银行贷款优势,促进经济社会发展(中国与世界银行合作三十周年征文)[EB/OL]. http://www.mof.gov.cn/zhuantihuigu/cw30/ZWC/201009/t20100906_337537.html.

案例13 上海城市环境项目世界银行 APL 贷款及融资创新

一、案情回放

(一)背景概述

上海的城市化和现代化,需要投入大量资金建设及完善污水治理、生活垃圾处置、绿化等环境公用基础设施。而目前郊区环境基础设施建设市场的投融资渠道较为单一,除个别枢纽性项目外,区(县)大多数环境基础设施项目的市场化、产业化开发仍缺乏必要的信用支持。尤其是单体小、数量多、公益性强的污水处理、垃圾处置等环境基础设施更为缺乏低成本的融资渠道与市场化管理机制。此外,由于区(县)环境项目存在着小、多、散的特点,且区(县)政府的财力有限,公共财政支持体系尚不完善,区(县)政府很难就众多项目单体——直接提供财力安排。除此之外,由于区(县)政府缺乏专业技术力量支持,在环境基础设施项目的规划、技术/经济分析、适用性工艺选择、符合国内、国际规范的施工管理等方面相对欠缺经验、实力,难以确保高效、有力的项目监督与控制,造成项目运作成本升高。因此,郊区环境基础设施很多都是"空白"。

(二)项目介绍

为了推进城市建设,上海市政府向世界银行申请了可调整计划贷款(adaptable program loan,APL),用于上海城市环境项目(SHUEP)的各个子项目。整个APL项目(分三期)的实施计划从2002年持续至2010年,总投资约为24.40亿美元,其中7亿美元由APL提供(如表13-1所示)。该项贷款分期提供给中国,期限20年,含宽限期5年,利率采取世界银行规定的美元贷款的标准LIBOR利率。贷款资金将以世界银行贷给中国政府的相同利率并加上每年0.75%的承诺费转贷给上海,贷款的先征费为1%。

表13-1　　　　　　　上海APL项目的主要工程投资　　　　　　单位:亿美元

APL	概况	实施周期	总费用	世界银行贷款
一期	城市污水项目	2002—2007年	7.37	1.96
	城市固废项目			
	城市改造项目			
	黄浦江上游污水项目			
二期	城市污水项目	2003—2008年	10	3.04
	城市固废项目			
	城市改造项目			
	环境质量监测项目			
三期	城市污水项目	2006—2010年	7.03	2
	城市改造项目			
	城市环境改善项目			
合计			24.4	7

1. 世界银行贷款的优势

相对国内中长期贷款,世界银行贷款的优势明显:一是成本低。以世界银行上海环境项目APL二期贷款为例,世界银行贷款利率的基准——LIBOR(6个月)过去10年的平均水平为4.14%,加上30~50BP的平均总息差,长期综合平均利率水平约为4.6%。而过去10年中国人民银行5年以上贷款利率平均水平为7.19%。2009年以来,受金融危机影响,世界银行贷款利率2009年1月份跌破1.5%,7月份降至0.93%,与国内中长期贷款相比，资金成本优势明显。二是期限长。世界银行贷款明显优于国内商业银行长期贷款条件（一般为10年期，含宽限期2年）。依据可比口径进行对照，相当于单位利率成本下浮15%～20%，是除政府贷款外贷款成本比较优惠的信贷融资。世界银行上海城市环境项目APL三期贷款期已延长至30年。国际经验表明，对公用与基础设施的投融资期限应该尽可能延长，使得未来设施的使用者同样为其享有的使用权而承担一定成本。三是币种优势。在人民币升值背景下，使用以美元计价的贷款将存在汇兑收益。四是风险管理灵活。世界银行美元贷款LIBOR利率可以借助调期、期权等手段转换为固定利率贷款，锁定利息成本，实施风险管理，也可以实施敞口管理，获取市场价格下降的收益。

2. APL的特征

可调整贷款（APL）是世界银行为帮助一个国家、地区或城市的长期发展而推出的一种分期实施的贷款。其特点是第一期通常为短小的"软"投资——建立能使随后更大的投资得以持续进行的机构或政策改革。每项APL都针对贷款项目有其要达到的主要目标，这次上海APL的主要目标就是要建立起若干年可持续发展的框架，达到发展经济和消除贫困的目的。APL贷款优于特定项目贷款之处在于，通过APL项目的实施，可以使多个部门得到广泛改善，或使单个部门得到深层改善。而要达到对相关政策、金融、机构的改革这一目的，通过单个项目的贷款常常是难以做到的。APL贷款通常采用"垂直方式"（单部门的、不断深化的），或者"水平方式"（多部门的）。上海城市环境项目就是涉及多个环境建设部门的水平方式APL。

APL之所以被称为是"可调整的贷款"，是因为根据项目分期实施情况，APL可随着项目未来条件的变化而进行调整。一旦确立以APL形式贷款后，世界银行和借款人之间首先就引发条件和各项效绩监督指标达成一致意见。这些引发条件和效绩监督指标将被用来评价贷款的成功与否，并被用来判断是否能够顺利转入下一期贷款的实施。上海市政府为实施各期APL项目所拟定的主要引发条件如表13-2所示。这些引发条件的目标是完成与工程投资相匹配的政策、金融和机构改革等软性投资。

为监测APL每一期是否成功，还需选定效绩指标，如一期APL的若干指标如下：在2002年初，上海的自来水价格从0.88元/立方米调整到1.03元/立方米，为APL一期项目的启动创造了良好的价格环境。至2003年，上海市区的固体废物分类收集率将达到50%，集装箱化收集/运输率将达到24%，封闭运输率将达到100%。至2005年，市区的污水收集率从目前建成区的68%将提高到70%等。

表 13—2　　　　　　　　上海 APL 各期的引发条件和效绩评价指标

	引发条件
APL 一期	a. 上海将完成上海 APL 项目发展规划函及其发展规划,建立上海城市环境项目的管理组织。
	b. 完成污水处理专业规划,包括污泥处置管理和城市固体废物处置总体规划。
	c. 形成下列研究工作大纲:公有/私有经济参与基础设施融资;a)全市范围的水资源管理、运行和维护;b)全市范围内固体废物管理的体现市场化原则的政策(以支持固体废物的回收利用),以及必要的机构调整;c)为区县环境基础设施项目融资的融资工具。
	d. 上海将启动黄浦江上游的水资源保护计划。
	e. 上海原则同意下述事项:a)扩大上海水务局的职能,使其成为全上海区域水务管理机构;b)采用适当的金融工具逐步提高国内资本,创造所需环境;c)(通过招标方式)寻求私人参与市政服务领域,并随时间推移逐步消除障碍。
APL 二期	a. 批准黄浦江上游水源保护规划,包括采水区域所有污染源控制及相关机构框架。
	b. 实施公众节水计划。
	c. 批准城市固体废物处置发展规划。
	d. 开始制定适合于服务/管理合同或特许经营的政策条例,签署一个社会资本参与污水处理的合同(以 BOT 方式或特许经营方式)。
	e. 编制为基础设施融资而发行长期国内债券的计划和说明书。上海将努力争取中央政府的批准。
	f. 上海将启动建立区县融资工具的政策研究和行动计划。
	g. 起草针对农业污染控制的法规,并提交市府批准。
APL 三期	a. 上海将完成第一阶段的水资源保护和污泥处理项目。
	b. 固体废物服务达到 50％公司化。
	c. 实施更新后的城市固体废物处置发展计划,包括废物的减量化和回收利用等。
	d. 供水、排水和固体废物行业社会资本参与新的融资方法的水平至少达到 20％。
	e. 在获得国家批准的前提下,发行计划中的长期国内债券。
	f. 在获得国家批准的前提下,设立区域融资工具。
	g. 达到上海市"十五"计划中关于给水、排水、固体废物和环境污染控制的目标。

(三)项目融资平台——DFV

DFV(district finance vehicle)是上海市发展和改革委员会、世界银行和上海市城市建设投资开发总公司[①](以下简称"上海城投")在 APL 世界银行上海环境贷款项目实施

---

① 成立于 1992 年的上海市城市建设投资开发总公司于 2014 年改制为有限责任公司——上海城投(集团)有限公司。

过程中共同策划的"上海区（县）环境治理项目融资平台"。这个平台获得了3 000万美元的世界银行贷款，主要用于为区县中小型环保项目提供融资支持来推动上海3年环保行动计划的实施。

2004年12月，上海城投为平台的运作专门成立一个法人实体——上海城投环保产业投资管理有限公司，注册资本金2 000万元。

DFV的基本功能是：第一，集约化实施、管理区县环境治理基础设施世界银行贷款项目。作为世界银行APL项目贷款在上海区县的运作代理机构，在市府主管部门的牵头领导下，协调、推进区县世界银行贷款项目的甄别、市场开发、前期准备及执行管理等。第二，建立区县环境治理基础设施项目资金池。在管理区县世界银行项目贷款的基础上，同时负责整合、协调各类资金，包括利用资本市场，作为融资中介为区县环境治理基础设施项目提供配套资金，形成上海城投股权投资、国内商业银行贷款等一揽子项目资金池。

DFV平台世界银行贷款融资支持的项目主要是：新建的、产生收益的给水、污水收集管道、污水处理、固废处置等环境基础设施项目或不产生收益的公用基础设施项目。项目资本金一般不少于30%，世界银行贷款融资额度大于1 000万元人民币，不超过项目总投资的45%，借款期限不少于8年。贷款资金只能用于设备采购、土建工程、咨询服务及培训。

DFV"转贷"项目公司的世界银行贷款的期限与利息将根据项目实际情况确定。目前平台下4个使用世界银行贷款的项目，3个项目的贷款期限、利息与DFV从上海市财政局获得的世界银行贷款条件相同，1个项目根据项目的实际生命周期，对其贷款期限、利息、币种进行了调整。

DFV自成立运行以来，先后参与上海郊区如金山一水厂、金山廊下污水厂、金山生活垃圾收运系统、青浦华新污水管网、青浦徐泾污水、青浦白鹤污水厂及其管网系统、青浦第二污水厂、松江南部污水、崇明城桥污水、崇明生活垃圾填埋等数十个项目的市场化开发，包括前期策划、资金运筹与项目管理。2008年，世界银行对DFV平台的运作进行中期评估，对平台资金、项目管理能力给予了高度评价。

二、案例评析

（一）世界银行APL项目的先行意义

上海城市环境项目APL是世界银行在中国实施的第一个此种类型的贷款，是中国其他城市和地区类似贷款的先行者。这次上海APL的主要目标是建立起若干年可持续发展的框架，达到发展经济和消除贫困的目的，分三期实施，综观各期主要引发目标的具体内容、目标，都是完成与工程投资相匹配的政策、金融和机构改革等软性投资。可见，世界银行APL贷款对改善上海环境所作的贡献不仅仅体现在硬件的投资上，更体现在软件上。如为了深化资本市场，通过发行市政企业债券直接向资本市场融资，增加高水平的开放度和透明度,使上海在全国率先实施财政改革计划,而随之导入的金融创新(包括一系列程序与政策)将有效帮助完成市政环境项目的投资,对建立区县级项目融资渠道、解决其缺乏稳定金融支持的长期困惑,具有深远的意义。

(二)DFV 是实施 APL 项目的融资创新

DFV 是针对区县环境治理基础设施商业化经营现状而度身定制的降低项目成本、拓宽项目融资渠道、加强项目管理、提高项目建设与经营效能的创新机制。该机制的核心内容是以世界银行贷款的融资服务为切入点,为上海市扶持区县环境建设开发提供一个有力的金融支持平台。其特点及优势主要表现为:

1. 集约化中介平台,实现世界银行贷款对中小型项目的转贷

传统的世界银行贷款管理由项目单位直接面对世界银行,即实行"点对点"式的贷款管理,世界银行贷款由国家财政部通过省、市财政局层层转贷至项目单位。而中小型环保项目由于其项目规模小、分散、项目准备情况不同,直接面对世界银行项目评估前期准备成本偏大等原因,很难直接获得世界银行贷款的资助,也存在较大的管理障碍。

通过设立 DFV 平台,在市财政与中小型项目之间搭建融资桥梁,世界银行通过对 DFV 平台能力评估,随 APL2、APL3 期贷款一次性分配平台 6 000 万美元贷款额度,用以支持中小型环保设施项目建设。如图 13-1 所示,DFV 平台通过与项目公司签署合作框架协议,实现实际意义上的世界银行贷款"转贷",在引入世界银行低息、长期贷款的同时,将"点对点"的世界银行贷款管理方式改变为集约化的融资管理,大大提高了世界银行贷款在郊区(县)中小型项目上的适用性,有效提高了资金的利用效率。同时,DFV 还以市场化、开放性的融资服务带动了区县项目建设与管理市场机制的建立与完善。

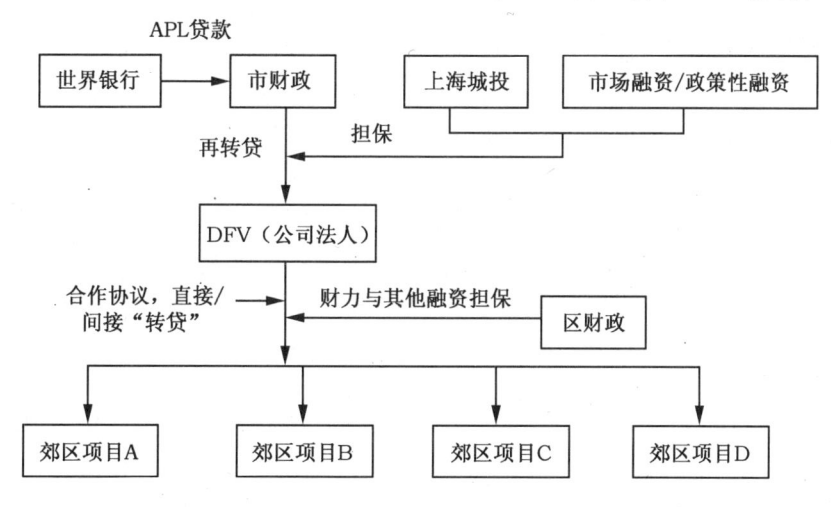

图 13-1 DFV 平台设立后世界银行贷款资金使用模式

2. 专业化综合管理精干高效

为降低平台运作成本，DFV遵循打造内部核心团队与环境保障、社会保障、法律咨询等服务专业外包有机结合的工作模式。DFV内部核心团队主要按照市场和培训、项目管理、资金管理和财务、行政管理进行岗位设置，明确职责的定位，并通过岗位职能交叉互补的方式使DFV内部的组织体系趋向于合理化和明晰化，形成8人左右的精干核心技术团队。DFV项目开发实施的组织框架结构如图13-2所示。

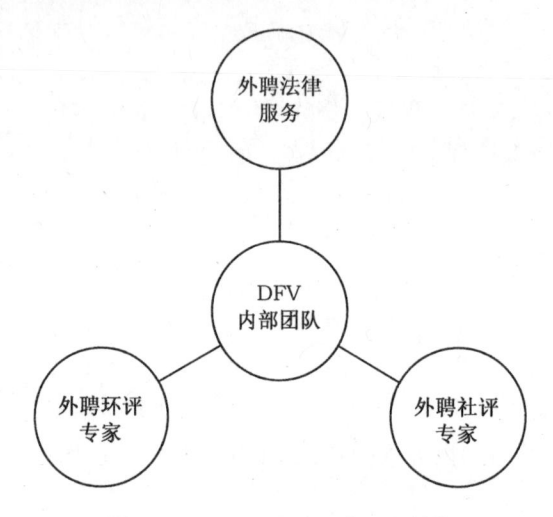

图13-2 DFV项目开发组织结构

DFV平台不仅具备一般世界银行贷款项目管理办公室的项目管理职能，而且其管理的世界银行贷款资金使用程序更为简化。贷款采用总量控制方式，不按土建、设备、机构加强的类别采用不同的提款比例，而是凭借有效的票据，100%提款报账，可直接支付承包人或供货商。此操作大大简化了世界银行贷款的支付程序，较传统的回补式提款报账方式，降低了项目单位财务成本。

DFV在开发项目的同时，积累了适应上海郊区项目特点的世界银行贷款业务管理经验，逐步建立、完善一系列规范、完整的制度，包括DFV操作手册、DFV专业岗位职责规范、世界银行提款报账实施细则、DFV项目申请DFV世界银行贷款审批管理办法、DFV合同管理办法、市场化项目经济财务分析模型等，使其成为上海郊区县世界银行贷款项目的管理中心。

3. 资金成本及平台交易成本低

DFV与一般项目贷款管理单位的主要区别在于世界银行贷款自主性管理。DFV平台可根据事前与世界银行议定的《DFV操作手册》，自行甄选、评估项目，确定项目可使用世界银行贷款的额度，完成项目评估报告，尤其对项目的环境评估报告（EIA）及非自愿移民安置计划(RAP),可由 DFV 设立的安全保障小组(Safeguard Team)代替世界银行进行项目前期审核,报备世界银行,进一步简化了项目审批程序,提高了工作效率,降低了项目获得世界银行贷款前期准备费用。

DFV 平台为区县中小型项目提供融资服务,不同于一般意义上的"转贷",不以资金成本加成作为收益来源,而是收取一定的管理费,以平衡"平台"的人员与组织管理成本,一般为贷款或融资总额的 1.5%～3%。

随着 DFV 平台世界银行贷款项目的开发与实施,DFV 培养了一批专业人员,在世界银行贷款管理的前期策划、经济财务分析、招投标监控、资金财务各环节提供专业服务,将先进的项目管理理念和世界银行贷款的资金成本优势融入到环境治理项目的开发中,更好地降低了区县项目单位的项目管理成本。

通过增加 DFV 这一金融平台,可以对分散的项目资金进行组合管理及集约处理(包括总体代理世界银行项目资金),从而最大程度地实现项目资金成本的规模经济效能,为上海区县中小型环保项目的建设争取到更低、更可靠的资金保障。利用世界银行贷款项目融资成本较国内其他通常融资方式,仅降低融资成本一项就可直接节约项目总投资 5%～10%。以世界银行 APL 二期贷款为例,截至 2007 年底,DFV 为三个区县项目成功实施世界银行贷款再转贷 2 070 万美元,累计节约项目融资成本约 370 万美元,折合人民币约 3 000 万元,占三个项目总投资额的 7.7%。而在项目实施中引入基于国际通用的 FIDIC 合同条款的世界银行贷款项目招投标及合同管理机制,可进一步控制成本。以 DFV 平台的世界银行贷款项目为例,中标合同价比照概算平均下降 15%～20%。创新的世界银行贷款项目及资金管理模式在上海郊区(县)中小型环境治理项目的实施过程中发挥了强大的优势。自 2005 年平台投入运行至今,DFV 在世界银行贷款 APL 二期项目中获得了 3 000 万美元的贷款额度,成功应用于崇明城桥污水处理一期工程、崇明生活垃圾综合处置场一期工程、青浦华新污水收集管网一期工程,以及青浦白鹤污水收集管网一期工程,累计拉动项目总投资超过 5 亿元人民币;并且在 2009 年签约的世界银行贷款 APL 三期项目中再次获得了 3 000 万美元贷款额度,用以支持上海区县环境治理基础设施的建设和发展。

三、结论与启示

为城市环境治理等基础设施建设筹集长期资金,一直是发展中国家地方政府面临的一大难题。上海借助世界银行的 APL,不仅加强完善了一系列软硬件的建设,同时依托世界银行与上海城投两大政策性、政府性开发机构,为郊区面广量大的环境治理项目开发创造了 DFV 这一政策性导向与市场化机制有机结合的融资创新工具,发挥了良好的作用,也提供了诸多可资借鉴的宝贵经验。今后,仍需在以下几个方面加强管理:

(一)重视项目的整体融资结构

上海通过 APL 来实施上海城市环境项目，涉及上海市政府的方方面面，影响大，社会效益显著。在实施这一揽子项目时，除了世界银行的贷款资金外，需要进一步明确各单体项目的融资模式，落实配套资金的来源，实现融资对投资者的有限追索，减少项目风险，降低投融资成本，寻求足够的政策以支持融资的债务偿还。

(二)关注项目担保和风险管理

市政基础设施建设，其潜在的项目风险多是项目本身无法控制并超出其承受能力范围的。为了给投资者创造安全的投资环境，需要有切实可行的措施转移项目风险并加强风险管理，比如限制在项目发展阶段之内或者一定的投资金额以内，以使投资者有可能安排有限追索的融资结构，同时可通过组织一些对项目发展有利但又没有直接参与项目投资或参与项目经营的机构，为项目融资提供一定的担保。

(三)完善集约化金融平台

目前，世界银行贷款作为 DFV 目前唯一的"转贷"资金来源，使得 DFV 未来发展面临着很大的不确定性。未来，DFV 可进一步完善其公司架构，拓展融资渠道，通过争取外国政府贷款和亚洲开发银行贷款和发行"环保建设债券"等方式拓宽融资渠道，为郊区提供更多的资金支持，并逐步发展成为一个环保产业投资基金，吸引更广泛的产业资本与社会资本参与。DFV 还要充分发挥金融创新功能，提高项目管理、资金管理、风险管理能力，扩大业务范围及服务地域，真正成为中小型环保项目的长效融资平台，更好地保护环境，为城市的可持续发展服务。

参考文献：

[1]马红.DFV——中小型环保基础设施项目融资创新实践(中国与世界银行合作三十周年征文)[EB/OL]. http://www.mof.gov.cn/zhuantihuigu/cw30/ZWC/201009/t20100906_337492.html.

[2]胡静. 上海区县环境基础设施建设的投融资创新实践[J].中国人口资源与环境，2010(3).

[3]耿海玉,泰德·霍仕本. 世界银行可调整计划贷款(APL)与上海环境建设的投融资创新[J].上海投资,2003(1).

[4]王道军. 孔庆伟:谱写都市运营新乐章[J].上海国资,2010(7).

[5]佚名. 世界银行 APL 上海环境项目——"区(县)项目融资平台"设计及项目开发概况[EB/OL]. http://www.docin.com/p-53618715.html.

案例 14　甘肃黑河水电亚洲开发银行贷款项目

一、案情回放

经过6年的艰苦奋斗,甘肃黑河水电开发公司利用亚洲开发银行融资8 500万美元,在祁连山黑河干流上先后开发了三个水电项目(小孤山、二龙山和大孤山水电项目)。黑河水电项目虽地处西部偏远山区,却创造出了亚洲开发银行贷款项目的多个"第一":甘肃第一个亚洲开发银行贷款项目;我国乃至亚太地区第一个水电清洁发展机制(CDM)项目;我国第一个引入亚洲开发银行多批次贷款机制(MFF)项目;亚洲开发银行成立"亚太碳基金"后第一个使用该基金的项目,同时也是我国乃至东南亚地区第一个使用世界银行"碳汇基金"的项目。在亚洲开发银行后期绩效评价中,三座电站均被评为"非常成功项目"。

(一)背景概述

水力发电是典型的清洁能源,比燃煤发电清洁节能,比新能源发电经济可行。然而,水力发电必须具备特定的地形地势条件,多分布在高原地区,除了建设难度大之外,有的地方还涉及移民搬迁问题,在地理条件、政治、民生和生态等方面受到限制。事实上,水电开发的困难更多来自于投资资金的制约。大中型水电站建设周期约5~10年,期间物价、银行利率、汇率、通货膨胀等各种经济因素的变化都会影响整个工程的造价,给项目带来较大风险。水电开发初始投资较大,每1万KW电站所需投资约为1亿元,开发企业面临较大资金压力。这些困难,在甘肃黑河水电开发中表现得淋漓尽致。这一水电项目的建设单位是甘肃省张掖黑河水电开发股份有限公司(以下简称"黑河公司"),成立于2000年,是一家集水力发电、机电安装、铁合金生气、电力相关产业开发、电力销售为一体的国有控股公司,作为一家名不见经传、没有任何国际合作开发经验的地方小水电企业,其面临的资金压力可想而知。

(二)小孤山水电站项目开发始末

小孤山水电站项目设计装机容量10.2万KW,概算总投资7.01亿元人民币,资本金按20%筹措,单靠公司职工集资,显然是杯水车薪。为解决资金投入问题,黑河公司采取三步走的战略:第一步,先盘活已有小水电的存量资产,整合资源,采取"靓女先嫁"的办法,整合优势资产后,向公司内部职工和社会公开出售资产产权,所得资金作为资本金全部投入项目建设,先期筹措资本金8 670万元后,又寻求甘州区水务局为合作伙伴,入股33.3%,解决自筹资金问题。第二步,以资产质押向地方银行贷款,与中国银行张掖分行达成5.4亿元人民币的贷款协议。第三步,借力国家开发大西北和鼓励发展清洁能源的政策东风,大胆引进外资,积极争取亚洲开发银行贷款。亚洲开发银行对项目的评估非常严格,派出技术援助专家组对小孤山项目进行了为期 6 个月的咨询性技术援助,最终同意为小孤山清洁能源项目提供 3 500 万美元的贷款。该项目在可行性研究阶段还得到亚洲开发银行 75 万美元的技术援助资金。亚洲开发银行贷款还贷期 20 年,宽限期 4 年,签约时贷款利率约为 4% 左右,比当时国内 7.83% 的 5 年期以上贷款利率低许多,对资金困难的黑河公司而言可谓雪中送炭,有效缓解了资金压力。

2003 年 10 月,小孤山水电项目正式开工建设。在建设过程中,听说世界银行正按《京都议定书》清洁发展机制规则在国内寻求水电清洁能源投资项目,黑河公司敏感地捕捉到碳交易市场的商机,在财政部、国家发改委和科技部的推荐下,开始尝试与世界银行接触,在国内率先探索和实施小孤山水电站清洁能源机制项目的开发。

清洁能源机制(clean development mechanism,CDM)是《京都议定书》规定的跨界进行温室气体减排的三种机制之一,是一国在境外实现部分减排承诺的一种履约机制,通过市场交易,从发展中国家购买"可核证的排放消减量(CER)",以履行《京都议定书》规定的减排义务。

高质量的项目设计书是申请 CDM 项目的关键。2003 年 10 月,黑河公司把项目设计书委托给国内较有影响力的清华大学能源环境经济研究院,后者编制了《小孤山水电站 PCF 项目概念设计书》,向世界银行原型碳汇基金组织申报。世界银行于 2003 年 11 月至 2004 年 8 月先后四次派出项目考察团,深入现场调查、考证,最终完成"小孤山水电项目环境监测和管理计划、小孤山水电项目居民发展计划、小孤山水电项目大坝安全计划、小孤山水电项目移民安置计划"等重要成果。经过评估,小孤山水电站项目获得亚洲开发银行亚太碳基金支持,同时获得世界银行原型碳基金支持。2005 年 6 月,黑河公司与世界银行签订《二氧化碳减排量购买协议》,协议购买期限 10 年,向世界银行出售减排总量 300 万吨,收购总价 1 350 万美元,折合人民币 1.1 亿元。该项目从而成为中国乃至亚太地区第一个获得世界银行碳汇基金的水电项目,成为了国际碳市场的明星项目,这也意味着小孤山水电站每年将得到 135 万美元的额外收益。

(三)二龙山和大孤山水电站项目开发进程

小孤山项目的成功实施,开创了甘肃省与亚洲开发银行合作的新局面。此后实施的甘肃黑河农村能源发展规划,又获得亚洲开发银行 5 000 万美元的贷款支持,而且成为亚洲开发银行在中国试行的第一个多批次贷款机制项目。

甘肃黑河农村能源发展规划项目包含两个子项目,即二龙山水电子项目和大孤山水电子项目的建设开发。两个水电站原本作为独立项目准备,但亚洲开发银行专家实地考察后发现,二龙山项目的准备工作远远领先于大孤山项目,鉴于自然条件和技术原因,8 座中型水电站只能分段开发。考虑到黑河公司已经在黑河梯级开发规划中的小孤山项目成功实施亚洲开发银行贷款,执行能力较强,专家建议引入多批次贷款机制。另外,如果引入该机制,二龙山水电项目可同时申请亚洲开发银行托管的亚太碳基金,预付款可提前到位。

多批次贷款机制（multitranche financing facility,MFF）是亚洲开发银行于2005年新推出的创新性融资工具，类似于备用信用证，针对需要资金的子项目组，基于"走着看"原则，根据项目的实际推进情况分阶段提供资金。该机制适用于开发大型中长期投资项目，特别是项目分散、内容差异大、准备期不确定、融资需求具有不连续性和阶段性的一系列项目。这种机制贴合亚洲开发银行长期战略框架要求，能给予一揽子的资金支持，为一个或多个中长期建设项目安排阶段性资金投入，这对于资金需求量大、建设周期长的水电项目来说再适合不过。

对每一笔MFF贷款，亚洲开发银行管理层会批准一个最大贷款额度，明确相关特定条款和条件，并与贷款国签署融资框架协议（financing framework agreement,FFA）。在此基础上，亚洲开发银行根据贷款国的融资需要以及提交的阶段性融资申请，分批次对贷款国提供贷款，每一批次的贷款相对独立，且需要分别谈判并签署对应批次的贷款协议和项目协议。其整体运作可概括为三个步骤：第一步，亚洲开发银行与国家财政部门签订《融资框架协议》，对项目范围、资金使用期限、所需资金和子项目选择标准等作出约定；第二步，根据项目推进情况，贷款国分别向亚洲开发银行提出项目阶段融资需求；第三步，签署《贷款协议》和《项目协议》，至此亚洲开发银行项目资金得到落实。

2006年，甘肃省与亚洲开发银行技术援助考察团洽谈后，原则上同意二龙山子项目和大孤山子项目按照MFF程式准备。2006年10月，中国与亚洲开发银行正式签署《融资框架协议》，由亚洲开发银行通过MFF方式，为上述两电站的开发提供金融支持和融资服务。项目单位正式向亚洲开发银行提交了第一个贷款子项目——二龙山水电子项目的阶段融资需求（PFR），亚洲开发银行于2006年12月审批通过。2007年1月19日，中国与亚洲开发银行正式签署二龙山水电子项目贷款协议。同日，甘肃省政府、张掖市政府及二龙山水电有限责任公司与亚洲开发银行签署了项目协议。亚洲开发银行贷款2 200万美元，贷款期25年，含5年宽限期，签约时利率为LIBOR+0.60%固定利差，每年承诺费率0.75%。贷款程序通过国家财政部向甘肃省政府转贷，按贷款协议相同条款把贷款移交给二龙山水电有限责任公司。

2007年11月，项目单位向亚洲开发银行提交第二份PFR文件，即大孤山水电子项目融资需求。2008年1月得到亚洲开发银行审批通过。2008年3月4日，大孤山水电子项目的贷款协议和项目协议也分别得到签署。亚洲开发银行提供2 800万美元贷款，期限24年，含4年宽限期，签约时利率为LIBOR+0.60%的固定利差，同时亚洲开发银行给予40BP的退息，该子项目每年承诺费率0.15%。两个水电站项目实施期为7年。

大孤山水电站是中国首个试用亚洲开发银行MFF项目，2013年11月，该项目被亚洲开发银行评为"2012年度最佳表现贷款项目"。二龙山水电项目则成为亚洲开发银行成立"亚太碳基金"（APCF）之后第一个使用该基金的项目。

二、案例评析

(一)黑河项目的经济、社会、环保多重效益

黑河水电项目的实施,不仅取得良好的经济效益,同时彰显积极的社会效益和环境效益。三个水电项目全部建成后,加上现有小水电装机,总装机容量达到 25 万 KW,年发电量 10 亿 KWH,资产总额 18 亿元,综合销售收入 6 亿元。与 2000 年相比,装机容量扩至 10.8 倍,发电量扩至 8.3 倍,资产规模扩至 9 倍,销售收入增加 10 倍,经济效益显著。

与此同时,项目建设还取得了良好的社会效益:大大改善了甘肃河西电网结构,有效缓解了电力供应不足,促进了地方经济的持续性发展。项目不仅带动周边交通、道路的开发,而且提高了植被覆盖率,改善了环境质量。张掖市政府每年拿出水电项目实现的留地方财政税收 5% 的资金,用于祁连山自然保护,改善周边生态环境,当地教育、医疗、基础设施、精神文化生活都得到了较大改观。

此外,水电站 CDM 项目实施还具有极好的环保效益:小孤山水电站年净发电量 3.6 亿 KWH,每年产生二氧化碳减排量 32.73 万吨;二龙山水电站年均发电量 1.8 亿 KWH,每年可减少温室气体排放 14.46 万吨。这些项目的实施为购买国实现减排指标,减少全球温室气体排放作出了应有的贡献。

(二)黑河项目的成功经验

黑河水电开发项目无论在项目设计准备和实施、内外资优化组合、创新利用国际资源方面,还是公司治理方面,都积累了许多宝贵经验。

1. 巧借亚洲开发银行资源,缓解资金之困

能源一直是亚洲开发银行贷款投放的重点领域,对建设资金需求量大、周期长的水电项目而言,亚洲开发银行贷款具有还款期长、利率低的优点,能为项目的顺利实施提供充实的资金支持,有效缓解还贷压力,较之国内银行贷款的优惠性和互补性非常明显。以黑河项目为例,如果利用国内商业银行贷款建设,在 10~13 年内还本付息,那么还贷期内项目公司基本没有利润;而使用亚洲开发银行贷款,还贷期长达 20 年,并有 4 年宽限期,大大减轻了企业还本付息的压力。亚洲开发银行贷款的实际利率与 LIBOR 相近,也远远低于国内商业银行 5 年以上期贷款利率。同时,亚洲开发银行取消了先征费,并降低了承诺费的费率,如大孤山项目只按 0.15% 的年率征收,大大降低了项目融资成本。

2. 创新先试 MFF,滚动开发梯级水电

实践证明,在同一河流实行梯级滚动开发可以取得最好的开发效率。从规划设计来看,二龙山和大孤山两个水电站要分段截流,不能同时开工建设。从实际准备情况看,二龙山项目的准备工作远远领先于大孤山项目,这就形成了项目实施期和融资需求的不连续性和阶段性,因此,黑河项目非常适用于 MFF 机制。与传统贷款模式相比,MFF 具有以下优点:

(1)简化程序,加快进度。MFF 在审批环节与传统项目贷款类似,但仍有所区别:在国内审批环节上,需要向国务院进行谈判请示的仅是项目框架与第一批次项目,以后批次项目的谈判程序则相对简化。在亚洲开发银行审批环节上,虽然每一批次的项目彼此独立,但亚洲开发银行董事会只需要一次批准总额度以及相关使用条件。亚洲开发银行批准融资框架协议(FFA)与第一批融资后,以后各批次项目的评估与审批程序则相对简化,减少了单个项目申报过程中重复和繁琐的业务流程,从而大大缩短了项目准备周期(参见图 14-1)。以黑河项目为例,采用 MFF 加快了贷款生效、合同授予和支付的速度。与常规项目相比,第一批次项目提前一年多用到了亚洲开发银行贷款资金,发电时间比预期提前至少一年半,同时提前使用亚洲开发银行碳基金的预付款。

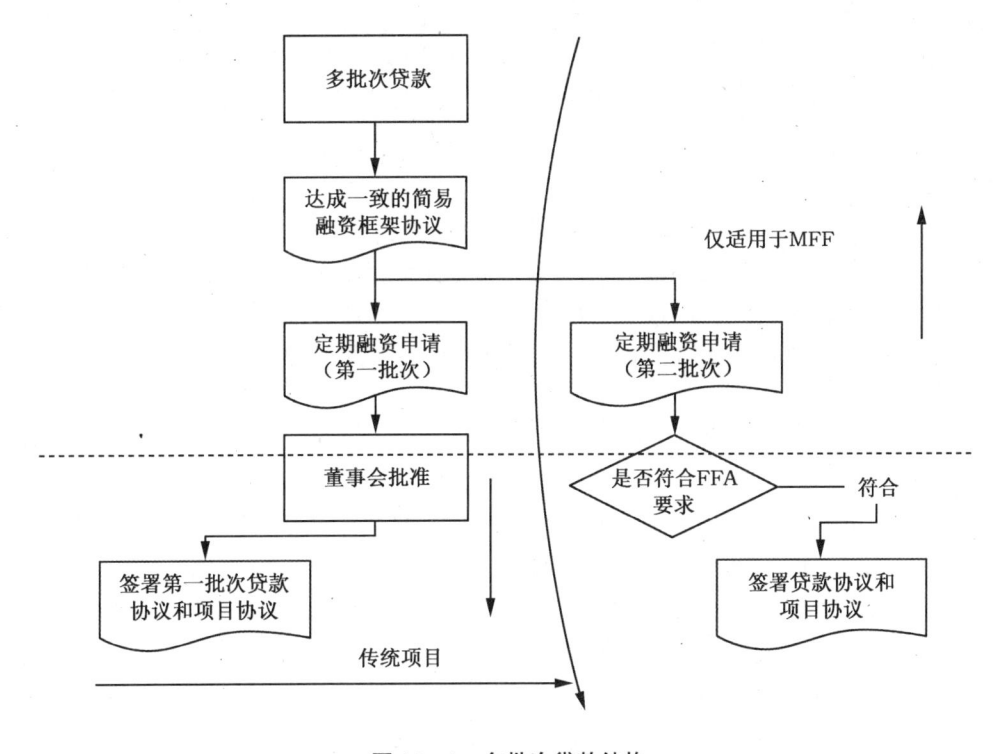

图 14-1 多批次贷款结构

(2)灵活性强。由多个分散子项目所组成的贷款项目,各子项目所处的准备阶段可能不同,MFF 模式允许条件成熟的子项目可以打包先行实施融资,而不必等所有子项目都准备完毕,对于贷款国具有较强的灵活性。另外,亚洲开发银行所批准的 MFF 额度,贷款国没有义务一定要完全使用,可以根据自己的融资需要决定最终的贷款数额;亚洲开发银行也没有义务一定要按照最大额度借款给贷款国。

(3)节约息费成本。MFF一次批准,分批实施,其承诺费和利息不是按一次批准的额度为基础计算,而是按照各批次的贷款额为基础计算。贷款国因此可以节省承诺费和利息的支出。以黑河项目为例,2008年3月签署的大孤山项目的财务费用比2007年1月签署的二龙山项目大幅降低,主要缘于亚洲开发银行对2008年3月以后签署的LBL贷款产品给予了借款人更多的优惠,如利差减免40BP、承诺费率下降等。如果沿用传统项目贷款模式,将以第一个子项目——二龙山子项目的签约和生效时间作为整个项目的签约时点,两个子项目的贷款总额度仍为5 000万美元,但其利息和承诺费在项目执行期间将大大增加(见表14-1)。

表14-1　　　　　　　　　甘肃黑河两个子项目的息费比较

贷款签署日	贷款金额（万美元）	贷款期（年）	宽限期（年）	利息	利差/利差减免	承诺费率
2007年1月	2 200	25	5	LIBOR	0.6%	0.75%
2008年3月	2 800	24	4	LIBOR	0.2%	0.15%

(4)控制项目风险。MFF的一大特点是亚洲开发银行或借款客户均不把融资总额视为正式的、具有法律约束力的承诺加以记录,融资只有在转为贷款、担保或部分借款额度时才加以记录。因此,作为项目业主,可充分考虑和利用项目准备周期,在投资子项目的开发次序上掌握相当的灵活性,条件成熟即可实施,否则,可以终止,而且双方均无需承诺责任,从而有效防范风险。

3. 开发CDM项目,抢占碳交易市场先机

2002年亚洲开发银行专家组对小孤山项目进行考察论证时,黑河公司首次从亚洲开发银行官员那里了解到CDM的项目信息。当时中国政府刚批准同意执行《京都议定书》中的内容,清洁能源的管理机构2003年才正式成立,而《中国清洁发展机制项目运行和管理办法》直到2005年才发布,因此,CDM对当时国内绝大多数企业和中介机构而言绝对是新生事物。

黑河公司靠实际行动抓住了商机。之所以能够成功申报CDM项目,是因为该项目特征具备了利用世界银行原型碳基金和亚洲开发银行亚太碳基金开发CDM的条件:一是地处西北省份,项目筹资困难;二是项目采用无坝径流引水式开发,衔接上游电站尾水,无移民、无搬迁、无淹没,是典型的符合清洁发展机制要求的水电项目;三是项目的实施具有明显减少地方农户砍伐森林、焚烧秸秆的环保效益。有了小孤山水电站CDM项目的成功示范效应,具有相似条件的二龙山和大孤山水电项目的后续应用自然不在话下。二龙山和大孤山这两个水电项目均采用无坝径流引水式开发,无移民、无搬迁、无淹没,这些特征同样具备利用亚太碳基金CDM进行碳交易的基本条件。

从CDM项目获得融资机会,优化项目建设成本结构,大大降低企业开发项目的融资

风险,提高利润率,这是黑河公司从中获取的最大好处。同时,它也为鼓励张掖市乃至甘肃省继续开发清洁能源项目起到带动和示范作用,为推动国内碳减排市场的发展、保护生态环境作出了积极的贡献。

MFF机制对CDM亦有较好的促进作用。MFF确保了项目开发的融资,使清洁能源项目得以实施;MFF在实施前若能较好地控制项目筛选的框架和标准,可更好地体现CDM项目环保、减少污染的目的,使已核证减排量更加优质;结合亚洲开发银行其他基金,如亚太碳基金、未来碳基金等,可将"CDM"项目的碳减排收益提前用于项目建设施工,大大缓解项目业主投资的压力。

4. 引资与学习国际先进经验相结合

黑河项目利用亚洲开发银行贷款,不仅解决了项目建设资金,同时也在合作过程中借鉴项目执行中的先进经验,吸取了亚洲开发银行先进的项目管理理念。在项目执行过程中,黑河公司积极利用亚洲开发银行的技术优势,主动争取外出考察机会,向亚洲开发银行申请举办各具特色的培训班,充分利用每一次的沟通机会,从中提炼符合自身实际的管理理念,用国际领先经验推动管理、制度、思路创新,并注重项目的示范性和带动性,使项目成为推动企业创新的载体。公司按照亚洲开发银行贷款项目的管理程序,对工程建设实行全程监控,严格执行水电工程质量管理体系和安全生产规定,全面运用亚洲开发银行反腐败条款和国内大中型水电项目建设的相关法规,规范工程招投标及建设行为,有效杜绝工程建设过程中的违纪违法现象。通过持续不断的规范化运作,注重经验的提炼积累,从根本上提升了公司的项目运作和管理能力。在亚洲开发银行资金与技术的支持下,黑河项目成功创造了水电开发史上诸多第一。

三、结论与启示

(一)经验启示

大中型项目开发建设如何充分利用国际金融组织贷款,把握国际市场商机,用好、用活和创新融资机制,作为同类项目典范的"黑河模式"无疑提供了积极的启示和借鉴。

1. 开放思想、创新理念是成功运作亚洲开发银行贷款的基础和前提

国内建设和管理大中型水电项目通常面临的问题是思想保守,资金匮乏,人才和管理经验奇缺。靠规模较小、实力有限的黑河公司去实施大型水电项目,其面临的困难和风险可想而知。然而,公司未被传统思维所禁锢,贵在知难而上,积极探索新生事物,充分利用信息资源,捕捉市场机会,以创新管理为支撑,以内引外联、内外资共用为平台,走上与国际接轨的发展道路,成为第一个"吃螃蟹"的企业,通过MFF机制和CDM项目,较好地整合了国内外多种资金,增加了项目的融资能力和经济效益。这种勇于创新、大胆尝鲜、先行先试、边干边学的开放式思路和理念,值得运作同类项目的企业借鉴。

2. 各级政府部门间的密切合作是亚洲开发银行贷款项目实施的关键

申请和利用亚洲开发银行贷款,是一项系统工程,需要自下而上发起的需求,更需要多方的大力配合。在促进黑河水电滚动开发项目中,甘肃省财政厅、发展和改革委员会通过电话、传真和电子邮件等形式多次向亚洲开发银行、财政部以及国家发展和改革委员会咨询请教,获取政策方面的解疑释惑;重视项目培训,针对项目运营管理的薄弱环节,主动邀请亚洲开发银行官员来甘肃授课,积极联系外部专家对项目公司实施培训,组织项目公司人员参加亚洲开发银行和财政部举办的各期培训班和研讨会,提高管理人员素质,安排项目相关人员赴山西、广东等实施过亚洲开发银行贷款的项目单位考察学习;为项目公司广泛协调、牵线搭桥,解决了项目运作中的许多难题。省政府和张掖市政府也全力支持,积极配合亚洲开发银行贷款项目的全流程管理。各级政府之间的默契合作也给亚洲开发银行专家极大的鼓舞,为融资项目带来了更多的新思路和方法。

3. 掌握各类融资工具及运行程序和规范是有效利用亚洲开发银行贷款的重要条件

亚洲开发银行资金实力雄厚,贷款项目审核和管理严格,条文规则繁多、程序复杂,各类贷款项目有其自身特点和独特的管理方式,亚洲开发银行对其资金使用也有一系列强制性规定和严格的管理措施,如严格的资金支付和使用程序、独立全面的监测评价机制、有力的遏制腐败和欺诈活动的政策等。因此,MFF、CDM这些新型融资机制和工具以及亚洲开发银行的先进经验要真正能在我国落地开花,还需要各级政府、相关部门和企业的广泛参与和学习,完善相关的专业知识培训和管理培训,明确各类贷款的程序、规范、业务指南,严格按照亚洲开发银行的规则操作。

(二)注意事项

新兴的融资机制MFF和CDM扩大了亚洲开发银行金融工具和模式的范围,在我国未来基础设施开发和清洁能源项目中市场应用前景广阔,但是目前国内对它们的认知程度还不高,尚存在很多认识误区。基于国内外实践经验的总结,实务操作中应注意以下几个方面的问题:

1. MFF子项目数目不能过多

子项目最好控制在5个以内。过多的项目组成部分势必加大项目执行难度,项目管理机构的管理和协调难度也会大幅增加,不利于项目的精细化管理。

2. MFF早期批次的合理设计有助于其后各批次的实施

例如,第一批次可资助聘用咨询专家,就以下内容提出建议:首个项目的实施,包括技术设计、土建工程监理、保障支持、采购、检测、评价、项目管理和报告等;针对后续项目准备工作的尽职调查;能力建设(如规划、政策工作、培训等)、检测、成果评价及报告工作。其成功经验可以为后面批次提供借鉴。

3. 准备MFF的前提与评估

MFF准备和获批的四大前提是总体规划、政策框架、投资规划和融资计划,对保证条款以及报告安排等也有明确规定。以上各条件都需经过先期评估(尽职调查)。各批次融资的尽职调查执行亚洲开发银行的具体做法，并侧重技术、财务、经济、商业、法律法规、社会、业务、保障、治理、能力、性别、私营部门参与、受托监督、财务管理、采购和反腐败等方面的事宜。

4. 理性对待 CDM 项目

CDM 项目具有巨大的潜在经济效益，但对待 CDM 项目应坚持有所为、有所不为的原则。本着对世界环境负责的态度，我国强调 CDM 项目必须同时满足帮助发展中国家实现可持续发展和减少温室气体排放的要求。

5. CDM 项目风险与机遇并存

CDM 项目繁琐、运作方式异常复杂，实施过程中可能面临许多新问题、新挑战，存在诸多风险，如注册风险、政策风险、项目建设运营风险、法律风险、信用风险等。企业在从 CDM 项目中寻找商机的同时，也应该警惕风险，提高风险防范意识。

参考文献：

[1] 秦凤华. 如何申请亚洲开发银行多批次贷款[J]. 中国投资，2009(12).

[2] 王生国. 银练舞进水帘洞不知巨龙闹天宫——甘肃黑河水电公司清洁能源项目开发纪实[J]. 财会研究，2011(19).

[3] 战雪雷. 亚洲开发银行甘肃黑河水电项目破解清洁能源融资难题[N]. 中国财经报，2009—08—21.

[4] 亚洲开发银行. 行长就拟向中华人民共和国甘肃黑河农村水电开发投资项目提供多批次贷款融资致董事会的报告与建议[R]. 2008.

[5] 亚洲开发银行. 多批次贷款融资模式主流化[R]. 2008—06.

[6] 亚洲开发银行. 关于工作人员使用多批次贷款融资模式的指南[R]. 2006.

[7] 王霜丽. 政府主权贷款风险控制——亚洲开发银行中国贷款项目案例研究[D]. 对外经济贸易大学，2010.

案例 15　亚洲开发银行对东盟国家的高等教育援助

一、案情回放

(一)背景概述

亚洲开发银行成立于 1966 年 12 月，是亚太地区的多边金融机构，致力于通过包容性经济增长、环境可持续发展和区域一体化来帮助亚太地区减少贫困，其总部位于菲律宾首都马尼拉。

受人力资本理论的影响,亚洲开发银行将高等教育援助视为促进受援国经济发展的重要途径。在亚洲开发银行等国际组织的定义中,高等教育指的是所有后中学(postsecondary education)阶段的教育,包括大学、研究机构开展的教育研究,以及其他教育机构的职业教育和培训等活动。东盟国家是亚洲开发银行开展援助活动的重要区域,各国在经济、社会文化和教育发展方面具有不同的特点,处于不同的发展阶段。因此,亚洲开发银行对东盟国家的高等教育援助政策也各有侧重。

(二)对后发展型国家扩大规模和能力建设

1. 亚洲开发银行对老挝的具体援助措施

老挝是经济发展较为落后的东盟成员国,其高等教育面临的问题突出表现为:第一,高等教育规模较小。大量的外部发展援助集中在小学教育方面,以期达到2015年实现普及小学教育的目标,但很大程度上忽视高等教育援助问题。由于基础教育和高中教育入学规模的扩大,老挝高等教育面临规模扩张的压力。第二,高等教育资金严重不足。2008—2009年,老挝财政预算中用于教育的财政资金(包括外来援助)占该国财政预算的10%~14%,而对高等教育的资金投入才占老挝教育财政预算的10%。

亚洲开发银行为老挝制定了"教育部门发展框架",提供咨询性技术援助,以逐步扩大老挝高等教育的办学规模。在亚洲开发银行的帮助下,老挝政府启动了公立高等教育和私立高等教育改革,加快了高等教育机构多元化发展的步伐,整合国内10所高校的资源,成立新的老挝国立大学,并建立了两所地区性大学——占巴塞大学(Champasak University)和苏发努冯大学(Soupha-nouvong University)。

亚洲开发银行2008年就加强老挝高等教育发展专门立项。项目投资金额2880万美元,其中包含亚洲开发银行来自特别基金中的无偿援助2480万美元。该项目通过升级老挝的三所公立大学,以改善老挝的高等教育体系和高等教育制度,帮助老挝培养经济社会发展急需的技术人才,以适应劳动力市场的需求。

除了资金的投入,亚洲开发银行还通过技术援助对老挝高等教育的能力建设提供帮助。援助的途径主要包括:对老挝的高等教育进行分析,为老挝高等教育的政策、战略和管理框架提供建议;帮助老挝制定2010—2020年高等教育发展的主题规划。亚洲开发银行的上述援助为扩大老挝高等教育的规模,加强老挝高等教育管理能力起到了积极作用。

2. 亚洲开发银行对柬埔寨的具体援助措施

柬埔寨1998年结束内战状态。其高等教育发展的"瓶颈"在于:第一,国家财政经费严重不足,常常出现资金拨付迟缓、国库资金短缺、大学无法从财政部和教育部申请到所需资金等问题。第二,高等教育办学模式单一、质量低下。第三,职业教育和培训匮乏。

1995年,亚洲开发银行、联合国教科文组织和世界银行联合成立了柬埔寨高等教育专家组,为柬埔寨制定了一个全面改革和发展高等教育的计划,以改革高等教育办学模式,建立高等教育的多元体系和提高教学质量。通过外部援助,柬埔寨建立了多元化的高等教育体系,扩大了教育规模,增加了国民接受高等教育的机会。

为了提高职业教育和培训人力资源匮乏及质量问题,亚洲开发银行为柬埔寨提供了80万美元的赠款,用于深入分析柬埔寨国内职业教育和培训的现状。在此基础上,亚洲开发银行设立援助项目以加强柬埔寨的职业教育和培训,内容包括对柬埔寨国内经济现状、劳动力市场需求和供给状况的分析,对机构管理能力、技术和职业培训的提供等,以使柬埔寨的职业教育和培训与其国民经济发展的需求相适应。

(三)对经济转型国加强高等教育与经济结构的协调

泰国的出口导向型经济使之迅速崛起成为"亚洲小龙",但其研发和科技领域缺乏必要的投资。1995 年,泰国每百万人口仅有 119 名科学家和工程师,而新加坡、韩国、中国、菲律宾这一数据分别是 2 728 名、2 636 名、350 名和 157 名。亚洲开发银行在其 1993 年的"国别业务战略"中指出,泰国是一个转型经济体,快速的经济发展造成了结构上的不均衡,对泰国经济的长期发展起到阻碍作用。这些阻碍因素包括技术创新和人力资源不足以支撑经济可持续发展。1997 年亚洲金融危机彰显了泰国经济发展的脆弱性,使之更加意识到人才培养经济转型的必要性和迫切性。在此背景下,泰国政府修订了高等教育长期发展规划(1990—2004 年),要强化大学的教学和研究功能,增加理工科大学生的数量,促进泰国研发能力的提高。

1999 年,亚洲开发银行在"国别业务战略"研究中再度指出,泰国经济需从劳动密集型生产转型,尤其强调泰国的高等教育要将人力资源发展方向转向理工科人才的培养上。为帮助泰国培养适应经济发展的人力资源,增加科技和工程人才的供给,亚洲开发银行于 1999 年 9 月批准了一项对泰国的高等教育援助项目,项目总成本为 7 104 万美元,其中以普通资金来源给予 5 932 万美元的贷款。该项目旨在加强泰国高校和企业在研究生教育和科研方面的合作,为相关科技领域的研发工作打下坚实基础,以提高泰国经济的国际竞争力。

(四)对高等教育发展较好的国家主张改革财政体制、提高教育质量和加强机构建设

在人力资本理论的影响下,菲律宾政府大力发展教育事业,高等教育取得了很大发展。20 世纪 60 年代初,菲律宾学院和大学数量占东南亚高等教育机构的一半以上。然而,菲律宾的高等教育存在一些弊端:第一,高等教育质量下滑严重。高等教育规模的扩张在很大程度上得益于其私立高校的发展。长期以来对私立高校的自由放任政策,导致办学的质量监督体系不健全、办学水平低下。第二,公立高等教育财政资金挤占基础教育资源。公立高校招生规模越来越大,其公共财政资金逐渐挤占了基础教育的公共资源。第三,高等教育发展明显超前。根据联合国教科文组织的统计数据,1996 年,菲律宾每 10 万人口中的大学生人数高达 2 958 人,泰国、马来西亚、印度尼西亚、新加坡这一指标分别为 2 252 人、1 048 人、1 157 人和 2 730 人,而上述国家同年人均 GDP 的数据分别是:菲

律宾1 163.8美元、泰国3 055美元、马来西亚4 744美元、印度尼西亚1 154美元、新加坡25 796美元。

为此,菲律宾政府于20世纪90年代初着手进行改革,成立了专职负责全国高等教育管理、规划、政策制定的高等教育委员会(CHED)。1998年,菲律宾政府邀请亚洲开发银行和世界银行帮助其开展一项教育部门的综合研究。这项研究的建议成为菲律宾总统委员会关于教育改革工作的要点。

为支持菲律宾高等教育改革,亚洲开发银行于2002年10月12日批准了一项金额为99.8万美元的项目准备技术援助项目。亚洲开发银行在其项目研究报告中认为,菲律宾高等教育改革的主攻方向有三:一要合理分配公共资源,将公共基金尽量分配给基础教育,改革高等教育的财政投资体制;二要制定措施提高高等教育质量;三要对菲律宾高等教育委员会的能力建设提供援助。

在财政体制改革方面,1998—1999年间,亚洲开发银行联合世界银行对菲律宾高等教育进行调研后,建议菲律宾政府通过提高学费,同时设立更多的奖学金来解决融资问题;亚洲开发银行还建议在菲律宾大学联盟内保留12~15所大学,其余的大学则作为社区大学。通过减少高等教育机构数量,国家将有限资源重点投资于一些高校,有利于提高资源的使用效率。

在提高高等教育质量方面,亚洲开发银行的技术援助旨在加强菲律宾高等教育委员会在高等教育质量保障体系建设方面的能力。在亚洲开发银行的援助下,高等教育委员会负责制定全国公私高等教育质量保障的认证标准,其他认证机构须参照此标准进行分类认证,并邀请专家参与制定和修改评估工具,指导相关高校开展质量保障体系建设和开展评估工作。

在能力建设方面,亚洲开发银行的援助措施包括:重组委员会的总部和地方办事机构,总部成立资助单位,加强对高等教育发展基金的管理以及与国会和大学的联系,提升总部和地方机构的规划能力。

(五)对体制转型国促进适应市场经济的高教改革

越南1986年实行革新开放政策,实质是从中央集权式的经济发展模式逐渐转变为自由市场经济。越南在原有计划经济体制下的高等教育存在以下缺陷:第一,机构管理过于集中,自主性不足,缺乏活力;第二,对教育质量关注不多,教学和科研水平低下;第三,在人才培养方面与经济社会发展脱节。为了配合转型,越南提出了改革教育三年(1987—1990年)发展计划,改革高等教育。

亚洲开发银行在2003年发布的教育政策框架中明确指出,向市场经济转型的国家在经济发展方式上正经历一场深刻的变革,其中包含了通过更好的教育培训对其劳动力进行重组和提高技能的需求。亚洲开发银行对越南高等教育的援助主要是帮助越南建立适应市场经济的新型大学,这体现在2008年对河内科技大学的援助项目上。该援助项目的着力点集中在三个方面：第一，该校的内部管理体制力求与其他高校不同，包括提高学校管理的自主性，设计更为灵活的人事制度和薪酬安排。第二，课程改革旨在建立培养创新和跨学科人才的课程。第三，探索建立新型的高校财政体制，如提高教育经常性拨款的额度，包括研究基金；通过学费和其他途径来提高学校获取私人资金的能力，以弥补国家财政资源单一的缺陷。

亚洲开发银行上述项目的目标还在于改革越南高校人才培养模式，为其提供适应市场经济变化的人力资源。该项目通过建立河内科技大学与私有企业之间的联系，确保教学和研究质量的提高，加强其与企业界的交流。河内科技大学委员会还将私有部门的成员纳入其中，目的在于增强该校办学的市场相关性，契合适应社会发展的人才需求；河内科技大学下设的"产业参与中心"是促进公私部门联系的主要渠道，其主要途径是与企业界进行定期互动、开展知识交流和技术转让服务、商业研究、为师生建立企业实习基地等。亚洲开发银行对河内科技大学援助项目提供了 1.7 亿美元的普通资金来源贷款和 2 000 万美元的硬件设施建设贷款，这些援助为越南高等教育由计划到市场化的改革起到了推动作用。

二、案例评析

综观亚洲开发银行对东盟国家的高等教育援助，呈现出以下特征：

(一)教育援助政策因国而异、因时而异

对应东盟国家经济社会发展的多元特征，各国的经济、教育发展水平极不平衡，亚洲开发银行针对处于不同发展阶段的成员国制定了重点不同的教育援助政策。首先，对于经济发展落后的大多数东盟国家来说，其高等教育发展的基础薄弱，政府的高等教育政策主要是扩大规模，增加国民接受高等教育的入学机会。因此，作为外部援助机构的亚洲开发银行，着重考虑的是为这些国家高等教育机构数量的增加和办学主体的多元化进行援助，并加强这些国家在高等教育方面的能力建设。其次，对于经济发展进入转型升级和结构调整的东盟国家，亚洲开发银行通过其研究，为此类国家高等教育改革和发展提供建议和咨询，并在援助项目的实施过程中力求使受援国的高等教育与经济的转型相适应。再次，对于高等教育发展超前的东盟国家，亚洲开发银行在援助中主张改革高等教育的财政体制，以缓解受援国面临的办学经费压力，并以教学质量提升为抓手，改变重数量、轻质量的办学理念。最后，对于体制转型的东盟国家，亚洲开发银行则极力推动其高等教育向市场化方向进行改革。

(二)教育援助形式多样化

亚洲开发银行对东盟成员国教育援助的形式主要有贷款、赠款、政策对话、技术援助和股权投资等。向成员国提供资金(软贷款、硬贷款和赠款)是亚洲开发银行援助中最具实质性的内容。亚洲开发银行主要资金来源是普通资金，用于亚洲开发银行的硬贷款业

务,也通过一些专项基金提供贷款和赠款,其中最大的是亚洲开发基金,利用亚洲开发基金提供的贷款称为软贷款。除此以外,技术援助也是亚洲开发银行业务的重要组成部分,能促进亚洲开发银行作用的发挥。技术援助有多种类型,可分为项目准备技术援助、政策咨询技术援助、能力发展技术援助、研究开发技术援助等。如项目准备技术援助旨在帮助受援助成员做好项目准备,以便亚洲开发银行和其他外资对项目进行投资,具体包括初步设定、成本估算、技术、财务、经济及社会经济分析等的可行性研究。亚洲开发银行十分注意发挥亚洲开发银行项目咨询专家的作用,在不能立刻立项贷款的情况下,愿意充当咨询机构,提供咨询意见。

(三)重视私营部门在教育发展中的积极作用

亚洲开发银行认为,私营部门投资教育有助于教育公平的实现,因为在资源有限的情况下,政府集中力量投资基础教育,保证大众的平等受教育机会更为重要,把高中和高等教育留给私立部门更为合理;私营部门参与教育有益于教育效益的提高,因为公立学校普遍比私立学校成本高;私营部门投资教育有益于国家的发展。因此,亚洲开发银行的教育援助中十分重视培育和建设多元化的高等教育体系。

(四)援助政策密切契合受援国政府高等教育的发展规划

外部援助以满足受援国经济社会发展的实际需求为出发点,因此,结合受援国政府高等教育的发展规划,基于受援国国情进行长期能力培养,避免部分援助项目与受援国实际需要"脱节",这有利于提高亚洲开发银行对东盟国家高等教育援助的针对性和有效性。

三、结论与启示

回顾亚洲开发银行开展国际援助活动的政策演变,以及对东盟各国的教育援助战略,我们可以从中得到一些有益的经验启示。

(一)国际金融组织的援助对世界教育发展有重要影响

在全球化的进程中,国际组织的作用正日益提升。亚洲开发银行等国际组织介入各国的教育事务和政策,在各国教育政策的制定中正在发挥越来越重要的作用。它们提出的一些政策和理念,如倡导知识经济和创新能力、重视教育质量和教育绩效、追求人力资本和创新能力培养等观念得到了各国政府的重视,推动了世界很多国家的教育变革。可以说,它们对教育影响更大的是作为"理念的传播者",而不仅仅是一个教育援助机构。

(二)高等教育是国际援助体系的重要领域

从亚洲开发银行的援助政策看,它建立伊始,是为成员国的经济发展提供金融援助,资助和援助仅限于经济领域,教育不仅不是资助的重点,甚至没有被列入资助的范围,这一点可以从1970年以前亚洲开发银行没有批准过任何教育项目的贷款中得到佐证。1961年美国经济学家舒尔茨提出人力资本论,他认为传统经济学理论之所以不能解释战后许多国家经济迅速增长的原因,是因为忽视了人力资本在经济发展中的作用。随着经济领域投资的扩大,亚洲开发银行也逐渐认识到,不论什么部门(工业、农业、基础设施)的发展,要取得长期成功,必须有教育(培训)的支持。因此,援助不能仅局限于经济领域,与经济发展有关的人力资源开发逐渐成为亚洲开发银行新的投资重点。亚洲开发银行将高等教育援助视为促进受援国经济发展的重要途径。在过去的40多年,亚洲开发银行对发展中成员国提供的教育援助已超过了82亿美元。

(三)教育援助应兼顾原则性和灵活性

亚洲开发银行对东盟多国提供了高等教育方面的大力援助,尽管援助方向不同,援助数额不一,每个阶段的援助重点也迥异,但援助的决策都秉承了以下重要的政策原则:第一,提高高等教育的质量和效益是问题的关键;第二,稳定而持续的发展有赖于平等的参与和发展过程利益的公平分配,需要达到社会经济、地理区域和性别的平等;第三,教育政策与经济和社会的发展紧密相关,需要不断调整;第四,教育研究是制定政策和发展战略中不可或缺的因素。

具体到国家,亚洲开发银行的援助侧重点有所不同:对于低收入国家,亚洲开发银行的援助重心在于高等教育的扩张和多元化发展,以及教师队伍的发展和基础设施建设等;对于高等教育发展基础良好的中等收入国家,亚洲开发银行援助的重点在于提高受援国的高等教育质量和高等教育的公平性。亚洲开发银行还致力于为受援国知识经济的发展提供援助,以灵活个性化的援助方案满足不同国家在不同阶段对教育发展的需求。

参考文献:

[1]彭文平.亚洲开发银行对东盟国家的高等教育援助[J].东南亚研究,2014(5).
[2]李韧竹.亚洲开发银行的教育政策[J].世界教育信息,2000(10).

案例16 新疆职业教育世界银行贷款项目

一、案情回放

(一)背景概述

几十年来,新疆职业教育取得了辉煌成就,但与全国平均水平相比仍然有较大的差距。《新疆维吾尔自治区教育事业"十二五发展规划"》为全疆职业教育的发展提出了发展目标,并有针对性地作了部署。要实现目标,目前还存在诸多问题亟待克服,具体包括:第一,各职业院校基础薄弱、办学条件较差,以实训条件为重点的基本办学条件建设差距还非常大;第二,中职普及率较低;第三,职业院校"双师型"教师比例低,专业课教师短缺,师资队伍结构不尽合理,整体素质与职业教育发展需求不相称;第四,财政投入不足;第五,培养培训与就业衔接不够,校企合作、订单培养力度不大,职业教育与就业相脱节现象依然存在;第六,观念偏差是职业教育发展滞缓的重要因素;第七,职业院校围绕自治区经济发展战略布局,创新办学机制,合理设置专业,创新人才培养模式,提高教育教学质量,提高学生就业率和就业层次的任务依然艰巨;第八,职校生的技能训练得不到有效的落实;第九,现代职业教育体系不完善;第十,职业教育对行业企业的吸引力弱;第十一,职业教育基础能力建设需提高。这些突出问题是"世界银行支持新疆职业教育"项目实施的重要背景。

(二)项目介绍

世界银行贷款新疆职业教育项目于 2012 年初启动,2013 年 7 月被国家发展和改革委员会、财政部列入利用世界银行贷款 2014—2016 财年备选项目规划,2014 年 7 月正式进入准备阶段。截至 2015 年 4 月 2 日,项目的国内审批程序先后完成《项目建议书》、《可行性研究报告》、《环境影响报告书》、《项目财政评审意见》、《项目资金申请报告》等的批复工作。国外程序方面,世界银行于 2013 年 8 月至 2014 年 11 月陆续派出预鉴别团、准备团、技术援助团和预评估团,进一步确定了项目建设活动等相关内容,并根据项目准备情况于 2015 年 2 月 6 日将预评估团提升为评估团。4 月,在世界银行专家团、自治区教育厅、自治区发展和改革委员会、财政厅以及项目学校的共同努力下,世界银行贷款新疆职业教育项目顺利完成谈判工作,各方就项目《贷款协议》、《项目协议》、《支付信》、《项目评估文件》等内容达成共识。5 月 29 日,世界银行执行董事会批准了我国利用世界银行贷款新疆职业教育项目。该项目是世界银行自 2007 年以来支持的第四个职业教育项目。

新疆职业教育项目主管单位新疆维吾尔自治区教育厅拟利用世界银行执行董事贷款改善新疆高等职业教育条件,帮助 5 所职业技术院校的学生更好地掌握符合劳动力市场需求的技能,提高劳动力素质,促进新疆的发展。项目的实施单位包括乌鲁木齐、昌吉及和田 3 个地区的新疆轻工职业技术学院、新疆工程学院、乌鲁木齐职业大学、新疆农业职业技术学院、新疆维吾尔医学专科学校这 5 所高等职业院校。项目建设的目标是结合新疆高等职业教育发展现状,在 5 所项目学校通过系列改革提高整体办学质量,同时通过自治区级层面政策开放、项目管理等推动新疆职业教育的均衡发展。建设内容包括五个方面,即校企合作创新、课程教学评价与改革、打造高水平教学团队和管理团队、区域服务社会活动和改善办学条件。

项目的建设周期为 5 年,即 2015 年 9 月至 2020 年 12 月,项目总投资 61 310 万元,其中,申请世界银行贷款 5 000 万美元(折合人民币 31 000 万元,汇率为 1∶6.2),占项目总投资的 50.6%;国内配套资金 30 310 万元,占项目总投资的 49.4%。世界银行贷款利率 2%,期限 30 年(含 5 年宽限期)。

(三)项目建设内容

项目包括 5 个子项目的建设内容(参见表 16-1)。

1. 子项目 1:课程教学评价与改革

构建新型人才培养模式,带动专业建设。通过建设完善高等职业教育院校"校企合作、工学结合、顶岗实习"为主要形式的人才培养模式,修订人才培养方案,丰富教学类型,规范教学环节,让学生早接触职业领域、早接触服务对象,形成由基本能力、专业技术能力和综合职业能力构成的贯穿整个人才培养全过程的专业教学体系,全面带动职业教育人才培养和各专业的建设和发展。

2. 子项目 2:打造高水平教学团队与管理团队

通过实施管理者和教师到合作的企业进行实践锻炼,企业的管理者和专业技术人员被聘请到学校的生产性实训基地进行管理和指导实践教学工作这种相互融合的办学运行机制建设,进一步锻造一批校企合作的高素质"双师结构"专业及教学团队,有目标地提高师资队伍的学历层次、教学能力、育人能力、社会服务能力、教学科研能力和学术水平,培养一批具有现代企业经营理念的学校管理干部队伍和教学科研尖端人才,形成一个具有较强教学能力、实践能力和科研能力,专兼相结合的高水平教师梯队。

3. 子项目 3:深化校企合作力度,完善教学管理,提高教学质量

通过开展以"半工半读"为主题的人才培养模式改革,使校企合作从实训实习方面的单方合作扩展到计划安排、机构设置、过程衔接、人员组织、条件保障、协调处置等更深层面的合作商,真正实现校企共同办学,实现毕业生能力与市场需求"零距离"。同时,围绕新的教学模式,开发相对应的课程标准及教学目标考核标准,使课程教学适应新的教学模式,建立相应的质量监控和评价体系,规范教学过程管理制度,保障教学质量。通过教学改革,学校的教学质量将有大幅度提高,人才培养质量得到社会的认可。

4. 子项目 4:改善学校办学条件

新疆职业教育院校基础设施薄弱,特别是教学用房不足一直是阻碍职业教育发展的"瓶颈"。各学院建设中将修建教学楼、实验楼等必要设施作为首要工作,为学校彻底改善办学条件起到重要的推进作用,同时办学条件指标达到国家教育部标准,为推进新疆职业教育院校进一步扩大招生规模、满足社会需求打好了物质基础。

5. 子项目 5:提升服务地方社会的能力

通过上述四方面的建设,全面提升几所职业院校服务地方社会的能力,并进一步发挥职业教育在新疆经济社会发展中的作用。

表 16—1　　　　　　　　项目实施单位主要建设内容及规模一览

序号	学校	主要建设内容		单位	指标	备 注
1	新疆工程学院	校企合作创新		项	2	
		课程教学评价与改革		门	56	含8门少数民族教材
		打造高水平教学团队和管理团队		人/次	610	
		服务区域社会		项	3	
		改善办学条件	第二工科教学楼	平方米	16 000	地上4层
			嵌入式教学实验设备	台/套	636	
		省级活动		项	2	
2	新疆农业职业技术学院	校企合作创新		项	3	
		课程教学评价与改革		门	50	
		打造高水平教学团队和管理团队		人/次	941	
		服务区域社会		项	2	
		改善办学条件	综合培训中心	平方米	20 000	地下1层,地上14层
			实验室、语音室设备	台/套	2 278	
		省级活动		项	2	
3	新疆轻工职业技术学院	校企合作创新		项	2	
		课程教学评价与改革		门	34	34个工种,48门课程
		打造高水平教学团队和管理团队		人/次	5 882	
		服务区域社会		项	3	
		改善办学条件	短期培训综合楼	平方米	10 000	地下1层,地上6层
			工业训练中心大楼	平方米	10 000	地下1层,地上6层
			室外运动场	平方米	12 000	
			图艺楼艺术厅装修	平方米	800	
			实验实训室设备	台/套	986	18个实验实训室
			数字化网络设备	台/套	41	
			培训楼配套办公设备	台/套	70	
		省级活动		项	2	
4	新疆维吾尔医学专科学校	校企合作创新		项	2	
		课程教学评价与改革		门	16	
		打造高水平教学团队和管理团队		人/次	266	
		服务区域社会		项	2	5本维医古籍文献整理翻译出版
		改善办学条件	教学楼	平方米	20 200	地上5层
			实验楼	平方米	15 200	地上5层
			实验实训室设备	台/套	130	
		省级活动		项	2	

续表

序号	学校	主要建设内容		单位	指标	备注
5	乌鲁木齐职业大学	校企合作创新		项	3	
		课程教学评价与改革		门	68	
		打造高水平教学团队和管理团队		人/次	654	
		服务区域社会		项	4	
		改善办学条件	产业中心大楼	平方米	19 200	地上5层
			3个基地实验室设备	台/套	850	32个实训室
			语音室设备	台/套	96	
		省级活动		项	2	

二、案例评析

(一)项目的预期效果

实施该项目是推进新疆职业教育可持续发展的重要途径。项目通过与世界银行合作将完善多层次产教融合终身职业教育体系;立足新疆区域经济发展需求,开发有利于少数民族学生就业的专业,促进南疆职业教育学校共同发展,确保少数民族群体从项目中获得符合其文化特点的社会与经济方面的收益;加强校企合作之路,指导工学结合人才培养模式,校企共同开展少数民族师资团队、实训条件、课程开发建设,不断提升少数民族人才培养质量。项目直接受益学生预计将达48 500人,其中大多数来自农村或贫困家庭,少数民族学生约占44%。此外,项目学校还将组织针对农民和城市外来务工人员的短期培训,并为当地社区和企业提供技术服务。

项目通过职业教育的发展,将推动新疆经济社会的发展。项目将为更多青年人提供提升技术能力的机会,从而增加获得稳定就业的机会,尤其有利于为农牧区剩余劳动力的转移创造条件;有利于改善和提高农牧区人口(尤其是少数民族人口)的知识水平和技术能力,促进农牧区社会转变生产生活方式和城乡交流,形成与工业化、农牧业现代化和城镇化相融的文明理念;有利于提高经济收入,缩小各民族经济社会发展差距,促进各民族共同发展繁荣,推动和谐民族关系的巩固与发展。

(二)项目可能的负面影响

根据《世界银行贷款新疆职业教育项目社会分析报告》中对自治区教育厅、5所高职院校和师生们的调查问卷(参见表16-2),项目可能产生的消极影响包括:偿还项目贷款会影响到本校教职工的收入;基建项目施工期间校内人员生活、学习和工作受到影响;项目贷款增加了学校的债务风险;贷款内部使用不均衡影响学校各部门及教师之间的和谐;外来施工人员对当地少数民族生活习惯欠尊重。

表16—2　　　　　　　　　教师对项目可能产生负面影响的认识

选项	人数	百分比(%)	有效百分比(%)	累计百分比(%)
外来施工人员对当地少数民族生活习惯欠尊重	53	13.3	13.3	13.3
基建项目施工期间,校内人员生活、学习、工作受到影响	106	26.5	26.5	39.8
偿还项目贷款会影响到本校职工收入增长	133	33.3	33.3	73.0
贷款内部使用不均衡影响学校各部门及教师之间的和谐	42	10.5	10.5	83.5
项目贷款增加了学校的债务风险	66	16.5	16.5	100.0

资料来源:李泽,等.世界银行贷款新疆职业教育项目社会分析报告[EB/OL].http://www.doc88.com/p-9905155622681.html,2014.

(三)项目申报中存在的问题

1. 对世界银行了解不足

世界银行是世界最大的发展援助机构之一,注重"发展"和"长期效果",同时注重保护环境。世界银行提供的项目贷款必须由借款国政府提供担保,而且通常只贷放整个项目投资的50%左右,剩下的50%左右由借款方利用国内配套资金自行解决;项目一般包括项目鉴定、准备、评估、谈判签约、执行和总结评价六个阶段。每一阶段都有特定的要求、目标和程序。世界银行专家全程参与整个项目周期,指导贷款方项目建设,在每个阶段的关键环节到项目单位进行技术指导,指出项目存在的问题和漏洞,提出解决对策,促进项目科学合理实施。由于起初对世界银行了解有限,有些学校申报项目只是盖楼、买设备,不符合世界银行的宗旨和理念,导致后期项目调整幅度较大,额外花费了很多时间和精力。

2. 项目设计缺乏科学性

世界银行贷款项目的一般程序是:确定项目单位—编制逻辑框架—编制项目建议书—编制可行性研究报告—报国内相关部门批准(与报世界银行总部批准同步进行)—项目实施—项目总结评价。逻辑框架是世界银行贷款程序的显著特点,它包括项目活动、内容细化、责任部门、执行时间、投资金额、产出指标等条目。项目建议书和可行性研究报告的编制要以逻辑框架为依据,而且逻辑框架是否科学也直接关系到整个项目能否顺利实施。此外,世界银行项目在资金支付方式上创造性地采取了"报账制"的做法,严格按照监测评价结果,进行项目报账。对数量、质量达不到要求的,核减报账或停止报账;对擅自变更设计的,不予报账;对不符合规定要求而报账的,限期整改,直至追回资金。这种"先干活,后付钱"的做法,彻底改变了国内工程项目的"拨款制",若前期逻辑框架设计不合理或不规范,可能出现花了钱却无法报销的尴尬局面。

3. 目标定位忽视内涵提升

世界银行项目的重要理念是项目建成后要具有可持续性、可复制性和可推广性,通过一个项目辐射带动相关领域的发展。各学校前期申报该项目时完全按照商业银行贷款的思路进行,只着眼于解决资金缺口问题,更多考虑的是用世界银行的钱来盖实训楼、买设备,而忽略了世界银行在软项目上的建设,忽略了学校科学管理水平的提高,没有总结学校目前在办学过程中还存在哪些问题、在学校内涵建设上还需要哪些投入、这些问题对学校今后的发展会起到什么样的制约作用,导致项目缺乏科学性和可持续性,对学校的发展、教育教学水平的提高、区域经济的促进没有充分发挥正面作用。

4. 申报材料不符合世界银行标准

(1)逻辑框架设计不够细致。如乌鲁木齐职业大学前期设计逻辑框架时,项目逻辑性不强,细化不够。服务区域社会能力部分的项目活动是建立6个社会服务机构,为区域经济社会发展提供服务;活动细化是分别成立6个社会服务机构,投入资金60万元。设计看似合理,但投入的资金却无法正确、科学分配,无法产生预期的效益,导致后期可能无法报销,后来在世界银行专家的指导下,学校将活动内容细化到每一项具体工作上,才使每一分钱都有着落。

(2)项目建议书缺乏需求分析。一般商业银行贷款建议书围绕建设目标、建设任务、资金投入、预期效果这一思路展开,贷款单位是否具有还款能力是最重要的考量,而世界银行贷款注重的是项目需求分析,即项目单位实施该项目的理由要充分,需求要合理,思路应该是:项目单位在发展过程中存在着什么问题?这些问题是否严重制约着学校的发展?通过世界银行贷款项目能解决什么问题?然后才是项目建设目标、建设任务、资金投入、预期效果,而且预期效果不仅要预测项目建成后对学校产生的影响,还要分析由此产生的社会效益。

(3)可行性研究报告深度有限。世界银行专家要求可行性研究阶段不仅要分析学校目前存在什么问题,还要分析学校目前的发展现状如何,相关行业或产业的发展现状如何,未来几年的发展趋势如何。例如,学校的产业服务中心要建设物联网技术、电子商务与信息、工业设计三个基地,培养相关行业人才,那么需求分析时必须说明三个行业目前在国内和自治区内的发展现状如何,对相关专业人才的需求如何,未来五年发展趋势怎样,人才缺口多大,项目建成后能为自治区培养多少相关行业的人才,而且在此之前还要说明项目建设的必要性,分析国内和自治区内经济发展背景、职业教育发展背景、相关行业发展背景等,以此来佐证该项目的重要性和必要性。此外,在土建项目上,还要认真测算土建面积的合理性。

三、结论与启示

世界银行项目贷款是帮助成员国促进经济发展的重要途径,对计划申请世界银行贷款的单位,本案例提供了以下经验和启示。

(一)做好国内程序和世界银行程序的衔接

外资项目的前期筹备工作复杂,任务繁重,项目前期申报和筹备需要在有限的时间内走完国内和世界银行两套程序,既有不同之处,又有交集点,既要按照世界银行的贷款程序准备和评估,还要通过国内发展和改革部门以及财政部门的审批。为避免工作重复,延误项目实施进程,必须熟悉项目申报流程及前期工作,在两者之间找到合理的结合点,在符合世界银行贷款程序要求的同时又能按时通过国内相关部门的审批,缩短项目前期准备时间,减少准备成本。通常世界银行贷款要求比较严格,国内相关程序相对宽泛,所以前期首要与世界银行达成一致,严格按照世界银行的要求准备项目,之后再进行国内审批,以免出现二次申报情况。

(二)熟悉世界银行相关规定,充分利用技术援助

世界银行项目周期严密,要求项目单位在准备阶段就要制定整个建设周期的项目实施计划,计划要科学、合理、可行。这就要求项目单位要熟悉项目申报流程及前期工作,熟悉世界银行的特点和项目的具体要求,准确把握世界银行的设备招标采购、咨询服务、环境评估、人权及财务报销制度和要求,以便制订出符合客观实际的项目实施方案,严格按照规定程序和时间节点开展工作。此外,在这一过程中,充分利用世界银行的技术援助对于项目的准备、实施和管理也会起到不可估量的作用。

(三)确保项目设计目标明确、逻辑清晰

做世界银行项目必须遵循世界银行的理念和思维,按照"解决什么问题—做什么—谁来做—花多少钱—钱怎么花—结果是什么"这样的逻辑设计项目方案,不仅从问题出发,而且涵盖整个项目的内容、实施、管理、支出以及项目效益等一系列构成要素,为后续工作的开展打好基础。

(四)重视环境保护和人权

世界银行重视环境保护,强调将环境保护寓于其消除贫困、发展经济的宗旨之中,为此形成了一套独具特色的环境保护政策。该案的5个子项目学校都涉及土建项目,世界银行首先要确定项目是否存在环境问题和征地拆迁问题,项目学校要制订环境评估报告,并承诺不存在征地拆迁问题。此外,由于新疆是少数民族地区,项目需涉及提高少数民族职业教育质量方面的内容,制订少数民族发展计划实施方案,保证少数民族群众从项目中受益。因此,申请世界银行贷款项目时要充分考虑到经济、环境保护、移民以及综合效益问题,做好充分的项目前期准备工作,对一些急于开工解决燃眉之急的项目不宜申请世界银行贷款。

(五)自行筹措国内配套资金

世界银行对项目的贷款通常只贷放项目投资的50%左右,其余的约50%须由借款国用国内配套资金自行解决。本案利用世界银行项目将会极大改善5所高等职业院校的办学条件,更有效地发挥它们服务地方社会的能力,但同时也应该清醒地认识到办学条件的

改善绝不能只寄希望于世界银行项目资金。这意味着项目方还需要充分拓展资金筹集渠道,多渠道筹措项目资金。

参考文献:

[1]李泽,等.世界银行贷款新疆职业教育项目社会分析报告[EB/OL].http://www.doc88.com/p-9905155622681.html,2014.

[2]刘勇,张云生.浅谈乌鲁木齐职业大学申报世界银行贷款项目存在的问题和经验[J].乌鲁木齐职业大学学报,2014(3).

[3]葛丰交、刘彤.新疆少数民族职业教育的现状、问题和对策研究[J].新疆文史,2011.

[4]沈黎江.世界银行贷款新疆职业教育项目谈判工作圆满完成[EB/OL].新疆维吾尔自治区教育厅网站,2015.

[5]佚名.世界银行发展新疆职业教育项目报告书[EB/OL].http://www.docin.com/p-1311024194.html.

第四部分　国际债券融资专题

案例17　房企海外发债的结构创新

一、案情回放

(一)背景概述

2012年,由于楼市调控从严,国内资金面持续趋紧,传统开发贷款、信托融资等方式受到限制,导致房地产企业成本高企不下。反观国际市场,美国第三轮量化宽松(QE3)政策实施后,全球尤其是美国资本市场出现了超低利率环境,为全球企业营造了一个廉价的资金市场。于是,国内外巨大的融资成本差异促使内地融资受阻的内地房地产企业纷纷转向海外融资。

(二)海外发债的传统路径

境内企业海外发债通常有四种路径。

第一种,以境内企业作为发债主体直接发债。新政[①]颁布前,我国对境内企业直接发债实行较为严格的审核批准制:首先,发债资格的审核需要发展和改革委员会、中国人民银行及有关主管部门评审后报国务院批准,每两年审批一次。对债项的审核需再报发展和改革委员会以及外汇管理局审核、国务院审批,最后按照外汇管理局规定进行外债登记,外汇管理局监督未来偿付利息和本金。这一方式发行审批程序复杂、耗时长,存在很大不确定性,采用这一方式的绝大部分是境内金融机构和大型国有企业。

为了规避监管审核,实践中绝大部分企业通过设立境外子公司、壳公司或控股公司作为发债主体境外发债,即间接发债模式。

第二种,境内企业以境外子公司为发债主体。

第三种,新设境外(通常在香港、英属维尔京群岛、开曼群岛等地区)SPV(special pur-

[①] 国家发展和改革委员会2015年2044号文取消了企业发行外债的额度审批。

pose vehicle，SPV)壳公司作为发债主体，不存在政策障碍。

第四种，通过可变利益实体 VIE 模式(variable interest entities，VIE)，将境外控股公司作为主体发债，境外控股公司合并境内运营实体利润、掌控境内各项资产，直接作为发债主体。后两种方式均存在较高风险。

采取间接发债模式，其发债主体及境内关联公司无需就该境外发债取得国家发展和改革委员会审批，但如果作为发行人的境外子公司或壳公司拥有很少或完全没有资产，还需境内母公司为其担保，以提高信用评级。母公司的跨境担保仍需国家发展和改革委员会、商务部等审批，并且境外发债所得资金若要汇回境内使用，需通过境内审批。

以香港发债为例，不需要发行企业必须在香港上市，"没上市发行的债券就相当于私募债"，但国内主体需在海外有子公司或壳公司，同时"壳"要有一定资产。没有在港上市，又在港无物业的企业很难在香港融资，若以内地资产作为抵押品，一旦涉及清算，由于外汇管制，手续很麻烦。因此，很多企业"内(担)保外(发)债"①进行融资，但内保外债资金不允许回流，只能用于与境内企业存在股权关联的境外投资项目，给企业调动资金造成困难。

(三)金地集团的曲线发债

金地集团仅在内地上市，不是海外上市企业，鲜有海外资产。2012 年 9 月，金地集团旗下境外注册企业辉煌商务有限公司(以下简称"辉煌商务")收购了香港上市的新加坡地产公司星狮地产 56.05%的已发行股份，但收购要约到 2012 年 11 月 19 日才截止，无法解其燃眉之急。而且，金地集团需要将星狮地产中不属于收购项目的物业清除后，才可能利用该平台作为抵押品发债。因此，金地集团想要在境外市场融资，难度很大。

对不具有香港上市平台的金地集团来说，使用非上市子公司发债的关键在于境内资产及提供担保。作为 A 股上市公司，若为境外融资提供担保，需要国家相关部门的审批，操作难度较大，更不用说是这几年受政策限制的地产行业，此外，境外资金回流国内又受限制。

没有海外资产做抵押，境内母公司担保又有政策壁垒，金地集团依然成功发行债券，成为当年首家非海外上市公司成功发行美元债券的地产公司。它是如何做到的呢？

1. 非上市的海外平台——辉煌商务

早在 1995 年，金地集团在香港注册成立了辉煌商务。这家公司主要通过旗下控制的子公司将集团内地物业销售给境外投资者，目前它有 10 多家子公司。经过 2009－2011 年三年间内地资产的注入，辉煌商务现拥有大连、沈阳等 6 个城市的 12 个项目，土地储备约 290 万平米，每年签约销售额约 30 亿元。这三年合并综合收益分别为 0.877 亿港元、

---

① "内保外债"即在港注册一家壳公司，境内银行或母公司提供担保，由境外公司在港发债，避开直接发债的诸多政策壁垒。

1.244亿港元和6.158亿港元。更重要的是,它还扮演海外融资平台的角色。标准普尔评级报告称,辉煌商务是金地集团"具有高度战略意义"的子公司,是"金地集团全资拥有的注册于香港的离岸控股公司兼财务平台"。

2. 境外子公司担保

通过内地部分项目的注入,辉煌商务已经成为一个有资产的境外实体公司。有了前面关键的铺垫,然后用这些持有内地项目股权的境外公司作担保,金地集团得以实现境外发债。

本次发债,有6家辉煌商务旗下的香港注册公司参与,其中一家就是发债主体——金地国际投资有限公司(以下简称"金地国际")。金地国际于2012年10月30日在香港注册,是辉煌商务下面的一个壳公司,尚无任何实质性业务。发债能够成功的关键在于:金地国际虽然是一家为发债而临时注册的空壳公司,但为金地国际做担保的辉煌商务本身是有营业收入的实体公司。

辉煌商务是这笔美元债券的主担保人。其余5家香港注册公司是附属公司担保人。它们分别是库德斯国际有限公司、帝格商务有限公司、杰德商务有限公司、长青商务有限公司和金地劳瑞特有限公司。这5家公司作为金地集团在港的离岸公司,多数直接或者间接地控有金地集团在内地的不同项目。库德斯国际有限公司控制的是沈阳金地国际花园项目,杰德商务有限公司控制的是沈阳金地檀郡,长青商务有限公司控制的是沈阳金地长青湾,金地劳瑞特有限公司控制的是佛山金地九珑璧。销售文件显示,只有帝格商务有限公司没有用内地的项目做附属担保。这5家公司和辉煌商务一样,必须无条件并不可撤回地担保这笔美元债。

3. 引入增信新架构——协议控制

为了保证上述担保人满足担保条件,增加发债筹码,金地集团与辉煌商务及汇丰银行引入了与传统不同的增信架构,即母公司不再为海外发行主体提供担保,取而代之的是维持良好运营协议(keepwell deed)以及股权回购承诺协议(deed of equity interest purchase undertaking,EIPU),通过协议对金地母公司、持有内地项目的境外公司进行控制。

维持良好运营协议对金地集团及辉煌商务在财务和运作上进行了诸多约束。例如,金地集团会一直直接或间接全资持有辉煌商务的股份;金地集团必须保持辉煌商务任何时候都持有1亿港元以上的总资本,以保证该公司有足额资本还债,保证流动性;除非金地集团提供次级担保或给予汇丰银行满意的赔偿,否则不得产生或持有在除中国内地以外任何相关的债务等。此外,协议还要求金地集团和债券受托管理人在香港设有利息储备账户,需有2 493.75万美元的存款在境外的利息储备户中,足够支付投资者12个月的利息。

单靠维持良好运营协议并不能直接带来信用支持,股权回购承诺协议是对维持良好运营协议的补充,其中最为重要的一条是,金地集团承诺一旦出现违约,会在中国有关政府批准后,以充足的金额购买辉煌商务及附属公司担保人的在岸股权,购买的价格需要满足金地国际和附属公司担保人履行偿还该美元债的义务。

金地集团销售文件称,因上述股权是在集团内部进行购买,且资本项目亦在国内,内地公司间的转让不需要国家发展和改革委员会的批准,因此,金地集团仅需获得商务部、外汇管理局、工商管理局及其他税收部门审批,在国家工商行政管理总局登记,而且通常审批较为简单。

这一方式让金地集团巧妙地规避了境内公司未经批准不能向境外子公司注入资本和提供担保的限制。

(四)大结局

此举无疑为债券评级加分,更有利于提高债券接受度和降低融资成本。穆迪和标准普尔分别给予其 Ba3 和 BB-高级无抵押评级。2012 年 11 月 14 日,金地集团宣布,其全资附属公司金地国际投资有限公司在境外定价发行 3.5 亿美元的 5 年期固息债券,债券起息日为 2012 年 11 月 16 日,年利率为 7.125%,每半年付息一次,该债券由汇丰银行作为独家全球协调人,联席主承销商和联席簿记人为汇丰银行和摩根大通银行。由此,金地集团创下了 A 股地产公司海外发债首个成功案例。销售文件显示,募集资金净额将全部用作债务再融资,取代辉煌商务最终由金地集团担保的现有银行贷款。

二、案例评析

(一)发债成为海外融资新宠

由于门槛低、相对融资成本低廉和监管规范,海外上市一直是中资企业海外融资的首选。然而,在中国概念股信任危机爆发之后,选择海外上市的企业日趋减少,发债成为谋求海外融资的新趋势。到海外进行融资的企业中,以中小企业居多,从行业角度看,难以达到国内上市门槛的互联网行业以及因调控政策而融资受阻的房地产行业是海外融资的主力。金地集团就是内地房地产企业境外发债的一例典型。

在国内房地产企业的开发资金来源中,传统银行贷款的比例通常只占 13%~15%。内地银行的开发贷款利率在 6%~8%,但银行对开发贷款收得很紧,几乎没有房地产企业可以单一指望银行贷款来解决融资问题。而房地产企业流行的房地产信托融资成本普遍达到 15%左右,私募资金甚至更高。发行外币债券的优势主要体现在融资成本上。影响外币债券的融资成本有两方面因素:一是发行成本,二是汇兑损益。美国低利率环境抑制了债券发行利率上行,有助于降低发行成本,而在美联储量化宽松政策的背景下,人民币升值预期增强,进一步强化了汇兑收益预期。境外发债因此受到中国企业的青睐,未来可以预见将有越来越多的中国企业会选择在海外发债。

(二)金地集团发债的创新亮点——双协议取代担保

金地集团用三层架构的维持良好运营协议加股权回购承诺协议方式,成为房地产企业第一个"吃螃蟹"的先行者(如图17－1所示)。香港辉煌商务为金地国际做担保,而金地集团则与辉煌商务签署维持良好运营协议和股权回购承诺协议。其中,维持良好运营协议保证在债券到期前,辉煌商务需有足够的现金流保证支付这笔债务产生的费用,当担保人辉煌商务不能还本付息时,金地集团则提供各方面支持,补充其资金流动性,使其能够还本付息。但这类保证由于缺乏法律层面强制性的规定,带有协议的性质,因而又加上股权回购承诺方式,以提升担保的可靠性。股权回购承诺协议规定了违约后的安排:"一旦债券出现违约,金地集团有义务帮助发行人和附属公司担保人还清债券。金地集团可通过收购目前辉煌商务的在岸股权股权,保证后者健康的资金流。"

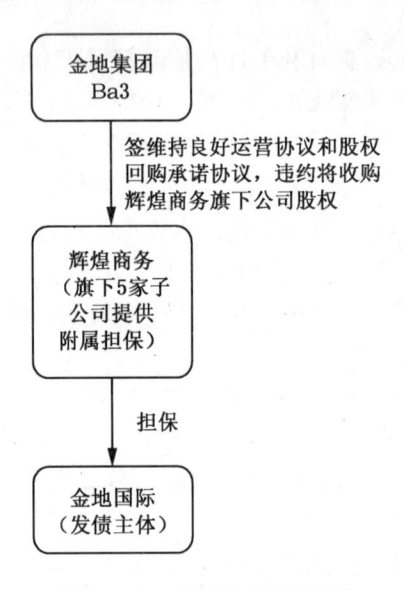

图17－1　金地的双协议架构

1. 双协议的特色及实质

维持良好运营协议是一个具有法律约束力的协议安排,由发行人(子公司)、债券托管人和发行人的境内母公司共同签署,是母公司对子公司财务状况、报表结构等经营、财务指标维持一定标准的一种承诺。最常见的是母公司对子公司在负债期间承诺维持最低资产净值和足够的流动性、股本变动限制等。按照协议规定,母公司为海外子公司提供支持,向国际投资者保证发行主体会保持适当的权益及流动资金,不会出现破产等情况。

与维持良好运营协议构成补充的是股权回购承诺协议。它常用于直接投资及私募交易,被运用于资本市场的债券发行则是首次。按照协议,母公司将承诺购买海外子公司在境内的资产。这就增加了海外发行主体从境内母公司取得资金的渠道。一旦债券违约,母公司将从海外发行人及其境内子公司中购买资产,从而向海外发行人支付足够涵盖发行人所有债务责任的资金。如此一来,虽然国际投资者不具备对境内资产的追索权,但境内母公司必须在境外子公司出现资金短缺、无法还债时购买其资产,保证其还债水平,这也就减少了国际投资者就无法向发行人求偿境内资产而产生的担忧。

"维持良好运营协议＋股权回购承诺协议"的信用支持力度比单纯的维持良好运营协议强,可以理解为是一种变相的担保,在法律上可视为用一种购买股权的承诺替代了直接清偿的担保。金地集团的这一安排相当于这笔债变相由内地的项目作担保,万一违约,金地集团附有连带的担保责任。

2. 双协议的优势

金地集团之所以采用双协议作为增信架构,其关键优势在于：

(1)由于资本管制,中国境内企业不论是海外直接发行或担保,都需经过批准。这一安排避开了国内各种监管审批,缩短了发行人的融资时间和成本。募集资金还可以回流境内使用。

(2)对出具维持良好运营协议的母公司(维持良好运营人)而言,不构成或有负债,财务报告也无须披露,程序相对简便。

(3)提升债券评级,提高债券接受度,降低发债成本。一般 Ba3 的美元债评级发债成本都在 8％以上,而金地集团的美元债利率仅为 7.125％。同样,相比金地集团 2012 年 7 月发行的离岸人民币债券,期限 3 年,利率高达 9.15％,美元债券融资成本的优势十分可观。

3. 双协议的隐患

需要特别指出的是,双协议的支持安排不等同于担保,其支持作用更依赖于支持方的支持意愿和力度。

(1)履约的非强制性。维持良好运营协议并不对债券本息偿还具有支付责任,对债务人的履约能力只起到间接增强的作用,而不是直接对债务进行担保。债券持有人只有在母公司无法履行保证发行主体权益或流动资金等财务指标的义务时,才会遭致违约起诉。债券持有人不能直接要求母公司履约,母公司也不具有向债券持有人直接支付的义务。而担保则给予债券持有人直接要求担保人偿还债券项下金额的权利。

(2)相对跨境担保而言较弱的信用强度。在此结构下发行的债券评级通常低于其境内母公司的评级；维持良好运营协议的增信架构通常只能带来 1～2 个子级的提升,而担保通常可以带来 2～3 个子级的提升。对期限较长的债券,融资成本的节约有限。

(3)执行上的法律不确定性。由于国内缺少司法实践和明文规定,出现债务风险时协议是否得到履行,在很大程度上取决于维持良好运营人的意愿,由承诺内容、维持良好运营人与发行人的关系等共同决定。执行收购子公司的权益时,需要境内有关机关的批准,也有一定风险。

(4)结构复杂。利用此类协议提升信用品质的债券结构十分复杂,具有不同风险,需要逐一予以评估。

(三)境外发债需高度关注的环节

1. 增信安排

境外发债需要有增信措施,主要是基于以下考虑:首先,境外子公司或 SPV 壳公司,资产很少或完全无资产,需要境内有实际运营的公司提供信用支持。其次,境外债券的投资人面临"结构性从属"(structural subordination)问题,即当主要资产在境内的境外发行人违约时,境外债券持有人的偿付顺序低于发行人境内公司(即实际资产持有人)在境内的债权人(例如银行、境内债权持有人)的,仅当境内资产已经足够偿还境内的所有债权人时,境外债权人才有机会按次级顺位获偿。因此,适当的增信措施可增强境外债券认购方的信心,进而降低融资成本。此外,外汇管理局不允许境内的子公司为境外的母公司提供上行担保(upstream guarantee),因为境内的运营子公司对境外的发行/融资主体(境外控股公司)不拥有股权,未经外汇管理局事先批准无法为境外控股公司发债提供跨境担保,因而也需要考虑其他的增信措施。

中资企业境外融资发债的不同增信措施包括:

(1)支持函/安慰函(letter of support):由中资企业境外子公司作为发债主体,境内母公司提供支持函,支持程度弱,无需外汇管理局审批,募集资金可以回流境内。

(2)维持良好运营协议(keepwell deed):不构成跨境担保,不受资金回流限制。

(3)股权回购承诺协议(deed of equity interest purchase undertaking,EIPU)。

(4)备用贷款额度(standby facility):主要由境内银行或境内企业向境外发行人提供不可撤销的跨境备用授信。

(5)备用信用证(standby letter of credit,SBLC)。由银行提供 SBLC 模式,意味着若发行人无法偿付债券持有人,则银行有义务偿付。该模式拥有很强的信用支持。通常银行出具 SBLC 的同时,会要求发行人境内母公司提供反担保及要求签署维持良好运营协议等增信安排。如果涉及境内母公司为境外 SBLC 银行提供反担保,则可能会被认为是跨境担保,那样发债资金也不能回流。

(6)境内母公司提供跨境担保。

本案中,拥有海外平台的金地集团选择了"2+3"的增信措施,一方面巧妙地规避了境内公司未经批准不能向境外子公司注入资本和提供跨境担保的限制,增加了发债筹码,另一方面使得未来发债资金可以回流,增加了企业资金安排的灵活度。

2014 年 5 月 19 日,外汇管理局颁布了《跨境担保外汇管理规定》和《跨境担保外汇管理操作指引》。2015 年 9 月,国家发展和改革委员会发布了《关于推进企业发行外债备案登记制管理改革的通知》(发改外资〔2015〕2044 号)。根据相关新政,境外发债管理的新变化体现为:

第一,2014 年新规定对外担保不再需要外汇管理局的事先审批,为中资企业赴海外融资提供了便利,但内保外贷项下发债所得资金,除非外管局批准,不得通过向境内进行借贷、股权投资或证券投资等方式直接或间接调回境内使用。

第二,2015年2044号文取消了企业发行外债的额度审批,实行备案登记制管理,大大降低了境内企业境外直接发债的监管。同时,将间接发债行为也纳入监管范围,即原先不需要中国政府审批的中资企业境外平台的发债行为也需要进行备案。

2. 国际信用评级

目前,我国监管机构对境内机构(财政部除外)境外发行外币债券、境内金融机构赴港发行人民币债券在信用评级方面没有明确的要求,评级结果不作为申请对外发债的必备材料。但是,在国际市场上发债,借款人通常要用至少两家评级公司的评级来吸引投资者,投资者会更加倾向于购买标准普尔、穆迪和惠誉三大国际评级机构评估过的债券。如发行美元债,都要获得美国评级公司的信用评级,评级直接影响融资的成本和投资者的信心。

与国际成熟债券市场相比,中国信用评级行业仍处于发展初期,与国际知名评级机构存在差距,在一定程度上存在等级区分度不足等问题,所以国内评的3A级并不等同于国外评的AAA级。同样是AAA级债券的发行人,它们的信用质量也相差很大。如对于本案中的金地集团,国内评级机构大公国际、联合资信、中诚信国际给予AAA评级,而穆迪和标准普尔授予评级为"Ba3"及"BB−"。

综合来说,国有企业集团在评级上具有优势。例如,惠誉授予中资民营企业的评级集中在"BB"级及以下级别,对主要国有企业和国家支持企业的评级在投资级水平。这些评级水平反映了中国当前的法律制度、备案标准、独特的商业惯例以及相对薄弱的公司治理整体框架。而穆迪对中资企业的信用评级体系中,地方政府的信用度以及地方政府对企业支持的力度是非常重要的评价因素。如上海光明乳业自身评级Ba2,地方政府帮助它提高了两个级别到Baa3,从非投资级发债主体变成了投资级发债主体。本案中金地集团的这一国际评级已充分体现国际评级机构对公司"低成本、高利润"竞争优势的认可。

另外,国际债券评级的各信用等级利差大大高于国内,尤其是国内评级AAA的优质企业。因国内信用利率曲线平缓,各等级差距较小,高评级的优势通常难以发挥,但在海外发债时利率降低就很明显,如国内评级为AA的大型国有企业,境外发债的利率大多在5.5%~7.5%间浮动。同样评级的大型民营企业,海外发行利率为9%。显然,国有企业在海外债券市场拥有较大优势。

此外,普遍所认为的海外发债成本低廉,这一理解其实有些片面。事实上,依照国际标准,只有发行主体获得标准普尔BBB−级别以上的国际评级,才可以较低的利率发行投资级债券,而评级BB+及以下为投机级(高息)债券,其发行利率有时会高于国内发行利率。很多房地产企业由于评级低,利率高达10%~14%也就不足为奇了,但因为它们收益率较高,同样获得较高风险偏好投资者的追捧。

3. 境外发债资金的回流

虽然本案中金地集团将发债资金用于辉煌商务的债务再融资,不涉及资金回流问题,但是发债资金能否回流使用,用途是否有限制,对很多发债企业而言是非常现实的问题。

实践中,在直接发债模式下,国家发展和改革委员会虽然没有限制境内企业将资金回流境内,但外债备案登记制新政实施前,直接发债存在诸多审批限制,所以,这一模式基本为中央政府、国有金融机构所采用,它们的资金调回境内使用不存在障碍。新政出台后,非金融企业境外直接发债融得资金如何回流境内,仍需外汇监管机关予以明确。

在非担保模式的间接发债模式下,发债资金回流境内不受内保外贷项下境外资金回流的限制,汇回国内的不同路径包括:

(1)跨境贸易结算方式。该方式适用于境内企业或其子公司有真实跨境贸易背景,债券项下资金可用于境外发行人或其境外关联公司的日常进出口贸易。

(2)外商直接投资。境外发行人可使用债券项下募集所得的美元或人民币资金,在境内开展新设企业、增资、参股或并购境内企业等外商直接投资活动。

(3)境外股东跨境贷款。外商投资企业可根据外汇管理局《外债登记管理办法》等相关规定,按照投注差方式以股东贷款汇入境内。

(4)外商投资租赁公司外债额度方式。根据《外债登记管理办法》等相关规定,外商投资租赁公司对外借款,可以根据外商投资租赁公司提供的上年度经审计的报表,计算出上年度末风险资产总额(A)和净资产10倍的金额(B),然后以两者差额($B-A$)作为新年度可新借外债余额的最高额度。

境内企业如果为发行主体境外发债提供了跨境担保,则发债资金不能回流境内,只能用于与境内企业存在股权关联的境外投资项目,企业无法把境内外市场的资金集中起来,两个市场间的资金也无法融通。

2014年和2015年新规的重大变化在于,2015年颁布的2044文明确允许资金回流支持重大项目,资金在境内外可自由支配。发行外债企业如需将资金调回境内,需在提交的备案登记材料中明确写明资金回流情况。但境外间接发债所获资金回流问题仍有待央行(人民币外债)和外汇管理局(外汇外债)出台相应的配套规定。

三、结论与启示

(一)根据市场行情变化,灵活选择海外融资方式

多种境外融资方式逐步替代传统的境内融资方式,是企业融资的一大进步。中国企业在境外有很多融资产品可供选择,除了海外上市,债权融资方面有投资高级别债券、高息债券、银团贷款、可转债以及项目融资,海外融资方式的选择应从灵活性、方便度、成本、风险等多方面综合权衡。以海外上市和发债为例,股权融资比较简单、不用还本、风险共担、成本最低,并且拥有上市公司平台,便于公司业务规划和整体业务的发展;而发债无论

经营业绩如何都要还本付息,有时间成本及实际成本,不确定性很高。

2012年以来,中国企业寻求海外融资的方式正在发生改变,大举境外发债的主要原因是在全球超低的利率环境下,发行成本大大降低,加上能境外发债的都是国内高端优质的好企业,因此,融资成本的节约非常可观。然而,常态下境外发债并非绝对成本低廉,而且海外发债的利率即便很低,但交易成本较高,倘若资金回流内地,期间一旦人民币发生大幅贬值,企业的海外融资则无异于一场赌博。

因此,不同时点,对于不同个体,无法用"一刀切"的模板生搬硬套,企业在谋求国际融资时,需要深入思考,比照多市场、多渠道,根据市场行情变化,因时因地作出合理的选择。

(二)把握外债管理改革机遇,提升境外融资能力

作为金融市场改革的一部分,中国监管部门在过去两年里放松了资本管制。例如,2014年5月19日,外汇管理局颁布了《跨境担保外汇管理规定》和《跨境担保外汇管理操作指引》,2015年9月,国家发展和改革委员会发布了《关于推进企业发行外债备案登记制管理改革的通知》(发改外资〔2015〕2044号),鼓励境内企业发行外币债券,取消发行外债的额度审批,实行备案登记制管理,"松绑"企业海外发债的条件。一系列外债管理新政的出台,将显著改善中国企业在境外市场发行债券融资的渠道,有利于中国企业利用境外债券为境内项目进行融资,持续推动债券市场的开放。中国企业应抓住有利的市场和政策机遇,不断提升融资能力。

(三)借鉴创新经验,有条件地复制创新模式

金地集团引入全新的增信结构,代替传统发债过程中的跨境担保,由海外子公司成功在香港发债,该创新模式可以适用于很多"走出去"的中资企业,具备较强的可推广性。然而,不容忽视的是,一项成功的发债,除了境外资产担保、协议控制的保驾护航以外,其他条件也不可或缺。例如,在市场接受度层面上,境外投资者是否认可中国企业的资质,重要标志是能否获得足够好的国际评级,与境外专业机构和金融机构是否建立合作关系,获得助力。金地集团的品牌效应和竞争优势使其在国际资本市场获得较高的信用评级,与汇丰的关系也使得其在需要时可以获得必要的流动性。在法律监管层面上,则需要企业提交齐全的项目文件,以获得监管部门批准企业对外投资的资金流出额度……综上所述,国内企业要复制金地集团的这一发债模式并非没有可能,但在实际操作中,还需注意满足其他多方面条件,在借鉴成功经验的基础上,结合发行人所处行业、经营性质以及具体资金用途,设计个性化的专属解决方案。

(四)熟悉海外发债流程和规则,控制发债风险

相对国内债券市场,中资企业在海外市场发行债券面临着发行环境与发行程序更为复杂的多重因素,如审批发行费用高昂、存在汇率风险、回流路径受限等问题。如果不熟悉国际惯例,企业往往会处于被动地位。企业应在经济全球化和不断市场化的进程中变被动为主动,悉心钻研海外发债的流程,熟悉从组建中介机构、信用评级、尽职调查,到起

草交易文件、路演定价等各个程序,对发行利率和费用、信用增信、评级、资金的使用及回流路径等重要问题做好充分的了解与对应的准备,对海外融资存在的政策风险、法律风险、制度风险、汇率风险、信用风险等各类风险,积极开展风险控制和规避工作,以便顺利完成境外发债。

参考文献:

[1] 陈莹莹.金地集团3.5亿美元变相担保,境外融资路径揭秘[N].21世纪经济报道,2012—11—28.

[2] 刘晓翠.海外融资的新趋势[J].上海国资,2013(5).

[3] 胡军伟.境外发债"潮起"[J].中国外汇,2012(11).

[4] 达萨.中国企业境外发债如混沌西游——破解跨境融资迷局之一[N].中国企业报,2014—06—16.

[5] 达萨.四方面解读中国企业境外发债——破解跨境融资迷局之二[N].中国企业报,2014—06—23.

[6] 肖邦.金地香港发债12亿海外融资平台曝光[N].第一财经日报,2012—07—23.

[7] 王汉齐.境外发债管理体制变身[J].中国外汇,2015(11).

[8] 周亚霖.金地海外发债路径[N].经济观察报,2012—12—14.

[9] 张丽文.金地境外发债玄机[J].地产,2013(1).

[10] 中国指数研究院.中国房地产企业海外发债专题研究[EB/OL].http://fdc.fang.com/report/6246.html,2013.

案例18 中国银行成功发行全球首只"一带一路"债券

一、案情回放

(一)背景概述

2013年9月和10月,习近平主席在访问哈萨克斯坦和印度尼西亚时,先后提出了建设"新丝绸之路经济带"和"21世纪海上丝绸之路"的战略构想,简称为"一带一路"战略。统计资料显示,"一带一路"沿线总人口约44亿,经济总量约21万亿美元,分别约占全球的63%和29%,而"一带一路"沿线国家多属于发展中国家、新兴国家和转型国家,资金融通需求强烈,大部分面临着基础设施建设严重滞后的问题,这已成为制约这些国家经济发展的重要"瓶颈"。根据亚洲开发银行的测算,2020年前,亚洲地区每年的基础建设资金需求将达到7 700亿美元,而世界银行测算这一数额更高达8 000亿美元。扣除各国财政投入与多边国际金融开发机构能够提供的资金,亚洲国家基础设施建设每年仍面临1 300多亿美元的巨额资金缺口。

"一带一路"战略推出以来,中国银行结合自身特点和业务实际,提出了构建"一带一路"金融大动脉的战略目标,争做"一带一路""走出去"企业首选银行,争做"一带一路"跨境人民币业务主渠道,持续参与和推动"一带一路"建设。中国银行成立于1912年,是中国唯一一家拥有百年历史的银行。截至2015年6月末,中国银行在中国内地之外的42个国家和地区拥有630多家经营性分支机构。国际化、多元化与一体化使得中国银行的发展有着特有的金融优势与本土根基,依托这一优势,中国银行的"一带一路"金融服务又一次走在了业界的前列。

(二)"一带一路"债券的发行条件

2015年6月24日,中国银行在迪拜、新加坡、伦敦、中国香港和台湾地区多币种、多品种同时发行"一带一路"债券。这是国际金融市场首笔以"一带一路"为主题的债券。此次债券发行选取了中国银行布局在"一带一路"沿线的阿布扎比、匈牙利、新加坡、台北、香港5家海外分支机构作为发行主体(如表18—1所示),发行人民币、美元、欧元、新加坡元四个币种的债券,分别为50亿元人民币、23亿美元、5亿欧元和5亿新加坡元,折算合计40亿美元。发债募集的资金将用于相关海外分行的"一带一路"项目,包括码头、电力、交通、机场建设等。

表18—1　　　　　　　　　　"一带一路"债券的发债主体

发债主体	成立时间	业务范围
阿布扎比分行	2014年10月27日	从事本地货币业务的在岸银行,主营公司存款、国际结算及贸易融资、批发贷款及金融市场等业务
匈牙利分行	2014年12月18日	重点发展大额信贷业务
新加坡分行	1936年6月15日	持QFB牌照(qualifying full bank),主要从事企业融资、国际结算与贸易融资和零售业务
台北分行	2012年6月22日	大陆商业银行家在台设立的首家经营性分支机构,以公司金融为主
香港分行	2001年10月1日	在港注册的持牌银行,向零售客户和企业客户提供全面的金融产品与服务

中国银行的阿布扎比分行是此次人民币债券的发行主体,债券发行规模达20亿元人民币,期限2年,由阿联酋本土银行第一海湾银行和汇丰中东银行合作承销发行,分别在阿联酋迪拜纳斯达克和新加坡交易所挂牌上市。目前投资者中约有25%～30%来自中东地区,其他投资者来自全球其他地区。

此次中国银行发行的"一带一路"债券,可谓复杂。债券在中国银行境外中期票据计划(medium term note,MTN)下提取发行。计息方式包括固定利率、浮动利率两种,期限覆盖2年、3年、4年、5年、7年、10年、15年这7种，共计10个债券品种（部分"一带一路"债券的发行条件详见表18-2）。该债券分别在阿联酋迪拜纳斯达克交易所、新加坡交易所、台湾证券柜买中心、香港联合交易所、伦敦交易所5个交易所挂牌上市。2015年7月1日，"一带一路"债券同时在上述交易所登陆，正式进入了全球交易所的流通体系。

表18-2　　　　　　　　　　"一带一路"债券的发行条件

币种	发行主体	金额（亿元）	期限	利率	上市地
美元	香港分行	23	3年	美国国债利率+115BP	香港联合交易所
			5年	美国国债利率+125BP	
			10年	美国国债利率+157.5BP	
人民币	阿布扎比分行、台北分行	50	2年	3.6%	阿联酋迪拜纳斯达克交易所、台湾证券柜买中心、新加坡交易所
			5年	3.95%	
			15年	不详	
欧元	匈牙利分行	5	3年	3个月EURIBOR+100BP	伦敦交易所
新加坡元	新加坡分行	5	4年	2.75%	新加坡交易所

说明："一带一路"部分债券如7年期和15年期债券因具体信息不详，未在表内列出。

据路透旗下IFR报道，美元债券分10亿美元3年期、8亿美元5年期和5亿美元10年期债券，定价分别确定为美国国债+115个基点、+125个基点和+157.5个基点。该笔美元债共获103亿美元的认购额，其中3年期获240个账户、40亿美元认购额，欧洲和美国离岸账户中的22%和8%金额集中在10年期债券。从投资者类型看，资产和基金经理占了10年期债的60%，银行账户则占5年期美元债的51%。

离岸人民币20亿元规模、2年期债券的定价为3.6%，获得101个账户、33亿元人民币的认购。亚洲投资者认购占比73%，中东客户占10%，欧洲客户占17%。

而4年期5亿新加坡元（约合23.1亿元人民币）债券定价最终确定为2.75%，获得78个账户13亿新加坡元认购，超额认购近3倍，其中新加坡投资者占74%认购额，其余为中国香港、马来西亚等账户。投资者中，近三成为基金经理，七成是机构和银行，3%则是私人银行和家族理财办公室。这笔5亿新加坡元的债券是迄今为止新加坡市场上商业银行发行规模最大的新加坡元高级无担保债券，也是近年来新加坡当地中资银行首次发行新加坡元债券。

穆迪对"一带一路"债券的评级为A1，惠誉的评级为A，与中国银行的主体信用评级一致，投资者基本把债券视为中国银行发行的高级别、无担保信用债券，所以融资成本较低，认购也比较踊跃，在国际金融市场反响热烈。全球承销商积极参与，发债计划得到多家外资银行的参与和支持，其中巴克莱银行（Barclays）、花旗集团（Citigroup）、新加坡星展银行(DBS)和汇丰银行(HSBC)都与中国银行一同担任主承销商,另有其他银行在各币种债券的发行中担任簿记行。债券在5个市场均获超额认购,亚太、欧洲、中东等地平均倍数为3.4,其中欧元债受希腊债务危机的影响,认购倍数为2倍多。

二、案例评析

本次债券发行开创了中资银行海外筹集资金的新模式,创造了多个市场第一:首次实现四币同步发行、五地同步上市;首次由中资商业银行完成欧元浮息债券、10年期美元高级债券、15年期人民币债券和新加坡元债券的发行;该债券不仅是国际金融市场首笔以"一带一路"为主题的债券,也是中国银行业迄今规模最大的境外债券发行。

(一)"一带一路债券"的发债动因

中国银行此次在境外发债主要基于这样几点考虑:

1. 满足"一带一路"项目中长期建设的需求

"一带一路"基建项目期限相对较长,很多国家融资比较困难,中国银行支持"一带一路"项目的建设需要筹集中长期、稳定的、低成本的资金,债券融资起到了很好的补充作用。相对于存款和市场拆放来说,发债融资期限长,至少两年以上,这次发债从2年一直到15年,期限更为匹配,为中国银行提供了稳定的中长期资金,能够对应中长期项目的需求。

2. 市场化债务融资改善负债结构

在利率市场化进程中,市场化的债务融资将成为客户存款之外最重要的资金来源。与存款等传统被动负债相比,发行债券具有自主性强、期限灵活、节奏可控等优点,属于主动负债工具。数据显示,2014年末,中国银行集团口径应付债券(含补充资本性质的债券)余额为2 780.45亿元人民币,在负债合计中占比1.98%。而在国际主要商业银行的负债结构中,市场化发行的债务工具在负债中的占比约为5%~15%,特别是美国、澳洲的银行发债融资占比较高,约为15%左右。发行债券等融资工具在中国银行负债中仍有较大的上升空间,而债券融资在负债结构中占比逐步提高,必将成为未来银行业的发展趋势。

3. 应对流动性监管要求

本次发债获取了中长期的稳定性资金,改善了海外借短放长问题,达到了资产负债期限匹配,有效提高了流动性比例,以中长期资金替换部分短期资金,更好地满足了《巴塞尔协议Ⅲ》的流动性监管要求。

4. 抓住有利时间窗口降低融资成本

当前全球主要国家都在实行量化宽松,美元、欧元、新加坡元等国际主要货币市场流动性相对充裕,融资价格处于历史低位,欧洲的短期拆放利率是负利率,美国10年期国债利率也低于2.4%,低于历史平均水平,为债券发行提供了较好的时间窗口。发行中长期债券可以锁定中长期低成本的资金。

5. 构建并完善收益率曲线

进一步优化基于市场的 FTP 定价机制（funds transfer pricing），增强在国际市场的融资能力，降低融资成本，为利率市场化后存贷款业务提供定价依据。中国银行标杆性的境外发债，为中资银行和其他企业在境外市场融资提供了定价参考。

(二)"一带一路"债券的特点

1. 四币同步发行，五地同步上市

如此大规模的四币种优先无担保债券发行尚属首次。五个发行地点代表了新丝路，清晰表明本次发债的目的，即中国银行将全力支持国家"一带一路"政策在该地区的推进。

2. 发行期限丰富

覆盖 2 年、3 年、4 年、5 年、7 年、10 年、15 年 7 个期限的 10 个债券品种，可满足不同投资者收益率需求，其中 10 年期美元债券为中资银行首次发行，完善了中资银行国际市场收益率曲线。

3. 发行投资者广泛

本项债券发行具有发行分行当地特征，除亚太市场外，中东欧、中东市场投资者基础均得到拓展，获得投资者的踊跃认购。

(三)"一带一路"债券的影响

首先，显示了中资银行在全球债券市场的重要地位。此次债券发行充分显示了中国银行卓越的跨境协调能力及全球资源高效配置能力。2015 年 11 月 30 日，中国银行凭借"一带一路"债券发行赢得《亚洲金融》[①]（*Finance Asia*）"2015 年度成就大奖"中的"年度最佳融资机构（Borrower of the Year）"奖项。

其次，体现了国际债券市场发行方式的创新。

再次，丰富了离岸市场高等级人民币金融产品，也有利于深化离岸人民币市场的发展。

最后，有助于国家"一带一路"战略的实现。

三、结论与启示

资金融通是"一带一路"建设的重要支撑。债券融资正是适合基础设施投资特点的融资工具，并可创造出新的证券化债权融资工具。作为"一带一路"战略融资的重要途径，债券市场有望迎来新的发展机遇。

中国银行是中国国际化程度最高的银行，此次成功发债，是集团构建"一带一路"金融

[①] 《亚洲金融》杂志 1996 年在香港创立，是知名英文金融月刊，被誉为亚洲最具代表性的资本市场专业杂志。

大动脉的重要举措,为支持"一带一路"建设提供了新思路和新机遇。该项交易取得成功,必将引发国际上更多的商业银行与投资机构效仿,带动更多的国际资金参与到"一带一路"计划项目中来。对"一带一路"战略催生的金融需求,中资金融机构应抓住机遇,推进国际化经营。

参考文献:

[1]李岚.40亿美元:中行"一带一路"债券成功发行中行相关负责人详解海外募资情况[N].金融时报,2015—06—26.

[2]邵鹏璐.全球首只"一带一路"离岸债券发行升温债券上市[N].中国经济导报,2015—07—14.

[3]陈莹莹.中国银行发行"一带一路"主题债券[N].中国证券报,2015—08—27.

[4]董伟.首笔"一带一路"主题债券成功发行[N].中国青年报,2015—06—26.

[5]姚东.中行:构建"一带一路"金融大动脉[J].中国金融家,2015(9).

[6]马晓曦.中国银行:刷新人民币国际化专业优势[J].中国金融家,2015(10).

[7]黄斌.中行三年授信1000亿美元,押注"一带一路"[N].21世纪经济报道,2015—06—26.

[8]查迪玛·门迪斯.推动"一带一路"沿线国家债券券市场发展势在必行[J].博鳌观察,2015(7).

案例 19　从熊猫债、点心债到木兰债
——中国债券市场的"请进来"与"走出去"

一、案情回放

(一)熊猫债券

1. 开闸

熊猫债券(Panda Bond)是外国主体在我国发行的人民币债券,起源于 2005 年。2005 年 10 月,国际金融公司(IFC)和亚洲开发银行(ADB)分别在我国银行间债券市场发行了 11.3 亿元和 10 亿元熊猫债。

2006 年 11 月和 2009 年 12 月,IFC 和 ADB 分别再度发行了 8.7 亿元和 10 亿元熊猫债,此后熊猫债市场便陷入沉寂,这与市场管制较严有一定关系。

(1)发行主体和资金用途的限制。2005 年 2 月 18 日,财政部、中国人民银行、国家发展和改革委员会以及中国证券监督管理委员会联合发布《国际开发机构人民币债券发行

管理暂行办法》(以下简称"《暂行办法》1"),规定符合人民币债券信用级别为AA级以上、已为中国境内项目或企业提供的贷款和股本资金在10亿美元以上等条件的国际开发机构,有资格发行人民币债券。① 所募资金应用于向中国境内的建设项目提供中长期固定资产贷款或提供股本资金,投资项目符合中国国家产业政策、利用外资政策和固定资产投资管理规定,不得换成外汇转移至境外。②

(2) 会计准则和审计准则的差异。为了提升熊猫债券活跃度,2010年《暂行办法》1在会计准则方面作了一些修订放松,但仍然只允许使用中国会计准则或经财政部认定已与中国企业会计准则实现了等效的会计准则,同时又增加了财务报告应当经中国会计师事务所进行审计的要求(除非该国际开发机构所在国与我国签署了注册会计师审计公共监管等效协议)。目前,仅有中国香港地区和欧洲的会计准则已经认定与我国实现等效,且仅有香港与内地签订了注册会计师审计公共监管等效协议,这大大限制了国际开发机构的地域范围。③

(3) 税收方面的障碍。如美国发行人在中国发行债券,就会存在税收障碍。根据美国税收法律规定,非美国居民的利息受益人必须填写身份证明,并提交给美国国税局认可的预提税合格中介后,才享有30%的预提所得税豁免,否则只能获得70%的利息收益。目前中国境内尚无美国国税局认可的预提税合格中介,如果认可境外机构作为预提税合格中介,这意味着美国机构发行的熊猫债券持有者信息将由境外机构掌握。即便是我国相关机构获得了美国预提所得税中介资格,今后也可能需要向美国政府披露债券投资者详细信息,面临美国的长臂监管。

(4) 审批流程严格。国内企业发行债券只需报中国证券监督管理委员会、国家发展和

---

① 鉴于当时国内评级市场尚未正式对外开放,国际著名的评级公司在中国只是设立了代表处,尚无资格开展实际业务,四部委建议,同意IFC和ADB的豁免申请,但仅限于本期债券和指定的国际评级公司。两机构下次发债以及其他机构发债时是否给予豁免,仍需视实际情况确定并报国务院批准。关于适用会计标准的问题,发行人民币债券的国际开发机构应当按照中国企业会计准则编制财务报告,IFC和ADB均无法达到此要求,四部委认为,我国的会计准则将在2005年底之前完成与国际财务报告准则的趋同,建议暂不要求两机构按照中国会计标准重新编制报表,但要求在发行材料中披露其使用的会计准则与中国会计标准的主要差异和财务影响,以保障我国投资者的投资便利和权益。

② 在通常情况下,IFC发行非美元债券时,会通过货币互换方式将发债收入换成美元,然后融入其用于借贷的总体资金中去。而熊猫债要求所筹集的资金应用于中国境内项目,不得换成外汇转移至境外。因此,IFC2005年发债募集资金投向了3个项目:4.06亿元贷给广州发展实业控股集团股份有限公司,6 500万元贷给美国美中互利工业公司旗下的和睦家医院,另外6.5亿元贷给上市公司安徽海螺水泥股份有限公司。

③ 从海外市场发展经验看,各国除了允许境外发行人使用本国会计准则以外,普遍接受境外发行人直接使用国际会计准则、美国会计准则或在一定条件下使用其他第三国会计准则。在审计标准方面,各国均在一定条件下接受并承认境外审计结果,比如美国、日本接受境外审计报告,同时要求境外会计师事务所在本国注册或备案;在欧盟,若发行人债券融资超过一定数额,则对境外审计师没有注册要求。由于专业投资者及私募市场的投资者具有较强的风险识别能力,各国普遍对这类市场设置了更为宽松灵活的会计审计要求,投资人和发行人可以自行约定适用的标准。

改革委员会等审批,但是国外企业申请发熊猫债需要由财政部、中国人民银行、国家发展和改革委员会、中国证券监督管理委员会等各部委审核后,报国务院批准,进一步制约了境外主体的发债积极性。

(5)市场环境相对不利。在2010—2013年人民币在岸市场高利率的环境中,人民币融资成本明显高于其他主流货币的融资成本,加上人民币仍处于升值预期,从财务成本的角度考虑,境外发行人发行熊猫债并不划算。

2. 提速

近年来,熊猫债发行频率明显加快。2013年,德国戴姆勒公司在银行间市场定向发行50亿元非金融企业债务融资工具。2015年9月,香港上海汇丰银行有限公司和中国银行(香港)有限公司分别获准在我国银行间债券市场发行10亿元和100亿元人民币债券。2015年12月15日,韩国政府在中国银行间债券市场发行30亿元3年期人民币债券,成为首笔主权"熊猫债"。2016年1月21日,拥有AAA信用评级的加拿大不列颠哥伦比亚省成功发行30亿元熊猫债。据中国银行间市场交易商协会统计,截至2016年8月底,共有17家境外发行人在中国银行间市场获得"熊猫债"发行核准或进行"熊猫债"注册,金额共计1 255亿元,发行量391亿元,余额311亿元。发行人已涵盖了国际开发机构、外国地方政府和外国中央政府、金融机构和非金融企业,发行主体日益丰富,熊猫债市场发展迈入新阶段。

熊猫债放量主要是基于政策层面的放宽和市场环境的变化。前者具体体现在:第一,拓宽筹资用途。依据2010年修订的熊猫债发行办法,熊猫债资金可以用于"向中国境内的建设项目提供中长期固定资产贷款或提供股本资金",也可以"直接汇出境外使用"或者"购汇汇出境外使用",并可从境外调入人民币资金还本付息。第二,提升发行便利性。如境外金融机构发行熊猫债可以采取一次足额发行或限额内分期发行的方式,有利于根据市场环境和自身需求灵活安排发行时间和节奏;授权银行间市场交易商协会对企业熊猫债的注册发行实行自律管理,德国戴姆勒公司就是以交易商协会注册方式完成了发行;监管机构也允许私募发行,使得发行企业所采用的会计准则、发行机构发行时所使用的文本语言更为灵活;2005年的《暂行办法》中规定超主权机构发行熊猫债需经中央银行、财政部两个部委审批,而目前无论是超主权还是金融或非金融机构,都只需要中央银行批准即可在银行间市场发行熊猫债;允许上海自贸区内自用熊猫债不计入分账核算境外融资等。第三,取消额度限制。中国人民银行于2016年4月29日发布了《中国人民银行关于在全国范围内实施全口径跨境融资宏观审慎管理的通知》,熊猫债发行人可依据该通知,将发债资金贷给其在中国境内的子公司,且不再受外债额度限制。

此外,自2015年以来,由于美国加息预期较强,人民币出现了一轮贬值潮,离岸人民币市场存量下降,利率上升,而境内人民币市场受经济下行、货币环境宽松因素影响,整体利率持续下行,离岸利率开始高于境内利率,不再具备成本优势。由于发行主体都会天然地选择以贬值货币作为负债,以升值货币作为资产,于是境外融资主体开始转向境内市场融资,如通过境内发行人民币债券,然后通过货币互换换成美元,一个典型的 BBB+的发行人融资成本相较直接发行美元债券要低 88 个基点。此外,熊猫债市场使得借款方能够利用比离岸人民币市场大得多的资金池,为人民币国际化浪潮中希望抢得先机的境外金融机构提供了稳定的人民币资金来源。

(二)离岸人民币债券

熊猫债市场一波三折的同期,离岸人民币债券市场快速发展,分流了熊猫债的发行需求。离岸人民币债券是指在中国大陆以外地区发行的以人民币计价的债券,始于中资银行在香港发行的点心债(Dim Sum Bond)。

1. 点心债

2007 年 6 月,中国人民银行和国家发展和改革委员会联合颁布《境内金融机构赴香港特别行政区发行人民币债券管理暂行办法》(以下简称"《暂行办法》2"),规定境内依法设立的政策性银行和商业银行可以在香港发行人民币债券。国家开发银行成为第一家在离岸人民币市场发行债券的中资银行,发行了 50 亿元的点心债。之后,大量境内外发行人赴香港发债,点心债发行量从 2007 年的 100 亿元飙升到 2014 年的 2 800 亿元,如表 19-1 所示。

表 19-1　　　　　　　　　　　香港点心债市场大事记

时　间	发行机构	意　义
2007 年 6 月	国家开发银行	首只离岸人民币债券
2009 年 9 月	财政部	首只离岸人民币主权债券
2010 年 8 月	麦当劳	首只跨国企业离岸人民币债券
2011 年 1 月	世界银行	世界银行首只离岸人民币债券
2011 年 11 月	宝钢集团	首只内地非金融企业离岸人民币债券
2013 年 6 月	安硕	亚洲首只离岸人民币债券 ETF
2013 年 11 月	加拿大不列颠哥伦比亚省	外国政府首次发行的离岸人民币债券
2013 年 11 月	国家开发银行	首只离岸人民币浮息债券

资料来源:笔者根据相关信息整理。

债权融资的发行人需要考虑的因素主要有发行准入、规模、成本和期限以及用途限制等,相比同类型的境内债券,人民币点心债具有明显的优势:

(1)政策支持力度大。2007 年 6 月的《暂行办法》2 拉开了香港人民币债券发行的序幕。香港金融管理局于 2010 年 2 月宣布放宽在港发行人民币债券的限制,允许香港当地及海外企业在香港发行人民币债券,点心债发行主体不再局限于金融机构。2010 年 7 月,中国人民银行与香港金融管理局签署修订《香港银行人民币业务的清算协议》,允许符合条件的企业开设人民币账户,允许银行、证券及基金公司开发及销售人民币产品,极大地促进了点心债的发展。2011年8月,李克强总理访港,宣布了一系列支持香港发展成为离岸人民币业务中心的新政策。2012年5月,国家发展和改革委员会颁布《关于境内非金融机构赴香港特别行政区发行人民币债券有关事项的通知》,规定了境内非金融机构赴香港特别行政区发行人民币债券应符合具有较强盈利能力、资金用途合理等六个条件。2013年3月,国家发展和改革委员会编制《境内非金融机构赴香港特别行政区发行人民币债券申请报告示范大纲》,规范境内非银行机构赴香港发行人民币债券申请报告的编制,对发行人财务状况等作出细化规定。一系列政策东风显示国家对企业境外债券融资的鼓励和支持。

(2)发行准入门槛低。香港的金融监管条例相对宽松,香港市场现行规则对发行主体没有明确的准入限制。

(3)发行成本低。2007—2014年,香港人民币债券利率持续低于境内平均1~2个百分点,且人民币升值预期较为强烈,香港庞大的离岸人民币存款也具备巨大的投资需求。

(4)资金用途限制较少。点心债募集资金强调发行人的自律,资金使用上只需符合募集说明书所述用途即可,无明确限制。

然而,香港点心债也存在若干缺陷,例如,第一,二级市场缺乏流动性。市场体量不大,缺乏做市商。香港金融管理局CMU债券报价网站的资料显示,除了财政部发行的人民币国债在OTC市场有一定的交易量外,其他人民币债券交易都不活跃。第二,信用评级信息不完善。外资金融机构或大型跨国企业的信用评级信息较完全,主要来自穆迪、标准普尔和惠誉三大国际评级机构,发行主体为内资金融机构的信用评级信息主要来自内地评级机构,而其他债券的信用评级信息缺失。第三,期限较短。投资者一般倾向于持有短期债券。因此,离岸人民币债券缺乏可供参考的人民币基准利率曲线,香港金融市场无法供给高流动性、久期结构合理的人民币债券,无法吸引成熟的国际投资者。第四,资金回流受限。2007年的《暂行办法》2规定,"境内金融机构应在发行人民币债券所筹集资金到位的30个工作日内,将扣除相关发行费用后的资金调回境内,资金应严格按照募集说明书所披露的用途使用"。离岸人民币债券筹集的资金主要通过贸易结算、直接投资以及RQFII等渠道回流内地,但由于人民币在资本项目下尚未实现完全可自由兑换,非金融企业在境外发行的人民币债券无论是直接发行或是通过子公司发行,所筹集的资金需要经过外汇管理局的审批才能回流国内,而债券发行人的性质不同,适用的管制政策不同,能否成功回流存在不确定性。[1]

---

[1] 由于在香港发行人民币债券资金无法回流,2010年出现了以人民币面值发行、以美元结算的债券,又称"合成债"。发行合成式人民币债券可锁定香港相对便宜的人民币融资成本,同时,由于合成式人民币债券以美元结算,发行人可利用现有的政策规范和流程,将发行美元债券获得的美元资金汇回内地,既可取人民币债券融资成本较低之利,又可合法规避人民币债券融资汇回内地需要个案审批之弊。

2. 其他离岸人民币债券

随着人民币国际化进程的提速,香港、台湾、新加坡、伦敦、法兰克福等地加快建设成为离岸人民币中心,各市场的人民币存款初具规模。截至 2015 年 6 月底,香港人民币存款达到 9 929 亿元,台湾 3 382 亿元,新加坡 3 220 亿元,离岸人民币债券市场进入高速增长阶段:一是发行规模不断扩大。截至 2015 年 9 月末,离岸市场共发行人民币债券 1 540 只,总发行规模近 8 800 亿元,未偿付余额超过 5 500 亿元。根据 Bloomberg 数据统计,截至 2016 年 1 月底,大陆主体在全球市场累计发行 197 只人民币债,总发行量达到 3 600 亿元,存量约为 2 250 亿元(如图 19—1 所示)。二是参与主体日益丰富。发债主体由财政部和境内银行扩展到境内外企业、外国政府及跨国组织或机构。三是区域分布拓展到全球。整个离岸人民币债券市场呈现出以香港为中心、向世界各金融中心扩散的趋势。2014 年前后,台湾"宝岛债"、法国"凯旋债"、德国"歌德债"、卢森堡"申根债"、澳大利亚"大洋债"、韩国"泡菜债"、阿联酋"酋长债"和马来西亚"金虎债"纷纷出炉,离岸人民币债券一地一名,在全球遍地开花(参见表 19—2)。

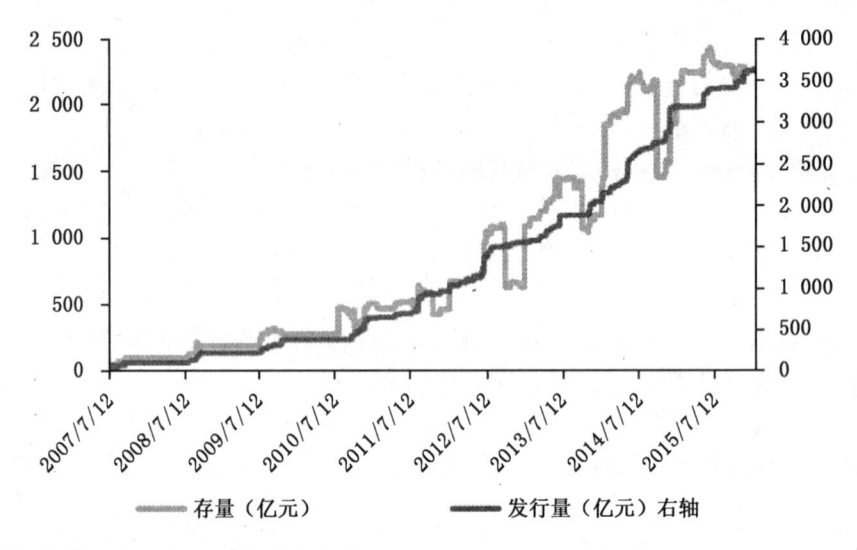

资料来源:Bloomberg,国金证券研究所。

图 19—1 大陆主体离岸人民币债券发行量和存量

表 19—2 离岸人民币债券市场大事记

时 间	发行机构	发行地点	意 义
2012 年 4 月	汇丰银行	伦敦	伦敦首只离岸人民币债券
2013 年 11 月	中国农业银行	台湾	台湾首只宝岛债(Formosa Bond)

续表

时间	发行机构	发行地点	意义
2013年11月	中国工商银行新加坡分行	新加坡	新加坡首只狮城债(Lion City Bond)
2014年4月	中国银行	澳大利亚	澳大利亚首只大洋债(Oceania Bond)
2014年5月	中国农业银行	德国	首只中资银行在德国的莱茵债(Rhine Bond)
2014年5月	中国建设银行	德国	法兰克福首只挂牌上市交易的歌德债(Goethe Bond)
2014年5月	中国银行	卢森堡	欧洲大陆首只申根债(Schengen Bond)
2014年7月	中国银行	法国	法国首只凯旋债(Arc de Triomphe Bond)
2014年9月	中国农业银行	迪拜	中东地区首只酋长债(Emirates Bond)
2014年9月	Cagamas Berhad	马来西亚	马来西亚首只金虎债(Golden Tiger Bond)
2014年10月	中国工商银行	韩国	中资机构韩国发行的首只泡菜债(Kimchi Bond)
2014年10月	英国财政部	伦敦	英国首只离岸人民币主权国债
2015年10月	中国人民银行	伦敦	中国人民银行首只海外人民币债券
2016年6月	中国财政部	伦敦	首只海外人民币主权债券

资料来源:笔者根据相关信息整理。

(三)木兰债

2016年8月31日,世界银行在中国银行间债券市场发行了首只以人民币结算的SDR[①]债券,规模为5亿SDR(折合人民币46亿元),期限3年,票面利率0.49%,取名为"木兰债"[②]。这是时隔35年来全球发行的首只SDR债券,吸引境内外约50家机构踊跃参与,认购倍数达2.47倍。

1. 木兰债的发行与兑付

该债券用SDR计价,用人民币交割和支付本息。面值100SDR,平价发行。

按照世界银行公布的第一期特别提款权计价债券人民币发行价格,100SDR等值于人民币931.58514元。其计算公式为:

发行价格＝面值×0.660美元×USD/CNY＋面值×0.423欧元×EUR/CNY＋面

---

① SDR即特别提款权,是国际货币基金组织(IMF)创设的一种补充性储备资产。2015年11月30日,IMF宣布将人民币作为除英镑、欧元、日元和美元之外的第五种货币纳入SDR货币篮子,各种货币的权重分别为美元41.73%,欧元30.93%,人民币10.92%,日元8.33%,英镑8.09%。

② 为何取名"木兰债"? 世界银行副行长Arunma Oteh在发行仪式上称,促进性别平等是世界银行17个可持续发展目标之一,对全球减贫和经济发展至关重要。中国传奇女性花木兰代父从军,立下赫赫战功,得到全球广泛尊敬和承认。花木兰这一形象也经由迪斯尼动画为世界人民熟知,形象好,易发音,故取此名。

值×12.1 日元×JPY/CNY＋面值×0.111 英镑×GBP/CNY（汇率按外汇交易中心于薄记建档日北京时间上午 11 点公布的汇率计算）

本息兑付的本金计算公式为：

估值日本金＝面值×0.58252 美元×USD/CNY＋面值×0.38671 欧元×EUR/CNY＋面值×1.0174 人民币＋面值×11.9 日元×JPY/CNY ＋面值×0.085946 英镑×GBP/CNY[①]（汇率按外汇交易中心于估值日北京时间上午 11 点公布的汇率计算）

2. 发行木兰债的意义

此次 SDR 债券发行具有多方面积极意义。

(1)丰富中国债券市场交易品种，促进市场开放。SDR 债券发行有利于进一步推进发行主体和投资者多元化，以及金融产品多样性，进一步提升市场运行机制和效率。

(2)规避单一货币工具的利率和汇率风险。相对于单一货币债券，SDR 计价债券提供一个预设的多元债券组合，可以很好地对冲汇率以及利率风险，从而提供更高的风险调整回报。

(3)扩大 SDR 的使用，尝试 SDR 金融工具市场化。国内当前对外投资渠道有限，而 SDR 具有超主权储备货币的特征和潜力，SDR 债券发行在资本管制的情况下为境内投资者提供了一个配置外汇资产而不涉及跨境资本流动的途径。其票面利率 0.49% 高于发达经济体的主权债收益率，也高于普通 SDR 资产的利率[②]，具有相当的吸引力。另外，SDR 中美元比重较大，欧元次之，SDR 债券可以部分作为美元或欧元债券的替代品。

(4)巩固我国与国际金融组织的联系，推进人民币国际化。首批债券的利息和本金支付都以人民币结算，这将增加人民币在金融结算中的使用。对冲 SDR 敞口必然也要增加对包括人民币在内 SDR 货币的使用。

然而，目前 SDR 在私人部门中的使用仍然非常有限，市场参与者还需面对 SDR 货币篮子每五年一次的调整。此外，投资者和发行人都承担潜在的 SDR 汇率变动的风险，需要对冲，这些问题的复杂性一定程度上将限制 SDR 市场的发展。

二、案例评析

(一)三类债券的发行是中国债券市场对外开放的里程碑

从融资角度看，债券市场双向开放涉及境内主体到境外债券市场融资、境外主体到境

---

① 自 2016 年 10 月 1 日起，特别提款权的价值将是以下数量每种货币的价值之和：0.58252 美元、0.38671 欧元、1.0174 人民币、11.900 日元和 0.085946 英镑。这些货币量的计算方法是，新篮子以美元表示的特别提款权价值与今天的特别提款权价值是相同的，并且截至今天的 3 个月期（2016 年 7 月 1 日至 9 月 30 日）的平均汇率计算，每种货币在特别提款权价值中所占比例与国际货币基金组织执行董事会 2015 年 11 月 30 日批准的权重相同。

② IMF 对于 SDR 利率设置了 0.05% 的最低利率，在人民币正式纳入 SDR 后，调整后的 SDR 利率将增加至 0.15% 左右。如 2016 年 10 月 11 日，IMF 网站显示当天 SDR 利率为 0.139%。

内债券市场融资。在"请进来"方面,我国先后推动境外机构境内发行人民币债券和SDR债券、境外发行离岸人民币债券,引导境内发行人境内发行外币债券;在"走出去"方面,推动境内机构赴境外发行本币债券和外币债券。境外发债的主体范围与发债规模不断稳步扩大,熊猫债、离岸人民币债券和木兰债的发行正是中国债券市场这一对外开放进程中的标志性事件。债券市场的对外开放引入了多元化的境外主体以及国际先进理念、规则和技术,推进了国内债市的创新发展,有望改变我国以间接融资为主的金融体系,提升金融业整体运行效率。债券市场开放也为国际投资者提供了丰富的人民币产品,为国际筹资者提供了便捷的人民币资金来源,这将显著提升人民币的吸引力。成熟、深化、开放的债券市场有利于推动人民币国际化发展,同时可以缓解人民币国际化带来的外部冲击。

(二)三类债券的发行助推人民币国际化进程

人民币国际化是指人民币能够跨越国界,在境外流通,成为在国际上普遍被认可的计价、结算及储备的货币。人民币国际化需要依托一个高效、流动性和全球化的债券市场。发行熊猫债、离岸人民币债券和木兰债是人民币国际化的重要举措,在人民币国际化中发挥着不同的作用(参见表19-3)。

表19-3　　　　　　　熊猫债、离岸人民币债券和木兰债的比较

	熊猫债	离岸人民币债券	木兰债
发行地点	中国内地	离岸人民币市场	中国内地
计价货币	RMB	RMB	SDR
交割货币	RMB	RMB	RMB
利息支付	RMB(人民币本金×票面利率)	RMB(人民币本金×票面利率)	RMB(SDR本金×票面利率×SDR/CNY汇率)
本金支付	RMB	RMB	RMB(SDR本金×SDR/CNY汇率)
发行顺利	人民币贬值预期	人民币升值预期	人民币贬值预期

熊猫债所承担的功能是助推人民币"走出去"。发行主体从熊猫债市场借入人民币资金后,经过可能的境内或离岸外汇兑换,可以将资金用于境内或境外的产品、服务及金融合约。资金用于货物与服务的交易,可以增加人民币在跨境贸易中的使用;用于金融交易,可以增加人民币在跨境投资、融资活动中的使用。熊猫债使人民币资金由境内流向境外主体,可以扩大离岸人民币资金池,增加用于贸易支付和结算的人民币资金来源,还可以推动人民币储备资产的形成和人民币国际储备货币地位的提高。[①]

点心债等离岸人民币债券的发行增加了人民币境外债券市场供给,解决了离岸人民

[①] 发行主体是外国政府的话,一般会把筹集到的人民币纳入本国的外汇储备。

币的资金出路;推动人民币作为融资货币的使用,协助迅速增长的人民币计价贸易;提升人民币价值储藏功能,提高人们持有人民币的意愿,使得境外的人民币更受欢迎,从而促进人民币国际化。

而在岸发行木兰债则给境内投资者带来了较好的投资机会,提供一个不需出国门的配置外汇资产的途径,能够降低国内的换汇需求,在一定程度上减轻资本流出压力,有利于维护人民币币值的稳定,长期则有利于扩大人民币的国际影响。

(三)熊猫债和点心债的发展路径呈现出阶段性的此消彼长

熊猫债起源最早,之后经历了相当长的沉寂期,而点心债在2007年启动之后却是冰火两重天,2010—2015年期间的主要趋势是中国发行人到海外发债,但是,2016年后,熊猫债市场快速成长又成为新趋势,同期点心债的发行则一片萧条。2016年1—9月,熊猫债发行规模达118亿美元,同期点心债发行规模仅为72亿美元,熊猫债发行首次超过点心债。两种债券此消彼长的背后,除了发行限制因素以外,主要是受到不同阶段市场环境的影响。发行人选择熊猫债还是点心债,在很大程度上取决于他们的融资需求以及融资成本。过去很长一段时间,离岸人民币升值预期强烈,点心债发行成本较低,海外投资者购买人民币债券不仅可以获得债券收益,还可以获得人民币升值的收益。然而,随着近期海外对于人民币的贬值预期升温,离岸人民币流动性趋紧,点心债的发行成本也随之上升,而境内的贬值预期较弱,且监管方推动内地债市开放,熊猫债对于发行人的吸引力就随之上升。因此,就点心债和熊猫债而言,此消彼长只是阶段性的发展态势,并不意味着彼此替代。正如中国人民银行行长周小川所指出的,熊猫债市场扩大并不意味着点心债市场消失,不管是熊猫债还是点心债,总体来说都是新兴事物,从中期来看,都有相当不错的发展空间。两者不应是特定时点中轮流火爆的可替代品,而应是平等的境内外市场"互联互通"的工具。

(四)中国债市开放仍面临诸多技术性问题

从各类债券的发展进程和现状看,中国债券市场基础设施建设仍存在诸多问题需要完善,如债券市场信用级别分布相对集中,高度同质化,与国际评级偏差较大;刚性兑付未完全打破,中国债市基本未经历过违约事件,市场难以对此作出有效反应,债券市场信用风险体系尚不健全;信息披露机制有待完善,债券市场透明度有待提高;收益率曲线不健全,流动性受限;资本账户仍有待进一步开放,如熊猫债和点心债在募集资金使用上面临的共同难点是"熊猫"的钱出不去,"点心"的钱进不来。此外,债市开放还需要在跨境投资的税收问题、会计和审计准则差异等问题上解决障碍。

三、结论与启示

伴随着熊猫债、点心债、木兰债的发行,中国的债券市场走上了对外开放之路。债券市场对外开放对于资本项目开放、实现人民币国际化等战略性目标和改革方略具有重要意义,因此,坚持"引进"和"走出"相结合,稳步推进市场开放水平,逐步与国际接轨,是中国债券市场发展、完善过程中的必然选择。

与此同时,也应该看到开放之路并非坦途,整体而言,中国债券市场在信用评级、信息披露、风控体系、税务等多方面还存在诸多技术性障碍有待破解。此外,还需要密切关注与债券市场开放相伴随的各种风险。

参考文献:

[1] 巴晴.债市国际化需完善信用评级[J].董事会,2015(11).

[2] 巴晴.SDR风口来临:熊猫能飞起来么[J].董事会,2016(1).

[3] 贾雪,李勇.熊猫债券坐上"奔驰"快车?[J].中国经济周刊,2014(6).

[4] 石化龙.一次具有里程碑意义的交易——"熊猫债券"诞生记[J].中国财政,2005(12).

[5] 李晶、张子枫.熊猫债将逐渐驶入发展"快车道"[J].中国银行业,2016(1).

[6] 戴赜.跨境债券融资实践[J].中国金融,2016(1).

[7] 肖立晟.香港人民币国际化调研报告[J].开发性金融研究,2015(1).

[8] 宗军.中国债券市场开放前瞻[J].中国金融,2015(19).

[9] 李松梁,万泰雷.推进债券市场对外开放[J].中国金融,2015(22).

[10] 杨宇霆.木兰债是什么[EB/OL].财新网,2016-09-02.

[11] 郭草敏,何津津.SDR债券,助推人民币国际化[J].金融博览,2016(18).

[12] 吴秀波.木兰债的成功发行有助于人民币国际化进程[J].国际融资,2016(11).

第五部分　国际租赁融资专题

案例20　工银租赁与天津保税区携手开拓飞机租赁的"东疆模式"

一、案情回放

（一）背景概述

通过租赁获得飞机使用权，是国际上航空公司普遍采取的一种方式。空中客车公司生产的第一架飞机，由中国的租赁公司购买，租给了中国的航空公司。然而，这单交易却是在爱尔兰完成的。事实上，2009年以前，中国国内的飞机租赁业务都是在境外完成的。截至2009年3月，中国境内航空公司通过国外租赁公司获得融资租赁飞机的总架数为762架，约占国内在役机队总数的50%，超过飞机租赁份额的70%。长期以来，中国民航飞机租赁市场基本被外资租赁公司一统天下，其深层次原因在于：一方面，国外的资金成本远远低于国内；另一方面，国家在政策、法律、税收、监管等方面的障碍加大了国内租赁公司开展飞机租赁业务的难度，如境内外飞机租赁税率存在巨大差异，中国的租赁公司与国际竞争对手相比具有天然的成本弱势。因此，国内租赁公司基本没有机会开展飞机租赁业务。

2009年，工银金融租赁有限公司与中国南方航空股份有限公司合作，利用天津东疆保税港区这一综合性创新平台，凭借其先行先试的政策优势，率先探索形成了飞机租赁的"特殊目的公司（SPV）保税租赁模式"，也被称作"东疆模式"，圆满完成了价值3.2亿美元的两架B777F货机的融资租赁业务。

（二）租赁参与方

1. 工银金融租赁有限公司

2007年，中国银行业监督管理委员会颁布实施经过修订的《金融租赁公司管理办法》，重新允许国内商业银行介入融资租赁业务，并批准成立金融租赁公司。工银金融租赁有限公司（以下简称"工银租赁"）成为国务院确定试点并首家获中国银监会批准开业的银行系金融租赁公司。它成立于2007年11月28日，是中国工商银行的全资子公司，注册资本110亿元人民币,注册地为天津滨海新区。工银租赁定位于大型、专业化的飞机、船舶和设备租赁公司,坚持"专业化、市场化、国际化"的发展战略,依托中国工商银行的品牌、客户、网络和技术优势,建立了较为完善的金融租赁产品和服务体系。

2. 中国南方航空股份有限公司

中国南方航空股份有限公司(以下简称"南航")总部设在广州,是中国运输飞机最多、航线网络最发达、年客运量最大的航空公司之一。目前,南航经营客货运输机561架,机队规模居亚洲第一,在IATA全球240个成员航空公司中排名第五,是全球第一家同时运营波音787和空客380的航空公司。

3. 天津东疆保税港区

天津东疆保税港区位于天津市滨海新区天津港的东北部,地处京津高速二线,交通非常便利,面积32万平方公里。它设立于2006年,于2007年正式开港,是国务院批准设立的海关特殊监管区,拥有国际中转、国际配送、国际采购、国际贸易、航运融资、航运交易、航运租赁、离岸金融服务八项功能。设立东疆保税港之初,国家提出其三个明确的定位:建设成为国家航空中心核心功能区、中国特色自由贸易港区、金融改革试区。

(三)租赁交易流程

历来飞机租赁都是保税区的一项重要业务,但是中国的租赁公司并不享受免税政策。受制于6%的飞机引进关税税率和17%的进口环节增值税税率,把飞机租赁作为业务主力的工银租赁只能为航空公司提供售后回租等业务。如何突破现有的框架,为飞机租赁开拓新路,是工银租赁和东疆保税港区共同的心愿。东疆保税港区管理委员会副主任张忠东坦言当时面临的问题很多,包括准入、税负、监管、外汇核销等,中间的困难特别大。最主要是当时监管层没有出台明确文件,没有可以提供借鉴的先例,一切都是摸着石头过河。而在对国内保税区"境内关外"政策进行系统研究后,双方寻找到了"保税租赁"这一解决模式。该思路经过与国家各相关主管部门反复沟通,获得广泛支持。所谓保税租赁,即中国的"SPV模式"。利用保税区的"关外"政策,解决航空公司从境内租赁公司租入飞机、承担高额关税和进口环节增值税的问题;利用保税区的"境内"政策,免除国内航空公司从境外租入飞机需承担的预提税和营业税。

于是,2009年7月,工银租赁正式与南航和波音公司分别签订两架B777F全货机的购买转让协议,三方一致同意由工银租赁出资购买南航预定的两架B777F货机,并租赁给南航使用。

该项SPV模式飞机租赁的基本流程可以概括为:

第一步,工银租赁在东疆保税港区内注册成立NH单机租赁公司(SPV公司),作为这两架飞机引进的载体,以使融资租赁公司的飞机租赁项目能享受到与航空公司进口飞机一样的税收待遇。

第二步,以保税区NH单机租赁公司名义向境内承租人南航认可的境外飞机制造商波音公司签订购机合同、购买飞机,同时与南航签订租赁合同。

2009年8月,NH单机租赁公司与南航签署两架波音B777F货机的融资租赁协议后,筹集资金购买飞机。全部购机资金3.18亿美元,其中35%的资金共计1.113亿美元来自工银租赁的自有资金,工银租赁以投入的资本金为限对NH单机租赁公司承担有限责任。其余65%共计2.067亿美元则通过银行贷款完成。参考国外飞机融资租赁银行贷款的通行做法,NH单机租赁公司将该租赁项目的标的——两架B777货机的全部价值(3.18亿美元)抵押给中国工商银行,向银行申请2.067亿美元、为期10年的抵押贷款。中国工商银行分别调查了南航和NH单机租赁公司的还款能力,之后按照国际惯例(银行间同业拆借利率+利差),为NH单机租赁公司提供了年利率为3.8%的长期贷款,利率水平远低于2009年6%~8%的市场贷款利率水平。2009年10月,NH单机租赁公司向波音公司支付购机款。

第三步,飞机入境后,在保税区办理相关的保税区监管手续,同时办理飞机租赁入境的相关手续。

在东疆港保税港区管理委员会的协助下,飞机引进的报税、通关等手续得以完成。承租人南航用报关方式出区,按其适用税率缴纳进口环节的关税和增值税,并可分期缴纳。2009年12月3日,两架波音B777F飞机顺利抵达天津机场,按要求办理通关手续后,飞往广州交付南方航空公司使用。首单SPV飞机融资租赁业务在东疆保税港区顺利完成。

第四步,飞机交付后,南航按合同约定定期向NH单机租赁公司支付租金,直到两架飞机租赁期满。

在租赁期内,NH单机租赁公司拥有飞机的所有权,承租人南航拥有飞机的使用权,NH单机租赁公司以租金为来源偿还银行贷款的本金和利息。其还本付息后的租赁收入,将以投资收益的形式定期流回工银租赁。租赁期满后,南航支付期末残值购买飞机,获得飞机所有权。

具体的交易过程及步骤如图20-1所示。

东疆模式以单机单船公司方式(SPV)实现飞机融资租赁业务,填补了国内融资租赁公司开展该项业务的空白,实现了四项全国"第一单":金融租赁公司飞机融资租赁业务第一单,该类机型进入中国第一单,单机公司模式探索第一单,保税港区金融创新第一单,引起国内外巨大反响。2009年,国际权威财经杂志《欧洲货币》旗下的《航空金融》举办了"亚洲最佳业务"评选,工银租赁荣获年度"亚太地区飞机租赁最佳交易奖",也是我国飞机租赁项目首次获得的国际性金融创新大奖。

二、案例评析

(一)飞机租赁的特点

飞机租赁的特点是:第一,造价高、租金昂贵。航空、航运租赁业是典型的高资本和高

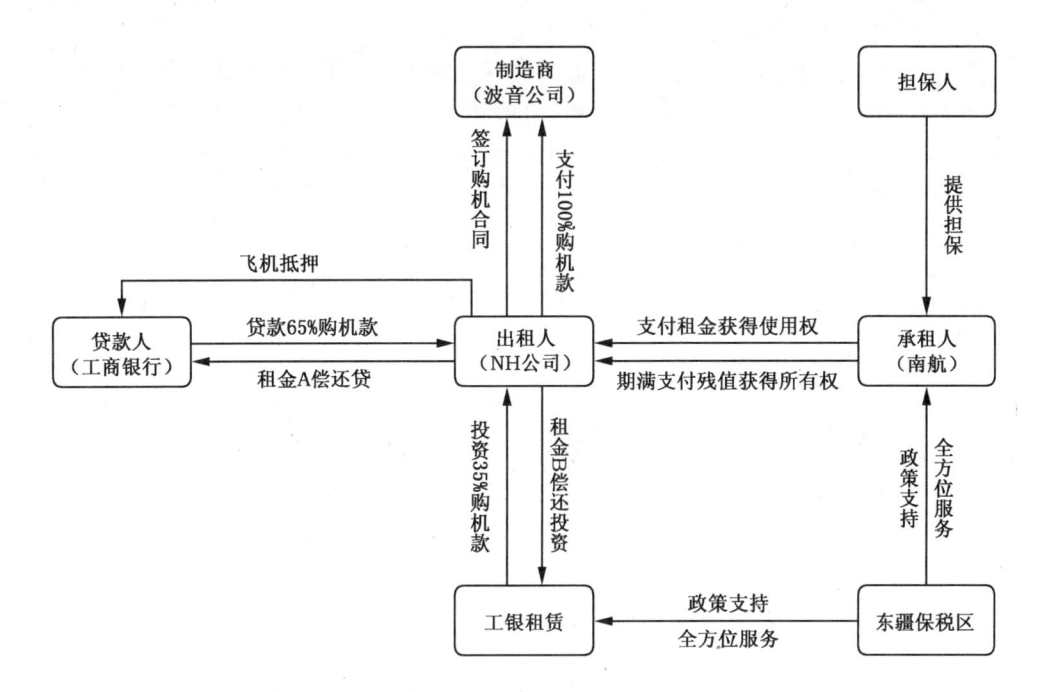

资料来源：张会云，等．飞机单机租赁业务"破冰"之旅——国内首单 SPV 模式飞机租赁．中国管理案例共享中心案例库教学案例．

图 20-1　东疆首单 SPV 模式飞机融资租赁的交易流程

技术密集型行业。一架波音 747 售价 2.2 亿美元左右，一架湾流 G450 公务机售价也高达 3 亿元人民币，造价昂贵，导致其租金较高。第二，租期长，接近飞机的使用寿命。第三，飞机租赁业务涉及金融、保险、担保、税务等诸多领域。

相比直接购买，航空公司之所以青睐租赁飞机，原因在于通过租赁飞机的方式所需资金投入更少，可以很好地平衡资产负债表；飞机交付时间短，租期和机队处置灵活，可以机动地应对市场动荡；有助于尝试新机型；可以抵消新航线的风险。此外，国内租赁公司购买飞机只需要向国家发展和改革委员会报备，[①]而航空公司需要向中国民用航空局和国家发展和改革委员会提出购机申请并进行审批，这意味着飞机租赁享有更高的灵活性和自主权。

(二)本案的创新特色

本案是我国国内金融租赁公司业务机制和保税区金融改革的重大创新。

[①] 中国银监会在《关于金融租赁公司在境内保税地区设立项目公司开展融资租赁业务有关问题的通知》(银监发〔2010〕2 号)中已明确规定保税区可以购买包括飞机含备用发动机、船舶、海洋工程结构物以及经中国银行业监督管理委员会认可的其他设备资产，解决了国内金融租赁公司购买大型设备特别是在我国受到严格管制的飞机等资产需要政府审批的问题，减少了特定设备购买的政府审批环节。

1. 租赁公司业务机制的创新

东疆 SPV 租赁模式充分利用了东疆保税港区的优惠政策如区内商品免征关税、增值税的政策优势，降低了成本。对租赁公司而言，相比国内未落户于保税区中的租赁公司，租赁成本因免征部分税收而下降，毛利润增加，有利于公司的长久发展。同时，与境外 SPV 租赁相比，该模式使航空公司免缴预提所得税和营业税，贷款成本大大降低，促进了航空公司的经营发展。

保税区 SPV 租赁模式的优势具体体现为：

(1) 享受保税区优惠政策，明显降低税赋。

① 降低进口关税和增值税。一方面，保税区 SPV 属于"境内关外"企业，国内租赁公司通过它购买飞机租赁给国内航空公司，SPV 公司可免缴关税和增值税，无需向注册地政府缴纳其他税收，租金报价中仅包含融资成本。而传统租赁方式下国内租赁公司从国外购买飞机租给国内的航空公司，要缴纳总计高达 22.85% 的进口税费。另一方面，国内航空公司以租赁方式进口，可申请优惠税率——1% 的进口关税和 4% 的增值税税率。而且税收缴纳方式不同：传统飞机租赁方式下，关税、增值税需要一次缴纳，税金按照飞机购买价计算，国内航空公司经济压力大；而 SPV 模式下用报关方式缴纳的关税和增值税可分期缴纳，且税金按照每期飞机租金计算，缓解了承租人一次性支付资金的压力。

② 无须缴纳预提所得税。[①] 以飞机租赁为例，按照我国现行税法，境外租赁公司因租赁飞机给境内航空公司获得境内收益时，需预先缴纳预提所得税，根据其所在国与我国的税务协定，税率在 6%~10% 不等，境外租赁公司为纳税义务人，境内航空公司为扣缴义务人，因此，通常境外租赁公司会将预提所得税转嫁给境内航空公司。而保税区 SPV 属于境内企业，无租赁预提所得税，直接降低国内航空公司的租金成本。

③ 无须缴纳预提营业税。根据 2009 年 1 月 1 日起实施的《营业税暂行条例》，在中国境内没有设立机构、场所的外国企业从中国境内取得的利息和出租有形动产的租金收入应按规定缴纳营业税。以飞机租赁为例，境外租赁公司应缴纳 5% 的预提营业税，同样使境内航空公司成为此项税收的最终承担者。而保税区 SPV 则无须缴纳预提营业税，航空公司税收负担减轻。

(2) 实现风险有效隔离。通过设立 SPV 公司，将飞机、船舶等作为租赁标的物出租给承租人，每个项目公司只对应一笔租赁合同，实行单独管理、单独核算，有效隔离风险。工银租赁以投入的资本金为限对 SPV 承担有限责任，单一资产发生风险时单项子公司即与母公司实现"破产隔离"，不会影响到租赁公司及其他项目公司的资产，能够有效地保障租赁公司、银行、承租人等各利益相关方的权益。

(3) 可开展多币种租赁业务。保税区 SPV 可根据市场情况、国内承租人融资需求提

---

① 预提所得税是指境外企业在境内投资所得应该缴纳的税收。

供多币种租赁服务,突破了国内企业间只能采用人民币结算的限制,丰富了租赁币种的选择,有利于国内租赁公司参与国际市场竞争。

2. 保税区金融改革的制度创新

在项目开展期间,工银租赁全程安排了飞机购买、实地交付、减免税申请,组织了包括检疫、边防在内的联合查验,是国内金融租赁公司首次全程介入飞机租赁环节。东疆保税港区则全面负责了这一项目实施过程中与工商管理部门、税务部门、海关等相关政府部门的沟通和协调,为租赁交易的实施扫清了障碍,并给予最大程度的政策优惠。

(1)给予税收和通关方面最优惠政策。在NH单机租赁公司享受保税区内企业保税政策的基础上,[①]东疆保税区在税收和通关方面给予了最大程度的优惠政策:第一,从境外购买空载重量在25吨以上并租赁给国内航空公司使用的飞机,还可享受进口关税1%和增值税4%的税收优惠,这是天津东疆保税港区独有的税收政策优惠。第二,保税区将国家和天津市支持东疆建设的"不予不取"和"境内关外"政策中东疆保税港区政府可以留存的税收部分(包括营业税的100%、增值税的25%、企业所得税的40%、个人所得税的40%等)全额返还给租赁公司,以最大程度降低租赁公司的引进成本和航空公司的租赁成本。第三,在通关方面,《保税区海关监管办法》及《保税仓库设立及管理办法》规定,在保税区进出口的货物必须实体进入保税区,才能享受保税优惠。东疆保税港区内没有机场,飞机无法在保税区内交付,为此保税区管理委员会积极与海关等相关部门协调,最终允许飞机在天津滨海国际机场交付。

(2)提供"保姆+专家"的全方位服务。东疆保税港区协调联动多个部门,做到团队思想统一,保证高效率和服务。其作为"保姆"深入企业内部,全程跟踪项目进展,与银监部门、商务部门还有海关、国税、地税等部门,统一协调,有效降低企业运营成本。

保税区还专门设立了金融租赁发展办公室,不仅提供一般性的服务,更重要的是能够提供专业化服务,实现专家化指导,以满足租赁产品的业务创新需求,包括具体产品结构安排、风险控制和推出安排等。两者结合,实现效率倍增,充分体现了东疆保税区的国际化服务水平。

(三)本案的操作难点

1. 国内SPV公司注册尚无先例

SPV方式起源于爱尔兰和开曼群岛,是目前国际航空业的普遍做法,但在我国尚无先例可循。东疆保税港区管理委员会相关工作人员积极与相关政府部门沟通协调,才最

---

① 据国务院《关于设立天津东疆保税港区的批复》和《天津东疆保税港区管理规定》,东疆保税港区享受6项税收优惠政策:(1)从境外进入保税港区的货物,海关按照有关规定予以保税,或者免征关税和进口环节税;(2)从保税港区运往境外的货物,免征出口关税;(3)从保税港区进入国内的货物,按照货物进口的有关规定办理报关手续,并按照货物实际状态征收关税和进口环节税;(4)保税港区企业生产的供区内销售或者运往境外的产品,免征相应的增值税和消费税;(5)保税港区企业之间的货物交易,不征收增值税和消费税;(6)国内货物进入保税港区视同出口,按照规定实行退税。

终促成国家特批成立 NH 单机租赁公司,完成这单飞机租赁业务。①

2. 注册地的选择

工银租赁通过充分调研和对比国内各大保税区的优惠政策,②审慎选取天津东疆保税港区为首单单机(SPV)租赁业务的落户地点。东疆保税港区不仅协助工银租赁在保税港区成立单机租赁公司,而且在所得税和营业税方面均给予公司最大程度的税收返还,同时在飞机购买、融资渠道等方面也给予不同程度的政策优惠。

3. 实务操作与法律事宜

项目操作过程中遇到了飞机引进批文与租赁结构不符、进口机电证的快速登记办理、飞机进关承诺函的出具等具体问题,管理部门较多,部分问题为东疆保税港区未曾遇到的新问题。公司抽调项目人员多次与相关管理部门协调、讨论并解决。同时,法律事宜也涉及较多,如飞机所有权益事先转让、与飞机供应商达成账户共管协议,以及涉及的税种、担保等事项与常规租赁业务有所区别等。公司专门聘请了行业界的知名律师事务所,咨询、协助和审核处理相关的法律文件,确保项目的操作和相关文件合乎法律规定、政策规范和管理部门的要求。

(四)本案的深远影响

"东疆模式"在我国飞机租赁行业具有里程碑意义,在打破外资租赁公司对我国飞机租赁市场支配局面的过程中发挥了重要的作用,从此,中国租赁公司可以与国外租赁公司站在同一条起跑线上竞争,甚至成本优势更加明显。

有了"第一单",东疆的航空金融创新不断:中国本土首单飞机发动机保税租赁业务、首单公务机借外债租赁业务、首单保税进口直升机租赁业务,并开创了我国组装 A320 飞机首次出租境外的历史,完成了中国本土首单海外租赁资产回归。目前,天津飞机租赁市场份额已占全国的 90%。东疆正在加快建设国家租赁创新示范区,旨在建成以飞机租赁为品牌,以船舶、海洋工程结构物、大型装备设备等为特色的世界一流租赁创新服务基地,打造"东方爱尔兰"。

"东疆模式"也推动了行业发展和政策环境的改善。2010 年 1 月 15 日,银监会正式批准金融租赁公司可在国内保税地区开展单机融资租赁业务,国内租赁公司有望享受低税收待遇。随后的 2011 年 5 月底,国务院出台 51 号文,鼓励东疆保税港区推进租赁业务先行先试,在租赁项目子公司监管、飞机引进指标、外债指标规模、优惠税率安排和出口退税政策等方面给予优惠。2013 年底,国务院出台《关于加快飞机租赁业发展的意见》(国办发〔2013〕108 号),旨在通过七项政策措施的实施以及"三步走"战略,加快我国飞机租

---

① 到 2010 年 1 月 13 日,中国银监会才发布了《中国银监会关于金融租赁公司在境内保税地区设立项目公司开展融资租赁业务有关问题的通知》,正式确认金融租赁公司可在国内保税地区开展 SPV 融资租赁业务。

② 当时除了天津东疆保税港区外,国内还有上海综合保税区、北京天竺保税港区和宁波保税港区。

赁业发展,使我国在 2030 年前成为全球飞机租赁业的重要聚集地。一系列政策突破,使我国飞机租赁行业呈现井喷景象。

三、结论与启示

(一)中国飞机租赁市场潜力巨大

飞机租赁业属于资金密集型产业,在我国起步较晚,但发展潜力巨大。首先,飞机租赁业务具有广阔的市场前景。据波音公司预测,未来 20 年,全球市场需要 36 770 架新民用飞机,总价值 5.2 万亿美元,我国需要 6 020 架新飞机,总价值 8 700 亿美元。其次,利润率较高是飞机租赁业快速发展的重要动力。飞机租赁公司的净利润率可高达 15%～20%,远高于航空业不到 5% 的平均水平。强力的政策支持则是另一个推动因素,在很大程度上为资本进入飞机租赁业提供了"保驾护航"的作用。

(二)飞机租赁业发展需要充分的政策助力和配套支持

飞机租赁是爱尔兰最具竞争力的产业之一,全球排名前十的航空租赁公司中有 9 家入驻爱尔兰。为了促进本国租赁业的发展,爱尔兰政府提供了多重针对飞机租赁企业的税率优惠和财政补助。根据国外飞机租赁业的发展经验,税收等优惠配套政策是影响租赁产业发展的重要因素。本案的创新就充分得益于国家先行先试的优惠政策。为了推动我国金融租赁产业快速健康发展,国家相关部门还需要从许可、税收等方面提供多重政策支持。

(三)飞机租赁产业规模扩张的同时关注风险防范

飞机作为一种价值庞大、使用周期较长的资产,存在一些不容忽视的业务风险,比如机型选择风险、资金期限匹配风险、客户集中度风险等。未来,伴随飞机融资租赁业务的高速扩张,关注并预防潜在的风险将成为行业发展绕不开的话题。

参考文献:

[1]张会云,等.飞机单机租赁业务"破冰"之旅——国内首单 SPV 模式飞机租赁.中国管理案例共享中心案例库教学案例.

[2]苏晓梅.飞机租赁东疆模式新探索:单机破冰、平台创新[J].新理财·政府理财,2011(6).

[3]白木.融资租赁的"东疆样本"[J].新理财·政府理财,2011(6).

[4]荣蓉,白琳.东疆的样本效应[J].中国外汇,2015(15).

[5]雷霆华,刘佳洁.天津自贸区融资租赁业发展研究[J].天津经济,2015(5).

[6]赵姝杰.SPV 模式对飞机租赁业务的影响[J].中国民用航空,2013(8).

[7]肖旺.五年雄关漫道,金融租赁从头跃——专访工行副行长、银行业协会金融委员会会长、工银租赁董事长李晓鹏[N].金融时报,2012-10-08.

[8]柴莹辉.提振区域金融,工银租赁助力天津领跑[N].中国经营报,2012-11-17.

[9] 聂伟柱,刘铮.革新商业模式,中国金融租赁公司的求索之路[N].第一财经日报,2012—11—08.

[10] 季念,梁朝晖.飞机租赁创新模式的探讨——以天津东疆港 SPV 租赁为例[J].华北金融,2013(7).

[11] 蒋兴国.飞机租赁业务的国内保税区 SPV 模式分析[J].中国总会计师,2015(8).

[12] 夏传勇,蒋依丽.风口云端的飞机租赁业[J].大飞机,2014(7).

[13] 盛长琳.航空租赁打破外资垄断[J].中国外资,2015(11).

[14] 毕坚·瓦赛,等.飞机金融:波动行业投资成本的管理战略[M].北京:中国金融出版社,2014.

案例 21　橡胶机械设备之跨境融资租赁

一、案情回放

(一)背景概述

为了规避世界市场对中国产轮胎实施的反倾销贸易壁垒,山东大型民营企业奥戈瑞轮胎有限公司(以下简称"AGR 轮胎")从 2011 年 2 月份开始对东南亚主要橡胶产地进行考察,经过一年多的考察论证,最终决定在印度尼西亚与当地华裔企业 PT. Gentamulia Infra 公司合资建设子午线轮胎项目。

2012 年 10 月 12 日,投资印度尼西亚轮胎项目签约仪式圆满完成。协议约定,山东奥戈瑞集团有限公司与印度尼西亚 PT. Gentamulia Infra 公司共同投资 2.8 亿美元,其中山东奥戈瑞轮胎有限公司占投资总额的 75%,PT.Gentamulia Infra 公司占 25%,建设 200 万套/年全钢载重子午线轮胎及 1 000 万套/年高性能半钢子午线轮胎项目,并成立印度尼西亚东方奥戈瑞轮胎有限公司。这一项目是印度尼西亚国内首个全钢子午线轮胎项目。项目建成后,所需主要原材料均从国内采购,产品除满足印度尼西亚当地需求外,主要面向除中国以外的全球市场,预计项目达产后年销售额将达到 7 亿美元。

为了合资建厂,需要购置价值约 12 亿元的成套橡胶机械设备,于是 AGR 轮胎向厦门星原融资租赁有限公司(以下简称"XY 租赁")提出设备租赁需求。

(二)融资租赁的结构设计

为保障境外应收租金安全,XY 租赁于 2013 年 12 月向中国出口信用保险公司厦门分公司推介该项目。经过对各方的实地考察和多轮探讨,中国出口信用保险公司与 XY 租赁最终设计的项目方案如下:

出租人:XY 租赁。XY 租赁在天津东疆保税区设立 SPV 子公司,提供设备融资租赁服务，利用东疆保税区的"境内关外"的功能优势，开展税收筹划。

承租人及担保人：国内承租人是 AGR 轮胎及 AGR 车轮公司，印度尼西亚 PT.Gentamulia Infra 公司为实际承租方。承租人受山东贷款互保模式的影响，有大量或有负债，或有负债金额占当期净资产的 150% 以上，因此，作为最高信用主体存在不小的经营风险隐患。

设备供应商：软控股份有限公司（以下简称"RK"）。该项目设备供应商实力较强，曾经有过替换设备的市场经验，但基于海外项目的回购处置较为复杂，不为本项目提供回购担保，只在出现问题的时候协助出租人进行设备处置。因此，本项目的最初难点集中为国内民营非上市公司承租人的风险。

担保人：山东某化工集团有限公司（以下简称"JMFZ"）作为项目的最终担保人，以规避承租人的潜在风险。

保险人：中国出口信用保险公司厦门分公司。中国出口信用保险公司承保承租人的债权风险[1]，但承保条件要求债权确立完整，即出租人不存在履约瑕疵，因此，在大多数情况下，中国出口信用保险公司不承担建设期或设备验收前的风险。本项目以承租人收到《受领物通知书》作为中国出口信用保险公司对于该项目的保险责任生效起点，并在保单明细表第 10 条特殊约定中写明"承租人签署全部租赁物的《受领租赁物通知》，确认被保险人已按要求提供租赁物并且承租人已收妥租赁物，是保险人承担赔偿责任的前提条件"。[2]

本项目融资结构示意图如下：

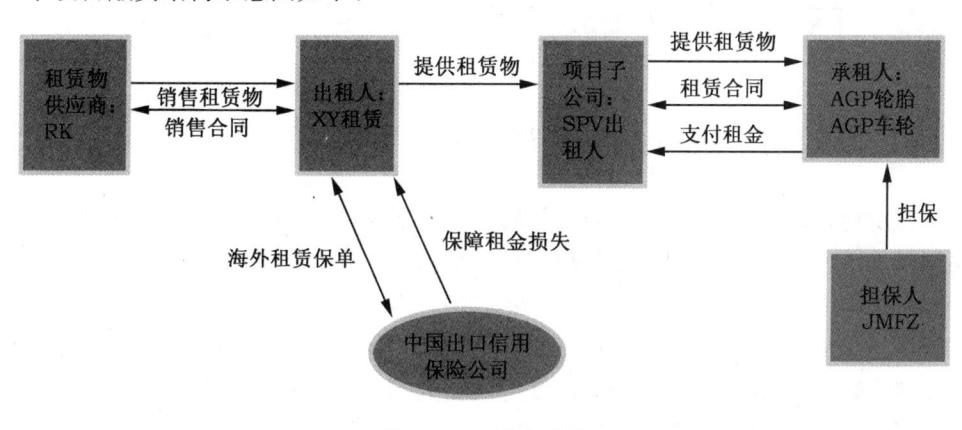

图 21—1 融资结构

---

[1] 融资租赁是债权与物权相融合的金融活动，租赁项目的风险主要包括债权风险和物权风险。债权风险包括承租人履约风险及承租人所在国的政治风险。物权风险主要包括租赁物灭失、租赁物贬值等。

[2] 关于保险责任生效的起点，在本项目项下，鉴于在设备供应商发货前，融资租赁协议生效，XY 租赁实际支付了设备款，有了应收租金账款的权益，且融资租赁协议项下明确约定，承租人不能因为任何租赁物质量问题对抗向出租人支付租金的义务，因此，本项目以承租人收到《受领物通知书》作为中国出口信用保险公司对于该项目的保险责任生效起点。

二、案例评析

跨境租赁已逐渐成为助力国产设备"走出去"的新途径,本项目是跨境融资租赁在支持实体经济、输出国内产能、促进产品出口销售的优秀案例。XY 租赁在中国出口信用保险公司厦门分公司的大力支持下,始终坚持以客户需求为出发点,以市场分析为风险把控点,在困境中谋创新,在创新中图发展,开展了诸多有益的尝试和创新,使项目得以顺利落地。

(一)在保税区成立项目子公司 SPV,有效规避税赋

在跨境租赁实务中,出租人既要考虑到出口商品的退税问题,还要考虑到跨境租赁交易产生的预提所得税。在本项目中,XY 租赁为了规避如上问题,在天津东疆保税区设立出租人 SPV 子公司。SPV 子公司是融资租赁公司依据国家有关法律、法规,在境内保税地区为从事融资租赁业务并实现风险隔离功能所专门设立的租赁项目子公司。设立 SPV 子公司不仅可以隔离风险,而且可以节税。

东疆保税区属于"境内关外",从事跨境融资租赁业务的优势十分显著(如图 21-2 所示):对于融资租赁的进口业务,设备从境外购买进入东疆,免征进口关税和进口环节增值税;设备再从东疆租往境内,按租金分期缴纳进口关税和进口环节增值税。对于融资租赁的出口业务,设备从境内购买进入东疆再租往境外,享受出口退税。

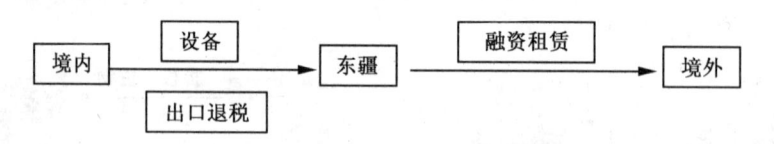

图 21-2 东疆保税区 SPV 租赁的税收优势

预提所得税的产生与承、出租双方分属不同国家相关,如果出租人在承租人所在国境外又同时从承租人所在国获得经营收益,那么承租人所在国政府就有权对该经营收益征税,同时,出租人要在其所在国缴纳所得税。2015 年 3 月 26 日,在国家主席习近平和印度尼西亚总统佐科的见证下,国家税务总局局长王军与印度尼西亚驻华大使苏更·拉哈尔佐签署了《中华人民共和国政府和印度尼西亚共和国政府关于对所得避免双重征税和防止偷漏税的协定》议定书和《中华人民共和国政府和印度尼西亚共和国政府关于对所得避免双重征税和防止偷漏税的协定》谅解备忘录。因此,该项目执行期间的租金能避免中国与印度尼西亚双重征税。

(二)与外部法律咨询机构及境外合作机构合作,化解法律风险

1. 租赁的合法合规性

本案中,设备使用方为印度尼西亚承租人,因而必须首先确认实际出租人 SPV 公司

能否在印度尼西亚开展融资租赁业务。按照中国出口信用保险公司海外投资保险第六条保单除外责任事项条款,"被保险人、承租人未能在保单生效日前或承诺保险期获得与租赁行为相关的批准和许可所导致的损失,但由承保风险直接引起的除外",即如果SPV公司在印度尼西亚开展融资租赁业务未获得当地政府的批准许可,中国出口信用保险公司不承担保险责任。

为此,出租人母公司XY租赁就该问题咨询了知名律师事务所并就合规性出具了法律意见。根据《服务贸易总协定》(GATS),XY租赁与承租人开展的此类业务属于服务的跨境交付,而根据印度尼西亚在GATS项下的具体承诺,对于融资租赁这类服务领域,印度尼西亚法律并没有相关的限制。因此,非本国融资租赁公司(如这里的SPV公司)在当地从事融资租赁业务不违反印度尼西亚法律。

2. 担保的合法合规性

本案中,印度尼西亚PT.Gentamulia Infra公司是设备的实际承租方,两家中国公司AGR轮胎及AGR车轮公司签订租赁合同,与实际承租方共同承担支付租金的义务,可能被认定为提供跨境担保。为此,XY租赁聘请知名律师事务所就该问题以邮件的形式出具过意见,SPV公司同时与印度尼西亚承租人和中国承租人签订融资租赁合同并不违反任何中国法律法规的强制性规定。

然而,中国承租人签订融资租赁合同但不实际使用租赁设备,会有可能被认定为是担保行为。尽管国家外汇管理局最新颁布的《跨境担保外汇管理规定》已大大放宽了中国企业对外提供担保的限制,但需考虑到该管理规定仍有一定保留,且《中华人民共和国公司法》对企业对外提供担保也有一定的约束。中国出口信用保险公司关于担保的法律效力在保单明细中设定有特别批注,约定:保单第九条"被保险人承诺并保证"事项增加"《租赁合同》真实、合法且持续有效,任一承租人对《租赁合同》项下的应收租金均负有付款义务"。按照保单第十二条约定,如XY租赁违反上述承诺保证事项,则属于中国出口信用保险公司的免责事由,所以,XY租赁在设计担保及信用风险结构时,对担保的合法合规性事先进行了相关法律尽职调查。

(三)转换信用主体,降低项目风险

项目在推进过程中曾经以AGR轮胎及AGR车轮作为信用主体进行风险评审,但是,受山东贷款互保模式[①]的影响,两家承租人均拥有大量的或有负债,或有负债金额占当期净资产的150%以上。虽然项目经济总体可行,毛利率和净利率都高于中国国内上市公司及AGR轮胎的水平,从经营期第一年开始就有盈余资金,且净利润逐年递增,但租赁期仍处在投资回报期内,且除XY租赁的设备租赁融资已经确定,其他资金仍可能需

---

① 互保模式最大的危害在于,被担保企业破产将直接导致担保人代为履行偿债义务,与此同时,由于担保人同时也是破产企业的被担保人,导致该企业所得到的银行贷款也会加速到期,二者叠加使得企业现金流迅速恶化。

要股东投入来解决资金问题。鉴于 AGR 轮胎及 AGR 车轮互保金额已经远超其净资产规模,中国出口信用保险公司建议 XY 租赁寻找新的信用主体,以规避承租人互保所产生的潜在经营风险。本项目最终担保人确定为 JMFZ。其资产规模、盈利水平及偿债能力符合本项目的风险敞口要求,特别是其或有负债占净资产的 32.4%,对外担保规模较为合理。

(四)借助中国出口信用保险公司的信用资源,把控境外风险

对租赁公司而言,境外项目的风险度较高,除了设备及承租人经营状况不易监管外,还面临着政治、战争等不可控风险。XY 租赁一方面依靠所属供应链股份公司多年外贸业务积累的经验与资源把控境外风险,另一方面积极与中国出口信用保险公司建立战略合作关系,分散项目风险。

(五)依托企业信誉,提供资金支持和投资协调

跨境租赁项目金额一般较大,这要求租赁公司具有以较低利率获取大量资金的能力。XY 租赁是国有控股上市公司厦门建发股份有限公司的全资子公司,于 2006 年 3 月成立,注册资本 3 590 万美元,公司以良好的信用状况与各大商业银行、政策性银行及信托投资机构保持紧密业务合作关系。强大的资本支撑及优化的负债结构共同造就了 XY 租赁雄厚的资金实力。凭借良好的信誉与企业实力,XY 租赁可以以较低的利率直接从国外贷取资金,同时可以向承租人、厂商分享低利率资金带来的便利。

三、结论与启示

作为橡胶机械行业主要下游企业的国内轮胎企业,受到国内产能过剩和国外"双反"抵制的双重困境已长期处于下滑阶段,借助融资租赁降低企业资金压力,顺利"走出去",完成海外产业布局,对推行国家"一带一路"政策无疑具有重要的战略意义。厦门星原融资租赁有限公司在这一领域率先起步,2014 年完成的这一项目是国内首单成套橡胶机械设备跨境融资租赁业务。

跨境租赁的优势在于以设备为载体,在操作上相较于银行有更大的灵活性,极好地满足了企业在项目前期对资金的需求;租赁公司替承租人向设备厂商付款,可使之及时获得资金回流,此外,跨境租赁还能盘活境外资产,调节汇兑损失。然而,由于面临复杂的会计、税务及法律问题,跨境租赁真正做起来并不容易。交易各方处于不同国家,各国对于税收的规定、租赁的合规及合法性问题、融资租赁贷市场的准入条件都有可能成为项目的阻碍。本案的顺利运作为开展跨境融资租赁业务提供了一些有益的启示。

(一)认真筛选租赁项目

融资租赁公司对租赁项目要做充分的风险评估,包括项目前期企业尽职调查,与承租人签订租赁合同,履约首付、起租、放款、租赁流程,贷后管理等流程,了解境外客户的征信情况和相关的产业风险度等。

(二)分析当地法律环境是最基本的考量

向当地富有经验的律师或机构咨询了解国际租赁准入的法律环境是必不可少的环节。同时,出租人在设计跨境租赁结构或担保及信用风险结构时,应对其合法及合规性进行相关法律尽职调查。

(三)尽早与中国出口信用保险公司做好项目沟通

为了更好地为租赁公司"走出去"保驾护航,租赁公司在项目初期就必须尽早与中国出口信用保险公司相关营业机构做好项目沟通,并考虑根据中国出口信用保险公司的海外租赁承保产品特点安排设计租赁结构,尽可能与中国出口信用保险公司保险责任匹配,避免租赁期间产生风险敞口。

参考文献:

[1]陈宏.跨境租赁:国产设备"走出去"的新途径——印度尼西亚轮胎设备直租项目承保分析[J].国际融资,2016(1).

[2]何玉珠,蔚乐.浅谈中国橡机借助跨境租赁走出去的经验与难点[J].橡塑技术与装备,2016(11).

案例 22　长航的船舶租赁之殇

一、案情回放

(一)背景概述

"长航油运"(以下简称"长航")是中国外运长航集团旗下专业从事油轮运输业务的控股子公司,原名"南京水运实业股份有限公司",1997 年在上海证券交易所上市,后更名为"中国长江航运集团南京油运股份有限公司",股票简称变更为"长航油运"。

公司 2010－2012 年分别亏损 0.1859 亿元、7.54 亿元和 12.39 亿元,2013 年 5 月 14 日起暂停上市,2013 年继续亏损 59.2 亿元,4 年合计亏损 79.32 亿元,而其之前连续盈利的 13 年合计净利润不过 23.77 亿元,相当于上市 17 年净亏损 55.56 亿元。2014 年 4 月 21 日公司进入退市整理期,同年 6 月 5 日被摘牌,成为新版退市制度实施后两市首家被强制退市的上市公司、首家被强制退市的央企,也是同行业里首家退市的公司。

(二)长航巨亏揭秘

1. 计提资产减值和预计负债——巨额表外负债曝光

对于 2013 年巨额亏损的原因,长航方面解释为航运业整体低迷带来的经营亏损以及部分船舶计提资产减值和长期期租 VLCC[①] 计提预计负债所致。

2014 年 2 月 22 日,长航发布《关于计提资产减值准备的公告》,称根据《企业会计准则第 8 号——资产减值》的相关规定,长航聘请专业评估机构对 2013 年 12 月 31 日存在减值迹象的 9 艘 VLCC 船舶资产进行了减值测试,依据减值测试结果,应计提资产减值准备约人民币 25.17 亿元。

表 22-1 中"资产减值损失"一栏反映了长航历年计提的资产减值损失。2013 年长航大幅计提资产减值损失,与上年同比增加 1 339 493.78%。巨额的资产减值损失使公司的净利润雪上加霜。

表 22-1　　　　　　　　　　长航油运 2010—2013 年部分会计数据

项目	2013 年 金额(元)	同比增长(%)	2012 年 金额(元)	同比增长(%)	2011 年 金额(元)	同比增长(%)	2010 年 金额(元)	同比增长(%)
营业收入	7 306 808 610.75	10.22	6 629 180 994.79	30.28	5 088 252 387.89	18.78	4 283 686 854.33	27.54
营业成本	7 717 791 878.73	8.53	7 111 293 354.98	34.7	5 279 356 100.45	37.49	3 839 884 299.71	25.01
资产减值损失	4 653 818 395.85	1 339 493.78	-347 457.07	80.84	-1 813 115.81	-157.6	3 147 702.51	-2 470.49
非流动资产处置损益	-314 521.39	-101.49	21 116 934.87	-20.7	26 630 539.81	3 459.07	-792 794.28	-103.12
归属于母公司所有者的净利润	-5 921 581 446.19	-378	-1 238 826 662.95	-64.26	-754 172 398.86	-3 955.84	-18 594 715.33	-538.84

资料来源:长航油运 2010—2013 年年度报告。

2014 年 2 月 22 日,公司还通过了计提预计负债的议案,发布了《关于对 10 艘长期期租 VLCC 计提预计负债的公告》,公告称由于连续亏损,已符合计提预计负债的条件,[②] 对全资子公司长航油运(新加坡)有限公司(以下简称"长航新加坡公司")从境外船东公司租入的 10 艘长期期租 VLCC 船舶计提预计负债约 21.03 亿元。

公司 2013 年年报披露了新加坡公司承租的 22 艘油轮,交运日期从 2007—2013 年开始,除 2013 年交运的两艘租期为 5 年外,其他油轮租期都长达 10~12 年。为此,长航向国内外银行组成的银团贷款 12.8 亿美元(约合人民币 80 亿元),参与方涉及 11 个国家的 19 家银行,其中 4 家为中资银行(参见图 22-1)。由于长航通过 SPV(特殊目的公司)租赁,这部分负债并未纳入上市公司历年的资产负债表中,这笔贷款目前的实际本息已超过 100 亿元人民币。

2. 长航的油轮租赁——名不符实的期租

香港海事处船舶注册记录、香港公司注册处记录以及劳氏日报数据库(Lloyd's List Intelligence)资料显示,这 20 条船皆挂香港旗,分别由 18 家注册在英属维尔京群岛(BVI)和巴拿马的 SPV 作为登记船东(registered owner),这些即为长航披露的交易对手

---

① VLCC(very large crude carrier)是指 20 万载重吨以上的超大型原油运输船。
② 长航给出的理由是随着 *ST 长油与新加坡公司的连续亏损,船东公司要求提前终止协议的可能性较大。

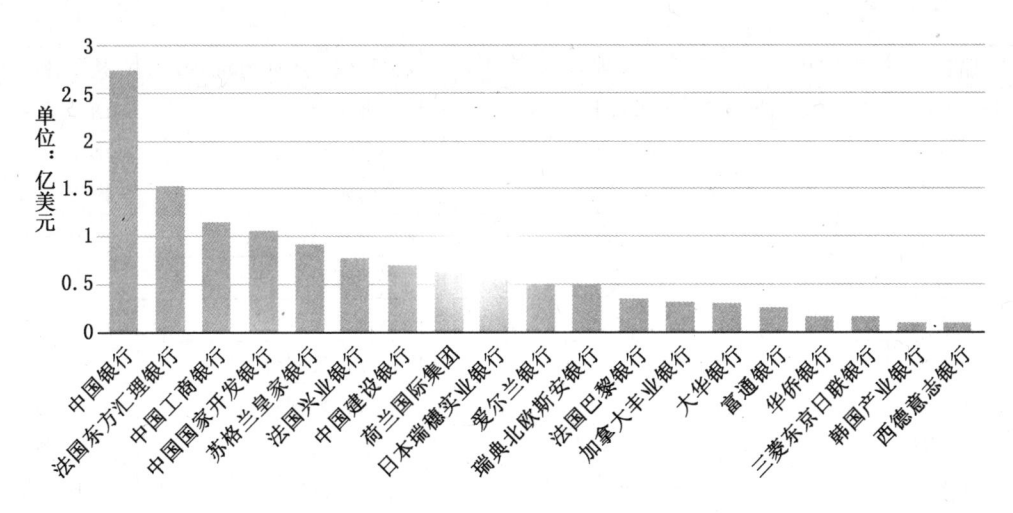

资料来源：杨菁，吴静. 巨轮末路[J]. 新世纪，2014(20).

图 22—1　长航油运表外金主的本金排名

方"境外船东公司"，其中 3 条船舶由一家 SPV 持有，其他皆为单船公司。

这 20 条船、8 个批次的贷款和期租合同，交易结构和操作手法基本一致：长航新加坡公司先在船厂下订单，是船舶建造合同的原始买方（original buyer）；融资协议安排好后，原先的船舶建造合同在原始买方和 SPV 之间会进行一次更替（novation），SPV 变为买方，长航新加坡公司（某些合同下还加上长航自己）成为船舶建造过程的监理（supervisor）。作为登记船东和船舶买方的 SPV 是贷款合同的借款方，长航方面的几家公司则与 SPV 签订期租租船合同和船舶管理合同。长航及新加坡公司旗下的一级或二级公司，包括安达海运、平达海运、吉达海运、祥达海运等，是联合期租租入方（co-time charterer）；长航及大股东南京油运、长航新加坡一级子公司则成为联合管理方（co-manager）。此外，合同还指派长航新加坡公司和长航分别作为销售代理人（sales agent）和备用销售代理人（standby sales agent），负责在租赁期结束后代登记的 SPV 船东将船舶卖出。

根据船舶建造进度，贷款支付分为交船前和交船后两笔（tranche）。交船前，以船厂或船厂方银行签订的还款保证作为担保，受益方为长航的贷款银行；交船后，则以 100% 抵押船舶资产作为贷款担保。与此同时，作为登记船东的 SPV 和作为期租租入方与船舶管理方的"长航系"公司，需为船舶及承运货物购买保险，并将保险合约利益转让给贷款银行。

表 22—2　　　　　　　　　　长航 20 艘船舶抵押情况一览

船名	载重吨	登记船东	抵押权银行（Mortgagee）	技术管理
长航发展	45791	Jasper Shipping Inc.	法国东方汇理银行	南京华林

续表

船名	载重吨	登记船东	抵押权银行(Mortgagee)	技术管理
长航友谊	45800	Nancy Shipping Inc.	法国兴业银行	南京华林
长航吉祥	45851	Nantalis Shipping Inc.	法国兴业银行	南京华林
长航勇士	45853	Opal Shipping Inc.	法国东方汇理银行	南京华林
长航和平	45886	Nanette Shipping Inc.	法国兴业银行	南京华林
长航朝阳	45904	Nantalis Shipping Inc.	法国兴业银行	南京华林
长航紫晶	49967	Olivine Shipping Inc.	法国东方汇理银行	南京华林
长航水晶	49982	Citrine Shipping Inc.	法国东方汇理银行	南京华林
长航蓝晶	49982	Garnet Shipping Inc.	法国东方汇理银行	长航油运
长航珊瑚	49997	Nantalis Shipping Inc.	法国兴业银行	南京华林
长江之珠	297000	Agate Shipping Inc.	法国东方汇理银行	长航油运
长江之勇	296951	Nanjing D. Two Shipping Inc.	法国兴业银行	长航油运
长江之锦	297058	Nanjing D. One Shipping Inc.	法国兴业银行	长航油运
长江之春	297557	Crystal Shipping Inc.	法国东方汇理银行	长航油运
长江之韵	297573	Aldebaran Shipping Ltd.	苏格兰皇家银行	南京华林
长江之源	297580	Betelgeuse Shipping Ltd.	苏格兰皇家银行	南京华林
长江之钻	299999	Nanjing W. Two Shipping Inc.	法国兴业银行	南京华林
长江之冠	317960	Napoleon Shipping Inc.	法国巴黎银行	南京华林
长江之星	318218	Nappa Shipping Inc.	法国巴黎银行	南京华林
长江之虹	318506	Nanjing W. One Shipping Inc.	法国兴业银行	南京华林

注：长航系为中程成品油轮，期租签订时间是2005年12月至2007年12月；长江系为超大型VLCC油轮，期租合同签订于2007年5月至2008年9月期间。

资料来源：香港海事处，劳氏日报数据库(Lloyd's List Intelligence)。

20条船舶全部抵押给了共计8个银团和4家代理行(facility agent)(见表22-2)。表外融资的相关债权银行皆有资产抵押，享有优先赔偿权。

四家欧洲银行虽是船舶的抵押权人，却非船东。长航采取了复杂的"孤儿信托"[①](orphan trust)结构，这些船舶最终由一个注册在英属维尔京群岛的离岸信托(offshore trust)持有。此信托指定受益人为慈善机构，受托人为英属维尔京群岛当地执业律师，信托通过一个控股公司持有这些SPV，而控股公司的董事会则由SPV注册地律师加上1～

---

① 之所以称为"孤儿信托"，是因为该信托并没有受益所有人，形同"孤儿"。

2名长航集团的高管组成,性质上属于"孤儿信托"(如图22-2所示)。① 然而,这样的安排并不能免除长航作为借方、期租租入方和船舶真正使用方的义务,长航需要把这批船舶放在表外,也不能做船东,但必须承担与船舶运营有关的所有风险和义务,所以,它并非简单的期租承租人,最终仍是信托背后的实际受益所有人(beneficial owner)。

由此可见,这批以长期期租形式签订的租约,实际上是以长航为船舶实际受益人的融资协议,虽然形式上是期租,但性质上更类似于财务中的融资租赁而非经营租赁。

3. 期租租金的本质——贷款本金+利息

2014年3月5日,长航补充公告首次披露了10艘VLCC船舶的租金,公司称"与境外船东公司签订了不可撤销②的长期期租合同,负有法定义务,在承租期内,不论市场运价指数如何变动,公司都需要承担船舶期租租金的支付责任"。③ 长期并且租金固定,长航的融资意图很明显。

这些所谓的期租租金,对应的就是银团抵押贷款的每日本息金额。以此推算,长航10条VLCC的贷款自2008年10月第一条船交付算起,10年或12年内还本付息共需支付16.7亿美元(按当前汇率约合103亿元人民币)。④

这些名为租金实为借款本息的支出,被计入长航财报"流动资产"项下的"预付款项"一栏。在航运界,租船惯常的付款方式是预付。从2007年至2013年,长航表内预付款项下合计金额总计约162亿元,在年报附注可见,90%以上的预付款都用于境外长期期租船舶。在长航转型远洋运输的第一年——2007年预付款项为9.2亿元,占流动资产的28%、总资产的9%;自2008年起,预付款金额达到19.4亿元,占流动资产的51%、总资产的16%;2009—2012年,预付款绝对额(2012年)达到30亿元,在流动资产中占比达到57%～58%,在总资产中占比达到14%～17%;2013年,公司计提的21亿元预付租金损失约占25.1亿元总预付租金的80%,大幅降低了预付款项占比。⑤

10艘VLCC,4条租金3.8万美元/天,6条租金4.95万美元/天,这是在市场接近顶峰时锁定的租金,远高于2008年金融危机以来的市场价格。波罗的海交易所披露的5月

---

① 在航运界,对船舶受益所有人的裁定,是海商法纠纷的常见焦点。一旦被裁定为受益所有人,即享受船舶收益,并对船舶有控制、处置的权利,就可以被推断为实际船东。当出现债权纠纷或者碰撞事故带来损失赔偿等情况,受益所有人往往成为被追索的对象。"孤儿信托"复杂的结构就是为了使真实的船东身份变得暧昧不清,规避第三方责任事故中的巨额赔付。

② 不可撤销条款来自西方的俗语"hell and high water",译为"地狱和海上大风浪",即风雨无阻、不可撤销和绝对责任,无论租入方/借款方遭遇何种困难,都需如期履行还款义务。

③ 而在此前每年的年报中,公司仅在"重大合同及其履行情况"项下的"期租合同"中披露船名、载重吨、出租方、承租方、租期以及交用日期信息。

④ 余下10条中程成品油轮由于长航并未公布租金,融资成本不得而知。

⑤ 对于这批长期期租租金及其会计处理方式,审计师信永中和曾两次提出质疑。

21日等效期租租金(TCE)①为-7 960美元/天,这意味着VLCC的市场平均运费收入与航行成本倒挂,运营一天亏损7 960美元。船舶营运所产生的现金流是租赁融资的第一还款来源,显然这种融资式的长租合约使长航无法根据市场的变化来缩小经营规模,相反只会大大提升经营成本。长航自2011年起油品运输就开始出现毛利润亏损,毛利润率为-6.1%,2012年为-11.5%,2013年为-10.7%。

4. 表外迁移进表——有盼头难实现

连年亏损,使长航进退两难:一方面,境外船东公司要求提前终止期租协议的可能性增大,无论是被终止协议还是自己主动退租,都涉及巨额的合同损失,而现有的长期期租协议又没有结构调整和重组的空间。一旦资金断流,表外融资的债权银行就有权处置抵押的船舶,从而可能使预付租金"打水漂"。

为了摆脱被动,公司2013年底宣布决定由长航新加坡公司作为收购主体,与18家船东公司(境外SPV)签订期租租赁期满时收购船舶的协议,涉及成本约4.68亿美元(约合29.17亿元人民币)。收购后,上述船舶即可由经营租赁变为融资租赁,有利于降低公司营运成本。② 但直到退市,长航也未实现上述从表外迁移表内的变动。

二、案例评析

对于长航的连续亏损乃至退市,租入的VLCC船队是其主要亏损源,原因可以归结为以下几点:

(一)以期租之名行光租之实提高了运营成本和风险

租入船舶构成航运公司的核心运力,对公司的正常营运意义重大。航运界常见的租船方式分为光船租赁(demise charter/bareboat charter,简称光租)、定期租船(time charter,简称期租)和定程租船(voyage charter)。光租租期较长,占租赁资产使用寿命的大部分,通常在几年甚至10年以上,通过长约在一段时间内锁定租金,适用于造船和航运价格急速上升的时期。承租人对承租的船舶有资产处置权和控制权,负责配备船员、自行调度安排船舶的一切费用,性质上类似财务中的融资租赁。期租则类似于经营租赁,期限短,很少超过5年;租金随行就市,更为灵活,船舶的风险和收益仍归属于船东或出租方,出租

---

① 航运界通常用等价期租租金(time charter equivalent,TCE)来衡量航运景气指数,计算方式为:(航程运费收入-航程成本)/来回天数。因运费节节走低,VLCC的TCE一度倒挂。

② 按照行业惯例,一旦收购协议生效,会计处理应在当期进行。这些长期期租船舶作为公司融资租赁船舶核算资产、负债和损益,将使公司资产规模大幅扩大。

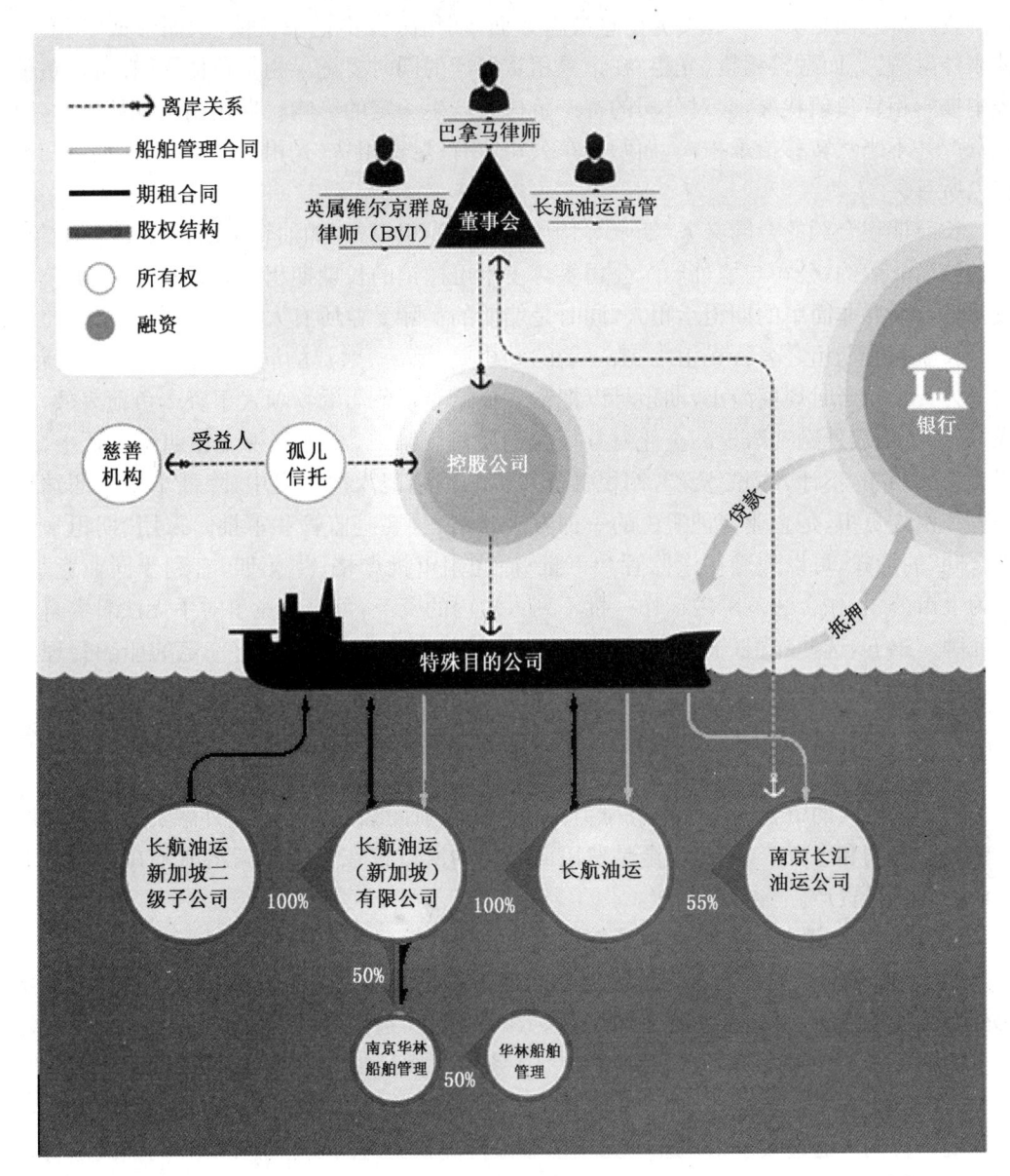

资料来源:杨菁,吴静.巨轮末路[J].新世纪,2014(20).

图 22—2　境外 SPV 操作架构

人雇用船员,并负责运送、装卸及航线事宜,承租方只负责与航行有关的事务和开支。在会计处理上,期租租赁的承租方租入船舶,不计入固定资产。融资租赁(光租)的承租方租入的资产计入固定资产。在财务信息披露方面,期租融资不记录负债,从而形成"资产负债表外融资"。而融资租赁(光租)在记录租赁资产的同时要记录租赁负债,并在资产负债表中披露租赁负债状况,会对公司的资产负债表产生一定的影响。期租租赁期届满时,船舶资产并不当然转移给承租人,而归船东公司所有;融资租赁(光租)一般在租赁期满归承租人所有。

长航期租合约的合同义务、期限等特征更接近光租模式,如油轮租期长达10~12年,是长约而非短约;公司与境外船东公司签订了不可撤销的长期期租合同;长航新加坡公司或其母公司并非简单的期租承租人,同时是船舶的实际受益所有人等。

长航打着期租之名行光租之实,可能的动机是:第一,融资的同时减轻对资产负债表的压力。长航当时规模尚小,期租可以把银行贷给船东公司的款项置于资产负债表外,形成"资产负债表外融资",提高企业财务报告的质量。第二,合理避税。在期租租赁中,承租方租入船舶,不计入固定资产,期租融资发生的费用记入损益表中,降低了企业的纳税所得和税收负担,是企业合理避税的一种方式。第三,规避监管和审批。采用"期租+管理合同"的形式,可以规避在岸监管和审批;而光租审批严格。[①] 第四,有利于同业竞争。作为上市公司,在合法范围内运作一批不列入表内的资产,可以使竞争对手无法看穿自己的底牌。第五,选择光租(干租)的另一原因是,长航有自己的船员,有一定的船舶管理经验,而一般不具备这种能力的企业则会选择租期较短的期租,也被称为湿租。

但是,光租也使承租方承担了更高的风险。不可撤销的长期期租合同目前还没有金融产品可以对冲,一旦即期运价跌破锁定的租价,航运业陷入低迷,进入单向下行通道,承租方将承受巨大的资金成本和财务压力。这正是长航面临的窘境。表外融资方式也降低了公司的利润和净资产,因为租金是费用而船舶的所有权在租赁期满之前不在公司名下因而不计入净资产。

(二)单一化、激进式扩张忽视了航运业的强周期性

2007年以前,长航一直深耕于内河航运市场,为了响应"国油国运"的战略,转型投身海外原油运输业,白手起家购置远洋船队。2007年底,通过资产重组,长航将14艘表外租赁的油轮合约注入上市平台,其中包括10条中型成品油轮和4条VLCC油轮。2007年12月到2008年9月,正值航运市场顶峰时期,长航又从境外签订6艘VLCC的贷款合同和期租合同。通过大量采用几乎完全依靠银行贷款支持的表外融资形式购置或定租大型油轮,在五六年时间内公司迅速拥有了中国最大的VLCC船队,VLCC的保有量世界排名第八,为中国公司之首。

---

① 无论是采取经营性租赁还是融资性租赁的方式,光租都被认为是金融活动而成为监管审批的对象。如果在岸公司经光租将一条船舶租回境内,承租人需要获得租赁业务牌照,否则,承租人甚至无法向境外的出租人支付租金。即便承租人是在岸公司在境外设立的子公司,由于交易时需要在岸母公司出具担保,也要涉及外汇使用额度审批。

然而，航运企业能否赚钱取决于自有船舶造价或租入船舶的租金成本是否低于运费。大手笔扩张船队时，长航严重低估了航运市场的专业性、周期性和复杂性。

一是造价。一艘VLCC的造价随着航运周期经历了过山车式的变化，从1.6亿美元跌至9 000万美元。长航2008年9月3日签订的4条VLCC租约和贷款合同，其新造船平均价格虽不到1.2亿美元一条，但已远高于目前市场价格。随着船舶陆续交付，每年的折旧很高，新造油轮市价不断下行，使公司运营或在建船舶不断贬值。

二是运费与租金。相比长期租约固定的租金，运费受航运周期的影响波动剧烈。波罗的海干散货指数（BDI）从2008年6月到10月期间发生万点雪崩，运费节节走低。VLCC最赚钱的2008年7月，TCE达到15万美元/天。而2011年10月13日，VLCC的TCE跌到-12 051美元/天（如图22-3所示）。根据航运和能源会计事务所Moore Stephens的报告，2008—2013年，VLCC的运营成本约为一天1万~1.2万美元。而波罗的海交易所数据显示，VLCC的TCE从2011年至2013年第三季度都低于运营成本，直到2013年第四季度才稍微超过运营成本，后又跌至成本线以下。

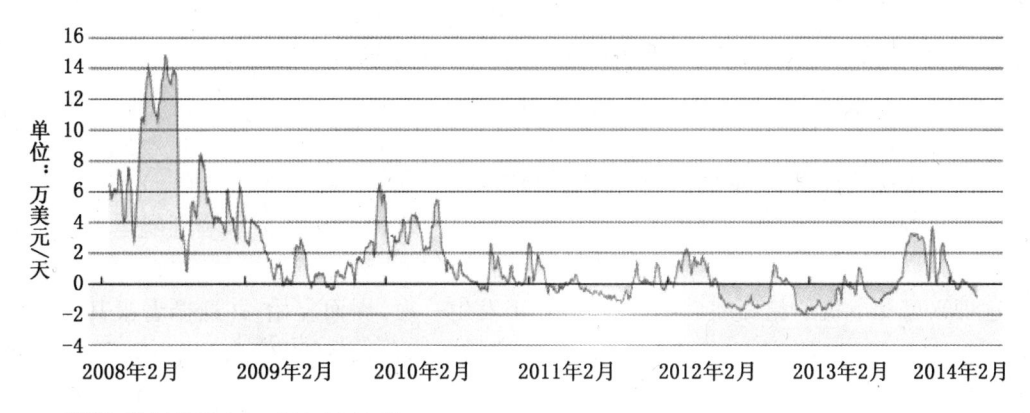

说明：数据截至2014年5月21日。
资料来源：波罗的海交易所。

图22-3　2008年至今波罗的海交易所VLCC期租租金走势

此外，国际油价上涨导致燃油成本同比上升，如2011年国际燃油均价上涨39.6%。航运企业运输的燃油成本往往占到运输总成本的1/3左右，燃油价格提高会降低公司的盈利能力。长航10条VLCC是在市场接近顶峰时锁定的租金，远高于2008年金融危机以来的市场价格，严重低于保本点的市场运价和不断上涨的燃油价格导致公司VLCC业务入不敷出，形成巨亏。

三是利率与汇率。公司的运营还受到了汇率和利率的打击。2007年以后，人民币汇率不断升值，长航油轮租赁借的银团贷款利率3%看似很低，但2008年金融危机以后全球量化宽松,这一融资也就变成了高息借贷。

长航并非综合性航运公司,专事油轮运输的业务结构比较单一,如此大批量的油轮租入必然会对业务结构和收益产生实质性影响。

(三)押宝中东的市场决策错误导致业务停摆

前几年,长航的重要决策是做大中东市场份额,错误的投资策略不仅使公司业务无法开展,更使得长航耗费大量资金造船。始料不及的是,伊朗石油出口接连遭遇致命"滑铁卢":2010年7月,奥巴马签署史上最严制裁法案,范围波及全球为伊朗能源部门提供航运服务的企业;2011年10月,美国限制第三国机构和企业与伊朗央行的生意往来,而进行原油运输的航运公司过去都是通过伊朗央行的美元账户来结算的;2012年7月,欧盟又全面退出伊朗原油市场,其他许多国家也陆续缩减进口量,伊朗原油出口量下降近50%。美国对伊朗的金融制裁,使得伊朗航运订单结算的钱根本没办法打到中国账户,欠下中国油运企业巨额运费。同时,在欧美轮番制裁高压下,国内各大保险公司和中国船东互保协会拒绝承保从事进口伊朗原油运输的船舶,巨大风险令公司业务几近停摆,VLCC被迫闲置,6艘VLCC的花费高达39亿元,一艘VLCC一天至少需要10 780美元才能收回运营成本,而空置一天的成本高达百万元,公司的财务状况愈加恶化。

三、结论与启示

(一)清醒认识航运、造船行业的强周期特性

航运的发展与经济的发展息息相关,经济环境的任何变化都会影响到航运业。航运业属于典型的强周期性行业,需求及运价波动很大,行业整体竞争激烈。数百年来,航运业这种兴盛和危机的循环周期基本上每10年发生一次,周而复始,并遵循着极其相似的运行轨迹。在2008年金融危机的冲击下,波罗的海综合指数(BDI)由2008年5月20日的11 783点"自由落体"式跌落到2008年12月5日的663点,运费下挫、船价下跌、行业亏损、违约、破产现象充斥市场,中国一度辉煌的航运业随之跌入了低谷,长航自然也难以幸免。因此,航运企业的发展和投融资应准确把握好行业的运行周期,对时机的正确判断是胜败之道。

(二)积极拓展船舶租赁融资的同时必须强化风险防范

航运企业购置船舶需要大量资金,租赁融资是船舶融资的重要渠道,在发达国家已得到非常普遍的应用。对航运企业而言,船舶租赁融资的独特优势在于拓宽了融资渠道,增强了资金流动性;相比银行贷款,减轻了融资企业的财务负担,优化了财务结构;租金安排可根据市场行情灵活调整,在减轻还款压力的同时,规避周期性价格波动的影响;有利于盘活企业的存量资产;可以促进航运企业更新、扩大船队,提高核心竞争力。然而,船舶融资租赁是一项复杂的经济活动,投入资金量巨大、租赁周期长、相关当事人及需要协调的环节多、牵扯面广、外部环境不可控因素多,使得项目存在较高的风险,如信用风险、经营风险、政治风险、利率汇率风险等,一旦航运企业出现战略性的失误,就可能面临巨额的亏损,甚至血本无归。因此,最大程度地防范与规避融资租入船舶项目的风险,直接关系到航运企业的生死存亡。

(三)审时度势合理设计租赁融资模式,优化船舶融资决策

无论船舶期租抑或光租,融资租赁还是经营租赁,都是船舶融资的一种方式,能解决或缓解企业资金困难和流动性问题,支持航运企业的发展。航运企业应综合考虑自身条件、外部市场环境以及对未来经济金融形势的研判,尤其是考虑资金成本和财务风险,来选择最适合的融资方式。在经济景气时,长航铤而走险,大量采用上述几乎完全依靠银行贷款支持的表外融资租赁形式购置或定租大型油轮,盲目扩张船队,导致运力严重过剩,在航运业衰退拐点来临之际,则不得不承受高成本(燃油价格不断上扬)和低收入(低船价、低租金)的双重夹击,最终亏损退市,教训深刻。船舶营运所产生的现金流是租赁融资的第一还款来源,周期性的波动必然对船舶融资造成影响。航运企业应对周期性波动,要善于把握规律,顺应潮流,控制好融资规模,灵活选择融资方式,订立风险对冲条款,主动采用金融工具转移和分散金融风险,尽量简化合同中的限制性条款,减少对公司的约束和制约,完善退出机制,使租赁融资真正助力航运企业的发展,"相爱但绝不相杀"!

参考文献:

[1]杨菁,吴静.巨轮末路[J].新世纪,2014(20).

[2]陈红霞.央企长航油运退市无奇迹,表外再曝负债百亿[N].21世纪经济报道,2014-05-27.

[3]劳佳迪.长油死局,一家A股央企的"意外死亡"[J].中国经济周刊,2014(17).

[4]李勇.ST长油将成央企退市第一股,中小股东维权指责其"恶意"[J].中国经济周刊,2014(14).

[5]王志伟,裴卓瑶.ST双城记——两家央企上市公司财务重整案分析[J].财务与会计,2014(9).

[6]刘毅彬,胡群峰.境外期租融资在航运企业中的实证研究[J].交通财会,2008(1).

[7]刘毅彬.航运企业船舶租赁融资优化决策及风险控制研究[D].武汉理工大学,2012.

[8]邓卫国.航运企业船舶融资租赁财务风险研究[J].交通财会,2009(7).

第六部分 国际项目融资专题

案例 23 中亚天然气管道工程项目融资

一、案情回放

(一)背景概述

中亚四国能源储量巨大。土库曼斯坦素有"中亚科威特"之称,探明的天然气储量居世界第四;哈萨克斯坦是中亚第一石油生产大国,石油储量可以排进世界前列;乌兹别克斯坦的油气和天然气储量也相当丰富。中亚境内五条天然气管道均建于苏联时代,抵达欧洲市场前要经过俄罗斯,管道的所有权和控制权都牢牢握在俄罗斯手中,因而不得不低价卖给俄罗斯,由其以市场价专供欧洲。为天然气另寻出路,实现能源出口多元化,成为中亚国家实现经济独立的重要步骤,这与中国能源进口多元化战略正好形成互补。因此,中亚天然气合作是国家和中国石油天然气集团公司策划并关注多年的项目。

(二)项目进程

中亚天然气管道起自土库曼斯坦和乌兹别克斯坦两国边境的格达伊姆,途经乌兹别克斯坦、哈萨克斯坦,最终到达中国境内的霍尔果斯,共计 1 833 千米,采用双线敷设。设计输气规模达 300 亿立方米/年。该管道在我国境内与西气东输二线管道相连,覆盖长三角、珠三角等沿线城市,最远可至香港。这是目前我国唯一跨多国国境的国际管道工程,也是唯一两条管线同时进行施工的天然气管道工程。

2006 年 4 月,中土两国政府签署《关于实施中土天然气管道项目和土库曼斯坦向中国出售天然气总协议》。

2007 年 4 月 30 日,中乌两国签署《中乌天然气管道建设与运营原则协议》。

2007 年 7 月 17 日,中国石油天然气集团公司(China National Petroleum Corporation,CNPC,以下简称"中石油")分别与土库曼斯坦油气资源管理利用署和土库曼斯坦国家天然气康采恩签署《中土天然气购销协议》和《土库曼阿姆河右岸天然气产品分成合同》。根据协议,土库曼斯坦在中亚天然气管道从 2009 年起的 30 年运营期内,每年向中国输送 300 亿立方米天然气,在霍尔果斯进入西气东输二线管道。其中,130 亿立方米为中石油在该国阿姆河右岸区块合作开发的合同分成天然气,剩余 170 亿立方米为购销协议天然气。2010 年 1 月,土库曼斯坦正式向中国供气。

2007 年 8 月 1 日,中石油与乌兹别克斯坦国家石油控股公司签署《中乌天然气管道建设和运营原则协议》。

2007 年 8 月 18 日,中国和哈萨克斯坦两国政府签署《中哈天然气管道的建设和运营原则协议》。

2007 年 11 月 8 日,中石油与哈萨克斯坦石油输气股份公司(KMG)签署《中哈天然气管道建设和运营原则协议》。

(三)项目投资主体

中亚天然气管道建设项目投产的总工期只有 28 个月,任务颇具挑战性。2007 年 8 月,中石油的全资子公司——中亚天然气管道有限公司(TAPELINE,以下简称"中亚管道")成立,注册资本金 40 亿元,主要负责建设、运营和管理由中石油投资的中亚天然气管道。

2008 年 1 月 30 日和 2 月 15 日,中亚管道与乌兹别克斯坦国家石油控股公司、哈萨克斯坦国家石油输气股份公司的下属公司分别成立中外股权比例为 50%:50% 的合资公司——亚洲天然气运输有限责任公司(ATG)和亚洲输气管道有限责任公司(AGP),作为乌兹别克斯坦和哈萨克斯坦段管道工程的业主,负责相应管道工程的建设和运营(如图 23-1 所示)。

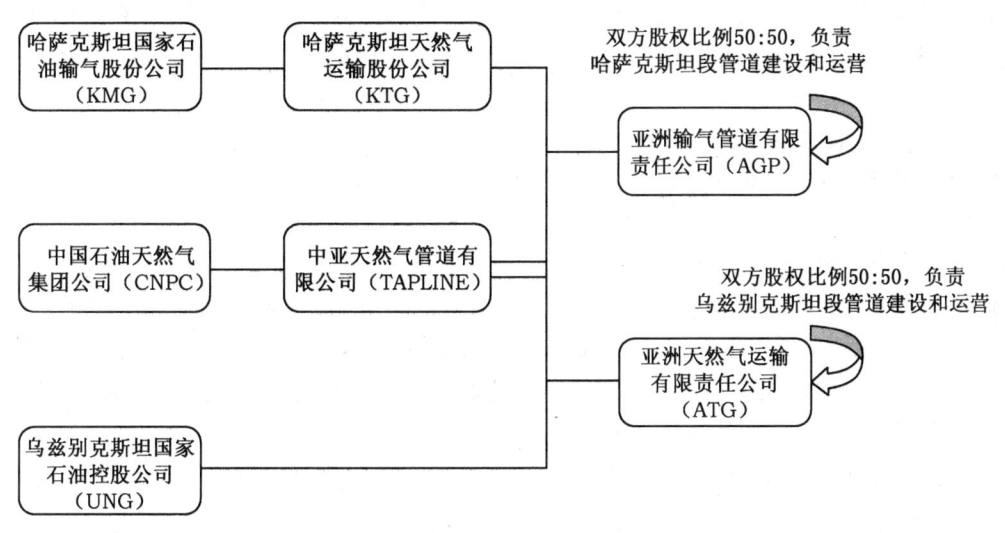

图 23-1 投资主体——合资公司

(四)项目管理模式

1. 项目管理团队(project management team,PMT)

PMT是投资方(业主)组建的项目管理团队,由合资公司的专业人员组成,作为业主代表对项目的全过程实施宏观管理:项目前期负责工程项目的投资决策、土地征用,以及获取项目所需的各种政府批准文件;项目计划实施阶段通过招标或议标,委托工程项目的咨询、勘察、设计、施工等工作,并依据合同向提供工程服务的承包商支付费用;项目收尾阶段组织项目的验收、移交及工程后评价。

2. 项目管理承包商(project management contractor,PMC)

德国ILF公司作为项目的PMC承包商,技术力量强,工程管理经验丰富,是业主雇用的专业化项目管理公司,作为独立的第三方代表管理全部项目活动。业主仅对项目的关键问题作决策,PMC完成主要的项目管理工作。ILF公司需要协助中哈和中乌的PMT准备各类采办合同和招标文件,协助PMT进行项目进度和成本控制管理,还负责项目实施过程中的详细设计审查、设计评估、施工程序、文件审查等工作。

3. 第三方监理(third party inspection,TPI)

中亚管道通过国际竞标选择英国Moody公司作第三方监理,对项目实施进行质量、进度、成本和HSE监督(健康、安全和环境监督)的监理公司。

4. 设计—采购—施工(engineering procurement construction,EPC)

设计—采购—施工,即通常所说的工程总承包,负责完成从项目详细设计到实施完成全过程的工作。

EPC总承包商承担中亚天然气管道工程的主要建设任务,对项目的顺利完工起着重要的作用。EPC承包商来自中、乌、哈三方:中方承包商主要负责乌国段首站、哈国段压缩站、乌哈部分管道线路以及哈国通讯和SCADA系统的建设;乌方承包商负责乌国段部分管道线路以及乌国段通讯和SCADA系统的建设;哈方承包商负责哈国段部分管道线路、压缩机站以及哈国段通讯和SCADA系统的建设。

中乌段"PMT+PMC+TPI+EPC"管理模式下各参与方关系见图23-2。

(五)项目融资设计

1. 项目资金组成

(1)股本。对贷款银行而言,项目投资者的股本资金可以提高项目的经济强度和风险承受能力,是融资的安全保障,较高的股本金比例能够增强贷款银行的贷款意愿。确定股本金与债务资金比例关系的基本原则是在不会因为借债过多而伤害项目经济强度的前提下,尽可能降低项目的资金成本。贷款银行希望资本金比例为20%,但外方股东坚决不同意多投入股本金。最终,中乌与中哈合资公司注册资本金分别为300万美元和1 000万美元。

(2)融资与担保。中亚天然气管道项目总投资近100亿美元,大部分资金需要通过银

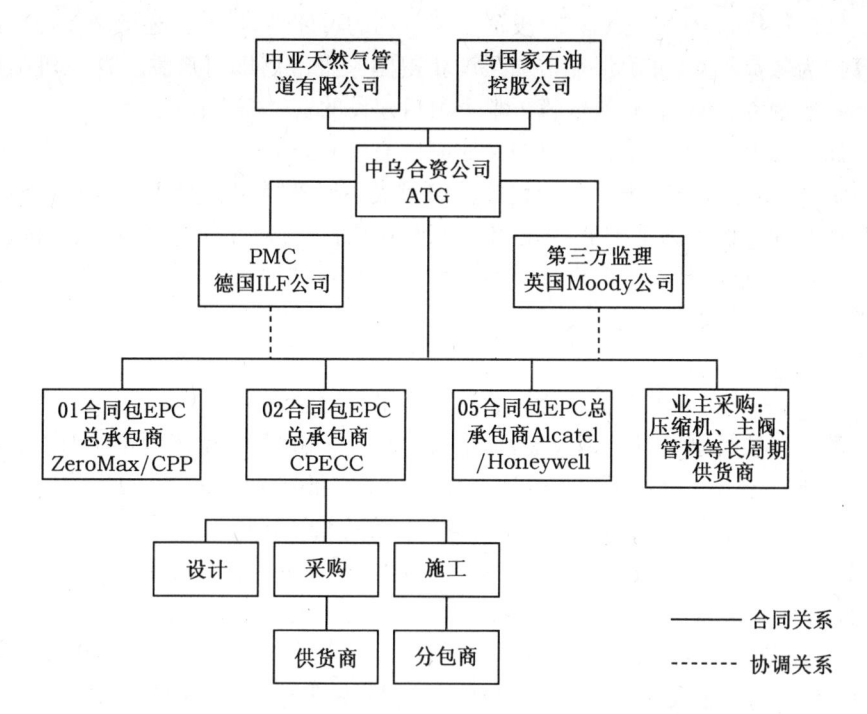

资料来源：孟繁春．中亚天然气管道项目管理模式创新[J]．国际经济合作，2012(8).

图23－2　中乌段"PMT＋PMC＋TPI＋EPC"管理模式下各参与方关系

行贷款方式筹集，但由于国际金融危机，金融机构普遍信贷紧缩，项目的外部融资环境恶化。中乌、中哈两个合资公司中外股权配比均为50∶50，融资决策需要双方共同协商、达成一致，增加了协调难度，降低了决策效率。项目前期融资阶段，保障项目收入的"照付不议"(Take or Pay)[①]协议尚未签署，无形中增加了融资银行的贷款风险，降低了贷款意愿。上述种种因素导致短期内开展巨额融资十分困难。

为此，中石油全程主导，项目中方股东与外方股东共同参与，同时展开两个分段项目的融资工作。中方着重推荐国家开发银行、中国银行、中国进出口银行等与中石油有良好合作经历、能够尊重中石油和中方利益的银行参与。为了充分体现市场化竞争，同时也引入了法国外贸银行(NATIXIS)、ING、澳新银行等国际银行参与投标，增加竞争机制，拓宽选择领域，降低融资成本。经过多轮与合作伙伴和国际金融机构的协商谈判及相应的招投标程序，在最短的时间内选定了贷款银行，商谈好融资条件。最终选择由中国国家开发银行作为牵头行，组织其他投资银行和商业银行进行银团融资。

---

① "照付不议"，即当合同签订、管线建成后，即使用户没有能力使用天然气，也得按照合同约定的金额付费。投资者强调"照付不议"协议，是对投资效益的保护。

除提供银行贷款外,考虑到项目投资预算波动的可能性,贷款行还承诺按照增加后的项目预算作为融资额度,并确保在增加预算获得国家批准后即可放款。这一机制排除了可能需要二次融资的问题,有效保障了整个项目建设的资金需求。

在担保问题上,由于贷款银行对担保的额度有所要求,中方希望中乌、中哈对等比例承担担保责任,但外方股东出于自身利益考虑坚决不同意增加自身责任。在参照一般国际项目融资条件书设计的基础上,为避免股东长期僵持,针对本项目特点,最终确定中乌、中哈合资公司为融资主体,采取以管线为抵押资产、运输"照付不议"协议抵押为条件,由中石油提供建设期担保的融资模式。

2. 项目融资进度

(1)协议签署前。为了解决中亚天然气管道工程短期资金需求,项目引入财务公司安排过桥贷款。在项目融资资金到位前,在中石油的统一协调下,集团的中油财务有限责任公司和香港渣打银行向中亚天然气管道工程进行了三批共22.5亿美元的过桥贷款,用于项目前期和项目融资到位前的资金需求,弥补中亚天然气管道工程前期项目融资的时间缺口,解决了中乌、中哈合资公司前期费用及采购预付款等问题,确保了项目顺利开工和初期建设。

(2)协议签署后。合资公司需要在短时间内满足银行要求的复杂而繁多的融资先决条件,协调各方力量完成当地银行账户开立、银行注册等工作。中哈、中乌项目分别于2008年11月和12月实现首次提款,确保在签署"照付不议"协议之前获得贷款,保证项目建设期的资金需求。融资工作取得实质成功。

(3)项目进行中。融资行对合资公司各方面管理工作均提出了高标准的要求,合资公司需要满足繁多的融资后续条件才能保证提款不中断,项目运营期间正常持续经营。

(六)圆满收官

2009年12月14日,时任中国国家主席胡锦涛和土库曼斯坦总统别尔德穆哈梅多夫、哈萨克斯坦总统纳扎尔巴耶夫、乌兹别克斯坦总统卡里莫夫共同出席在土库曼斯坦阿姆河右岸天然气处理厂举行的中国—中亚天然气管道通气仪式。随着元首们一起打开启动阀门,中国—中亚天然气管道成功实现通气。

二、案例评析

(一)项目的战略意义

中亚天然气管道建设是一项惠及各方的能源工程,在我国西北地区开辟了一条新的能源通道,有利于改变我国能源结构,实现天然气进口资源的多元化,是实现我国能源安全战略的重要举措之一。同时,中亚天然气管道建设加强了我国与中亚国家的经济合作,将为后者每年带来几十亿美元的天然气贸易额,对推动中土关系及中乌、中哈上海合作组织成员国之间伙伴关系的发展有着深远的政治意义和现实意义。

(二)项目的特色和成功经验

中亚天然气管道项目的特殊性在于：第一，利益体多元化，各有诉求。管道工程横跨中、土、乌、哈四国，地缘问题突出，关系错综复杂，法律差异显著，存在历史积怨，利益诉求矛盾尖锐。[①] 第二，项目建设工期短，任务重。国际上同类管线建设，从可行性研究到建成，至少需要六七年时间，但留给中亚管线建设者的时间只有 28 个月，根据协议 2009 年年底必须实现通气。[②] 第三，项目投资大，融资难。中方、合作伙伴和金融机构三方对风险的认识和态度有较大差异，加上外部金融市场的不确定性，各方对风险承担范围和期限的博弈贯穿始终，成为制约项目进程的重要因素。而中亚项目的制胜之道主要归因于管理和融资方面突破性的亮点。

1. 项目的管理特色

(1) 创新务实的"分段分国建设和运营"。中亚天然气管道地跨四国。根据国际惯例，跨国长输管道一般由资源国、过境国和消费国共同组成联合体，在同一协议平台上运作项目，但联合体组建难度较大。中亚管道分别与各国建立合资公司，独立负责在哈萨克斯坦和乌兹别克斯坦进行管道建设和运营，最大程度地规避了中亚各国的复杂关系，还增加了中方的话语权、主动权和项目的可控性，短短 6 个月就完成了国际同类项目需要 2~3 年才能完成的法律层面的谈判工作，赢得了宝贵时间。

(2) 匠心独具的治理机制。中方和外方股东在合资公司中各占 50% 的股份，形成"点头不算摇头算"的决策机制，重大决策必须双方股东全部同意才能实施，对保全资产、控制投资、确保工程质量非常有效。

(3) 四位一体的管理模式。项目采用"PMT＋PMC＋TPI＋EPC"管理模式，汲取国际先进的项目管理理念，提升了项目的建设管理水平。第三方监理英国 Moody 公司负责项目的现场管理，保证项目的质量和安全。德国 ILF 公司提供项目管理咨询、完成主要的项目管理工作，当股东意见不一致时，还可以出具意见、担当顾问，有效制衡 50∶50 股权结构管理体制下的内外部干扰，提高决策速度。

(4) "多赢合作"的工作理念。中亚管道作为投资方，多次与哈萨克斯坦、乌兹别克斯坦两国政府协商，帮助承包商出面协调劳务许可、施工许可、机械使用许可等，[③] 在项目实施阶段利用中方 EPC 承包商的先进技术和组织效率，对外方起到"传帮带"的作用。中方还创造出"以我为主，引导对方"的工作方法，提高了项目的整体质量，保证了工程的建设

---

① 如哈萨克斯坦希望这条天然气管道兼顾哈萨克斯坦南部缺少天然气供应区域的需求，而土库曼斯坦反对在中途下载天然气。乌兹别克斯坦则希望管道能适当绕道，兼顾今后潜在向中国出口乌兹别克天然气的可能性。再就是管输费的价格和给两个过境国的利益都是谈判中绕不开的问题。

② 工程进度紧的又一个原因是，根据当年签订的"照付不议"合同，若技术管道不能按时修完通气，中方仍然要向土方支付气钱。

③ 按照国际惯例和当地的传统做法，承包商应负责自行解决劳务许可指标问题，业主不承担任何责任。

进度。

2. 项目的融资特色

(1)采用项目融资方式筹集资金。针对中亚天然气管道工程投资额巨大、建设及运营期长、所在国利益诉求多、管理协调难度大、运营风险高等特征，常规融资难以保障，而项目融资周期长、金额大、风险分担、有限追索等特点提供了一种可行的筹资方式，既实现了资金的及时到位，保证项目建设的顺利进行，又通过多方的风险分担，有效控制了中方投资者的风险。

(2)国际招标，降低成本。项目融资引入国外银行对融资进行竞标，竞争机制降低了融资成本，保证了合资公司的利益，长期来说降低了管道运输费，保证了下游市场的利益。最终选定的国家开发银行是我国基础设施融资领域的主力银行，具有优良的市场业绩和风险管理能力，有一支覆盖能源、交通、矿产资源等行业的专家队伍，在开展重大融资项目方面经验丰富。这些优势，为其承当贷款牵头行提供了必要条件。一方面，国家开发银行为项目提供了巨额资金，仅为中亚天然气管道乌兹别克段工程牵头的银团贷款就高达25亿美元；另一方面，银行发挥专业技术优势，合理设计融资模式，有效降低了项目在商务、法律和市场方面的风险。

(3)融资行分担风险、协同管理。项目融资依赖于项目的经济强度，即项目公司未来现金流和资产。融资行分担项目风险，势必会加大项目执行过程的监管力度；参与部分项目的决策程序，监督合资公司的运行和管理，确保管道按时通气，并长期稳定运行，同时，监管合资公司账户资金，落实提款计划，并且监管资金支付划拨。这有利于提高项目管理水平，保障项目成功建设和平稳运营。

(4)建设期有限担保，风险可控。在外方投资者没有能力且不愿意提供贷款担保的情况下，中石油作为担保人提供资金担保，但仅限于建设期，以保障项目在建设期内获得较低的贷款利息。该担保在"照付不议"协议签署后即予撤销，降低了中石油承担或有负债的风险。此外，根据相关会计政策，融资额巨大的合资公司与中石油的财务报表无需合并，巨额债务表外运行保障了集团公司的长期资产质量。

(5)股东贷款提高投资收益。在项目前期过桥贷款中，安排中亚天然气管道有限公司的股东贷款，一方面保证了项目的顺利开展，另一方面增加了融资价差收入，提升了股东投资收益。

三、结论与启示

中亚天然气管道工程项目是我国参与国际能源合作的重要里程碑，也是中亚地区多边合作的典范，具有重要的启示价值。

(一)与资源型国家开展互利合作是中国企业"走出去"的重要策略之一

随着我国经济快速发展，资源的"瓶颈"约束日益严重，与世界上能源、资源丰富的发展中国家开展国际合作,能够将维护中国国家利益与支持所在国发展结合起来,实现战略共赢。

(二)用贷款换取资源,是中国对外能源合作的新模式

所谓贷款换资源,是中国通过给资源丰富的国家一定数额的贷款融资,换取从该国获取进口一定数量资源的权利。这种方式既可以缓解中国面临的资源"瓶颈",又可降低外汇储备贬值风险,有利于实现外汇储备多元化,还可以用资源锁定国际合作项目的融资风险,被认为是中国海外能源战略中比较成功且值得推广的尝试,当然,未来其内涵还需进一步延伸。

(三)选择适合的融资模式和融资伙伴对项目的成败至关重要

金融支持是项目实施不可或缺的"利器",国际项目的运作需要携手经验丰富的合作银行,发挥专业技术优势,调动各方资源,合理设计融资模式,既保障资金需求,降低融资成本,又实现有效掌控项目风险,更好地实现项目收益。

(四)国际化的工程需要管理的国际化和创新

国际化工程参与方众多,核心利益诉求所产生的矛盾尖锐、复杂,在众多利益冲突面前,应采取务实灵活的策略,合理利用规则,不断创新管理机制和合作模式,在维护根本利益的基本原则下,适度、合理地让步,化解各方矛盾,实现多赢合作。

参考文献:

[1]张少峰.项目融资:中亚天然气管道工程的实践经验[J].国际经济合作,2012(11).

[2]钱亚林.PPTE 项目管理模式的实践探索——以中亚天然气管道工程为例[J].国际经济合作,2013(1).

[3]孟繁春.中亚天然气管道项目管理模式创新[J].国际经济合作,2012(8).

[4]王勇,等.中亚天然气管道项目利益相关者差异化管理创新[J].国际经济合作,2015:(12).

[5]明茜.博弈中亚中石油天然气管道铺设始末[N].21世纪经济报道,2008-12-10.

[6]陈竹.中亚天然气管道博弈[J].财经,2009(3).

[7]张国宝.我亲历的中亚天然气管道谈判及决策过程[J].中国经济周刊,2016(1).

[8]王保群,等.浅谈中亚天然气管道项目特点及管理经验[J].国际石油经济,2014(22).

[9]刘杰,鲍玲玲.中亚天然气管道乌国项目管理模式与优化[J].天然气与石油,2015(4).

[10]李向阳,崔茉.来自中亚天然气管道建设一线的报道[N].中国石油报,2009-01-05.

[11] 凯轩. 国开行开拓国际业务纪实:加强合作互利共赢[N]. 人民日报,2011-04-20.

[12] 张宇哲,董凌汐. 贷款人国开行[J]. 财经,2009(5).

[13] 施明慎,许志峰. 国开行"以贷款换资源"成功运作一批国际大项目[EB/OL]. http://www.sina.com.cn,2009-09-06.

[14] 孙波. 快速优质创新:中亚天然气管道工程管理成功之道[M]. 北京:石油工业出版社,2014.

案例24　南美MPE3油田开发项目融资

一、案情回放

(一)背景概述

委内瑞拉自然资源丰富,最主要的矿物资源是石油,储量约占世界储量的4%,居南美第一位。石油产业是委内瑞拉国民经济的支柱产业,也是其政府财政收入和国家外汇收入的主要来源。

MPE3项目的前身是委内瑞拉奥里乳化油项目,涉及勘探开发和地面建设的奥里诺科(Orinoco)MPE3区块和向东、北方向的扩展区。2001年12月27日,中国石油天然气集团公司(China National Petroleum Corporation,CNPC,以下简称"中石油")与委内瑞拉国家石油公司(Petroleo de Venezuela S. A., PDVSA)签署了一项共同开发MPE3区块重油并年产奥里乳油$650×10^4 t$的合作项目,成立了奥里乳化油合资公司(Orifuels Sinoven S. A.),中国石油天然气勘探开发公司、中油燃料油股份有限公司和委内瑞拉国家石油公司的全资子公司BITOR公司分别占股40%、30%和30%,合资期限30年。

2006年3月项目建成投产,9月却被强制要求停止乳油生产而转产重油。不久,委内瑞拉又通过了《石油法修正案》,要求所有外国在委内瑞拉的油气项目必须转制为合资公司,且新的合资公司中,委内瑞拉国家石油公司必须占控股地位,于是尚未结束的转产谈判直接变成了转制谈判。

经历了多轮艰苦的谈判,2007年10月2日,中委最终达成转制协议,明确双方将在MPE3区块继续开展石油合作,建立合资公司合作开发MPE3区块的重油,建成年产2 000万吨的原油生产能力,合同期25年。

(二)融资进程

2008年2月,新的合资公司正式启动。合资公司由PDVSA所属委内瑞拉国家对外合作石油公司(CVP)与中石油所属中油勘探开发有限公司境外全资子公司(CNPC Venezuela B. V. ，CNPC BV)组成，持股比例为 60∶40，生产超重油 API8 度。按照项目开发方案，所需资金通过贷款解决。项目贷款历时 2 年，由中委组成的合资公司借款，由中国国家开发银行提供贷款。

2011 年 4 月，中石油成立了由财务资产部、财务部、法律事务部、海外勘探开发公司、拉美公司组成的 MPE3 融资工作组。

2011 年 6 月，中石油与 PDVSA 就项目贷款主要原则达成一致，明确了 PDVSA 和中石油按股比提供母公司担保，包括完工担保，并签署了会议纪要。

2011 年 11 月，在委内瑞拉召开的中委高级混合委员会会议期间，中石油、PDVSA、合资公司和国家开发银行共同签署了牵头行委托书和贷款条件意向书，确定了主要贷款条件。

2012 年 2 月，PDVSA 所属油贸公司 PPSA、中国联合石油有限责任公司(以下简称"中联油")[①]、合资公司和国家开发银行签署了 MPE3 项目多方协议，约定了油贸协议执行流程，并对油品合格买方进行了约定。

2012 年 5 月，中石油、PDVSA、国家开发银行就贷款系列文件文本达成一致，签署了会议纪要。

2013 年 6 月，合资公司与国家开发银行签署了委内瑞拉 MPE3 项目贷款协议，中石油、PDVSA、合资公司和国家开发银行签署了担保协议，中石油与 PDVSA 签署了关于 PDVSA 提供轻油和基础设施的补偿协议和签字原则协议，PDVSA 所属工程公司、中石油所属中国寰球工程公司组成的联合体与合资公司签署了第一阶段达产××万桶/天的 EPC 主合同，合资公司、PDVSA 所属 PPSA 公司与中联油签署了油贸框架协议。

2013 年 11 月 26 日，贷款满足提款前提条件，实现融资关闭。12 月 10 日，实现贷款首次提款。

(三)主要贷款条件

项目贷款协议主要贷款条件需要反映项目本身的特点，也体现了贷款人、担保人、关联方的诉求，主要条件如下：

1. 借款人

借款人为合资公司。

2. 贷款人

贷款人为国家开发银行或者由国家开发银行牵头组织的银团。银团贷款有利于分散和控制贷款风险。

[①] 中联油是中石油集团和中化集团公司于 1993 年共同出资组建的石油外贸公司，由中国石油天然气集团公司经营管理。凭借两大集团的雄厚背景，中联油公司顺利成为第一批获得原油进口权的公司，拥有原油、成品油进出口经营权和原油、成品油境外期货业务许可证，归口管理中国石油天然气集团公司炼化系统所需原油和成品油进出口业务。

3. 贷款金额及币种

贷款金额为××亿美元,占项目投资金额的70%,有利于股东和贷款人共同分担项目投资风险。

在币种的选择上,商务合同以美元计价,投资将以美元发生和收回,故选择美元作为贷款币种与之匹配。

4. 贷款期限

贷款期限为××年,包含×年宽限期,其中,宽限期与项目建设期一致,符合项目现金流特点。

5. 提款期限

提款期限按照项目投资开发进度安排为×年。

6. 融资成本

贷款利率采用6个月LIBOR＋Margin。国际金融市场瞬息万变,所以,在中长期贷款中,借贷双方均偏向选择浮动利率。

7. 担保

PDVSA和中石油集团按60∶40的股比提供母公司担保,包括完工担保。

8. 还款来源

还款来源是合资公司对中联油的原油销售款。指定中联油作为原油贸易商和采购方,是为了更好地实现中石油的利益。

9. 提款前提

提款前提包括：PDVSA及其关联公司PPSA完成对合资公司分红欠款的清理；油贸合同、关键项目合同已签署等。通过提款前提条款的设置,清理了委方拖欠中方的分红；油贸等关键合同的落实,有利于保障中石油对委方的合作利益。

10. 适用法律

该项目适用英国法。争议通过协商或伦敦国际仲裁庭解决。

二、案例评析

(一)项目融资模式的优缺点

本案是典型的项目融资模式,由国家开发银行直接向合资公司贷款,贷款并非股东公司的真实负债,而是财务报表上的"或有负债",减轻了股东负债压力；股东按比例提供共同担保,有助于分散担保压力,降低还款风险；对贷款行而言,增强了担保的可靠性,有利于贷款行根据项目进度控制资金的使用；合资公司作为借款人承担第一性还款责任,使中委两国公司的权责更加匹配；相对股东贷款而言,由于委内瑞拉对股东贷款制定了高达34%的利息所得税,使得投资者不必承担高额税收,从而提高了利润。

然而,这一方案的担保安排较为复杂,股东涉及中委两国,资产负债、信用情况各不相同,贷款行的调查成本较高;合资公司位于境外,贷后管理工作有一定难度。

(二)融资策略的创新亮点

为保障 MPE3 项目所需资金,中石油、委内瑞拉国家石油公司(PDVSA)和国家开发银行共同创新项目运行机制,将中方提供贷款与商务事项解决挂钩,包括完善合资公司治理架构(中委联签机制)、清理委方拖欠中方分红欠款、指定中联油作为贸易商和采购方、指定寰球公司作为 EPC 承包商、明确 PDVSA 单方提供轻油和基础设施责任等,发挥了融资的杠杆作用。其融资策略严谨周密、创新亮点突出、成效显著。

1. 优化融资结构,保障还款来源

鉴于 PDVSA 在国际市场融资,有消极担保[①]的条款约束,在 MPE3 项目贷款中委方无法提供资产质押、股权质押等保障措施,必须利用其他权益或现金流作为还款保障。

为保障项目还款资金安全,避免 PDVSA 所属 CVP 作为合资公司大股东挪用资金的情况发生,项目贷款资金支付环节被设计为封闭环路(如图 24-1 所示):指定中联油作为项目原油贸易商和实际采购方,增加中国对油气资源的掌控力。同时,创新商务模式,将中联油支付的采购款作为还款资金来源,支付到其在国家开发银行指定的归集账户,实现对项目财务资金的闭环管理,保障了金融企业的利益。

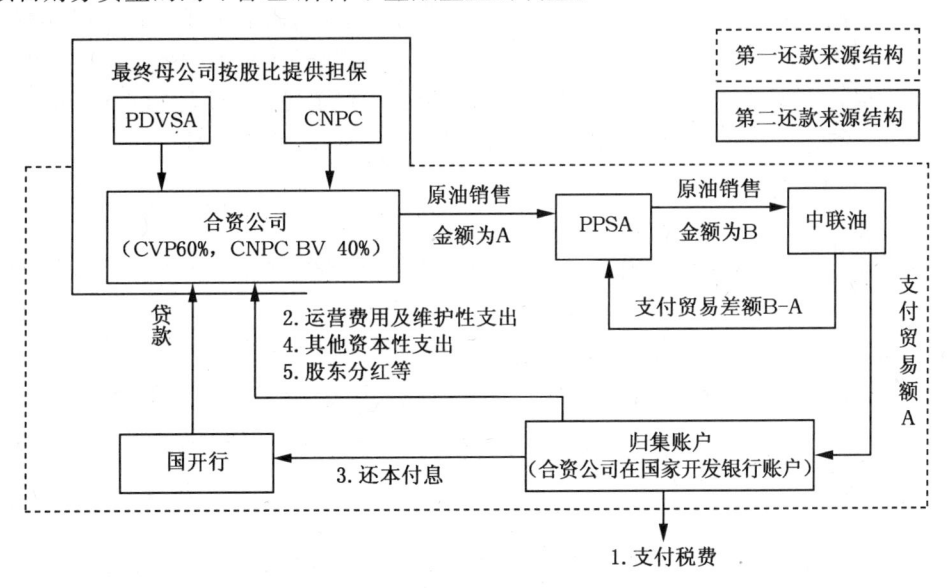

资料来源:韩宇.委内瑞拉 MPE3 油田开发项目贷款案例分析和启示[J].中国石油财会,2014(1).

图 24-1 MPE3 项目贷款资金支付流程

---

① 消极担保(negative pledge)是指借款人向贷款人保证,在其偿清贷款前,不得在其财产上设定有利于其他债权人的法律形式,如抵押权、担保权、质权、留置权或其他担保物权。

2. 设计融资策略，破解商务难题

（1）通过贷款的提用款申请格式、贷款协议签字前提和原则协议，明确合资公司的中委联签机制。项目贷款资金支付流程有先入为主的特点，中石油和国家开发银行在贷款文件设计中合作，处于主导地位。该项目贷款的提款和用款申请格式设计为合资公司、中石油和PDVSA的授权代表联合签字，贷款协议的签署以中委联签达成一致为前提，促使PDVSA与中石油协商股东间签字原则协议，最终通过中石油和PDVSA之间的签字原则协议。该协议明确了财务签字授权机制，强调了贷款在提款、支付、使用各环节（包括贷款账户和收入账户资金）由担保人中石油和PDVSA在合资公司层面的授权代表签字，防止委方作为大股东挪用资金，增加了中石油在参与合资公司日常生产经营的话语权和知情权，对中方控制计划内费用、避免计划外费用起到了良好的作用。此外，由贷款行监管每一个资金支付环节，切实保证了资金安全。

（2）通过贷款提款前提设计，清理PDVSA历史欠款。MPE3贷款协议以PDVSA及其关联公司PPSA完成对合资公司欠款的清理为提款前提，项目原油实物支付分红的创新模式不仅实现了中方可分配利润的回收，拓宽了投资回收渠道，而且一揽子解决了PDVSA拖欠中石油海外板块分红和工程技术板块应收账款的历史疑难问题，最大限度地保证了中石油海外权益。其拉美公司近三年累计回收现金分红相当于过去15年的总和。

（3）通过担保人之间补偿协议设计，明确PDVSA提供足量轻油和配套基础设施建设责任。提供足量轻油和配套基础设施建设是项目完工的必要条件，是PDVSA单方面责任，不在中石油控制范围之内。鉴于中石油和PDVSA按股比提供母公司担保和完工担保，如果PDVSA单方违约造成项目不能按时完工，贷款行有权要求借款人提前还款，或触发担保人按股比承担担保责任。

中石油集团聘请了安理律师事务所，设计补偿协议，约定了PDVSA相关责任和补偿条款。担保协议的签署以补偿协议达成一致为前提，促使PDVSA与中石油商签补偿协议。

从上述设计看，国家开发银行采取的方法并非十分复杂，关键在于明确了还款来源、以及贷款在提款、支付、使用各环节的要约，明确了以委内瑞拉国家石油公司欠款的清理为提款前提。

3. 融资促商务，实现商业利益最大化

融资工作与相关商务谈判同步进行，相辅相成，在贷款协议和担保协议中约定相关商务条款，实现了集团公司对委合作商业利益的最大化。

（1）争取到由寰球公司参与EPC总承包。MPE3项目分两个阶段实现增产目标。第一阶段原油增产方案目标从目前××万桶/天提高至××万桶/天，第二阶段原油增产方案目标从××万桶/天提高至××万桶/天。贷款协议以EPC合同等关键项目合同签署作为提款前提，在贷款协议中明确了第一阶段EPC由中国寰球工程公司（China Huanqiu

Constructing & Engineering Corporation,HQCEC)[①]与 PDVSA 所属工程公司成立的联合体共同实施,有效拓展了市场份额,执行贷款资金直接支付,降低了 PDVSA 挪用贷款资金的风险。第二阶段 EPC 承包商可沿用第一阶段承包商,或者合资公司和国家开发银行同意的其他承包商,合资公司应优先考虑中石油所属企业参与 EPC 承包。

(2)明确中联油作为原油贸易商和采购方。贷款协议以油贸合同等关键项目合同签署作为提款前提,通过贷款条件书、贷款协议以及多方协议,明确 PDVSA 所属 PPSA 将混合轻油后的原油销售给中联油,金额不低于合资公司销售给 PPSA 的原油销售额,中联油作为原油贸易商和采购方,将资金支付到合资公司在贷款行的账户,保障了合资公司销售收入账户资金的安全,同时扩大了中委原油贸易量。

(3)加速油田开发进程。贷款解决了 MPE3 项目投产所需资金,推动项目按照开发方案执行,集团公司和 PDVSA 按股比提供母公司担保和完工担保,为项目在 201×年前达到日产量××万桶提供了有力保障。MPE3 项目的顺利实施,为集团公司实现拉美地区战略奠定了基础。

4. 贷款换能源,支持金融企业"走出去"

项目融资风险虽然高于传统的公司贷款,但由于项目产品为流通性强、市场前景良好的能源产品,因而还款较有保障。我国的美元外汇储备额较高,银行都有"走出去"的愿望,通过与中国能源企业的合作,对海外能源项目提供贷款,以资源国对中国的原油或特定油品销售款作为还款资金来源,不仅为服务国家经济能源外交战略提供了有力的金融支持,而且可以确保外汇储备资金的安全,实现有效的保值增值。

三、结论与启示

委内瑞拉 MPE3 油田开发项目是中委合作、中石油与国家开发银行合作的成功典范,是"金融与能源一体化战略"中涉及产业链条最长、合作创新点最多的一次有益探索。MPE3 项目融资将融资与商务相结合,充分运用了包括签字前提、提款前提在内的融资策略,不仅实现了中委两国利益的共赢,也实现了能源企业和金融企业利益的共赢,对海外项目的融资具有样板作用和示范效应。

(一)利用一体化优势,开展全产业链合作

项目结合委内瑞拉当地借款利率水平定价,实现了国家开发银行较高的收益率,财务公司背后参与,实现了集团公司财务利益;明确了 PDVSA 在该项目中的工程责任,完善了合资公司治理(资金支出中委联签)架构,清理了长期以来委内瑞拉国家石油公司拖欠中方的分红,关联了油田开发项目 EPC,由中石油所属企业寰球公司参与 EPC 承包,由中石油所属中联油作为项目油品的贸易商和采购方,实现了中国能源企业对委方合作利益

---

① 寰球公司隶属于中国石油天然气集团公司,是具有项目管理承包和工程总承包综合能力的国际工程公司。

的最大化。

(二)资金优势和融资杠杆,促进海外业务顺利运营

中委石油合作是企业、政府、银行间协同参与的经济合作。中国具有庞大的外汇储备,充分利用我国储备资金优势,可以在海外遴选优质项目,或在现有项目上实现我方更大利益,争取更为优惠的条件,促进海外事业发展,提高中国的金融和能源影响力。

(三)能源和金融结合,保障安全实现利益

能源是资金密集型行业,具有金融和资本属性,投资和回报规模巨大,有利于消化我国庞大的外汇储备。能源企业可借此扩大海外资源占有份额,锁定能源供应渠道,保障国家能源安全;外汇储备资金用于能源项目,还款有充足保障,有利于实现中国金融利益,促进资金的保值增值。

(四)海外投资,机遇与风险并存

在委内瑞拉进行贸易和投资活动面临的主要风险是政治风险和运营风险,这在 MPE3 工程的建设发展过程中也得到了充分体现。委内瑞拉的"准国有化"运动,如调整外资政策、单方变更合作协议和频繁变动石油行业税收政策等就是典型的政治风险,多变的外资政策、苛刻的税率,加之股权的限制,增大了投资的不确定性,容易挫伤投资者的积极性。另外,委内瑞拉的货币玻利瓦尔贬值、通货膨胀节节攀升,对公司经营的影响也颇大。中国企业在与委内瑞拉进行贸易往来和投资活动时应及时了解相关信息,注重防范风险。

参考文献:

[1]韩宇.MPE3:中石油和国开行的携手典范[J].石油观察。2014(5).

[2]韩宇.委内瑞拉 MPE3 油田开发项目贷款案例分析和启示[J].中国石油财会,2014(1).

[3]黄婧.投资委内瑞拉掘金拉美[N].中国联合商报,2012—08—10.

[4]薛梅,宋少宁."金融与能源一体化"锁定互利共赢,中国石油委内瑞拉项目创新合作蹚出发展新路[N].中国石油报,2014—07—23.

[5]南美公司委内瑞拉 MPE3 项目[J].国外测井技术,2011(6).

[6]郜志雄、王颖.中国石油公司投资委内瑞拉:模式、效益与风险[J].拉丁美洲研究,2012(2).

[7]陈金涛,等.小股东参与合资公司管理实践——拉美公司委内瑞拉董事管理纪实[C]//中国石油学会石油经济专业委员会第三届青年论坛论文集,2014.

[8]穆龙新.委内瑞拉奥里诺科重油带开发现状与特点[J].石油勘探开发,2010(3).

[9]王璞.委内瑞拉响起石油服务欠款警报[N].石油商报,2014—07—11.

[10]戴春宁,王守清.中国对外投资项目案例分析——中国进出口银行海外投资项目精选[M].北京:清华大学出版社,2009.

案例 25 北京地铁 4 号线:PPP 运作轨道交通模式

一、案情回放

(一)背景概述

轨道交通项目属于准公共产品,因其具有投资大、运营成本高、政府定价、公益性强等突出特点,决定了一般由政府负责投资建设、拥有所有权,由政府部门提供补贴来运营。这一典型"国有国营"模式的通病是运营效率不高,服务水平低,政府背负了巨大的财政负担。为此,近年来,各国政府不断尝试市场化投融资的改革。北京市在 2003 年 10 月和 12 月相继颁布了《北京市城市基础设施特许经营办法》和《关于本市深化城市基础设施投融资体制改革的实施意见》,指出可以引入公私合营制,即 PPP 项目融资模式,政府和私人部门共同就轨道交通项目进行投资。在这一背景下,北京地铁 4 号线作为 PPP 模式在轨道交通领域一个新的尝试和探索开始启动。

(二)项目概况

北京地铁 4 号线建设之初,正值奥运会筹备之际,因而也成为了解决奥运期间交通运输的一个重点项目。它的南部是丰台区的马家楼,北部是海淀区的龙背村,是一条贯穿北京南北的主要线路。全长约 28.2 千米,设 24 个车站,经过清华大学、北京大学、中国人民大学、学院路等高校区,中关村、新街口、西单、菜市口等商业区以及颐和园、圆明园、动物园等旅游名胜区。

(三)项目进程

1. 准备阶段(2003 年 7—12 月)

2003 年年底,北京市政府转发北京市发展和改革委员会《关于本市深化城市基础设施投融资体制改革的实施意见》,明确轨道交通可以按照政府与社会投资 7∶3 的基础比例,吸收社会投资者参与建设。

2003 年 11 月,北京市基础设施投资有限公司作为北京市基础设施投融资平台正式成立,着手制定 4 号线市场化运作的初步方案,并开始与香港地铁等多家战略投资者进行接触,项目前期工作全面展开。此阶段,形成了项目运作的初步框架。

2. 研究和审批阶段(2004 年 1—9 月)

2004 年 2 月开始至 4 月,国际客流顾问对 4 号线的客流与收入进行预测,提出专业意见和报告;聘请技术顾问评估 4 号线的建设和技术方案。

2004 年 4 月和 6 月,北京市发展和改革委员会分别组织召开了奥运经济市场推介会,北京地铁 4 号线、5 号线、9 号线、10 号线国际融资研讨会等一系列大型招商推介会,面向国内外投资者对以 4 号线为重点的北京地铁项目进行了广泛深入的招商活动。

2004年9月,《北京地铁4号线特许经营实施方案》形成。北京市发展和改革委员会组织对方案进行了评审并上报市政府。11月,北京市政府批准了特许经营实施方案,4号线特许经营项目取得实质性进展。

通过研究和沟通,各方就项目主要原则和框架形成了初步的一致意见,形成了特许经营方案,并完成了《北京地铁4号线特许经营协议》等法律文件的编制和初步沟通工作。

3. 谈判阶段(2004年10月—2005年2月)

通过国际招商,香港地铁公司、西门子、新加坡地铁公司等十余家公司表达了投资意向。2004年11月底,北京市交通委员会牵头成立了4号线特许经营项目政府谈判工作组,与香港地铁有限公司—北京首创集团有限公司(简称"港铁—首创联合体")、西门子公司交通技术集团—中国铁道建筑总公司—北京市地铁运营有限公司(简称"西门子—中铁建联合体")两家潜在投资人的竞争性谈判正式开始。通过多轮竞争性谈判,经北京市政府有关部门同意,最终港铁—首创联合体凭借良好的资信、雄厚的资金实力、丰富的运营经验、先进的管理理念等因素被选定为PPP方式中的社会投资者。

4. 签署阶段(2005年2月—2006年4月)

2005年2月7日,北京市交通委员会代表市政府与港铁—首创联合体草签了《北京地铁4号线特许经营协议》。2005年9月,国家发展和改革委员会核准批复了北京地铁4号线PPP融资项目。2006年1月,北京京港地铁有限公司注册成立。2006年4月,北京市交通委员会与北京京港地铁有限公司正式签署了《北京地铁4号线特许经营协议》。

(四)PPP结构

1. 投融资主体

北京地铁4号线项目建设期为2005—2009年,项目总投资153亿元人民币,按工程特性划分为A、B两个相对独立的部分。① A部分包括洞体、车站等土建工程,工程投资107亿元,约占总投资的70%,由北京市基础设施投资有限公司成立的全资子公司北京地铁4号线公司出资建设。B部分包括车辆、信号、自动售检票系统等机电设备的投资和建设,工程投资46亿元,约占总投资的30%,由PPP公司——北京京港地铁有限公司(以下简称"京港公司")出资建设(如图25—1所示)。

京港公司注册资本13.8亿元人民币,是由北京市基础设施投资有限公司(Beijing Infrastructure Investment Co. Ltd., BIIC,以下简称"京投公司")、香港地铁有限公司(MTR Corporation Ltd., MTR,以下简称"港铁公司")和北京首都创业集团有限公司(Beijing Capital Group Co. Ltd., BCG,以下简称"首创公司")按2∶49∶49的出资比例组建的中外合资企业。其中,港铁和首创各出资6.762亿元,各占注册资本的49%;京投出资

---

① 之所以如此设计,是因为地铁4号线原计划要求在2008年奥运会之前竣工,为保证工期,4号线土建部分已经开工,社会投资者已经无法参与A部分建设;另外,国外类似项目中土建部分也通常由政府负责。

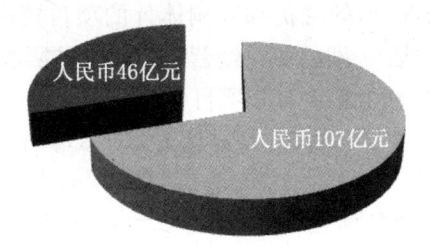

■ A部分(土建、隧道)：北京市政府出资（70%）
■ B部分(机电、车辆)：PPP公司出资（30%）

图 25－1　北京地铁 4 号线投融资结构

0.276 亿元，占注册资本的 2%（如图 25－2 所示）。港铁公司是中国香港特区政府控股的上市公司，运营着全港 11 条共计 212 千米的城市铁路系统，公司以其系统的安全、可靠程度、卓越顾客服务及高成本效率著称。京投公司是由北京市国有资产监督管理委员会出资成立的国有独资公司，代表北京市政府承担北京市基础设施项目的投融资和资本运营。首创公司是直属北京市的大型国有企业，基础设施、房地产、金融为其三大核心主业，在境外有 6 家上市公司，其中有 2 家在香港上市。

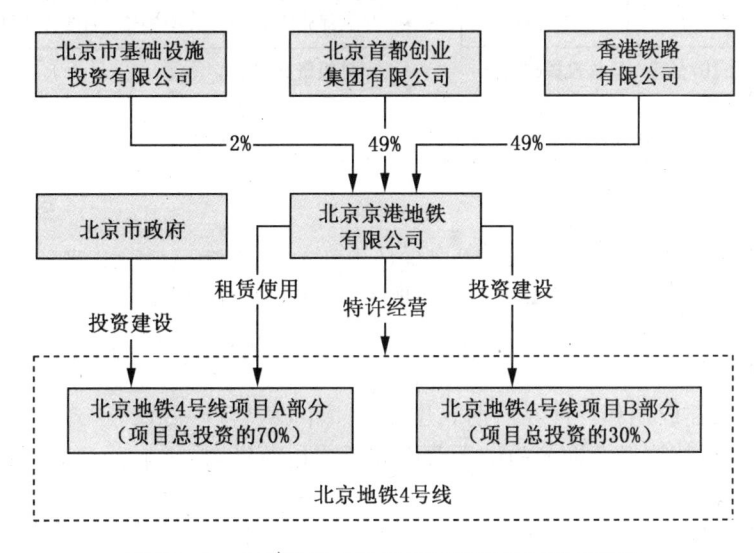

图 25－2　北京地铁 4 号线 PPP 项目公司股权结构

2. 项目内容

北京市政府授予京港公司地铁 4 号线项目特许经营权，特许经营期 30 年。项目建成后，A 部分资产以租赁方式提供京港公司使用，京港公司负责整个地铁 4 号线的运营管理、全部设施(包括 A 和 B 两部分)的维护和除洞体外的项目资产更新,以及站内的商业经营;京港公司通过地铁票款收入、站内商业经营和财政补贴回收投资和获得相应投资收益。特许经营期限届满,京港公司将 B 部分项目设施完好、无偿地移交给市政府指定部门,将 A 部分项目设施归还地铁 4 号线公司(详见图 25-3)。

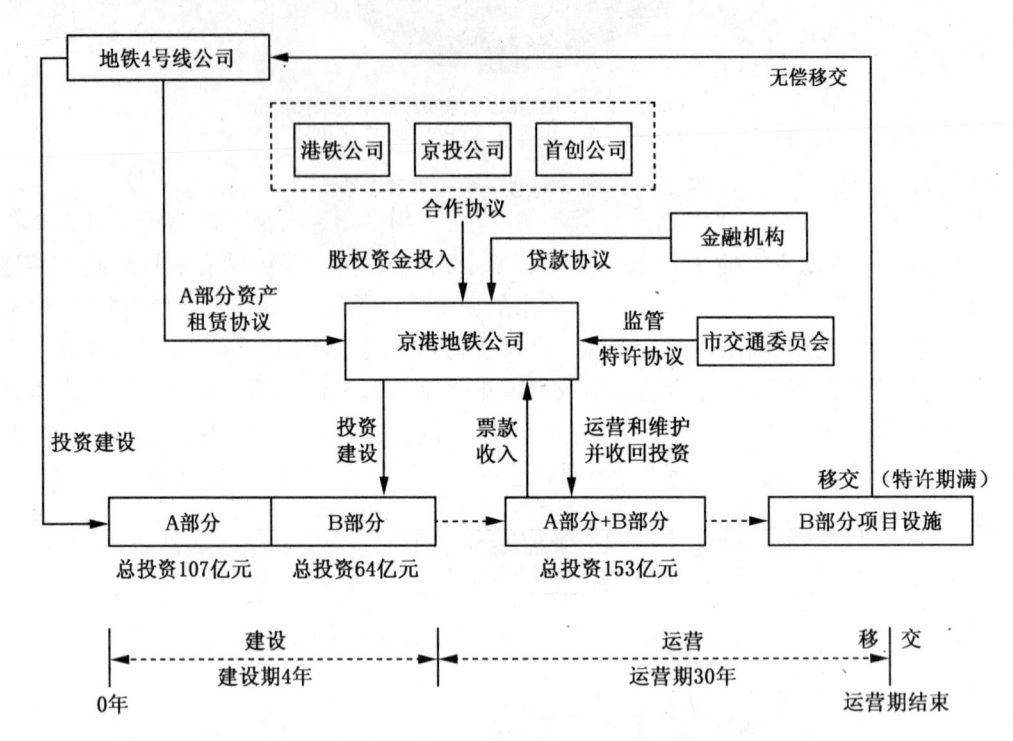

图 25-3 北京地铁 4 号线 PPP 结构

资料来源:北京市基础设施投资有限公司 2011 年度第二期中期票据募集说明书。

3. 特许期

特许期分为建设期和特许经营期。建设期 4 年,从《特许协议》正式签订后至正式开始试运营前一日;特许经营期分为试运营期和正式运营期,自试运营日起,特许经营期为 30 年。

(五)项目机制

1. 项目盈利机制

(1)票价。由于轨道交通票价由市政府制定,不能完全反映运营成本和投资收益等财务特征,因而 4 号线项目采用"测算票价"(影子票价)作为确定投资方运营收入的依据。如果实际票价收入水平低于测算票价收入水平,市政府需就其差额给予京港公司补偿。如果实际票价收入水平高于测算票价收入水平,京港公司应将其差额的 70% 返还给市政府。同时，京港公司根据居民消费价格指数、电价、在岗职工平均工资的变化幅度，对测算票价设立定期(3年一个周期)的调整机制，以应对以上因素变化对PPP项目效益的影响。

(2)客流。在PPP项目谈判阶段，政府方和港铁联合体共同聘请客流顾问MVA进行独立第三方公允预测，并将客流预测结果纳入特许经营协议(即"协议客流")，将其作为投资谈判的基础和后期实施客流风险补偿的依据。协议约定，当客流量连续3年低于预测客流的80%，则特许经营公司可申请补偿，甚至退出经营；反之，如果客流超出预测水平，政府分享超出预测客流10%以内的票款收入的50%，分享超出预测客流10%以上的票款收入的60%。

(3)租金。项目A部分设施由地铁4号线公司以租赁方式提供给京港公司使用。租金分为基本租金和浮动租金两部分。其中，基本租金为4 250万元/年，浮动租金为实际票价超出测算票价部分的70%。当4号线实际客流低于预测客流一定比例时，4号线公司减免特许经营公司应支付的租金；当实际客流高于预测客流一定比例时，4号线公司提高特许经营公司应支付的租金。此外，协议规定，在项目运营中还将根据实际客流量的大小对浮动租金进行相应调整。

2. 风险共担机制

通过《特许经营协议》，政府与京港公司明确了各方权利和义务，实现了风险共担。其中，京港公司作为特许经营方，承担建设、运营过程中的大部分风险；政府部门主要承担相关政策法规、市场费率调整等系统性风险，建设过程中场地可及性、公共设备服务提供风险，以及运营过程中的票价风险。双方共同承担法律变更、税收变更、劳动力成本上涨、通货膨胀、利率变化以及不可抗力等系统风险，共同承担建设过程中工程运营变更、完工风险、接口风险，共同承担运营过程中客流量过低的风险。

3. 项目监管机制

北京市政府相关部门对4号线项目从三个方面加强了监管。一是制定相关法规。北京市2005年通过《北京市城市基础设施特许经营条例》，对特许经营的范围、特许经营期等作出明确规定。二是制定行业标准。《北京市城市轨道安全运营管理办法》、《北京市地下铁道通风亭管理规定》等专门针对地铁运营的行业监管标准相继出台，对建设与运营衔接、运营安全管理、应急与事故处理等内容和事项进行了规定，为地铁的安全运营提供了监管的依据。三是通过《特许经营协议》，对4号线的具体建设、运营进行细节监管。

(六)特许权及协议

以政府与京港公司签署的《特许经营协议》为核心，京港公司三个出资单位之间的《中外合作经营合同》，以及《A部分资产租赁协议》、《B部分建设管理协议》等系列合同文件作为附件支撑，形成了一个完整的合同体系。

1. 市政府的权利和义务

市政府的权利包括：

(1)制定4号线项目B部分的建设标准(包括设计、施工和验收标准),在《特许经营协议》中予以明确。

(2)建设期内,根据需要或法律变更情况对已确定的B部分建设标准进行修改或变更。

(3)根据《特许经营协议》规定的B部分建设标准,对工程的建设进度、质量进行监督和检查。

(4)监督4号线项目的试运行和竣工验收,审批竣工验收报告。

(5)制定试运营期和正式运营期的运营标准,在《特许经营协议》中予以明确。在特许期内,根据法律变更对运营标准进行变更。

(6)根据有关价格法律、法规,制定和颁布4号线的运营票价,监督特许公司执行。

(7)要求特许公司报告项目建设、运营相关信息。

(8)在发生《特许经营协议》约定的紧急事件时,统一调度、临时接管或征用4号线的项目设施。

(9)特许期满,无偿取得特许公司B部分项目设施的所有权。

(10)如果发生特许公司一般违约的情况,要求特许经营公司纠正违约、向特许公司收取违约金或采取《特许经营协议》规定的其他措施。

市政府的义务包括:

(1)根据《特许经营协议》,为特许经营公司投资、设计、建设和运营4号线项目设施提供支持条件。

(2)确保4号线A部分建设任务按规定的建设标准按时完成。

(3)协调特许经营公司和其他线路的运营商建立按乘坐里程进行收入分配的分账机制及相关配套办法。

(4)因政府要求或法律变更导致特许经营公司建设或运营成本增加时,给予特许经营公司合理补偿。

2. 特许经营公司的权利和义务

特许经营公司的权利包括:

(1)拥有在特许期内投资、建设和运营地铁4号线的独家权利。

(2)根据《特许经营协议》的规定,为B部分建设融资的目的,将B部分资产和项目收益权向贷款银行进行抵押或质押。

(3)根据《特许经营协议》和《资产租赁协议》的规定,获得A部分资产的使用权;利用4号线项目设施自主经营,提供客运服务并获得票款收入;根据需要将客运服务中的辅助性工作委托给第三方。

(4)根据《特许经营协议》规定,在项目设施范围内(不包括地上部分),在遵守相关适用法律,特别是运营安全规定的前提下,直接或委托他人从事广告、通信等商业经营,取得相关收益。

(5) 根据有关规定,有偿使用北京市轨道交通指挥中心(TCC)和自动售检票系统清算管理中心(ACC)等轨道交通运营公用设施。

(6) 因市政府要求或法律变更导致特许公司投资或运营成本增加时,根据《特许经营协议》约定获得补偿。

(7) 在市政府违反《特许经营协议》的情况下,根据《特许经营协议》约定获得补偿或赔偿。

(8) 特许期结束后,如市政府继续采用特许经营方式选择经营者,特许经营公司享有同等条件下的优先权。

特许经营公司的义务包括:

(1) 筹集B部分建设所需的全部资金,按照《特许经营协议》的规定保证建设资金按时到位。

(2) 按照适用法律和《特许经营协议》规定的工期和建设标准,完成4号线项目B部分的建设任务,具体包括:

①采用先进的建设管理模式,组织建设施工和设备采购安装调试。

②按照《特许经营协议》规定的建设协调和争议解决机制,与4号线公司建立有效的工作机制,确保A部分和B部分建设工作的协调进行。

③按适用法律和《特许经营协议》的规定购买B部分建设期保险。

④执行因市政府要求或法律变更导致的B部分建设标准的变更。

⑤在4号线公司的配合下,组织和完成4号线项目的试运行;及时组织竣工验收,保证4号线按期开始试运营。

⑥在试运营期内,逐步达到规定的运营标准。试运营期最长不超过2年。

⑦在正式运营期内,按照《特许经营协议》及适用法律(包括相关行业办法、规章等)规定的运营标准,保持充分的客运服务能力,不间断地提供客运服务。未经市政府同意,不得将客运服务中的主要工作委托给第三方。

⑧执行因法律变更导致的运营标准的变更。

⑨按照《北京市城市轨道交通安全运营管理办法》的规定,建立安全管理系统,制定和实施安全演习计划,制订应急处理预案等措施,保证地铁的安全运营;在项目设施内从事商业经营时,遵守相关的安全规定。

3. 特许权的终止和处理

(1) 特许期届满,特许权终止。

(2) 发生市政府或特许经营公司严重违约事件,守约方有权提出终止。如果因市政府严重违约导致《特许经营协议》终止,市政府将以合理的价格收购B部分项目设施,并给予特许经营公司相应补偿;如果因特许经营公司严重违约事件导致《特许经营协议》终止,市政府根据《特许经营协议》规定折价收购 B 部分的项目设施。

（3）如果市政府因公共利益的需要终止《特许经营协议》，市政府将以合理价格收购 B 部分项目设施，并给予特许经营公司合理补偿。

（4）因不可抗力事件导致双方无法履行《特许经营协议》且无法就继续履行《特许经营协议》达成一致，任何一方有权提出终止。政府将以合理价格收购 B 部分项目设施。

（5）如果客流持续 3 年低于认可的预测客流的一定比例，导致特许经营公司无法维持正常经营，且双方无法就如何继续履行《特许经营协议》达成一致意见，则《特许经营协议》终止。市政府将根据《特许经营协议》的规定按市场公允价格回购 B 部分项目资产，但特许经营公司应自行承担前 3 年的经营亏损。

（七）项目成本和投资回收

如前所述，B 部分的总投资额为 46 亿元，京港地铁的注册资本为 13.8 亿元，总投资中贷款部分约 30.8 亿元，贷款期 25 年，利率暂按年利率 5.76% 计算，等额还本付息。这将作为财务成本支出。另外还有运营成本，主要包括人工成本、电费、维修费和管理费等，以 2004 年价格水平计算。资产折旧按国家规定的设备使用年限和其他相关标准计提折旧。此外，税收成本包括客运服务收入缴纳 3% 的营业税，商业经营收入缴纳 5% 的营业税。企业所得税暂按 15% 的优惠税率计算，免缴 3% 的地方所得税。

京港公司通过向乘客收取票务费用、商业经营收入和政府的补贴，实现其投资回收。依据 MVA 公司的《北京地铁 4 号线客流和收入预测报告》中的各运营年度客流量、客流结构等基础客流数据和平均人次票价收入水平测算，北京地铁 4 号线的内部收益率为 7.5%，股权 IRR 为 10%。投资回收期在 16 年左右。

二、案例评析

（一）PPP 模式的特点

PPP(public-private-partnership)译为公私合营，是指政府部门与社会投资者之间建立合作伙伴关系来提供基础设施、社会公共设施的建设和相关服务。这一模式最早兴起于 20 世纪 70 年代的欧洲，在联合国发展计划里被定义为"政府和非政府部门建立的一种新型关系"。广义的 PPP 是指公共部门与社会投资者为提供公共产品或服务而建立的各种合作关系。狭义的 PPP 是一系列项目融资模式的总称，是指政府部门与社会投资者共同将资金或资源投入项目，并由社会投资者建设并运营该项目的方式，包含 BOT、BTO、R＋P 等多种模式。

PPP 模式的本质在于构建良好的合作伙伴关系，使公共部门和私人部门之间实现优势互补。其主要特点包括：

第一，明确公私部门各自的责任与义务。公共部门获得了使用私人资源的权利，采购的是基础设施项目的具体成果。

第二，构建长期的公私合作伙伴关系。通过实行契约合同制，公私部门必须在一段相当长的时间内共事，从而确保公共服务的连续性、一致性。

第三，实现低成本提供基础设施和服务。通过引入私人资本，充分发挥市场在资源配置中的基础性作用，改善激励效率、提高服务质量、降低项目成本。

第四，改革政府职能，达成多重政治利益。政府部门从公共产品、服务的提供者角色转变为监管者的角色，私人部门获得更多投资渠道，从而赚取合理的利润。

第五，项目风险由公共与私人部门分担。部分基础设施建设的风险和责任通过合约转移到私营部门，发生财务损失时私营部门要来承担；与此同时，私人部门也受益于相关的收益。

其中，合作伙伴关系、利益共享、风险共担是PPP的三个基本特征。合作伙伴关系是PPP的基石和核心，由其衍生出利益共享和风险共担。合作伙伴关系意味着就具体项目而言，政府要以最小的经济代价获得更多公共产品或服务的提供，私营资本（社会资本）以最低的风险投入获得相对较高的投资回报。利益共享体现为政府通过PPP减少资金投入（集中表现在建设期），还可以通过市场化的管理水平降低建设成本；而私营部门既可以得到稳定的投资回报，还可以有效提升企业知名度，进而奠定与政府部门合作的基础。而基于合作伙伴关系，风险在共担的基础上实现了分担，同时对于风险的内容、节点、应对措施都有了更深层次的测算和判断。

（二）地铁4号线PPP模式的成功关键——构建合作伙伴关系并量化

PPP项目是市场化运作项目，需要有一个合理的投资回报，同时它又是不营利的公益性项目。PPP的基石和核心是构建良好的合作伙伴关系，它需要两方兼顾、大家商量着办，一方面要托起政府的责任和公共利益，另一方面也要考虑投资方的利益，因为只要它是独立的法人企业，就有自己的利益考虑和盈利冲动。

在4号线PPP模式的具体制定过程中，最核心也是最棘手的问题是如何将并重的双方利益进行量化、建立盈利模型、计算赚赔，其中包括定价机制、客流量的计算、与其他交通工具的定价比等。在参考研究了世界各国地铁发展的海量数据后，京投公司详细地制定了完整的计算法则，通盘考虑各种情况包括极端情况，以及遇到每一种情况怎么计算、如何调整，最终双方达成了共识。

特别是定价问题，轨道交通的运营收入核心是票价收入，不解决定价，投资人无法计算回报。地铁作为公共产品，根据规定实行政府定价，投资者将很难通过价格来消化成本。如何在政府为保证项目的公益性而实行的政府定价与社会投资商业化运作所需要的自主定价之间，建立一套科学的票价机制，成为引进社会投资者的关键所在。为解决政府定价和市场定价的差异，4号线项目导入影子票价及调节机制，影子票价体现出应通过价格合理消化轨道交通行业企业正常的成本上涨因素，按政府定价计算的平均人次票价与按影子票价计算的平均人次票价差额部分由政府与社会投资来共同承担，从而搭建起政府定价和市场价格之间的桥梁。

（三）地铁 4 号线 PPP 模式的突出亮点

北京地铁 4 号线 PPP 项目操作中，合作各方进行了精心策划和磋商，在谈判方式、股权结构、风险分担、补偿机制等关键环节的解决和设计上，亮点突出，成为 PPP 融资模式的样本和标杆。

1. 选择最佳投资者的竞争性谈判方式

轨道交通行业专业性强，对项目的建设、运营都提出了较高要求，且城市轨道交通项目的施工质量、运营状况都与公共安全紧密相关，而且北京地铁 4 号线有长达 30 年的特许经营期，因而作为市政府代表的京投公司在选择社会投资者时格外谨慎。虽然经过多次招商，但正式表示投资意向的投资者非常有限，很难满足招投标的要求。此外，PPP 项目中对资本金比例的要求也将直接影响社会投资者的股权投资回报率，因而最终采用竞争性谈判的方式来确定投资者，将符合条件的投资者锁定在"西门子—中铁建联合体"、"港铁—首创联合体"两家。而港铁集投资、建设、运营于一体，有其他投资者所不具备的专业运作方式和思路，对协议的响应更加周全，对 PPP 模式及风险的认识都较为深刻，而且政府在土建设施租金方面和港铁分歧也相对较小，因此港铁最终胜出。

2. 体现各方制约和平衡的股权架构

股权结构是公司治理结构的基础。港铁是世界城市轨道领域最优秀的公司之一，具备技术和管理优势，虽然从理论上讲，它作为 PPP 公司的控股方，会更有利于其积极性的发挥，但作为外商投资企业，京港公司必须遵守《国家工商行政管理局关于中外合资经营企业注册资本与投资总额比例的暂行规定》的要求，中方投资者占有的权益不应小于 51％。因此，首创公司＋京投公司的股份比例为 51％，这一国有股东控股的结构首先有效保证了社会公共安全和公共利益，尤其是在首都北京的轨道交通行业。而 49：49：2 不设绝对控股方的做法，又能充分发挥各方优势，调动股东积极性，充分发挥各方资源和经验优势。如首创的投入，有利于外资企业港铁的本土化运作；京投作为股东参与董事会和公司发展，有利于特许期结束后实现对 B 部分的有效接管。

PPP 项目公司设立的董事会由 5 名董事组成，其中京投委派 1 名、首创委派 2 名、港铁委派 2 名，京投委派的董事担任董事长，首创和港铁各委派的 2 名董事分别担任副董事长和董事。一旦港铁和首创产生意见分歧时，京投可以从中协调平衡中外企业在项目公司的权益。

无论是股权结构还是董事会设计，政府和社会资本均可以对项目公司运营产生重大影响，体现了制约和平衡，有利于项目公司的健康运营。

3. 合理的收益分配和风险分担机制

PPP 项目需要给投资人创造一个通过成本节约、加强管理可以实现合理回报的基本条件，但这只是必要条件，而不是充分条件，因为项目需要达到一定的建设标准和技术服务标准，保证政府公共服务提供不受影响，另外要设定相应限制，避免因非经营因素、客流大幅增长使其获得超额利润，主要体现在客流风险分担、票价调整、终止补偿和浮动租金方面。上述方式有效平衡了项目公司的收益和风险，既使其承担较大风险，避免社会资本投资回报过高，又对社会资本的投资回报起到了一定的保障作用。

4. 兼顾公众利益和社会投资的补偿机制

如果京港地铁因为自身原因导致工程建设或正常经营难以为继，政府将低价甚至无偿接管项目资产；如果由于不可抗力导致社会资本退出，政府将给予相应补偿；如果开通后客流量持续3年低于认可的预测客流的一定比例，导致特许公司无法维持正常经营，北京市政府将根据《特许经营协议》的规定按市场公允价格回购B部分项目资产，但特许公司应自行承担前3年的经营亏损。

该方案设计考虑了因计算偏差无法反映真实市场出现的极端情形，给社会投资者设计一个退出机制使社会资本的投资安全得到了一定程度的保障；同时也是考虑到轨道交通的公益性，在投资者无法盈利的情况下，为保证正常系统安全运行，政府有义务介入以保证公众的基本利益不受损害。

5. 科学的投资回报测算

北京地铁4号线并非真正意义上的自负盈亏，政府会在其持续亏损时提供补贴保障，在其盈利超出预期时进行封顶。适度合理的投资回报是PPP中私营企业参与的基础，它建立在风险共担的机制之上，即对客流、多种经营收入等内容的科学预测。为使客流量的预测更加科学客观并能被市场部门认同，项目专门聘请了国际著名的客流量预测机构香港弘达顾问有限公司（MVA），后者在确保独立性的基础上，经过充分的调研分析，对4号线项目做了一份专业预测报告。其主要根据财务模型来计算投资回收期，并设计了合理的盈利年限。实践表明，4号线B部分项目全部投资内部收益率和资本金内部收益率等指标达到并略超出特许经营谈判阶段投资方的预期。此外，预测的资本金财务内部收益率水平也算基本适中，未出现因政府补贴而致投资人获取超额利润或暴利的现象，有效实现了公共利益和私人利益的平衡。

6. 充分的前期规划和支持

轨道交通的投融资是一项极其复杂的系统工程，需要综合运用金融、财务和法律等方面的知识。本项目在没有成熟经验的情况下，组建了由专业的融资顾问、财务顾问、技术顾问、客流调查顾问、法律顾问等组成的顾问团队，包括牵头和财务顾问——北京大岳咨询有限责任公司、法律顾问——君合律师事务所和国外的史密斯律师事务所，技术顾问一家是德国地铁方面的咨询公司，另一家是北京城建院下面的咨询公司，分别从国内外两个角度为项目提供技术支持。客流顾问邀请了香港弘达顾问有限公司（MVA）。经过一年多的前期研究，项目实施方案得以形成，并在各方共同努力和协作下，规范运作和实施，最终实现项目的成功运作。

7. 规范化的法规支持和监管

北京市有关法规使得地铁 4 号线 PPP 项目有法可依、有章可循。通过签订合作协议，特许经营公司与 4 号线公司签订租赁协议，政府部门与特许经营公司签订特许经营协议，明确了政府、投资者和特许经营公司在项目投资、建设、运营过程中的权利和义务。法律契约关系使"软约束"变成"硬约束"。

政府还制定了全方位的监管框架。如交通委员会对 4 号线运营的安全性、准点率进行监管；财政局监督 4 号线运营的经济效益情况，以便给予财政补贴；京投公司既代表政府参与 4 号线的投融资，是特许经营公司京港公司的股东，同时又代表政府对 4 号线运营的情况进行监管。

（四）北京地铁 4 号线 PPP 模式的应用价值

北京地铁 4 号线项目开创了我国轨道交通建设 PPP 融资模式的先河，对全国大城市轨道交通建设起到示范效应，通过地铁项目投资、建设、运营效率的提高，实现政府和民间双赢。

1. 弥补政府建设资金不足

建设资金是制约轨道交通发展的首要障碍，对于地铁这类很少盈利的项目来说，减少政府投入就是成功的关键。2011 年 9 月，北京市发展和改革委员会对 4 号线的后评估报告显示，引入 PPP 模式的经济收益体现在不仅节省了初始投资、维护和更新费用以及财务费用，还增加了政府的财政收入，共计减少财政支出约 100 亿元，经济效益显著。

2. 提升政府管理创新

地铁 4 号线 PPP 项目的运作促进政府转变治理理念、转换角色，改变行权方式，从单一监管方变成既监管又要履责，政府的有些职能和行权转变为合同化、法律化的方式，有助于提高政府的监管水平、服务意识和行政效率。

3. 引入竞争机制和现代化的经营理念

北京地铁 4 号线项目采用 PPP 模式投资运营，不仅解决了融资问题，更深层的意义是引入了香港地铁的高级人才、先进管理经验、现代经营理念和竞争机制，打破了行业垄断，产生了"鲶鱼效应"，形成同业激励格局，促进了轨道交通建设和运营的技术进步、管理创新和服务升级。

4. 提高公共产品的质量和效率

北京地铁 4 号线 PPP 模式改变了过去我国公共产品提供都是由政府一家出资的方式，广泛调动了社会资本。政府提出要求、监管企业，向社会购买服务，激励社会资本方发挥最大作用，达到资源的有效配置，提高公共产品的服务质量和效率。在港铁看来，参与该项目提升了香港政府在内地以及中央的形象。此外，港铁在香港的业务相对饱和，轨道加土地的盈利模式具有局限性，而内地市场非常广阔，因而北京是港铁投资和发展的最好选择。

三、结论与启示

综观 PPP 自身的特点以及世界各国 PPP 的实践,其适用范围主要是公益性领域,特别是基础设施建设领域。从国际经验看,城市基础设施投融资体制的市场化改革是一个必然的趋势,PPP 模式非常适合当前中国经济发展的实际,地铁、高铁、水处理、垃圾处理等大量基础设施的投入确实单靠政府一方很难满足。而随着我国"一带一路"战略的推进,PPP 必将在"一带一路"建设中大有作为。北京地铁 4 号线项目在研究 PPP 模式上具有典型意义,为未来进一步推广和规范应用 PPP 模式提供了一定的成功经验。

(一)依托专业中介机构做好前期准备

作为一项与公众利益密切相关、经济技术因素非常复杂的系统工程,要成功实施 PPP 项目,从项目的提出、规划、可行性研究到投资者确定、开工建设等各个环节都要保持一致性和前瞻性,做好充分的前期工作。在推进过程中,非常需要专业化的中介机构提供具体专业化的服务支撑。例如,某一行业的专业性技术标准、财务模型等,需要有专业的机构来提供专业的服务。找专业的人办专业的事,前期的准备越充分,考虑得越合理,对以后的投融资工作就越有利。

(二)严格遵守契约精神

PPP 不是一锤子买卖,一般都需要政府与企业长达十几年甚至数十年的合作,所以契约精神非常重要。风险要共担,利益要共享,谁也不要独享利益,谁也不要牟取暴利。政府和社会投资者以契约的形式固定双方的权利和义务,公司具有充分的经营自主权,政府也有明确的监管权力,可以最大限度地避免由于权责不清产生的问题。而契约意识薄弱,会影响社会资本的积极性,削弱公私合作的效果。

(三)加强公私平等合作的理念和深度

PPP 项目强调合作伙伴关系,政府部门应转变观念,摒弃对社会资本不同程度的偏见,摆脱"有风险时总是想将更多的责任甩给企业,盈利时又唯恐企业占便宜"的理念误区,应把注意力转向营造良好的政策环境、加强监管上。引进 PPP 应有足够的包容度,建立信任和合作意识,给予社会资本充分的时间和支持。在谈判过程中,建议政府少利用强势和优势的谈判地位。如果社会资本经常缺乏话语权,会在一定程度上限制双方合作的深度和广度。

(四)确定合理的风险分担机制

PPP 必须实现政府和社会资本之间真正的风险分担,通常可根据各方获利多少的原则考虑相应承担的风险,使项目参与的各方包括政府部门、私营公司、贷款银行及其他投资人都能接受。PPP 项目的风险原则为:由对风险最有控制力的一方承担相应的风险。一方对某一风险最有控制力意味着它处在最有利的位置,能减少风险发生的概率和风险发生时的损失,从而保证控制风险的一方用于控制风险所花费的成本最小,同时由于风险在某一方控制之内,使其有动力为管理风险而努力。

(五)政府应当具有长远眼光

公私伙伴关系通常有很长的期限,因而政府需要有一个长远的眼光。"风物长宜放眼量",政府应关注如何满足长期的公共利益,而不只是着眼 PPP 项目短期的需要。PPP 项目每一个阶段的决策过程都应该从长远角度考虑问题,评估项目的选择等方面要真正符合公共利益和国家需要。

(六)理性看待 PPP 的利润

PPP 模式是政府与民间的合作,但结果不是零和博弈,并不意味着双方收益的此消彼长,而是要产生"1+1>2"的协同效应,共同把蛋糕做大,实现政府、社会投资者和社会公众的多赢局面。社会投资者的作用是改善了提供公共产品的服务质量和效率。就地铁项目而言,社会投资者所获得的利润不是靠扩大政府支出得来的,也不是靠提高票价得来的,而是通过提供现代化的管理降低成本、吸引更多的客流所实现。因此,不要用传统观念看待 PPP 的利润,而应多在提高效率和质量上做文章。

(七)引智与引资相结合

PPP 项目并不简单等同于新的融资渠道,除了引进社会投资者的资金以外,更大的意义在于管理创新,引入新的理念和机制。如港铁的进入,打破了地铁过去的独家垄断经营,引入了竞争机制,让地铁的运营成本更加透明化,也带来了一些地铁运营的新思路。

参考文献:

[1]秦凤华.揭密北京地铁 4 号线 PPP 模式[J].中国投资,2007(9).

[2]北京市基础设施投资有限公司.PPP 方式建设管理北京地铁四号线[J].城乡建设,2014(12).

[3]郭上.北京地铁四号线 PPP 模式案例分析[J].中国财政,2014(9).

[4]贾康,孙洁(中国财政学会公私合作(PPP)研究专业委员会课题组).北京地铁四号线 PPP 项目案例分析[J].经济研究参考,2014(13).

[5]田振清,任宇航.北京地铁 4 号线公私合作项目融资模式后评价研究[J].城市轨道交通研究,2011(12).

[6]武树礼.城市轨道交通建设引入 PPP 模式研究——以北京地铁四号线为例[J].新视野,2014(6).

[7]赵先立,李子君.地铁经济中的公私合作——北京地铁 4 号线项目的运营、经验和意义[J].城市观察,2012(5).

[8]杨虹.北京地铁 4 号线:PPP 运作轨道交通模式调查[N].中国经济导报,2016—06—17.

[9]陈楠枰.解读北京地铁 4 号线背后的 PPP 故事,政企"结亲"的一次有益尝试[J].

交通建设与管理,2015(19).

[10]陈民、陈非迟.解密轨道交通PPP[M].北京:清华大学出版社,2016.

[11]王灏.城市轨道交通投融资问题研究:政府民间合作(PPP)模式的创新与实践[M].北京:中国金融出版社,2006.

[12]巴曙松,等.借鉴国际经验完善我国PPP模式[M]//巴曙松.新型城镇化融资与金融改革.北京:中国工人出版社,2014.

第七部分　　国际贸易短期信贷专题

案例 26　青岛港有色金属融资骗贷案

一、案情回放

青岛德诚矿业有限公司(Decheng Mining,以下简称"德成矿业")是一家中小型民营企业,为德正资源控股有限公司(Dezheng Resources Holding Co. Ltd.,以下简称"德正资源")的全资子公司,成立于 2005 年 10 月,注册资本 8.5 亿元,公司总部设于青岛,主要经营铝土矿、氧化铝以及一些铜精矿进口。

2014 年 5 月底,青岛港的金属库存规模出现异常波动,青岛港曝出德诚矿业仓单重复抵押事件,涉案的具体操作手法与前两年盛行的钢贸重复质押如出一辙——作为第三方的仓储公司与企业相互勾结,甚至串通银行放贷人员,针对同一批货物,开具多张仓单,然后企业分头去找不同银行质押骗取多笔贷款。

德诚矿业将一批货值约在几亿元的 10 万吨氧化铝和两三千吨铜货品存于一家仓库,从四家不同仓储公司(分别是 GKE、CWT、理资堂和永鸿,都是老牌仓储公司,在业内有一定知名度[①])出具了仓单证明,然后利用银行信息不对称的漏洞,用这些仓单去不同银行重复质押,融得巨资。由于德正资源 2014 年上半年资金运作困难,导致银行授信不能按期偿还,青岛一些银行机构 5 月开始停止对德正集团发放贷款,并进行诉讼保全,由此东窗事发。

仅德正资源及其关联公司在 18 家银行的贷款金额就超过 160 亿元。涉及的融资方式包括贷款、贸易融资、信用证、承兑汇票、保函、保理以及票据贴现,授信金额高达上百亿

---

　　① 被媒体挖出的其中一家涉案公司是国际仓储巨头新加坡迅通集团(CWT Ltd.),其为德诚矿业出具了仓单。据公开资料,CWT 成立于 1970 年,1993 年在新加坡成功上市,2004 年被 C&P 集团收购并控股经营,是新加坡最大、最早的上市物流公司,在全球主要港口城市设立的分支涵盖 40 多个国家、120 个港口和 1 200 个内陆点,几乎覆盖了全球范围内的海运业务。

元。《21世纪经济报道》从权威渠道获得的资料显示,仅中国银行、中信银行、恒丰银行、中国农业银行、日照银行、兴业银行、招商银行、华夏银行、潍坊银行、中国建设银行、威海银行、光大银行、齐鲁银行这13家银行针对德正系起诉的立案金额就已达到近52亿元,不完全统计数据如表26-1所示。

表26-1　　　　　　　　部分银行涉德正系诉讼已立案金额　　　　　　　　单位:亿元

银行	立案金额
中国银行	13.44
中信银行青岛分行	5.8
恒丰银行青岛分行	5.6
中国农业银行青岛市南第三支行	4.7
日照银行	4.1
兴业银行	3.1
招商银行	3.07
华夏银行	2.7
潍坊银行	2.44
中国建设银行青岛四方支行	2.38
威海银行	2
光大银行	1.76
齐鲁银行	0.6352

资料来源:李玉敏.青岛银行业沦陷德正系骗贷案,13银行52亿涉案清单[N].21世纪经济报道,2014-06-17.

从有关渠道透露的权威数据看,德正集团在青岛当地银行授信敞口(risk exposure)为66.7亿元,[①]共涉及银行机构17家,包括中国进出口银行、中国工商银行、中国农业银行、中国银行、中国建设银行、交通银行五大行,华夏、民生、兴业、招商、中信五家中型银行,还包括恒丰、齐鲁、日照、威海、潍坊等山东本地金融机构,以及河北银行一家异地城商行。经当地有关部门调查核实,在这66.7亿元贷款中,仓单质押融资金额约为27.12亿元,涉及6家银行。

此外,媒体报导还有6家外资行卷入,影响巨大。以渣打银行为例,渣打集团历来盈利最好的香港地区业绩直接受到拖累。渣打集团公布的2014年上半年业绩中,中国内地

---

① 风险敞口(risk exposure)是指未加保护的风险,即因债务人违约行为导致的可能承受风险的信贷余额。

业绩和香港地区业绩形成鲜明对比,中国内地经营溢利同比增长71%至2.73亿美元,而香港地区经营溢利为4.23亿美元,同比下跌24%,原因主要是香港地区为青岛港事件拨付了1.57亿美元的大额资金,严重削减了利润。渣打银行已在香港对青岛港事件中的德诚矿业总裁陈基鸿提起了法律诉讼,索赔约3 600万美元。

二、案例评析

(一)青岛港事件的实质

青岛港事件从表面看仓单(warehouse receipt)质押是罪魁祸首,其实质是贸易融资的自偿性落空所致。

近年来,利用铜、铝等大宗商品做贸易融资,已成为众多青岛企业放大融资杠杆参与各类套利投资的"理想工具"。这些企业先通过境外银行开具的延期付款(90天或180天)美元信用证,在境外购买大量铜、铝等大宗商品,并运至青岛港保税仓库后出售,到时将销售款偿还美元信用证贷款即可。这种做法的最大好处是企业实际一个月就能拿到金融现货并迅速出手,于是,企业在偿还美元信用证贷款前,约有60~150天的时间自由支配销售资金,用于短期投资获利。在过去数年人民币单边升值的背景下,这些企业既有短期投资收益,还能赚取一定的汇兑收益。随着业务规模的迅速增长,大宗商品贸易融资的投资范围也从股票、期货等短期投资品种,扩展到房地产、民间借贷等高收益、高风险项目。具体做法是,企业先用远期美元信用证从境外购买大宗商品现货,并运往青岛港保税仓库,再以仓单质押形式向境内银行申请贷款用于偿还信用证贷款,这批大宗商品就能长期滞留在青岛港保税仓库,通过向不同银行反复质押申请贷款,将大量杠杆融资投向房地产、民间借贷等项目。

在仓单质押中,业内常见的违规操作手法包括:第一,重复质押。针对同一批货物在同一仓储公司或者不同仓储公司开具多张仓单在多家银行进行重复质押,俗称"一女多嫁"。第二,虚假质押。假借别的公司的仓单或者假借别的公司的货物开具仓单质押。第三,空单质押。在没有质押物或者质押物的种类、品质、数量与仓单不符的情况下开具伪造仓单。第四,在开具仓单后,既进行仓单质押又针对货物进行质押。受实体经济增速放缓与产业结构调整的影响,钢贸等产业出现产能过剩、价格持续下滑的行业风险,相关产业流动资金紧张,经营陷入困境,从而导致行业风险向金融领域传导。最直接的后果就是不能按期归还商业银行发放的仓单质押融资业务项下的款项。

仓单质押贷款是贸易融资的一种途径。当仓储企业对货主货物确认后,开立专用仓单作为融资担保,银行依据质押仓单向货主提供短期融资业务。在传统贸易融资下,自偿性要求所融资金要么用于购货备货,要么用于提前兑现赊销形成的应收账款。前者资金无法用于他途,后者并没有新增资金。在实际操作中,有些企业为了最大限度地实现融资的初衷,采用了上述重复质押、空单质押和伪造仓单等做法,架空了贸易融资的资产,否定了贸易融资的前提,自偿性因此落空,进而就会倒逼信用风险暴露。所以,出现青岛港事件中的还款违约,是必然的结果。

(二)青岛港事件的成因

事实上,青岛港事件并非孤立事件。由于仓单质押融资产生的案例已屡见不鲜,其背后的原因是多方面的:

1. 信息不对称,无法共享,存在"信息孤岛"

目前我国尚不存在基于互联网的、全国性的、权威的动产质押登记公示平台。中国人民银行征信中心已建立了应收账款质押登记信息等系统,国家工商行政管理部门建立了动产抵押登记信息系统,不过两个信息系统彼此割裂,银行作为质权人无从查询。

动产质权根据质押物占有状态可分为直接占有和间接占有[①],而间接占有质押物的情形占动产质押的90%以上,即大多数质押物都交由第三方监管公司管理。但多数公司未与银行联网,造成监管脱节。没有登记公示则无法证明质押物的占有状态,相关权利不易受到法律保护,也很难完全避免质押品未经质权人(即银行)同意而被转移,银行的质押权由此可能落空。一旦发生法律纠纷,确定质押物所有权以及顺位权也变得十分困难和复杂。

此外,企业信用和相关记录分散在工商、税务各个不同部门,部门之间的信息不畅通,银行很难取得完整的信用记录进行有效的监督。由于信息不对称,银行与银行、银行与企业之间信息彼此割裂,这是产生仓单重复质押、假仓单的重要原因。

2. 银行风控意识淡薄,过度依赖担保

以质押作为担保,贷款人取得了对质押品的控制权,本是一种比较安全的贷款方式,但银行就是因为仓单在手,认为质押品可以提供偿还贷款的保障,导致疏于防范。在实际操作中,仓单质押业务牵涉多头,从风险调查阶段到发放贷款阶段有许多步骤,如前期要核实质押品的畅销程度,注意商品的保值性,核查存货仓库的规模和设备条件,后期要核实提货仓单正规与否,到工商局办理质押登记时还要与贷款企业一起持仓单和进货发票办理,请工商部门一起进行评估,实行事前控制。考虑到成本和核查的难度,银行基本都是简化流程,更依赖信用担保。具体简化方式主要包括筛选出一些地方政府可能为其背书的"红顶企业",而忽略了对质押品本身的充分调查,对质押物睁一只眼闭一只眼,从而导致了风险的累积。

3. 仓储企业管理混乱,利益链错综复杂

常见的仓单质押是由银行统一授信给它认为靠谱的仓储公司,或者是仓储公司为企业寄存的货物提供反担保。无论哪一种,仓储公司都在港口充当着信用主体,是仓单质押

---

① 简单来说,如果贷款人的货物存放在自己的仓库叫做直接占有,而将货物存入第三方监管方则称为间接占有。

业务的中间人和担保方,其信用、管理水平对于维护银行和贷款企业的利益至关重要。但国内多数仓储公司管理粗放、设备陈旧,存在巨大的管理漏洞,有些物流企业虽然建立了仓储管理信息系统,但在客户企业资信信息集成、交换分析、业务流程监控方面仍达不到要求,尤其是在异地仓库监管的过程中,同一商品重复质押现象很常见。

此外,因为仓储行业较为混乱,在过度竞争和利益的驱动下很容易与货主结成利益同盟。大宗商品重复质押一般都是贸易商与仓库经营者共谋而为,由仓库为客户打掩护,在银行或相关机构拿到仓单前来查验时,小仓库的业主往往会配合贸易商客户提供虚假证明,使银行难以识别。

4. 仓单不统一,管理难度大

仓单是质押贷款和提货的凭证,是有价证券,也是物权证券,虽然我国《合同法》中规定了仓单上必须记载的内容,但还没有形成社会化的仓单市场,目前使用的仓单由各家仓库自行设计,形式、内容和合同条款彼此不统一,操作流程更是不尽相同,加大了银行辨识真伪和仓储企业仓单管理的难度。仓单仅相当于存货凭证,并非真正意义上的有价证券,流通性非常差。

三、结论与启示

青岛港事件表明,金属贸易商重复质押融资,大部分投向房地产等高风险领域,一旦企业资金链断裂出现信贷危机,商业银行往往成为最后的"买单者"。所以,商业银行在整个仓单质押融资业务环节中承担的风险最大,需要采取具体有效的措施防范此类风险。

第一,摒弃"当铺文化"的传统思维。青岛港事件中的相关银行就是因为仓单在手,以为只要抓到货物就可以真正防范风险,这一粗放的管理模式已经与现代商业风险意识完全脱节,严重影响银行的经营和发展。要大力强化风控,银行首先要丢掉"当铺文化"的思维模式,不能用做不动产的思路去做动产质押融资。

第二,构建严密系统的管理制度。银行管理的细节决定成败,而将细节系统化尤为关键。在动产质押融资业务中,银行需要构建一套严密的组织框架,从总行到分行实施标准化管理,以制度建设为手段构建风险隔离墙。同时,在与第三方监管公司的合作中,同样要实施管理的系统化,杜绝大宗商品融资只凭信用没有控货或者即便有控货也往往怠于监管的风险。

第三,切实控制货权,减低业务风险。贸易融资与流动资金贷款最大的不同在于自偿性,而自偿性的保障就是对贸易融资背后的支持性资产的有效控制。可以采用专业的评估公司评估质押品价值、与外国监管严格的仓储公司合作,以银行的名义租赁仓库,派专人对质物进行统一集中管理,重视风险的防范以及监管变动的方向。

青岛港事件同时也折射出我国动产质押在制度安排上的缺陷,即有关法律和金融基础设施的缺失。为此,迫切需要改进相关的制度安排。

首先,完善征信系统,实现信息共享。通过搭建银政企相互协作的征信体系建设平台,形成较为畅通的信息共享渠道,有助于实现银行间信息共享,较好地解决融资骗贷问题。

其次,打造具有公信力的动产质押登记公示系统。2007年,《中华人民共和国物权法》实施,正式明确了现有和将有存货可作为担保品,却未规定动产质押是否应当登记公示以及该由谁建立登记公示平台。为此,建议由统一的登记机构负责对动产上的担保物权进行登记,通过平台建设和公示制度,解决长期存在的银企信息不对称和信息割裂问题。[①]

再次,完善担保品管理的法律规范。明确界定对动产质押"第三方监管"行为的范围与责任,确定担保债权人享有优先受偿权,避免日后纠纷的产生和保护相关权利。[②]

最后,实现仓单标准化。通过仓单的标准化并建立相应监管系统,规范仓单质押融资行为,体现仓单的真实性、合法性、有效性,积极防范和规避存货担保行为有关参与方的经营风险。[③] 在未来条件具备的情况下,还可以探索电子化仓单质押。

参考文献:

[1] 劳佳迪.青岛港骗贷案背后:仓单质押利益链错综[J].中国经济周刊,2014(25).

[2] 李玉敏.青岛银行业沦陷德正系骗贷案,13银行52亿涉案清单[N].21世纪经济报道,2014—06—17.

[3] 林建煌.反思青岛港事件[J].中国外汇,2014(7).

[4] 何焘.金属融资遭遇"骗贷门"[J].中国有色金属,2014(16).

[5] 彭斐.青岛港首次证实调查骗贷案多家银行卷入[N].每日经济新闻,2014—06—09.

[6] 李立群.求解中国式动产质押困局[J].中国银行业,2014—08—19.

[7] 邬丹.仓单质押融资核心风险防范[J].中国外汇,2014(10).

---

① 目前,由多家行业协会联合支持的民办"中国物流金融服务平台"已上线,涵盖了存货担保质押登记、公示、查询等服务,还嵌入了针对担保存货第三方管理的"全国担保存货管理公共信息平台"。前者告诉大家货物抵押给了谁,贷了多少钱;后者告诉大家货物目前在谁手里,处于什么状态。

② 值得一提的是,中国银行业协会、中国仓储协会联手起草的国家标准《担保存货第三方管理规范》(GB/T 31300—2014)已于2015年4月发布,填补了担保存货管理方面的空白。它引入了国外第三方监管中"监管"与"监控"两个概念。第三方监管公司在"监管"行为下,质押担保品将存放于第三方监管公司的仓库,并对质押担保品承担全面责任;而在"监控"行为下,质押品可存放于贷款人仓库,第三方监管公司只履行核实报告责任。同时,该规范还列出了12大类、22项评估指标,对第三方管理公司的准入和资质进行了规定。

③ 2014年8月,由中国仓储协会等十几家单位联合起草,经国家标准化委员会批准的《仓单要素与格式规范》(GB/T30332—2013)正式实施。其主要贡献是将"仓单"分为"普通仓单"和"可流转仓单"两种类型,将仓单的要素涵盖分为必备要素与可选要素,同时对印制和填写要求进行了规范。至此,中国仓储行业终于有了统一的仓单,具有重要意义。

案例 27　打包放款的风险

一、案情回放

某年 7 月 18 日，N 银行收到澳门 I 银行开立的一份信用证。通知受益人后，受益人向 N 银行提出办理打包贷款申请。N 银行审核信用证后，发现该证有一项软条款，即在信用证规定提交的单据中，除正常的货运单据外，还要求一份由申请人出具的确认船名的证明。因此，N 银行未同意办理。

7 月 24 日，澳门 I 银行对该证进行增额修改，将开证金额增加到 USD1 023 000.00。7 月 25 日，开证行第二次修改该证，将全套正本提单改为副本提单。全套正本提单直接由受益人寄开证申请人，并增加受益人的寄单证明。7 月 30 日，N 银行按照受益人的要求答复开证行，拒绝接受第二次修改。

8 月 11 日，受益人将申请人提前出具的确认证明连同信用证正本提交 N 银行，再次申请打包贷款。N 银行研究后，同意办理打包贷款人民币 4 700 000.00 元。

8 月 19 日，N 银行收到开证行的第三次修改。一是将信用证的有效地点由议付行改为开证行；二是任何银行议付有效改为开证行付款有效；三是要求申请人出具确认船名的证明并签字，且其签字必须与开证行的预留样本相符，开证行在收到单据后将核实确认船名证明上的申请人签字。经与受益人新疆 B 公司接洽，N 银行于 8 月 27 日答复开证行，受益人拒绝接受修改，并告知上述信用证项下的单据已于 8 月 21 日前寄出。

9 月 1 日，澳门 I 银行发来电传，提出如下不符点：第一，信用证要求质量和数量证，而提交的是质量证和数量证；第二，申请人确认船名证明未注明正本；第三，发票和装箱单上受益人地址与信用证不符。N 银行研究了上述不符点后，于 9 月 4 日予以反驳，同日 N 银行又收到了开证行已强行退单的电文。尽管在开证行提出的第一条和第三条不符点上双方存在争议，但根据 UCP600 第二条不符点则是明确成立的，所以 N 银行被迫放弃与开证行的争执。

9 月 15 日，受益人向 N 银行提交了开证申请人澳门 A 公司致该公司的传真。原文如下："今接船公司传真，告知信用证项下货物仍在香港码头，而开证行已于 9 月 3 日将上述货物的全套单据退回，为避免贵公司的进一步损失，请贵公司接洽船公司，提出对货物处理意见。此信用证是经深圳某公司进出口部某先生介绍为贵公司打包贷款开出，此证仅供贵公司申请贷款之用。"

N 银行了解到：该批货物皮夹克是滞销产品，其内地采购价却大大低于港商进货报价；与受益人签订合同的并不是澳门 A 公司，而是一家港商，而此前该厂商曾向港商支付过高额佣金，在开证行提出不符点后，受益人又与该港商联系不上。

由于港澳地区银行对开立信用证普遍实施授信额度制，开证十分便利，因此，某些港澳公司为充分利用开证行给予的授信额度，串通内地客户，用本公司未用完的额度为其开证，以此向银行骗取打包贷款，从中收取手续费。在此案例中，该港商通过上述传真中提到的深圳某公司某先生与澳门A公司的关系，利用澳门A公司的信用额度，将信用证从澳门I银行开出。从澳门A公司角度看，因其在信用证条款中增加了软条款，认为只要本公司不出具确认船名证明，该证将无法执行。然而，该公司未预料到有人伪造了该证明，使信用证得以执行。从8月21日开证行作出的第三次修改可以看出，开证申请人此时显然已察觉该证已经执行（因货物是在8月15日发出，8月21日之前即可到港，此时开证申请人作为提单的通知方已接到到货通知），在此情况下，开证申请人立即接洽开证行，开证行随即精心作出上述修改。在上述修改被受益人拒绝后，开证行改换策略，通过寻找单据不符点来达到拒绝付款的目的。因此，8月25日澳门I银行在收到N银行提交的单据后不是立即提出不符点，而是保持沉默，刻意选择在信用证有效期内重新补交单据，随即强行退单。

二、案例评析

（一）信用证的有效执行是打包放款的还款保障

信用证项下的打包放款凭收到的信用证正本作为还款凭证向银行申请融资，形式上看属于抵押放款，但如果仅凭出口信用证做打包贷款，实质上是一种无抵押的信用放款。因为信用证本身只是一个有条件的银行信用保证，如果开证行提列的条件得到全部满足，则能够收回打包贷款的款项。反之，如果客户未能满足信用证的全部条件和要求，或客户根本就未能履约，那么就无法使开证行的付款承诺得以实现，信用证在这种情况下无异于一张废纸。

在本案中，开证行开立的信用证不允许议付，有多项软条款，在遭到受益人的拒绝后又不断改换策略，千方百计通过寻找单据不符点来拒绝付款，所谓的付款承诺，实际上是一纸空文，导致议付行最终处于被动局面。

（二）打包贷款必须基于真实的贸易合同

打包贷款作为贸易融资，强调贷款的自偿性特征，因此贷款基于的这笔贸易合同必须真实明确。在本案中，与受益人签订合同的并非开证申请人澳门A公司，而是另有其人，事后又失去联系。实际系内地厂商为推销积压商品而与境外不法商人勾结，以高额利润为诱饵，以开立软条款信用证伴为付款保证，引诱外贸公司上当，进而骗取银行办理打包放款。因此，在这一贸易欺诈的背景下，这笔贷款的安全性显然是得不到保障的。

三、结论与启示

为了控制打包放款的风险，银行在办理此项业务时需要做好以下几个方面的工作：

第一,核实买卖双方的进出口合同。掌握信用证背后合同交易的真实背景和进出口双方资信状况履约能力等信息。

第二,审查信用证开证行的资信等级和所在国的国家风险情况。避免日后因开证行信誉不佳或国家政治经济状况不稳定而遭拒付。

第三,审核信用证出口商提交的正本信用证及有关的修改。确保清楚、合理,凡是可能会妨碍信用证有效执行的条款,如信用证的软条款或和出口商难以履行和控制的条款均应特别注意,并采取措施。对办理了打包贷款之后收到的信用证修改书,银行应完全掌握接受与否的自主权,不能任由受益人意见左右。

第四,审核信用证项下的单据。做到单证相符、单单相符,尽可能避免因不符点给予开证行以拒付的口实。

第五,审查受益人的信用。贷款发放后要与客户保持密切联系,实时了解业务进展和合同执行情况,确保贷款的专款专用。

案例 28　进口押汇无力偿付案

一、案情回放

内蒙古满洲里 A 公司是一家专门从事化工产品进口的边贸企业,主要从俄罗斯进口正丁醇、异丁醇、橡胶和苯酐,在内蒙古满洲里甲、乙、丙银行和内蒙古海拉尔甲银行共四家金融机构授信总额度超过 2 亿元人民币,在对俄贸易界曾经享有良好的声誉。该公司对外贸易的结算方式主要是通过银行缴存较低的保证金开立即期信用证并叙作 90 天进口押汇业务,运输方式为铁路运输。

2007 年,我国化工市场震荡剧烈。A 公司经常在市场高位买入,低位卖出,经营不善,发生了巨额亏损,基本依靠银行进口押汇融资资金进行周转。2007 年 6 月,满洲里 A 公司不能按期偿付在满洲里当地甲银行办理的进口押汇贸易融资款项,甲银行立即停止 A 公司全部业务,企业资金链条中断,风险全面暴露。当时满洲里乙银行刚刚对 A 公司办理了信用证项下进口押汇,进口押汇余额较高的还有满洲里丙银行和呼伦贝尔甲银行,全部面临进口押汇贸易融资款项到期不能偿付的问题。同年 12 月,A 公司不能偿付在满洲里乙银行到期进口押汇融资款项,乙银行在多次催收未果的情况下,在满洲里法院申请诉前保全,将在口岸准备发运呼伦贝尔甲银行信用证项下 3 车货物查封。这一行为引起连锁反应,呼伦贝尔甲银行马上进行诉前保全,将满洲里、海拉尔、哈尔滨等地的 A 公司资产全部冻结,账号全部查封。由于上述四家银行对 A 公司进口货物存在着未进行货物监管,或者货物监管不到位,或者所控制货物货值无法完全覆盖风险的现象,四家银行全部遭受不同程度的损失。这一案件波及面广,造成内蒙古自治区银行业巨大损失。

二、案例评析

本案的巨大损失主要归结为以下两个原因：

(一) A 公司的管理不善与市场风险

进口商品无论是用作再加工的原料还是直接进入贸易流通领域，都会面临市场风险。如市场发生变化，进口品不能按期实现销售或者没有销路；同类商品的国内价格由于某种原因突然降低，进口货物市场流通受到影响，形成积压。即使是用于再加工的进口商品，也可能因为再成品的成本高于市场价格而遭遇销售困难。本案中，A 公司由于管理不善，市场掌控能力较弱，没有密切关注国内当前进口商品的市场行情及变化趋势，最终导致高位买进，低位卖出，经营亏损，从而到期不能偿付进口押汇贸易融资款项。

(二) 银行缺失有效监管

一是风险监控不足。尽管 A 公司在对俄贸易界曾经享有良好的声誉，但是在 2007 年化工市场震荡剧烈的背景下，很难独善其身。案例中涉及的几家银行没有加强对进口商资信状况的跟踪了解，没有及时注意到由于 A 公司自身经营、市场变化或其他原因导致的财务恶化，使其不愿或无力履行付款赎单责任的状况。如果银行保持对客户经营情况的密切监测，切实履行贷后管理职责，就能够及早发出预警信号，选择时机退出，避免风险或减少损失。

二是货权监管不力。在进口押汇业务中，银行很难实际控制货权。本案中的各家银行没有及时了解货物的入境情况，未能掌握货物的具体流向，未能将货物置于银行全程监管之下。货物到达仓库后，对货款不回笼或少回笼，或回笼后挪作他用，银行采取了默许或纵容的态度。银行将风险的有效控制寄托在企业自律行为上，当企业经营正常时，风险得以隐藏，而当企业经营出现亏损时，银行将不可避免地遭受损失。

三、结论与启示

进口押汇作为开证行对开证申请人的资金融通，其实质是银行对进口商的一种短期放款，进口商可以利用银行资金进行商品进口和销售，而无需占用自有资金，从而缓解资金短缺问题，保证贸易的顺利完成，是银行较受欢迎的融资产品之一。然而，上述案例为商业银行办理进口押汇贸易融资业务敲响了警钟。

(一) 严把市场准入关

进口押汇是涉及开证、进口通关、转卖变现、融资结算等多环节的复杂的融资业务。在开展该业务时，银行要严把客户准入关，加强流程控制；要充分了解进口商品的行业信息，准确掌握行业格局及行业发展动态；对于国家宏观调控范围内的行业和产品，要谨慎介入；在开证前，要严格落实进口批件等相关手续，保证进口商品符合国家现行的行业及产品政策规定。申请的企业应当具备独立法人资格，经营作风和信誉良好，无违规、违法和违约等不良记录,且财务状况良好,有稳定的生产销售网络和可靠的资金回笼来源,如有需要,企业应向银行提供经认可的贷款担保或抵押,以确保银行信贷资金能够及时足额清偿。

(二)切实加强物权监管

进口押汇业务风险很大,所以要严格控制信用融资,实施货物监管。银行可考虑增加安全措施,如增加第三方担保、信托收据、抵押或质押等。开证行对押汇项下货物的市场价格和供求情况要有较为全面的了解,如果货物属于滞销商品,或货物的市场价格具有大幅下跌趋势,银行应引起足够的警惕,不给予客户融资支持,或要求客户提供货物以外的附加担保,并随时监控押汇货物的市场动态,充分了解其销售渠道,制订货物处置预案。一旦出现进口商逾期偿债的情况,押汇银行最先考虑的应是对押汇项下的进口货物采取保全措施,同时准备以货物变现清偿债权。对于变现困难的货物,银行要在货物之外及时寻求进口商或其担保人的其他财物,以维护银行权益,减少银行资金损失。银行要加大对进口押汇业务中涉及的合同、协议、支付凭证、物权的法律效力的监管。开证行与客户及货物监管方必须签署三方物权"监管协议",委托仓库管理方对货物进行监管。

(三)建立有效的风险预警机制

从风险防范的角度而言,银行一经发现风险,要及时预警。银行要加强审核进口商偿债能力和以往的信用记录等资信状况。对于盲目经营和完全依靠银行融资进行周转的公司,银行应从各个方面收集信息,对该公司的情况进行深入分析和研究,及时制定风险控制措施,努力避免相关风险。银行要切实履行职责,及早发现问题,建立相关防控预案。

参考文献:
尹航.进口押汇贸易融资的法律风险与防范[J].前沿,2011(19).

案例29 提货保函欺诈风险案一

一、案情回放

某年11月1日,中国香港某银行根据其客户A公司的指示开立一张金额为20 000美元的信用证,货物是从日本海运到中国香港的一批手表,允许分批装运。11月20日,申请人A公司向开证行说明货物由受益人分两批装船,第一批货物已经抵达香港,要求开证行出具提取这第一批货物的提货保函,并附上相应的金额为10 000美元的赔款保证。由于申请人在开证行有30 000美元的信用额度,所以该行签发了一张给船公司的提货保函,允许申请人提货。

一星期后，第一批货物的单据尚未收到，申请人又要求出具提取价值为 10 000 美元的第二批货物的提货保函。由于在近洋贸易中邮寄单据往往需要一个星期以后才能到达开证行，再者申请人的信用额度并未突破，因此开证行开出了第二份提货保函。几天后，开证行获悉它的客户 A 公司倒闭了，董事们不知去向。之后开证行收到了国外寄来的单据，金额是 20 000 美元。显然信用证下只有这一批货物，根本没有第二批。一个月以后，凭开证行担保而被提走两批货物的船公司声称开证行侵占了价值为 20 000 美元的宝石手表的第二批货物。原来 A 公司少报了第一批货物的金额，再冒领了不属于它的第二批货物。

二、案例评析

在提货保函（S/G）业务项下，进口商诈骗银行是比较常见的问题。本案例凸显了银行所面临的典型欺诈风险，即货物被冒领的风险。

诈骗之所以能够得手的主要原因是：第一，在未收到单据而出具提货担保时，银行难以确切掌握单据背后货物的实际情况。如对于货物的数量、唛头、航次及分批装运情况等重要内容，银行往往不是非常清楚，所能知道的就是笼统的货名和大概的货价。一些不法之徒就会利用银行不了解货物真实情况这一点来实行欺诈，以相同的货名骗取银行出具提货保函，从而提走他人的货物。第二，行骗的进口商有一定金额的赔偿担保或信托收据，容易给出具担保的开证行造成所借单据金额未突破赔偿保证的假象。第三，行骗者往往还利用相同的货名蒙蔽船方，从而提走别人的货物。

由于提货保函责任无限，一旦出现上述欺诈情况，银行将面临非常大的风险责任：一方面是直接来自船公司或间接来自货主和提单的善意持有人的追索，承担可能超过货物本身价值的赔偿，另一方面是陷入货物纠纷中，在未获得单据及单据所代表的货物所有权下签发提货保函，协助客户获得属于他人所有的货物，要承担侵权等相关法律风险。因此，本案中的开证行损失惨重。

三、结论与启示

为了便利进口商及时提货而提供提货保函是银行的服务项目，是 UCP 和信用证范畴以外的行为，属于高风险业务，因此，开证行在叙做该项业务时，一定要注意防范风险。

第一，核实提货保函业务贸易背景的真实性。对进出口商供销合同的真实性进行核查，确认担保不存在对开证方不利的条款。审核进出口商双方是否存在其他协议会影响到开证方除担保函之外的权利义务。

第二，确认签发提货保函的必要性。提货保函一般在货先到单据后到的近洋业务中采用。如果在远洋业务中单据先到而货后到的情况下进口商还申请提货保函，则系明显反常。对采用非信用证结算方式进口、非海运运输方式、2/3 提单等物权不完整条款的信用证,银行通常不办理提货保函业务。另外,只限于正常的寄送正本提单晚时银行才予以提货保函,如果第一次寄来的是副本提单或其他情况,银行也不要叙做该业务。

第三,关注交易细节,增加防控措施。如在信用证开证阶段就将信用证项下货物唛头等信息记载于信用证中,并约定货物装船后一段时间内(通常为1个工作日),出口商应将货物的具体名称、数量、品质等细节连同装运信息如船名、航次、装船港及目的港等信息告知开证行。申请人向开证行申请签发提货保函时,应完整提供与上述信息相符的单据,以便开证行查实货物装运情况。开证行应在提货保函上打出货物唛头,并加注信用证号码,避免被实施诈骗。开证行还应通过议付行获得货物的详情资料,了解单据是否已被议付,是否真的有这批货物等。

第四,落实充足的担保。由于提货保函是对某份提单项下货物的担保,而货物的价值难以估量,船公司一般不接受有金额限制的担保,担保行的赔偿责任将包括但不限于货物本身的价值,一旦发生赔付,开证行赔付的金额可能高于单据金额,因此,开证行应在信用证外、提货保函项下争取足额保证金或其他担保,以防届时开证申请人以单证不符为由达到提取货物后不付款的目的。需要注意的是,信用证与提货保函业务属于两个独立的法律关系,两者的保证金不能混用,不能认为对信用证开证合同的担保自然而然地转移到为提货保函提供了反担保。

第五,加强后续业务管理。银行应密切跟踪申请人的生产经营状况、货物提取状况以及受益人交单情况。一旦信用证单据到达银行,应敦促申请人第一时间换回银行签发的提货保函,及时释放银行担保的责任。

案例30 提货保函欺诈风险案二

一、案情回放

受益人(出口商)向议付行提交包含副本提单在内的全套单据要求议付,并称为方便申请人提货,该提单正本已径寄申请人,议付行审查后就上述情况致电开证行要求确认。开证行在申请人存入100%开证保证金并征得申请人同意后授权议付行议付,并在未收到正本提单的情况下借记申请人账户以偿付议付行。

此后申请人称未收到正本提单而货物已到港,请求开证行为其叙作提货保函业务以尽快提货。开证行在获得申请人放弃不符点抗辩的承诺后为其开立了提货保函,并使申请人得以凭该函顺利从承运人处提走货物。

之后出口商将正本提单转卖给其他第三方,第三方在发现提单项下货物已经凭借开证行的提货保函取走后,便要求承运人赔付货款,承运人转向开证行要求赔偿,开证行再联系开证申请人,发现该开证申请人已经失踪。开证行为了维护信誉只好先赔偿,根据提货保函责任进行赔付。后调查结果显示，这是一起开证申请人与受益人串通合谋欺诈开证行的案件。

二、案例评析

提货保函业务项下的核心风险是担保银行（此案中的开证行）的风险。开证行开立提货保函后即失去了对信用证项下货权的控制，因为保函的申请人凭银行出具的保函可以取得货权；同时，开证行在信用证项下办理提货保函后，也失去了拒付单据的权利，提货保函对信用证付款具有倒逼效应，即使日后收到的单据中存在不符点，也往往不得不放弃拒付的权利。这是因为：如果开证行拒收单据并退单，则受益人可以凭提单向船公司提货，由于货物已被开证申请人凭开证行提货保函提取，开证行将面临船公司索赔，索赔金额除了货款还可能包括其他相关费用，因而必然造成银行钱货两失的损失。这正是本案中的开证行所面临的风险情形。其根本原因在于开证行轻信了申请人的信誉，将信用证项下保证金与提货保函保证金混为一谈，认为获得申请人放弃对不符点的抗辩且交付了全额保证金后即可确保叙作提货保函业务万无一失，并未追加单独的提货保函项下保证金，在进口商与出口商联合诈骗的情况下，被受益人骗取了两笔款项，即信用证项下议付款和出售正本提单的货款，损失惨重。

本案特别需要注意的是，信用证与提货保函业务适用的法律存在差异。虽然提货保函所担保的货物是信用证项下的货物，但是提货保函行为并不受信用证的准据法《跟单信用证统一惯例》（UCP600）的约束，而是受当事人双方协商选择的特定国家的法律支配。从我国法律来看，银行提货保函构成具有法律效力的连带保证关系，银行对承运人因无单放货造成的本应由进口商承担的损失承担无限责任，没有期限和金额，适用《中华人民共和国担保法》等相关法律。因此，两者的保证金不能混用，不能认为对信用证开证合同的担保自然而然地转移为提货保函提供了反担保。

三、结论与启示

与一般担保不同的是，提货保函往往没有金额限定，即银行承担的责任具有"无限责任"的特点。担保银行的赔偿责任包括却不限于货物本身，开证行赔付的金额可能远大于货物本身及信用证兑付的金额，提货保函金额不确定是一个非常重要的风险点，银行提货保函业务的风险可能远远超过原有信用证的风险，仅依赖申请人信誉及一定比例的开证保证金便叙作提货保函业务很容易被不法分子抓住可乘之机。因此，在办理时应该慎之又慎，严格审查进出口双方信用状况并落实充分的抵押担保是关键。

此外，为有效防范提货保函业务中存在的风险，银行还应从以下方面落实风险防控措施：办理业务时，一定要了解客户交易对手的国别情况；只为运作规范、实力突出、履约能力较强的客户提供授信额度、出具保函，对把握不大的客户应要求其提供足额的提货保函保证金,必要时要跟踪客户提货、销售及货款回笼情况;对申请人或境外通知行、议付行提交的副本提单或提单复印件等单据应从严审查;信用证项下开立提货保函时,在信用证要求全套货权单据时,才能签发提货保函;开立提货保函后,要高度关注正本提单的去向,必要时可通过各种途径跟踪正本提单去向。

参考文献:

[1] 林建煌.防范提货担保风险[J].中国外汇,2011(11).

[2] 李彦荣.提货担保业务的风险及防范[J].物流工程与管理,2011(5).

案例 31　进口保理商的信用风险

一、案情回放

出口商 J 公司是一家生产纺织品的公司,通过出口保理商 C 银行向进口保理商 B 银行申请,得到了进口商 F 公司 50 万美元进口保理额度的核准,核准日期为 2008 年 8 月 18 日。出口商 J 公司正常出单转让。

同年 11 月 19 日,进口保理商 B 银行以"买方付款不及时"为由撤销额度。收到有关额度撤销报文的当日,出口保理商 C 银行未能联系到 J 公司通知额度撤销信息。11 月 21 日,J 公司告知出口保理商 C 银行,发票 BW084742 项下货物已于 11 月 21 日发运,晚于额度撤销日(但通关日为 11 月 19 日)。就此,出口保理商 C 银行以邮件方式请进口保理商 B 银行确认包括该单发票在内的额度核准后转让且进口商尚未付清部分的发票是否受核准。11 月 25 日,进口保理商 B 银行通过电子邮件回复确认所附清单中的发票受核准。2009 年 1 月 16 日,出口保理商 C 银行向进口保理商 B 银行转让发票 BW084742。5 月 6 日,进口保理商 B 银行就发票 BW084742 全额担保付款。

12 月 2 日,进口保理商 B 银行以"保险公司拒绝赔付"该单发票为由,向出口保理商 C 银行提出"争议",并要求索回担保付款。进口保理商 B 银行根据 GRIF 第 18 款"Upon receipt of such notice of cancellation or reduction the Export Factor shall immediately notify the supplier and such cancellation or reduction shall be effective as to shipments made and/or services performed after the supplier's receipt of such notice"("在收到撤销或减额通知后,出口保理商应立即通知供应商,此撤销或减额对供应商收到通知后的发货及/或提供的服务有效")的规定,认为出口保理商 C 银行未能履行及时通知出口商额度取消的义务,进口保理商不应就发票 BW084742 做出担保付款。

对于进口保理商提出的争议理由,出口保理商 C 银行认为,根据 GRIF 第 7 款"An

agreement in writing made between an Export Factor and an Import Factor (and signed by both of them), which conflicts with, differs from or extends beyond the terms of these Rules, shall take precedence over and supersede any other or contrary condition, stipulation or provision in these Rules relating to the subject matter of that agreement but in a other respects shall be subject to and dealt with as part of these Rules"[①]的规定，保理商之间的邮件可以认定为"书面特别约定"，在相关邮件中，进口保理商 B 银行已确认该单发票在核准范围内。对此，B 银行提出当初回复 E-mail 的同事现已不在该银行任职等理由。出口保理商 C 银行对此予以反驳，称该发件人一直是两行业务往来的联系人，其发出的邮件并不代表自己而是代表 B 银行，B 银行对此反驳无话可说。最后，B 银行又提出受金融危机的影响，其投保的保险公司对此单发票提出异议，因此不予赔付，所以向 C 银行要求退回担保付款。对此，C 银行再次强调，根据 GRIF 规则及相互保理协议，进口保理商无权以担保付款后"无法获得保险公司赔付"为由，要求出口保理商退回进口保理商已经做出的担保付款。最后，进口保理商 B 银行接受出口保理商 C 银行意见，不再对其已做出的担保付款提出异议。

二、案例评析

本案的争议焦点在于进口保理商核准额度变更后对发运项下货物是否履行担保付款的问题。依据 FCI 的 GRIF 规则，在收到额度取消通知后的发货，进口保理商 B 不承担担保责任，但是，出口保理商 C 银行在转让发票时已向 B 银行确认该单发票是否受核准并得到了对方确认该发票在核准范围内的确认邮件，因此进口保理商 B 银行必须担保付款。B 银行之所以推脱责任，背后的真正原因是其投保的保险公司对此单发票不予赔付，B 银行将自行承担该发票项下的风险，由此它提出争议。事实上，B 银行在确认有关发票清单之前，应该就该单争议发票先征询其背后的信用保险公司的意见，如果获得保险公司同意，才可以向出口保理商书面确认该单发票受核准。否则，该单发票项下的风险只能由 B 银行自行承担。

可见，在有保险公司参与的情况下，进口保理商是否履行担保付款责任通常还取决于保险公司是否赔付，这会影响进口保理商对 GIRF 规则的准确适用，从而导致进出口保理商间反复交涉、沟通成本的提高，并使本案的出口保理商 C 银行面临进口保理商 B 银行的信用风险。

此外，本案中的出口保理商 C 银行自身也存在疏忽和操作不当。根据 GRIF，出口保

[①] "当出口保理商与进口保理商之间的书面协议（并已由双方签署）在某方面与本规则的条款发生抵触、不符合或超出本规则条款的范围时，该协议将在该方面优先于并取代本规则中相关的任何不同或相反的条件、条款或规定，但在其他所有方面，该协议仍应从属于本规则并视为本规则的组成部分。"

理商应确保在收到额度变更通知后第一时间通知到出口商,明确告知额度变更情况及与后续发货的关系,即对于收到额度取消通知后的发货,进口保理商不承担担保责任,若出口商坚持发货并转让,应在转让发票时向进口保理商确认该单发票是否受核准。C银行未能及时履行额度变更通知义务也给后续进口保理商推诿责任制造了理由。

三、结论与启示

在出口双保理业务中,出口保理商在受让出口商应收账款的基础上,通过与进口保理商的合作,提供一系列综合性金融服务。进口保理商的信用风险问题将影响国际保理业务的正常开展。为防范此类风险,出口保理商应注意把握以下几点:

(一)优选自身承担进口商信用风险的进口保理商

实务中,部分同业的做法是只要进口保理商是FCI会员就可以叙做,因为FCI会员中银行占了相当大的比重,所以挑选合作保理商通常会选择进口商所在国银行背景的保理商和资产规模较大的独立保理公司。除此以外,在承担进口商信用风险方面,还要了解进口保理商是自身为进口商核额度承担风险,还是通过投保的方式,由背后的保险公司承担进口商信用风险。通常应优先选择能够自身承担进口商信用风险的进口保理商。因为通过投保方式转嫁进口商信用风险,对进口保理商存在一定的不确定性,很可能存在进口保理商认为保险公司应该赔付,但保险公司认为依据保单条款可以不赔的情况,这对进口保理商不利。如果是自身为进口商核额度的方式,进口保理商可以自主决定赔付与否,并在担保付款后,通过受让的应收账款,凭以向进口商要求付款,或在进口商无力支付的情况下,通过处理为进口商核定的进口保理额度项下的抵质押品、向担保人索偿等方式获得清偿。而且,对于自身承担进口商信用风险的进口保理商,在发生进口商不能付款(且不存在争议)的情况时,出口保理商可以直接向进口保理商主张权利,而不必经过进口保理商再向保险公司要求索赔的环节,时效性更高。此外,自身承担进口商信用风险的进口保理商对进口商的了解及选择更为充分,可以有效降低进口商的信用风险及避免争议。

(二)将进口保理商信用风险纳入额度管控并进行操作评价

进口保理商信用风险广义上属于交易对手信用风险。对出口保理商而言,因为承担了进口保理商的信用风险、破产风险,所以需要密切关注进口保理商的经营情况,及时沟通有关信息,并将进口保理商风险纳入交易对手风险额度管理。对于有业务往来的国外保理商,通过对其信息累积和数据分析进行考核,如通过FCI会员提供的年报及可以获得的公开信息,结合FCI每年的排名及交易对手打分、评级等,为合作较多的进口保理商核定额度;在操作过程中,结合对进口保理商额度核准速度、核准比例、催收时间、付汇速度、纠纷处理能力等进行考察,及时调整进口保理商信用额度,从而有效控制对进口保理商的去委业务量。通过对保理商信息的集中整理,为风险评价提供参考,用以提示谨慎选择进口保理商。

(三)熟练掌握惯例及业务规则,必要时据理力争

国际保理在业务处理上依托复杂的国际惯例,如 FCI 的《国际保理通则》(GRIF),以及国际上颁布的《国际保理公约》、《仲裁规则》等国际统一的操作规则,因此,在日常的业务过程中,要加强对国际惯例规则及有关 EDI 操作手册的学习,注意积累典型案例,汲取教训,对于确属对方无理拒付的,要根据 GRIF 等相关规定,据理力争。对保理商间的往来函件,应妥善保管,作为日后产生纠纷时对外交涉的有力依据。

(四)冷静处理与应对复杂的负面情况

一旦进口保理商破产等负面情况发生,应及时通知交易对手,采取反转让(reassignment)等方式降低风险。[①] 如果发生了进口保理商没有反转让应收账款,进口商仍按照双保理业务流程将款项支付给了进口保理商,且被纳入进口保理商的破产财产清算,则出口保理商一方面要积极申报主张债权,另一方面要向当地破产法院提出申请,说明进口商支付给进口保理商的款项是基于双保理业务项下出口商的应收款项,且在进口商履约付款的情况下,进口保理商无需再承担担保付款责任,该笔款项是代出口保理商收取并最终要通过出口保理商转交出口商,所以不应纳入破产财产清算。当然,一旦介入有关诉讼,时间和财务成本是出口保理商需要考虑的因素,而且当地破产法院如何判决也存在很大的不确定性。

(五)积累实践经验,杜绝自身操作风险

在国际保理业务中,从业人员的操作水平也至关重要。业务部门的员工需要具备丰富的实践经验和严谨细致的工作态度,除了接受专业理论培训、通晓国际规则之外,还需有长期大量的实践经验来增强风险识别和业务处理能力,如经常与同业的保理机构进行交流,了解各同业的操作习惯,分享保理业务的处理经验。同时,出口保理商还要加强制度建设,明确分工及相应职责,通过设计标准化的保理业务流程来规避操作风险,避免授人以柄。

参考文献:
肖前.出口双保理业务风险防范[J].中国外汇,2011(11)。

[①] GRIF 第 15 条"应收账款的反转让"规定:(1)进口保理商根据第 13 条第 5 款或第 14 条第 4 款转让一笔应收账款必须在其首次要求提供相关单据后的 60 天内做出,或者进口保理商根据第 14 条第 4 款所给予的宽限期届满之日起 30 天内,以后者为准;(2)如根据本规则允许进口保理商反转让一笔应收账款,则其对反转让的应收账款的所有义务被一并解除,并可从出口保理商处索回原先已就该账款支付的款项;(3)上述每一次反转让必须通过书面形式。

案例32　进口保理商拒付案

一、案情回放

某出口商B是木地板的生产企业,自2006年起出口木地板至英国进口商C,赊销期为90天。为了缓解资金占压并美化财务报表,B从2007年起在某银行(出口保理商)叙做出口双保理业务。

应出口商的申请,出口保理商先向英国某知名进口保理商发送进口商的信用额度申请,但未获核准;后向英国另一进口保理商申请才获核准,信用额度金额为36万美元。2008年6月24日,B转让了两单发票,到期日分别为8月26日和9月17日。出口保理商业务人员记录错误,将8月26日到期发票上B的名字写成了A,并将此信息发送进口保理商,但双方均未察觉。

两单货物到达英国后,经检验,其中一单不合格(9月17日到期的发票),进出口双方协商将货物退回;出口商出具了相应的贷项清单,应收账款结清;另一单(8月26日到期的发票)暂显正常。8月28日,出口保理商向进口保理商询问剩下一单的付款情况,进口保理商向进口商催收,随即发现此单发票的出口商名称有误。

9月25日,进口保理商要求出口保理商取消出口商名称有误的发票重新转让,并按照正确信息重新转让。当日,出口保理商按要求完成。2008年10月,受金融危机影响,进口商C国内销售锐减,资不抵债,宣告破产。进口保理商拒绝担保付款,理由是:发票重新转让时已过到期日,进口保理商投保的保险公司拒绝赔付。

二、案例评析

显然,本案由于进口保理商拒绝偿付,将导致出口保理商遭受直接经济损失,究其原因,主要是以下两种风险所致:

(一)出口保理商的操作风险

出口保理商的操作疏忽是本案发生的直接原因。FCI的《国际保理通则》(General Rules For International Factoring, GRIF)明确指出,如果出口保理商实质性地违反了GRIF,其结果严重影响了进口保理商对信用风险的评估及/或其收取账款的能力,进口保理商不应被要求进行担保付款。本案中,出口保理商没有提供正确的发票信息,对进口保理商的催收造成困难。进口保理商催收时,进口商C因其提供的出口商信息有误拒付,从而耽误了付款的时间。由于自身疏忽造成了"不合格"应收账款,出口保理商不得不为此而买单。

(二)进口保理商的信用风险

除了出口保理商自身失误以外,本案进口保理商还存在信用风险。国际双保理模式是由进出口双方保理商共同参与完成的一项保理业务,进口保理商在其核准的信用销售额度内无追索权地接受出口保理商的债权转让,并负责催收货款、承担进口商到期不付款的风险,出口保理商依赖进口保理商对债务人核准的信用额度达到转移、分散风险的目的。本案中,进口商破产是不争的事实,但是,进口保理商以保险公司拒赔为由拒绝担保付款,存在逃避责任之嫌。撇开出口保理商自身存在的过失,显然,与这样百般推脱责任的进口保理商合作,也会存在很大的风险隐患。

三、结论与启示

对出口保理银行而言,保理业务存在诸多风险,为加强风险防范,应注意以下四个方面:

(一)理性认识"合格应收账款"

保理以债权人转让其应收账款为前提,是集融资、应收账款催收、管理及坏账担保于一体的综合性金融服务。因此,应收账款的质量会直接影响到保理业务的开展,需要从应收账款的合法性、可转让性、权利的完整性、买方的资信状况、是否毫无争议、是否核定额度等多种因素去考虑。如过期转让、没有设置其他抵质押、进出口商之间存在相互抵销的应收款、进出口商之间发生贸易争议等情形都可能造成进口保理商对进口商的不付款免除责任。所以,出口保理商千万不能误以为只要进口保理商核定了信用额度就万事大吉,而忽略考察和防范应收款本身的问题。

(二)谨慎选择优质的进口保理商

进口保理商在国际保理业务中具有特殊的双重身份,既是出口商应收账款的代收人,又是进口商的信用担保人。出口保理商可能遭遇进口保理商为保障自身利益而产生的风险,如借贸易纠纷推诿付款责任、不能尽力帮助解决贸易纠纷等,因此,考察进口保理商的诚信、选择良好的合作对象至关重要。积极加入国际保理组织,通过会员之间的交流与合作,获得其他会员的资信状况和服务水平,有助于进行有效的选择。此外,选择进口保理商时还应特别注意其风险承担方式。独立承担风险相比较将风险转投保险公司的进口保理商而言,前者信用评估能力较高,而后者很可能受保险公司的"牵制"和"连累",影响其担保付款的意愿。

(三)全面评估进出口商的资信

在国际保理业务过程中,出口保理商应全方位、深层次、多渠道调查进出口商的经济情况和商业形象,如工商注册、财务状况、公司结构、管理人员、法庭诉讼记录以及专业信用评估机构的信用评估、所在行业态势及周期变化等。资信评价时还要注意静态和动态分析结合,不仅关注过去,还要放眼未来,不仅要调查新客户,对有过业务合作的老客户也不能松懈。本案中，进口商C的信用额度此前曾被更有经验的进口保理商拒核，这说明进口商C的信用、经营状况可能存在问题。对此类"信号"，保理商应有所甄别和警示。

（四）高度重视操作风险

保理业务看似比单证业务操作简单，但在实务操作中出口保理商还是应仔细审核贸易合同、发票、单据，在与进口保理商的信息传递和往来中避免差错。流程上应设立复核制，及时发现差错、纠正差错，保护好自身利益。

参考文献：

曾海涛，刘畅.对一起进口保理商拒付风波的思考[J].中国外汇，2011(4).

案例33　国际保理争议案

一、案情回放

2013年3月，我国荣华家电企业首次打开了拉美哥伦比亚市场，与COSTA PORTO公司（以下简称"COSTA公司"）商洽出口电磁厨具。COSTA公司希望以D/A 90天结算，荣华公司考虑到第一次打交道，采用D/A风险太大，且付款时间长，易导致自身资金紧张，但又不想失去打开拉美市场的机会，于是打算采用国际保理。

荣华公司随即向中国银行广东省某分行（以下简称"中行"）申请办理出口保理业务，中行在哥伦比亚选择了一家银行作为进口保理商。2013年4月20日，荣华公司获得了进口保理商核准的28万美元的信用额度后，当即与中行签订公开无追索权的出口保理协议，并与COSTA公司签订25万美元的出口合同。4月28日，荣华公司发货后，随即向出口保理商申请融资，出口保理商预付给荣华公司20万美元。7月28日付款到期日，COSTA公司通过进口保理商发来质量争议通知，以货品质量有问题拒付货款，进口保理商视为贸易纠纷而免除坏账担保义务。中行立即向出口商传递该公司争议内容，希望进出口商双方协商解决。荣华公司于是向COSTA公司提出提供质量检验证明的要求，对方未能提供，荣华公司认为对方拒付理由不成立，并进一步了解到对方拒付的实际原因是其销售商破产，货物被银行扣押，COSTA公司无法收回货款。在发票付款到期日后90天赔付期间，进口保理商仍未付款，中行要求荣华公司返还已付的融资款，荣华公司认为已经将发票等票据卖断给了中行而拒绝偿付，表示进口商不付款应由中行承担。2012年12月5日，出口商委托进口保理商在哥伦比亚起诉进口商，出于自身利益考虑，进口保理商协助出口商解决纠纷的态度十分消极，结果出口商败诉，而其拒绝偿付融资款也使出口保理商中行遭受了损失。

二、争议焦点

本案引发的争议性问题主要集中在三个方面：

第一，中行是否可以要求荣华公司返还已付的融资款项？

第二，进口保理商在协助出口商诉讼方面为何态度消极？

第三，进口保理商是否承担赔付责任？

三、问题解析

首先，中行可以要求荣华公司返还已付的融资款项。中国银行广东省某分行与荣华公司签订的是无追索权的保理协议。无追索权保理是指保理商凭债权转让向供应商融通资金后，即放弃对供应商追索的权力，保理商独自承担买方拒绝付款或无力付款的风险。但是，保理商对供应商无追索权并非适用于任何情况下，无追索权保理与有追索权保理的区别是后者因任何情况导致应收账款不能收回时保理商均可对供应商行使追索权，而前者保理商放弃追索权是相对的，可以根据合同进行约定。一般而言，在涉及债务人信用风险（即无力支付或破产、清盘等情况）时，保理商放弃追索权，但对于商务合同纠纷争议而导致应收账款不能收回时，保理商对供应商仍享有追索权。因此，所谓的无追索权保理的"无追索"也是相对的、有条件的，不存在绝对的无追索权。本案属于贸易纠纷，依据国际保理规则纠纷自理的原则，出口保理商享有追索权。

其次，根据《国际保理通则》相关规定，作为坏账担保人，进口保理商承担进口商到期不付款的义务，如果遇到贸易纠纷，可免除其坏账担保赔付责任，于90天赔付期内拒付属正当行为。但规则还明确规定，进口保理商应有义务竭力协助解决买卖双方的纠纷，甚至提出法律诉讼。本案中，作为出口商的诉讼代理，进口保理商在诉讼过程中协助出口商的态度之所以消极，显而易见是它并不希望出口商打赢官司，因为一旦出口商赢了官司，进口保理商则要重新履行担保付款的责任，而基于进口商偿付困难的现实，最后很可能是由进口保理商自己承担货款损失。本案中的进口保理商过多地关注自己的利益胜过自己的信誉，资信状况不佳，未能很好地尽到一个保理商的义务。

最后，进口保理商不承担赔付责任。在保理业务中，出口商将其应收账款转让于保理商，保理商应提供账款催收、管理和坏账担保服务。出口保理商根据业务开展的需要将应收账款转让给进口保理商，进口保理商应承担向进口商催收账款的义务，并对其已核准的应收账款提供100%的坏账担保，但条件是受转让的应收账款必须是核定额度范围内、合法无争议的债权，如果是因货物质量、服务水平、交货期所引起的买卖双方争议，进口保理商不承担赔付责任。在本案中，进口商声称货物有质量问题，出口商与进口商交涉未果，并在起诉中败诉，因此进口保理商免除坏账担保偿付义务，出口商自行承担余款未能收回的风险损失。

四、结论与启示

在国际保理机制下,由于贸易争议的产生导致进口保理商对进口商的不付款不再承担赔偿责任,而出口保理商也可据此向出口商索回或反转让预付款或贸易融资,这是出口商可能面临的主要风险,出口商要做好风险防范工作。

首先,谨慎选择交易对手。要充分掌握进口商的信用情况并做动态跟踪,不能只为拓展出口而忽视进口商的资信问题,不能过分地依赖进口保理商核准的信用限额。

其次,按时保质保量地装运货物。尽量做到出口货物的交付与贸易合同的要求一致,避免日后进口商以质量争议为由拒付货款。《国际保理通则》明确规定,只有在"出口商按时、按质、按量地履行交货义务"的基础上,保理商才存在赔付的法律责任。

再次,与进口商就贸易纠纷事先达成共识并在合同中明确约定。为了避免进口保理商有意免除赔付责任等问题,建议出口商事先在贸易合同中就可能产生的贸易纠纷及其解决措施,与进口商达成共识。如明确要求提供证明存在贸易纠纷的书面文件,提供买卖双方都能一致认同的产品质量检验证明,以检验结果作为断定纠纷是否存在的依据。

最后,与出口保理机构保持经常联系。经常沟通进口保理商和进口商的最新信息,特别是在信用额度即将用完或合同即将到期的情况下,采取措施,保护自身利益不受损失。

作为出口保理商,要控制国际保理业务的风险,在具体操作中则应注意如下几点:

第一,谨慎审核进出口商的资信和资金实力。审核进出口双方有无履约瑕疵,以及双方历史交易中有无出现过贸易纠纷。根据进出口商的资信、资金状况、履约能力决定是否承接国际保理业务及提供信用限额,并通过比较进出口商之间的履约能力来确定适用的保理业务类型,减小交易风险。

第二,确保保理合同条款具体、明确。出口保理商与出口商签订的《出口保理业务协议》要对双方的责任义务作出明确规定,应事先在保理协议中就贸易纠纷下的追索权与出口商达成共识,避免承担国外拒付的风险。如在保理协议中明确规定,倘若买卖双方产生贸易纷争,保理商有权向出口商行使追索。此外,在保理协议中还可增加争议解决办法、回购条款等保障措施,将保理商的风险降到最小。

第三,慎重选择信誉优良的进口保理商。要注重考察进口保理商的资信和业务往来情况。好的进口保理商应当经营状况与财务能力足以履行担保付款责任,具有及时发现问题和化解潜在风险的能力,具有处理纠纷及辨别虚假贸易纠纷的能力。此外,在进口商提出贸易争议后,出口保理商要加强与进口保理商的联系,可以要求进口保理商进行协助,以寻求纠纷的合理解决。

第四,密切关注基础交易履约情况和贸易纠纷解决情况。自贸易纠纷产生之日起,出口保理商就需对贸易商如何解决纠纷的全过程予以关注,了解分析纠纷产生的原因和事态进展,并针对不同类型的贸易纠纷采取相应的措施,用法律手段维护自己的应得利益。

此外，出口保理商要监督出口商严格履行出口销售合同的责任，按时、按质、按量地出运货物，对出口商的履约能力必须做到心中有数。

参考文献：

韩余静.从一起贸易纠纷案透析国际保理业务风险及防范要点[J].对外经贸实务，2015(11).

案例 34　国际暗保理的尴尬

一、案情回放

A 公司(卖方)是国内著名物流公司的子公司，经营范围是各类货物(包括化工危险品和海关监管货物)的道路运输、仓储和国际运输代理业务。B 公司(买方)为美国大型能源集团，一直在中国境内采购货物，并委托物流公司运输货物。2009 年底，A 公司与 B 公司签订物流服务协议，A 公司成为 B 公司物流服务供应商。2010 年以来，A 公司为 B 公司出运特种集装箱近 346TEU，运费金额约 300 万美元。根据 A 公司与 B 公司签订的物流服务协议，A 公司在收到 B 公司通过电子邮件发来的订单后，安排船期及物流相关事项，并于船离岸当天开票快递至 B 公司或其子公司，付款期限是开票日后 90 天。两周后，B 公司或其子公司收到发票，输入订单管理系统(A 公司作为 B 公司的物流供应商，拥有其应收款的付款查询权限，每一笔账款均能在 B 公司系统中查到其审核、审批、付款确认等信息)；账款到期后，由 B 公司直接付款到 A 公司在 H 银行开立的外汇账户。

从 H 银行账户流水记录可以看出，B 公司付款记录一直良好。但由于 A 公司在货物出运后 30～60 天需向船公司代理支付运费，而其回款时间为货物出运(即开票日)后 90 天，因而 A 公司需垫资约 1 000 万元人民币。鉴于上述情况，2011 年初，H 银行向 A 公司营销国际保理业务。在会谈过程中，A 公司提出了一些问题，包括发票抬头除了 B 公司还有 B 公司的子公司，而合同都是与 B 公司签署的。由于 B 公司地位强势，配合保理的意愿较低，故 H 银行拟以暗保理方式操作。2011 年 2 月份，H 银行向美国进口保理商(以下简称 K 银行)申请预额度 100 万美元。

由于 B 公司信誉良好，K 银行主动将预额度增加至 400 万美元，且同意以暗保理形式操作相关业务。3 月 8 日，A 公司提交文件，申请放款。H 银行审单人员在审核单据时发现 A 公司发票抬头与主合同抬头不一致，且开立给多个子公司，于是提出不符点。H 银行当天通过电子邮件联系 K 银行，要求确认这样的发票是否在承保范围内。

K 银行回复，发票除显示 B 公司多家美国子公司外，还涵盖多家欧洲子公司。对于欧洲子公司，K银行表示非美国公司无法承保，原因是不同国家对暗保理项下应收账款的生效与否不能核实。而对于美国子公司，K银行表示无法从B公司子公司列表中确认这些企业，要求H银行协助确认子公司身份。3月9日，H银行向K银行提供了订单管理系统登录方式，以使K银行确认实际付款方为B公司。但K银行仍坚持要求H银行告知B公司联系人，并申明，此举是为确认B公司的子公司身份，不会告知其转让事宜。出于业务推动考虑，并在征得客户同意的情况下，H银行向K银行提供了联系方式，但并未强调这是暗保理业务。

3月20日，H银行接到A公司投诉电话，质问K银行与B公司沟通内容。据A公司了解，与之前约定不同，K银行已擅自将操作保理事宜告知B公司。对此A公司表示非常生气。3月29日，H银行要求K银行提供跟B公司的所有往来邮件，发现B公司最终授权其中国分公司处理这件事情。但B公司中国分公司始终未给予K银行正面答复上述买方是否为B公司子公司，所以K银行一直无法给予H银行明确的答复。至此，该业务已经无法进行下去。

二、案例评析

（一）"不得已而为之"的暗保理

在理论和实务界，通常根据应收账款转让是否通知买家（债务人）将保理分为明保理和暗保理（或者公开型保理和隐蔽型保理）。明保理是指债权转让时，保理商将该应收账款债权转让事实以书面形式通知买家。而暗保理则是指在债权转让时，保理商不通知债务人，但保理商有权依据自身判断随时向债务人发送上述通知。选择暗保理往往出于现实所迫的原因，如卖方为中小企业，这些企业或不愿让下游客户了解自身正在保理融资，或很难从大客户处获取应收账款转让回执；而买方为大型企业，这些公司谈判能力强，要么不愿意增添账款转让手续，要么会认为某个供应商将应收账款转让可能是资金周转存在困难，导致下一年度不选择与其合作。因此，采取暗保理，很多情况下是卖方不希望引起买方顾虑，对自己的财务状况和信用状况有所担忧，并因此失去长期合作关系而采取的一种无奈选择。

（二）H银行的失误之处

显然，正是基于本案买卖双方的这一特点，H银行才拟尝试暗保理业务模式。暗保理的优点是形式隐蔽，可以保护卖方的商业秘密，使保理业务更加灵活，但缺点在于，正是因为其隐蔽性特点，使其风险大且不易控制。本案的H银行未能充分意识到暗保理的潜在风险，在操作保理业务时发生重大失误，是导致业务陷入尴尬境地的最直接原因。

1. 轻视应收账款细节问题

A公司在业务初期就已提出发票抬头与合同买家不一致的情况，由于暗保理不通知买家，应收账款债权转让对买家不生效，意味着保理商不能直接要求买家付款，向买方催收货款通常由卖方进行,保理融资的回款存在很大风险。如果发票抬头与合同买家不一致又牵涉多个国家,而不同国家对暗保理项下应收账款的生效与否有各自不同的法律规定,势必进一步增加该业务的复杂性和风险性,这是在承办保理业务之前必须要考虑到的重要问题,但是这一情况却未引起 H 银行的足够重视,直到最后操作环节才与 K 银行确认该类发票是否会被核准,但为时已晚。如果期初在向 K 银行申请买方额度时就说明该问题,并与 K 银行确认解决方案后再回复客户,保理业务就可能不致于陷入僵局。

2. 沟通方式不当

为保证高效畅通沟通,《国际保理通则》(General Rules for International Factoring)对沟通交流方式有明确指导。其第二十九条规定,"任何本规则提到的书面信息或其他文件,如在电子报文系统中有相等的替代,则可由电子报文替代;如果被要求,则必须都替换成电子报文"。但在实际业务开展中,H 银行忽视操作细节,轻视留档工作,一直采用非正式的电子邮件作为重要业务节点的沟通方式,而不是用正式的 EDI 报文与进口保理商 K 银行进行沟通,未能做到针对不同的业务类型,采取不同的沟通方式来确保相应风险得到控制。

3. 考虑不周,未能及时消除误解

虽然进口保理商 K 银行已同意以暗保理形式操作相关业务,H 银行也并未直接同意 K 银行可将暗保理转为明保理操作,但 H 银行在给予 K 银行进口商联系方式时,未能合理预计到可能产生的风险,且未再次强调暗保理操作要求,导致 K 银行产生误解,擅自将操作保理事宜告知买方 B 公司。其后果不仅是失去了 A 公司和 B 公司这两个重要的客户,同时因为 H 银行频繁使用电子邮件而忽略了 EDI 报文等有效文件的留存,在纠纷产生时缺少了辅助证据,导致举证不力,难以维权。

(三)暗保理的风险

由于操作不当和失误,本案 H 银行的暗保理业务在放款审核阶段就被迫止步,好在除了宝贵的客户资源流失,并未对银行造成实际的经济损失。事实上,如果此项业务顺利开展,暗保理的风险远远不止于此,对保理银行而言,更大的风险还在于:

1. 无法确知应收账款的真实性

在暗保理业务模式之下,保理商对于交易真实性核查的难度明显增大,由于保理商无法(或者很难)与买家接触,对交易真实性进行核查的相关文件主要依赖于卖家提供,应收账款只是存在于卖方单方面提供的众多纸质材料中,这就要求保理商有较强的甄别应收账款真伪的能力。若卖家伪造单据,则无法核实真实性,保理商的利益将很难保障。

2. 难以掌控应收账款的变动情况

应收账款的任何变动包括买卖双方之间变更应收账款的付款账号、变更付款时间、变更付款金额,甚至取消交易等情况,保理商由于"身在暗处"很难掌握,这就给保理商造成了很大的风险。

3. 无法控制卖方付款路径

回款账户不可能变更至保理商名下,需要卖方转付,导致保理商对应收账款的回款失去控制。即便保理商与卖方开立了三方监管账户,并且将该监管账户由卖家通知买家进行变更,但是卖家同样可以在不通知保理商的情况下,再次通知买家变更付款账户,导致买家的回款不会支付到监管账户。

4. 债权通知的有效性和债务人的抗辩权问题

这是暗保理面临的主要法律风险。我国《合同法》第 80 条第 1 款规定了债权转让的通知义务,即"债权人转让权利的,应当通知债务人。未经通知,该转让对债务人不发生效力"。虽然暗保理的保理银行保留一定条件下通知的权利,可以随时"弃暗投明",只要保理商将应收账款转让通知送达给买家,即对买家生效,而此种送达包括快递、挂号、公证、面送等方式。但实践中还有诸多操作难点:一是债权转让通知主体。按照我国的法律,债权转让通知的通知主体必须是原债权人,而不能是保理商,如果发生诉讼时债权人缺席未出庭,则保理商不能通过当庭通知买家而达到债权转让对买家生效的法律效果。二是合法债权受让的证明。保理商需要证明其是合法的债权受让人,否则法律上并不认为保理商有对买方追索的权利。① 三是债务人的抗辩。我国《合同法》第 82 条和第 83 条规定:"债务人接到债权转让通知后,债务人对让与人的抗辩,可以向受让人主张。"保理业务中债权转让通知后,债务人仍可根据买卖合同对原债权人享有的抗辩权向保理银行主张抗辩包括合同撤销的抗辩权、债权已履行完毕的抗辩权、债权无效的抗辩权等。例如,只要买家举证证明其已经履行了付款义务,则保理商无权要求买家再次付款。

三、结论与启示

暗保理业务有其存在的现实土壤和存在的必要性。但是,保理商也可能由此承担卖方的信用风险和道德风险,收不回应收账款。如何防范暗保理的风险,已成为行业发展亟须解决的问题。其避险之道在于从制度设计和操作流程上从严把控。

(一)严格审核交易的真实性,确保应收账款完整有效

保理商应严格审核企业贸易背景真实性,对商务合同里面关于退货、付款、抗辩、抵销等可能影响应收账款金额的条款谨慎核查并做相应应对;不但审查卖方提供的单据等书

---

① 如星展银行(香港)有限公司与博西华电器(江苏)有限公司债权转让合同纠纷案中,江苏省高级人民法院认为,星展银行对其作为合法债权受让人的主张,应当承担四项证明责任,包括保理协议项下存在有效债权、该债权系可转让之债权、星展银行合法受让该债权,以及向博西华电器发出合法有效的债权转让通知,但最终星展银行因举证不能而败诉。法院判决书表明,星展银行(保理商)虽多次以信函及电子邮件通知博西华公司(债务人)债权转让事宜,但该通知非债权人艺良公司所为,不能构成有效之债权转让通知。类似地,中国建设银行临港新城支行诉新暨阳石油有限公司一案中,法院认定尽管应收账款转让通知回执债务人签章真实,但日期倒签(无法查明系谁伪造),该回执不应当认为具备债权让与通知的效力。

面材料,还要尽可能多地通过其他途径来核实应收账款的真实性,保证债权关系有效、清晰,最大程度地降低或排除债务人的抗辩风险。如果卖家与买家通过IT管理系统对账,保理公司还应密切关注该系统的变化。如果没有,则应注意买卖双方其他形式的对账单(包括往来函件等),并及时做好证据的保全。

（二）密切跟进应收账款的回款,加强回款管理

保理商一旦发现卖方出现生产经营恶化或回款异常,应立即启动预警机制,调查具体原因,必要时马上向买家送达应收账款转让通知书,将暗保理转为明保理。同时,如果发现买卖双方出现财务危机,应立刻启动诉讼程序,申请财产保全。

（三）完善法律文件的制作、签署和送达工作

保理商应确保应收账款不仅合格,而且转让有效,并保留充分证据,避免事后受让权利落空或无法举证的局面。操作暗保理时,建议保理银行可按照下列方式之一要求卖方进行债权转让通知:第一,卖方事先将加盖有效印鉴的《应收账款转让通知书》留存保理银行,于应收账款到期未获买方付款时,由保理银行与卖方共同办理买方在该文件上签章确认的手续,并退回保理银行一份回执原件留存;第二,卖方事先将加盖有效印鉴的《应收账款转让通知书》留存保理银行,于应收账款到期未获买方付款时,由保理银行办理公证手续,委托公证机关负责送达该文件。公证机关(或由其委托的第三方快递公司、物流公司)在送达并取得送达证据后,将有关公证文件及送达证据交存保理银行。

（四）有效沟通,避免操作失误

保理商应加强对业务人员暗保理业务的培训,充分认识暗保理业务的风险,敏锐洞察保理业务中出现的各种风险因素,对业务过程中出现的异常情况增加敏感性和预警性,做到及时发现、及时防范、及时处理;运用高质量的信息管理系统实现高效信息沟通,减少操作失误,避免误解;规范归档管理,做到资料整齐、目录清晰、内容完整、编号一致,以便及时查找信息和保留证据,做好相关风险的防范和应对。

参考文献:

[1]陆叶,宋华.国际暗保理失败谁之过[J].中国外汇,2012(3).

[2]乔加伟,郑慧.建行、新暨阳集团对垒连环局、"暗保理"野蛮生长[N].21世纪经济报道,2014—07—28.

[3]林思明.暗保理如何"弃暗投明"[EB/OL].中国贸易金融网,2015.

[4]江阴市新暨阳石油有限公司与中国建设银行股份有限公司江阴临港新城支行债权转让纠纷二审民事判决书(2014).锡商终字第0306号.

[5]星展银行(香港)有限公司与博西华电器(江苏)有限公司债权转让合同纠纷案判决书》(2011).苏商外终字第0072号.

案例35　出口背对背保理

一、案情回放

A公司是香港B公司于2010年在内地收购的子公司,具有多年从事液晶电视与LCD显示器的制造经验,产品具有很强的国际竞争力,管理规范,产品品质稳定,客户遍及欧洲、美国、日本及中国内地等市场,是M银行的战略客户。

A公司通常的业务交易流程为:终端买家根据其需求量下单给香港B公司,香港B公司再转下单给A公司,A公司备料生产后直接出货终端买家,同时开立发票给香港B公司,香港B公司再开票给终端买家,香港B公司定期与终端买家对账,以邮件确认其应收账款。

A公司的下游终端买家均有一定的付款期限,一般为赊销45～90天,而公司主要原材料液晶屏的采购则主要采用预付方式。在赊销方式下,A公司根据订单发货交单后,只能被动地等待买家到期时付款,这就可能存在对方不付款的信用风险,同时资金占用也是一个突出问题。赊销致使A公司的资金大量被应收账款所占用,因而形成了一定的资金压力。

虽然A公司贸易背景真实可循,境外终端买方也是长期的合作伙伴,付款实力较强,但由于经过了香港B公司二次下单,贸易流程复杂,因而传统的国际保理业务无法控制这种交易模式下的物流和资金流。

经过沟通,M银行为A公司设计了背对背的创新保理业务模式。在这种业务模式下,首先是M银行与A公司和香港B公司签订账户监管及回款控制的三方协议(AR1),然后,根据协议约定,A公司、香港B公司分别将各自销售的应收账款转让给M银行,M银行则通过控制两段账款的回款来实现对企业应收账款的融资,满足管理需求。在这一模式中,M银行对A公司提供的所有交易材料进行审查之后,将香港B公司转让的应收账款信息通过国际保理商联合会(FCI)的EDI系统传递给终端买家所在地的进口保理商。对应货款到期后,由终端买家将款项直接汇入香港B公司在M银行开立的NRA账户,以冲抵M银行因受让A公司的应收账款而为A公司所提供的融资款项(见图35-1)。A公司最终通过有追索权的保理业务品种获得了银行授信额度。

二、案例评析

在国际贸易实务中,出口商通过设在进口国的中间商(经销商或代理商,往往是出口商的附属机构或关联公司)销售其出口商品较为常见。出于境外国家和地区(如中国香港、新加坡等)信息便利、税收优惠、运输仓储或者加工贸易核销等多种方面的原因和考

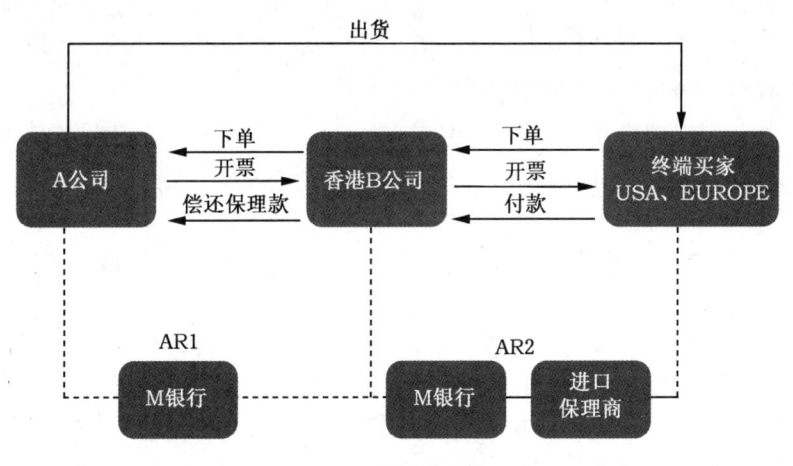

图 35－1　背对背保理流程

虑，很多境内出口商会通过境外中间商间接向境外终端买方销售，出口商为前期的生产和销售垫付了大量的资金，需要营运资金的补充，但由于境内银行很难掌握到出口商通过代理商的销售和回款情况，这就给出口商销售之后的境内融资带来了很大的困难。背对背保理非常适合这种有中间商介入贸易模式下的融资需求。

（一）背对背保理模式探析

关于背对背保理（back-to-back factoring）之所以称其为"背对背"，是因为其中的交易不同于传统的进出口商直接交易，出口商是经由中间商这一中介，间接地与进口商往来业务，国际贸易货物的真实供求双方处于"背对背"状态。背对背保理事实上并非单向保理，而是国际保理模式和国内保理模式的结合。

1. 当事人与相关协议

双保理模式下的背对背保理通常涉及五方当事人：

（1）出口商（supplier/seller/exporter）：国际保理业务中提供商品或劳务的一方。

（2）出口保理商（export factor）：基于和出口商签订的保理合同，同意向出口商提供出口保理业务的一方。

（3）进口保理商（import factor）：基于保理商间协议（interfactor agreement）[①]，同意向出口保理商提供进口商信用风险担保、应收账款管理等服务的一方。

（4）进口地的中间商（middle man）：主要有进口经销商（dealer）和进口代理商（agent）。前者拥有商品所有权；后者接受出口商的委托，代办进口、收取佣金，不拥有进口商品的所有权。

---

① 保理商间协议（interfactor agreement）是指保理商之间依据 FCI 的惯例、规则所签订的保理业务合作协议。

(5)进口商(importer/buyer/debtor):基于商品或服务的购买必须支付应收账款的一方。

背对背保理一般包含两个保理协议:一是出口商与出口保理商签订的国际保理协议,债权转让关系与双保理模式相同;二是中间商与进口保理商签订的国内保理协议,以其购买的债权作抵押,融通一定比例的资金。两个保理协议同时存在。

2. 运作机制和流程

(1)出口商与出口保理商签订国际保理协议,出口保理商再与进口保理商签订保理商间协议(interfactor agreement)。

(2)进口保理商与中间商就其国内销售签订国内保理协议,并且提供预付款。这一协议不同于通常的保理协议:①预付款融资通常只占应收账款很小的比例,主要用于中间商正常的费用开支。②进口保理商和中间商约定,进口保理商有权在任何时候行使抵销权,即进口保理商可以将该国内保理项下其应向中间商支付的应收账款,与它在国际保理项下从出口保理商受让的应收账款抵销。

(3)进口保理商为中间商核准信用额度。进口保理商根据中间商在进口保理商的往来账户头寸情况或根据为国内进口商核定的信用额度以及在此额度内中间商取得的订单总额核定中间商的信用额度。有时,进口保理商若不信任中间商的实力,并不专门核定信用额度,而是采取出口商、出口保理商、中间商和进口保理商签订四方协议的方式,将交易流程扁平化,直接由出口商出具两份发票(一份是出口商向中间商开立的,一份是中间商向进口商开立的),由进口保理商对进口商核定信用额度。

(4)出口商按双保理流程,向中间商发货后进行通知和债权转让,与出口保理商结算。

(5)进口保理商承购中间商的债权(按照国内保理协议)和出口保理商转让来的债权(按照保理商间协议),进口保理商为中间商提供预付款融资(此时的进口保理商在国内保理中又相当于卖方保理商的地位),并且按约定向进口商催收账款。

(6)进口保理商收到进口商的款项后,与出口保理商结算。大部分转给出口保理商,由出口保理商与出口商结算,相当于中间商利润的部分付给中间商。

在这种方式下,中间商取代了债务人的地位,与进口保理商之间的结算是否顺利取决于它在国内的再销售状况,实质上是将国内保理和国际保理结合起来,以国内保理作为国际保理的保障。

3. 优缺点

背对背保理主要是为了实现融资,一般不提供坏账担保。如出口商对某一国的出口集中通过中间商来运作,而中间商又有一定资金需求的话,可作为较好的解决方案:出口商可以通过国际保理从出口保理商获得融资,而中间商可以通过国内保理从进口保理商获得融资,融资都是以对方购买的债权作为抵押。同时,进口保理商在国际保理中的担保付款责任又通过国内保理的应收账款来源得到一定保障。

但背对背保理对进口保理商也构成一定的挑战与风险,尽管国内保理的应收账款债权充当了国际保理项下担保付款的一定保障,但往往因为中间商的融资需求,进口保理商仍有一定额度的风险无法有效化解。因此,对中间商缺乏足够了解时,保理服务不提供融资服务,通常从有追索权保理做起。

在有追索权国际保理中,背对背保理中的进出口保理商均不承担坏账担保。这样背对背保理实际是相关联的两个债权的抵销。通过合同安排,出口商对中间商的应收账款最终由对进口商应收账款的收回而实现。进口保理商通过抵销权的实现获得了较好的保护,特别是在中间商破产时;但是对出口商来说,它对中间商应收账款的收回实际完全依赖于中间商的客户即进口商的信用,并不十分有利。不采用背对背保理时,出口商的销售与中间商的销售是两笔独立的交易,因而可以屏蔽进口商不付款的风险。而在背对背保理中,两个交易相互关联,出口商的回款额和回款期均依赖于中间商的回款额和回款期,产生风险。

(二)本案的创新设计

本案套用背对背保理的业务模式,将对出口商和进口商直接的贸易服务,延伸到有代理商介入其中的间接贸易中,是背对背保理模式的创新。在获得出口商 A 和代理商 B 的应收账款转让,并与进口保理商签订合作协议,由后者负责催收账款、控制买方回款的前提下,M 银行作为出口保理商,向出口商 A 提供融资、账款管理等相关保理服务。

出口商 A 公司与香港代理商 B 公司属于境内外的母子公司,因此,对出口商 A 公司融资模式设计的出发点主要是规避有代理商介入的复杂贸易中下游买家货款无法回收的风险。对 M 银行而言,融资风险控管的症结在于最终买家的信用,于是,银行通过以下专业化的产品设计在业务操作的过程中实施控制、锁定风险。

一是保理商间协议(AR2)。与终端买家所在国的 FCI 会员签订保理协议,通过进口保理商核定境外终端买方信用担保额度,并对其应收账款进行催收和管理。进口保理商调查的结果显示,A 公司在该项贸易中涉及的买家均为国际知名大厂,且在海外上市,信息颇为透明。资信调查和进口保理商的相关服务使得卖方信用风险大大降低。

二是付款三方协议约定应收账款转让和回款路径(AR1)。代理商贸易涉及的两段应收账款——出口商 A 与代理商 B 的应收账款、代理商 B 与最终买家的应收账款分别转让给 M 银行,并由银行通过特定账户监管控制回款。M 银行对出口商 A 的保理融资以所购买的应收账款债权为抵押,最后由对最终买家应收账款的收回而实现偿付,这一合同安排使 M 银行通过相关联的两个债权的抵销权获得了较好的保护。

三是有追索权的国际保理协议。M 银行与 A 公司签订国际保理协议,对 A 提供有追索权的保理,无论应收账款因何种原因不能收回,都有权向出口商 A 索回已付融资款项并拒付尚未收回的差额款项,从而最大限度地降低融资风险。

这一方案的核心要素在于:

第一，借助境外进口保理商网络管理买家账款。最终买家的额度通过进口保理商进行核准，M银行将香港B公司转让的应收账款信息通过国际保理商联合会(FCI)的EDI系统(Electronic Data Interchange)传递给进口保理商，由进口保理商对终端买家的账款进行催收和管理，并及时进行核对。保理业务EDI系统是国际保理商联合会成员间传递保理业务往来信息和数据的电子通讯系统，其传递的报文为标准格式报文。透过EDI factoring.com的数据接口与FCI项下众多国际保理商密切的合作，发票受让至结案一系列信息能够被完善地管理。

第二，借助NRA账户回款路径实施资金流的控制。NRA账户(non-resident account)，是境外机构按规定在境内银行开立的外汇(或人民币)账户，开户简单，经银行审核材料齐全、合法即可，不需报告外管局批准，开立后视同境内机构开户管理，在岸管理无需隔离。账户没有币种和数量限制，与境外往来自由，能办理外汇存款、汇款、国际结算、全球现金管理等多种业务。适合与境内企业有大量贸易往来的境外机构，有利于境内对贸易资金的监控。M银行要求香港B公司开立NRA账户、终端买家直接汇款入NRA账户，最大的好处是可以管理资金，直接监控账户各笔汇入款项的方向和金额，同时也有助于扩大客户基础，增加存款、提高结算量、拓展业务。对企业而言，开立NRA账户的香港B公司与同在银行开户的A公司频繁的收付往来，由原先的境内外款项划付转变为行内转账，可以节约资金划转成本，大额存款还可享受利率优惠，并且，NRA账户使用方便，从境内外收汇，相互之间划转、与离岸账户(OSA)[①]之间划转，或者向境外支付，M银行可根据客户指令直接办理，实现银企双赢效应。

第三，借助完善的操作流程实施严格风控。M银行分别按照两段既相互独立又相互关联的业务进行单据的审核、业务操作和管理。同时在业务承做过程中加强贷中和贷后的监管，严格审核贸易背景以及单据的真实性，并及时进行账款的催收与核对工作。

(三) 方案的优势

该背对背保理解决方案成功解决了A公司的后顾之忧，其主要优势体现为：

首先，融资便利，无须A公司提供传统意义上的抵质押和担保；

其次，便于A公司提前收汇，改善自身财务结构；

再次，方便A公司提前结汇，规避汇率风险；

最后，为境外的收款提供安全保障与账款管理。

三、结论与启示

代理商/中间商贸易模式普遍存在于出口贸易中，类似A公司的业务需求具有普遍

[①] 境外机构境内离岸账户OSA账户(offshore account)，是境外机构按规定在依法取得离岸银行业务经营资格的境内银行(招商银行、交通银行、浦东发展银行、深圳发展银行)离岸业务部开立的账户，实行离岸业务与在岸业务分账管理。

性,背对背保理模式非常适合于采用 O/A、D/A 方式结算并通过代理商/中间商再向终端客户销售的出口企业。银行应在熟练掌握保理产品功能和特性的基础上,针对不同行业、地区和客户的特点,不断创新求变,进行业务的灵活组合,为客户提供个性化、最优化的服务产品和解决方案。

(一)依托 FCI 平台,加强与国际保理商的密切合作

国际保理商联合会(FCI)是目前国际上最大和最具影响力的国际保理组织。FCI 有联系世界主要保理公司的全球网络,并能在一个先进的技术平台上进行业务沟通和往来(计算机联系采用 EDI factoring)。加入 FCI 这一平台有助于保理机构之间彼此交换资料、分享资讯、相互合作。如国际保理中借助进口保理商在本地市场寻找信用资讯,并依据其对本国进口商的经验来管理信用风险。进口保理商还会提供其所在国的市场信息,并会在争议解决的过程中为出口商提供有价值的帮助。这些合作与配合,对保理业务的顺利开展十分重要。

(二)利用先进的电子化设备和系统,提升业务适用面并降低风险

FCI 的"EDI factoring.com"系统主要是处理与合作保理商之间的信息互换,不同于一般的信贷系统,这个系统有风险控制、额度控制、应收账款信息处理等操作。利用 EDI 通信系统对数据进行集中处理,有报告、报文认证、邮件交换功能,支持任何操作平台,用户数不限,实现了无纸贸易形式,可完成贸易信息的有效传递,使得保理业务更加便捷、准确和高效。

(三)树立风险意识,强化风险管理

银行应及时关注贸易政策与形势的变化,严格审查企业的交易国及交易对手、合作伙伴的资信情况,适时进行调整、更替,通过系统平台的不断升级与优化,提升保理业务过程中监控风险和风险管理的能力。

参考文献:

[1]于妍.背对背保理业务模式的新突破[J].中国外汇,2011(7).
[2]陈霜华,蔡厚毅.商业保理实务与案例[M].上海:复旦大学出版社,2016.
[3]林跃伟.透视 NRA 账户[J].金融与贸易,2015(2).
[4]黄斌.国际保理若干法律问题研究[D].清华大学,2005.
[5]俞莺.背对背国际保理概述——兼与背对背信用证比较[J].技术经济与管理研究,2003(2).

案例 36 CEF 在中国的首单国际保理

一、案情回放

(一) 公司简介

中国出口融资(英国)有限公司(China Export Finance Co., Ltd., 以下简称"CEF")成立于 2004 年，总部位于英国伦敦，亚太区总部设在上海，是国际保理协会(IFG)会员。[①] CEF 在中国、欧洲、美洲设有分公司，一直致力于为中国出口商和国外进口商提供高保障性赊销解决方案及财务类供应链相关服务。该公司董事会成员来自金融、高科技、资产投资等多个领域，具有丰富的管理经验，高层管理者拥有超过 15 年的对华贸易经验，CEF 还与多家世界顶级银行建立了合作关系。

CEF 的前身是英国水产集团财务部门下属的一个专门为供应商提供融资担保服务的附属部门。从 20 世纪 70 年代末开始，英国水产集团同中国渤海湾附近的水产公司开始贸易往来。中国加入世界贸易组织以后，随着贸易额的扩大，英国水产集团和中国各水产公司之间在付款方式上的分歧越来越大。由于海产品运输、加工、销售等客观原因，从采购订单下达到成品销售给最终客户并收到货款，整个周期一般为 3～6 个月。水产集团作为买方，希望账期越长越好；但卖方——中国各水产公司因养殖、收购、加工等均需投入大量现金，因而希望提早收款。因此，英国水产集团财务部专门成立了融资部门，同供应商协商，如果后者愿意支付额外 2%～3% 的费用，则可以提前 60～90 天得到货款。此项业务一经推出，立刻受到供应商的欢迎，迅速得到普及。

如此经历，使英国水产集团发现了中国市场对国际融资和保理的巨大需求。于是，英国水产集团财务部门下属的融资部门发展为 CEF，并于 2006 年初在中国上海和美国纽约分别成立了亚太区总部和北美总部。当时，中国的国际融资保理市场并未对外资开放，CEF 没有合法的身份开展业务，在上海成立的办公室以咨询公司的名义注册，同客户之间签订的应收账款购买合同均以英文原版的格式同英国直接签订。凭借这种擦边球的形式，CEF 的融资保理业绩稳步增长。2009 年 11 月 16 日，由 CEF 独资的"西易(天津)国际保理服务有限公司"正式成立，标志着公司成功申请到中国国际融资和保理的牌照，成为中国首家由外商独资并正式运营的国际保理商。成立至今，CEF 的业绩每年以 120% 的速度增长，稳居同类公司的第一名，成为行业翘楚。

[①] 国际保理协会(IFG)成立于 1963 年，总部设在比利时的布鲁塞尔，是全球第一个国际应收账款承购商同业组织，会员主力分布在西欧、东欧及美洲。IFG 与国际保理另一国际组织 FCI 相比，会员国数目和会员总数较少，银行会员的比例较低，在亚洲的业绩量与影响力较小。

(二)背景概述

CEF在中国的第一笔业务是2006年底为浙江威发贸易公司操作的国际保理业务,自此打开了CEF在当地礼品行业的知名度,而威发公司受益于保理的开展,业务量从2006年的500万美元上升到2008年的3 000万美元。

浙江威发贸易公司(以下简称"威发")成立于2005年,总部设在浙江义乌,是一家专门从事小礼品出口的贸易公司,主要产品为钥匙扣、箱包等礼品,种类繁多,价值较小,主要出口欧美市场的大超市,如Walmart、JC penny、Aldi等。国外零售大超市这些主要客户普遍要求30~90天不等的账期,意味着威发出货开船30~90天后才能拿到货款。威发经营的产品虽然单品货值不高,但整体货柜价值一般在7万~8万美元,每月出货量为7~8个货柜。按照这样的操作模式,公司出货后必须先行垫付货款给供应商,现金流每月约50万美元,折合人民币400万元。所以,威发公司对资金有较大的需求。

威发曾尝试过多种融资途径,也联系接触过多家银行,但结果均不理想,主要原因在于自身不符合银行融资的条件。原来,威发公司出于避税和美元结算操作方便的原因,在香港成立了离岸公司——威发香港,通过后者同客户签订贸易合同,客户的美元付款也是直接付到威发香港账户,再由威发香港付到国内供应商账户。威发义乌虽然是总公司,现金流并不经过其账户。没有现金流记录,它在国内银行就没有资信,而且它只是一家贸易公司,虽然贸易额比较大,但是并无固定资产等银行要求的融资必需条件,虽然有部分国外客户开立信用证给威发香港,但国内银行的福费廷业务同样无法操作。威发香港是离岸账户,所有操作均通过电脑完成,在香港没有办公室,也没有财务人员可以操作融资保理业务。

(三)合作过程

CEF在2006年秋季广交会上接触到了威发公司,由于当时CEF刚成立,无知名度,威发虽然对CEF的业务感兴趣,但考虑到商业信用问题并没有立即开展合作,只是表示可以考虑。广交会结束后,CEF业务员于10月22日上门拜访了威发义乌的总部,向财务总监、业务总监及老板详细介绍了产品的功能。与此同时,威发高层正因为广交会上客户不断的账期要求得不到银行的帮助而烦恼,于是当场决定从美国Walmart开始,试行CEF的保理业务。

按照威发以往的业务习惯,广交会之后一个月内准备好客户在会上要求的样品,飞到美国同客户开会确认价格、交期等细节,等客户下单后威发开始生产。CEF了解其操作流程后,立刻通知自己的美国纽约分公司,由纽约客服人员直接联系Walmart采购及财务人员,使之了解CEF保理业务。之后,威发在美国与Walmart洽谈的采购会议上,CEF纽约的业务员作为付款环节的顾问参与其中。会议最终确认CEF作为国际保理商,参与Walmart同威发的贸易,威发承担保理费用的90%,Walmart承担10%,给予Walmart 90天账期的额度为250万美元。威发出货后CEF替Walmart支付80%的货款,90 天账期到期后,再向 Walmart 收款。

业务的后期操作中,由于威发产品种类繁多,订单文件操作繁琐,CEF 又将自身应用的 Salesforce 系统介绍给威发,大大降低了文件的操作难度,提高了效率。同时,CEF 资深 CFO 定期对供应商财务人员进行免费培训,也使其财务管理能力大大提升。

2006 年全年,Walmart 对威发的业务额约 200 万美元,采用了 CEF 的国际保理业务之后,2007 年业务额上升到 800 万美元,2008 年则达到了 1 200 万美元。

二、案例评析

初入中国市场的 CEF 没有知名度,起步艰难,之所以能成功做成威发的首单国际保理业务,其独到之处在于:

(一)完善的风险控制和转移机制

国际保理商需要替买方垫付货款(一般为总货款的 80%),贸易过程中还存在贸易纠纷等不可预料的情况,CEF 针对其中最关键的买方信用风险、流动资金来源风险、人为操作失误风险以及交易过程中的买卖双方贸易纠纷风险,均有相应的应对措施,把保理过程中可预见及不可预见的风险都降到最低(见表 36—1)。

表 36—1　　　　　　　　　CEF 对国际保理的风险控制

国际保理操作步骤	风险种类	解决方案
前期客户资信调查	卖方信用风险	同 AIG、D&B 等国际知名信用调查公司合作,前期审核潜在买家,得到买家资信报告
签订应收账款购买合同	卖方信用风险	在资信调查基础上,从 AIG 购买商业信用保险
代替买家支付货款	流动资金来源风险	用 AIG 等公司的保单在 HSBC 押汇
具体操作流程	人为操作失误风险	Saleforce 系统,全部电脑操作
具体操作过程	贸易过程中买卖双方纠纷	通过应收账款购买合同限定付款程序和责任;专业团队协助买卖双方沟通解决

在整个业务操作过程中,CEF 自身只负担人员工资和办公场地费用、产品正常的推广和前期客户资信调查费用,而国际保理主营业务的资金都是利用 AIG 保单从英国 HSBC 押汇而得,整个流程中 CEF 不需要垫付任何资金。风险由 AIG 承保,资金来自保单融资,虽然推出的是不用抵押、不用担保、没有追索权的方案,但是一旦出了问题,CEF 本身并不损失任何资金,损失由 HSBC 和 AIG 承担,近似"空手套白狼"的操作方式。

CEF 开展业务资金占用极低,而业务收益非常丰厚(见表 36—2)。以 60 天为例,在 2.5% 的收费中,0.5%×2=1% 的利息为支付给 HSBC 的押汇费用,0.5% 的风险管理费为 AIG 的承保费用,剩余 1% 的交易费就是自身利润。随着保理业务规模的扩大,HSBC 的利息费用和 AIG 的保险费用还会大幅下调。CEF 本身不占用资金,就可以有 1% 以上的利润。若按照1%的盈利计算,2008年6月到2009年6月,CEF的保理操作额度为16亿美元,利润为1 600万美元。如果再考虑规模扩大后利息和保费的降低,则利润远高于1 600万美元。

表36－2　　　　　　　　　CEF国际保理服务的收费

销售收入的百分比	30天	60天	90天
交易费	1%	1%	1%
利息	0.5%×1	0.5%×2	0.5%×3
风险管理费	0.5%	0.5%	0.5%
总数	2	2.5	3.0
服务线年费1%			

说明:(1)服务线年费费用为所批准额度的1%,在第一单交易时收取;(2)利息根据英国伦敦银行同业拆借利率的浮动作相应调整。

(二)强大的产品开发能力和丰富的附加增值服务

1. 简化业务流程

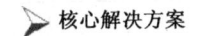

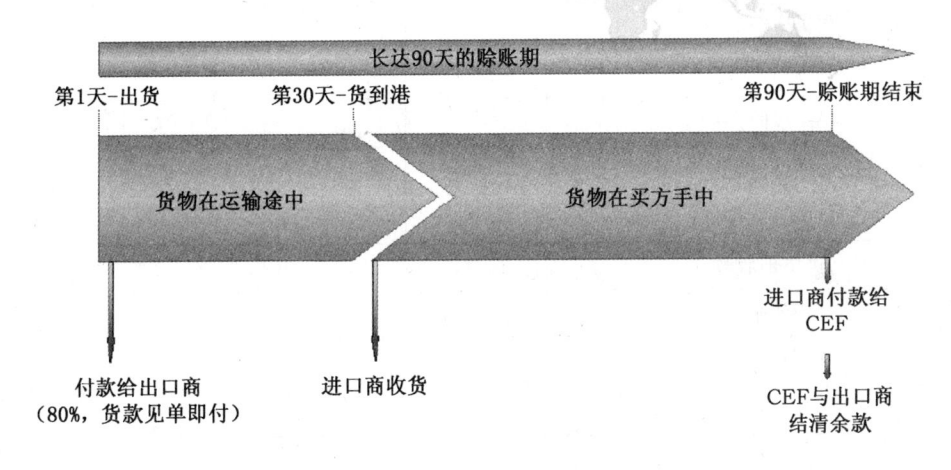

图36－1　CEF公司的国际保理付款流程

如图36－1所示,CEF公司简化了国际保理的业务流程,使进口商、出口商、进口保理商和出口保理商的四方交易变成进口商、出口商和CEF的三方交易,买卖双方的交易更加简便快捷,从出货后的申请付款到收到货款一般3～5个工作日内即可完成;同时,

CEF 在贸易过程中的可操作性更加灵活，可控环节更多，自身的资金安全更有保障。

2. 产品结构线一专多能

CEF 并不只是传统意义上的国际保理商，它以国际保理为主营业务，充分发挥欧洲和美国总部的功能，将自身业务向保理业务两端延伸，将保理前期的供应商资信调查、资信评估以及后期的单证管理操作、单票交易服务、账款催收、贸易纠纷处理、本地化服务均纳入了自身服务体系。作为已经注册在伦敦的英资公司，CEF 在欧洲、美国、中国均设有办事处，可以在欧洲、美国、中国三地协同合作，通过不断增加专业化服务内容，在同行之间产生差别竞争力，覆盖更广的客户群。

威发案例就是保理业务以外多样化产品服务的典型体现，CEF 将自身应用的办公软件介绍给了威发，同时在威发的人员培训方面实行全免费的方案，通过这一方式，提高在中小企业的影响力，使之对自身的依存度逐步增强，从而不断地留住老客户，吸引新客户。

（三）准入低门槛＋高性价比的服务

CEF 保理业务同其他金融机构比较，服务内容多，但准入门槛相对较低，不需要买卖双方抵押，不需要担保，只要买卖双方公司运营状况良好，无不良交易记录。无论出口商规模大小，只要卖方通过信用评估，即可操作业务，具体见表36－3。

表 36－3　　　　　CEF 保理业务同其他金融机构的比较

	服务	CEF	国外银行	中国的银行	保险公司	追账公司
出口商	购买应收账款	√		√		
	低风险付款	√				
	信用风险保护	√			√	
	单证管理	√				
	销售分账管理	√		√		
	进口地收款	√			√	√
	延伸服务	√				
	对单票交易提供服务	√		√		
	争端管理	√				
	本地化服务	√				
进口商	赊账	√				
	无抵押	√				

在费用方面,CEF 的业务同国内银行保理、中国出口信用保险公司出口信用险+银行融资的费用相差不多,但是考虑到不需要担保抵押、不限定开户银行等一系列低门槛的条件,对比传统银行保理业务对开户行、开户时间和账户金额的限制以及出口信用险+银行融资服务直接的抵押物要求,CEF 更容易操作,更受到中小型外贸企业的青睐(详见表36—4)。

表 36—4　　　　　　　　　CEF 同国内保理融资服务费用的比较

	CEF	国内银行保理	中国出口信用保险公司 出口信用险+银行融资
费用(以 60 天为例)	2.5%	LIBOR 利率上浮,60 天 2.3%左右	1%保费,60 天融资费用 1.5%
是否需要担保抵押	不需要	名义上没有,但要在银行开户,并有账户最低额度和开户时间限制	需要抵押物

威发案例中,CEF 产品设计符合威发的需求,没有最低门槛限制,打消企业顾虑,同时通过海外分公司的密切配合,说服海外买家接受并通过 CEF 审核。而且,CEF 海外直接参与了买卖双方的谈判,为威发争取到 10%的保理费用,过程简单、手续简便、效率高。这也为威发在与其他客户合作时采用 CEF 业务打下了良好的基础。

(四)高效的专业化团队与灵敏准确把握时机

"工欲善其事,必先利其器",人才的使用是 CEF 在中国快速成功的关键因素之一。

1. 重视渠道建设

CEF 中国办事处的员工主要来自传统的银行业和国际贸易行业。拥有这两种工作背景有利于更好地了解产品本质和广大出口商、国外买家之间的真实需求,在产品改进、推广和渠道建设方面更加得心应手。CEF 中国办事处自成立之初就一直致力于销售渠道建设,积极同国内类似业务渠道、有共同客户群的代理公司、保险公司、行业协会、政府贸促会、B2B 网站等组织保持紧密的合作(见表 36—5)。根据 2009 年的统计,在 16 亿美元的贸易额中,通过渠道产生的贸易额在 10 亿美元左右,占总体业务额的 62.5%。

表 36—5　　　　　　　　　　　CEF 产品推广途径

渠道名称	适用范围
当地商会、行业协会	产品推广,扩大产品知名度
政府贸促会、中小企业局	形象建设,增强可信度,提升口碑
保险经纪公司	批量接触客人,扩大客人的基数
商业 B2B 网站	通过网络渠道增加知名度、扩大影响,通过网站自身产品打包推广
网络软文、报道	扩大产品以及公司知名度
自身业务人员推广	具体接触客户,针对客户面对面推广

2. 本土化操作

在 CEF 中国办事处的员工中,除亚太区总裁外,其余员工均为中国籍。其在成立之初,就按照出口总量,将全国划分为广东、江苏、浙江、天津四大区,每个大区内设独立的业务团队。这样的架构最大程度地解决了传统外资公司常见的高层、中层、基层的沟通问题,有利于大区的本地化操作,针对全国不同地区的出口企业特点,采用不同的销售策略,避免人、财、物的浪费。

3. 主动及时把握商机

在威发案例中,CEF 主动出击寻找客户。每年两届的广交会是中国最大的出口商品交易会,几乎囊括了中国所有的出口商品类别,在广交会上,可以直接接触到最真实的出口商。CEF 在广交会上了解到了威发的需求。19 日,广交会结束,22 日,业务员就及时拜访,同时约见了公司所有的高层,了解到公司的真实需求。业务员的主动及时跟进大大方便了后期的工作开展。

三、结论与启示

CEF 公司全球所有员工不到 50 人,整个产品设计方面也无太过高深的技术,但它依靠全球化强大的资深管理团队、无障碍沟通服务、本土化的管理以及丰富的保理行业经验,成为保理行业的先行者之一,在中西方贸易市场中均具有极强的渗透力。它的成功经验,对国内蓬勃兴起的商业保理同行无疑具有良好的示范效应和借鉴意义。其核心启示在于:

(一)坚持产品研发和服务创新,提供差异化服务

一直以来,国内提供保理服务的主体是商业银行。由于保理业务只是银行业务的一个分支而非主营业务,所以在实践操作中银行基本照搬传统的授信模式,要求出口商提供或者变相提供抵押物,在产品设计方面也是沿用传统形式,没有创新动力,与国际保理业务的客户主体——中小企业的市场需求存在很大差异。这也是 CEF 的保理业务一经推出,在国内中小型外贸出口企业的保理领域基本没有竞争对手的主要原因。当前,在政策利好推动下,在服务中小企业领域更具优势的商业保理在中国迅速兴起,[①]随着政策限制的逐步松动,保理行业将迎来商业保理与银行保理并行发展的良好局面。保理不仅是融资,也是服务,银行背景的保理商可以靠银行规模开展业务,非银行背景的商业保理公司先天不具备规模和资金优势,若再不重视服务功能,追随银行放款,就不可能有成功的机会。要始终能在市场激烈竞争中立于不败之地,商业保理必须更注重提供调查、催收、管理、结算、融资、担保等一系列综合服务;更侧重于接地气地提供中小微企业金融服务;更

[①] 2012 年 6 月 27 日,商务部同意在天津滨海新区、上海浦东新区开展商业保理试点。2014 年 4 月 10 日,中国银监会公布《商业银行保理业务管理暂行办法》。

专注于特定的行业或领域,提供更有针对性的服务;不断加大产品创新力度,提高服务意识和水平,贴近客户要求,创造差异化的产品。

(二)注重人才储备,提高专业化素质

作为保理发展的要素之一,人才队伍建设非常关键。保理这一行业有天然技术性要求,因为应收账款融资基于两家企业的交易,涉及订单和票据真实性确认、应收账款确权以及底层资产真实性确认,还涉及投后风控、追索权问题等,环节相对复杂,不是一般从业人员能够胜任的。必须对贸易背景以及应收账款产生、交易的产生、企业的性质都有足够深入的了解,才能从事这一业务,因此,保理对专业人才要求相对比较高。目前市场上需求的金融产品种类越来越多、越来越细化,这对保理从业人员的专业性和综合能力提出了更高的要求。

参考文献:

张洪榛.CEF 国际保理业务对中小型出口企业服务的案例分析[D].天津:天津大学,2011.

案例 37 渣打携手李宁打造银企供应链融资

一、案情回放

(一)背景概述

经过 20 年的持续发展,体操王子李宁创立的李宁(中国)体育用品有限公司(以下简称"李宁公司")一跃成为国内第一大体育用品民族品牌公司。近年来,公司携手其上下游数百家供应商与经销商,实现了规模的不断扩大与业绩的持续攀升:2004—2010 年,销售收入 6 年的复合增长率达 34.9%,突破 80 亿元关口;净利润年均复合增长率超过 50%,达到 9.4 亿元;店铺也由 2004 年的 2 900 家增至 2011 年上半年的 8 163 家。

然而,业绩提升的最大挑战来自于对整个供应链的整合和管理。李宁公司处于供应链的中间,即上游有供应商,下游有经销商,都面临着各自的融资需求。从供应链上游来看,李宁公司将订单发给不同的生产工厂,由工厂根据订单生成原料订单,再把原料订单发给原料供应商。生产出来的成品发往品牌公司的大仓或直接配送到品牌公司指定的销售商。因生产规模扩大,供应商扩充厂房和生产线已成为必然,这些固定资产的大量投入使供应商无法在短期内通过产销的扩大带来足够的资金回流,因而产生了供应商对资金的迫切需求。从供应链下游来看,经销商因店铺租金的逐年上涨和开店数量的扩张,每年都有巨大的资金投入,其资金需求也十分明显。

李宁公司上下游合作伙伴大部分都是民营中小企业,这些企业重业务、轻资产的特点注定其在传统的银行信贷模式下难以获取资金支持,无法持续配合核心企业进行战略扩张。李宁公司尽管掌握着供应链中的核心优势,但面对着数量众多的中小供应商或者经销商,通常会面临信用、账期、资金缺口和坏账等问题。

但身为上市公司,为了维护广大股东权益并降低自身资金风险,李宁公司无法为合作伙伴提供流动资金担保贷款,而采用其他融资方式也存在着流程繁杂、成本过高及不符合公司制度等问题。如何解决合作伙伴的融资"瓶颈",是李宁公司不得不面对的问题。

(二)一波三折的融资过程

面对上下游合作伙伴的融资困境,早在2006年,李宁公司财务管理团队就率先提出了供应链融资的理念,经过与中资合作银行多次接触,了解到供应链产品推行的限制和风险。由于当时金融机构传统信贷理念的限制以及金融机构运作地域的局限,最终设想未能成为现实。

随后的两年,李宁公司从某外资银行了解到供应链融资在国际市场的开展情况和若干操作实例,并针对公司的本土化特点,开始了意向性接触。但2008年经济危机的到来使国际国内各行业均受到影响,金融产品供应大量缩减,供应链融资再次陷入困境。好在借助2008年北京奥运的契机,公司充分扩大了市场占有率,优化了渠道资源,为后期供应链融资的顺利推行打下了良好的业务基础。2009年,国家实施扩大内需的积极财政政策,开展供应链融资的内外部因素已经基本具备。

(三)精心筹划的融资合作

1. 银行与公司的双向选择

供应链融资项目的第一步是合伙银行的选择。成熟的供应链评估理念、全球化的视野与布局、专职供应链融资团队提供的标准化服务以及配套的技术平台等都是企业在选择合作银行时需要全面考虑的问题。李宁公司以合作方是否有专业的运作团队、是否有规范的审查流程、是否有以客户为导向的服务意识并具有较高的实施效率等条件为标准选择合作银行,最终选定渣打与恒生两家银行。不仅如此,公司还看中渣打银行有着丰富的供应链融资经验,曾经为很多大企业成功定制了供应链融资方案。

而渣打银行选择与李宁公司合作,主要是看中了公司优秀的研发及设计能力、品牌建设及营销能力,以及精准的品牌差异化定位和完善的供应链管理。

2. 公司对自身供应链的筛选和过滤

之后,李宁公司开始在上下游合作伙伴中选择首批试点单位。以筛选经销商为例,李宁公司建立了供应链融资评审机制,制定了严格的经销商管理办法,按照以下特定标准选定给予供应链融资的经销商:首先,认同李宁品牌及李宁文化,符合李宁未来发展战略及业务策略;其次,在李宁的供应链体系中占有重要地位,是李宁的核心合作伙伴;再次,与李宁合作记录良好,符合银行要求;最后,近几年发展迅速,未来有进一步发展的潜力且有资金需求。

在完成筛选工作后,李宁公司与供应链融资上下游合作伙伴进行沟通,并与合作银行就技术操作细节等环节进行了最后敲定。

(四)供应商和经销商融资方案

渣打银行提供的供应链融资方案分为两种:供应商融资和经销商融资。

所谓供应商融资,是指银行直接与核心企业李宁公司建立联系,根据供应商与核心企业签署的合同和订单向供应商提供融资。由于核心企业非常珍惜自身的品牌价值和赖以维持的声誉,因而向供应商支付货款的风险相对较低,一定程度上有助于提升供应商的征信水平。通过这种方式,核心企业的财务总监能帮助其供应商顺利获得融资渠道,而且融资利率比供应商单独申请更为优惠。这实质上是银行将单纯的装运发货后融资延伸至装运前融资,支持供应商的原料采购和生产活动。一旦供应商将生产的成品装运后,信贷风险即减小,融资利率也相应调低。李宁公司因直接或者间接提供信用增级,通常也会向供应商要求更低的采购价及更长的账期。典型的交易流程如图37-1所示。

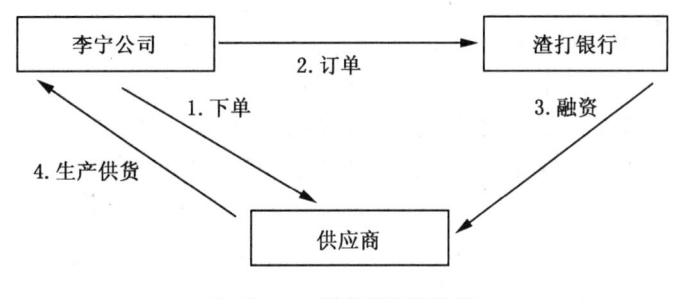

图37-1 供应商融资流程

这一融资产品有助于避免供应商资金不足乃至断裂对供应链稳定性带来的不利冲击,降低供应链风险;有助于供应商节约融资成本;有助于李宁公司获得更有利的采购价格和账期;有助于银行从核心企业供应链所创造的价值中分享收益。

经销商融资方案主要是考虑到核心企业李宁公司要面临经销商要求延长账期的压力。核心企业一般有较强的市场势力,对渠道网络有一定影响力。但是,一旦产品销售不顺畅,经销商会要求延期支付,从而对核心企业造成资金压力并增加财务成本。如果渣打银行直接向经销商提供商业贷款,经销商则需要承担由此引起的较高财务成本,而且可能无法满足传统商业银行信贷对抵(质)押物、担保及财务报表的要求。经销商融资的突破在于银行信贷风险评估方式的转变。传统模式下的信贷评估主要靠财务报表来认定客户的财务状况,不甚满意就会要求客户提供担保或抵押。而在经销商融资中,银行首先考虑企业产品是否畅销,通常体现在市场份额上。由于经销商融资并不一定强调控制货物和货权凭证,因而交易处理流程变得简单高效。对李宁公司来说,借助自身的信用优势,在供应链整体架构内强化经销商的征信水平,既可以延长经销商的账期,又不必使自己承担所有的风险。典型的交易流程如图37-2所示。

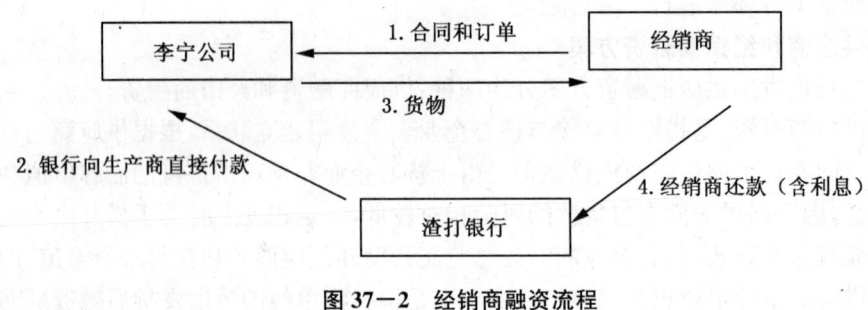

图 37-2 经销商融资流程

(五)成效斐然的大结局

2009年下半年,李宁公司与渣打银行就供应链融资方案达成一致并开始推动项目的具体实施。

1. 银行提供大额无抵押授信支持

渣打银行为李宁公司上游供应商合作伙伴提供了4亿元融资授信额度,为下游经销商合作伙伴争取了3亿元融资授信额度,并完成了下游经销合作伙伴1亿元的融资。而银行的这些大额度授信完全不需要任何实体货物的担保和抵押,突破了传统信贷的局限。

2. 银行授信对象的不断扩展

2010年第一季度,在原有3家经销商合作伙伴取得融资的基础上,又有8家经销商先后加入到供应链融资项目中,到2011年上半年,经销商端供应链融资的授信额度已经达到6亿元以上,且大部分授信转变为实际融资。

3. 供应链集中化改造提升效率

由于提供供应链融资服务对核心企业供应链管理的能力有相当高的要求,李宁公司也开始逐步进行供应链改造。

2010年初,由李宁及核心供应商共同打造的位于湖北的李宁(荆门)工业园正式运行,李宁公司负责物流基地和研发中心的建设,其上游合作伙伴负责产品生产。工业园的全部产能占到李宁公司整体供应链40%~50%的规模。供应链集中化,产生规模效应,供应速度大大加快,效率提高1倍。李宁公司的平均库存天数缩短为66天左右,资金利用率有效提高。此前李宁在全国设立的多个大仓库取消,有效减少了物流环节和仓储费用,提高了整个供应链的效率。

二、案例评析

(一) 渣打供应链融资的特色分析

供应链金融的核心思想是"1+N","1"是指一个产业或者供应链中的核心企业,"N"是指围绕这一核心企业的上下游企业。这种模式的优势在于以核心企业为中心,以真实的贸易作支撑,利用对核心企业信用外溢的把控,批量开发与之相关的上下游企业,依托核心企业对这些上下游企业提供资金融通、支付结算、流程优化等综合性金融服务。

与传统商业银行信贷模式相比,渣打银行携手李宁的供应链融资方案特色在于:注重供应链的合约安排取代强调抵质押物及财务报表的完善程度,有效规避商业银行信贷风险;以核心企业的征信水平重新定义信贷对象的信用水平,降低其信用评级要求;强化供应链稳定性,降低供应链整体财务成本,提升供应链价值,银企从中分享收益。

本案是典型的银企合作供应链融资模式,也是当前应用最为广泛的供应链融资模式。这种融资模式没有法律准入限制,适用对象是大量的中小企业,其特点是:第一,商业银行是融资方案的设计者,并向不同的企业提供资金;第二,商业银行同时也是信息平台的搭建者;第三,商业银行与参与融资企业之间是平等、双向选择的关系,门槛较低。

(二) 渣打供应链融资的成功要素

1. 银企的优势互补关系

银企合作供应链融资模式的成功与否,关键取决于核心企业与商业银行的自身优势及互补关系。李宁公司结合其产品研发能力、品牌价值、市场定位能力等,整体信用评级较高,以之为核心的供应链融资模式,整体信用违约风险较低且可控。渣打银行则凭借丰富的中小企业金融服务经验、完善的风险控制体系、金融产品设计优势,通过以李宁公司为核心的供应链融资模式挖掘传统信用体系下无法开发的中小企业客户。两者存在强烈的优势互补,为供应链融资的开展奠定了良好基础。

2. 核心企业清晰的战略思路

作为项目实施的主体,核心企业李宁公司具有清晰的战略思路和内部准备。比如,在经销商融资项目中,作为提供融资的回报,企业是想向供应商要求更低的采购价,还是要求更长的付款账期?对企业来说,现金流和利润额哪个更重要?而在经销商融资项目中,企业要考虑如何衡量经销商融资给企业带来的效益。更重要的是,企业财务总监和企业内部其他高级管理层必须授予项目主管足够的权利,因为在供应链融资这样跨部门合作的项目中,销售、采购、资金和财务部门很可能由于自身不同的利益而无法协调一致。因此,从项目伊始,公司管理层就全力参与,有效地协调各部门的利益,促成合作,从而给整个企业带来最大的利益。

3. 有效的风险控制措施

(1)核心企业的风险控制。李宁公司制定了具体的风险防范措施。一方面,对上游供应商,重点控制信贷融资风险。因为供应商融资信用是建立在李宁公司供应链整体管控和公司的信用评级基础之上。另一方面,对下游经销商,强化现金管理。公司采用收支两条线的资金管控,严格按照资金使用计划进行拨款及结算。此外,对现金流的预测管理细化到以周为时间单位。在资金整体配置上,李宁公司一直坚持稳健谨慎的目标,专注体育产业,从不做任何证券投资、房地产投资。

(2)银行的风险控制。具体措施包括:第一,凭借丰富的中小企业金融服务经验,开发出成熟的适合中小企业的信贷审批模式。第二,设计特别的组织架构"操作风险控制委员会(CORG)",确保建立合适的风险管理框架。第三,总部成立了专门的、独立运作的审计和风险管理委员会,对信用风险、市场风险、操作风险、流动性风险等进行分类管理。第四,提供了规范成熟的技术平台,包括:①严格的融资度审批流程。在融资额度的审批流程中,由客户经理进行深入客户调查后提出申请,根据客户信贷级别及信贷额度的不同由具有不同权限的信贷审批官进行审批。②客户经理跟踪调查。额度批准后,客户经理和信贷监控部门负责对客户的额度使用进行风险监控。③信贷监控部门的风险监控。风险控制方面,银行有完整的运作体系与明晰的部门分工,还建立了风险预警机制。④完善的管理信息报告制度。主要贸易融资业务风险控制报告包括逾期报告、额度使用报告、早期风险预警报告和特别关注账户报告等。这些报告能够帮助客户经理和信贷监控部门对融资产品和信贷额度进行风险监控。

4. 信息化平台的辅助

供应链融资方案的有效实施离不开信息化的辅助手段。渣打银行的 Straight2Bank 电子银行系统涵盖了资金管理、传统贸易融资和供应链融资等多项业务,并在这一平台上为客户提供强大的报告功能,使得客户可以通过电子银行平台在全球各地发送交易指令、查询交易、定制报告等,从而在最大程度上实现交易的自动化。

(三)供应链融资的效果评价

首先,供应链融资的支持,帮助李宁公司稳定了供销渠道,在减少支付压力的同时,扩大了公司的生产和销售,取得了更加优异的财务表现。

其次,解决了李宁公司上下游合作伙伴因抵押担保不足而产生的融资瓶颈:一方面将资金有效地注入处于相对弱势的上下游配套中小企业,贷款时效短、流程简便,解决了融资难题;另一方面也将银行信用融入到上下游中小企业的购销行为中,帮助中小企业增强了商业信用,促进了中小企业与核心企业的长期战略协同,推动了整个供应链上下游企业的健康发展与竞争力的提升。

最后,对资金供给方渣打银行而言,依赖李宁公司的先期挑选和核心企业的隐性背书,降低了向中小企业放款的风险,开发了一批处于成长期的优质中小企业客户群体,且获得较高的回报,有利于改变银行传统依赖大客户的局面,提高中间业务收入,谋求新的利润增长点。

三、结论与启示

以李宁公司为核心的银企合作供应链融资模式,具有如下启示:

(一)供应链融资改革了传统的信贷模式

供应链金融的创新在于对金融业务模式的重构。供应链融资突破了商业银行传统的评级授信要求,也无须另行提供抵押、质押和担保,抓住大型优质企业稳定的供应链,以核心企业为切入点,以上下游资质良好的企业作为融资对象。相对于仅考虑单个企业资质的局限,从更宏观的供应链视角观察企业融资能力无疑是一种改进,促进了金融与实业的有效互动。

(二)确保核心企业的品牌价值与企业信用是供应链融资的核心

李宁公司作为品牌企业,出现信用违约会给其品牌带来巨大的负面效应,同时还将破坏其与供应商之间的合作关系;若下游特许经营店铺经营不善,也会带来授信产品的信用风险。这就需要李宁公司时刻发挥好核心企业的作用,比如:严格把控特许经营门店甄选标准和准入门槛,加强约束和日常管理;与银行分享经营信息,帮助银行有效开展信息调查和评级等;为特许经营门店提供信用支持等。

(三)供应链融资不仅要考虑单个参与者的价值最大化,更需要考虑品牌产业链的价值最大化

本案的成功经验表明,处于资金支持弱势的供应链合作伙伴的资金实力大大提升,而且充分体现了公司价值观,拓展了品牌市场,核心企业李宁公司收获了更加优秀的财务表现,在大幅提升品牌价值的同时,还储备了充分的资金资源,与金融合作伙伴建立了良好的合作关系,为未来市场竞争赢得了先机。

(四)供应链融资授信风险有别于其他授信产品,有赖于有效的风控

供应链融资具有针对性和群体性,供应链内企业之间的信用风险是风险的主要来源。对于风险管理,商业银行应提高风险识别和控制能力,同时,核心企业应关注自身信用状况,控制风险。例如,湖北荆门李宁工业园区的建设和投入使用,使李宁公司逐步完成以李宁公司为核心的产业集群,李宁物流中心使得李宁公司对于供应链的整合和控制能力进一步获得提升,大幅下降了供应链内企业间的违约风险。

参考文献:

[1]杜道利.巧用供应链融资[J].中国外汇,2011(12).

[2]佚名.供应链融资:李宁牵手渣打[J].新理财,2010(5).

[3]唐明琴,朱慧芳.供应链系统视角下的供应链融资模式及其风险——以渣打银行的供应链融资为例[J].征信,2015(2).

[4]葛华.商业银行供应链金融业务模式及风险管理研究——以渣打银行对李宁公司

供应链金融服务为例[D].中央财经大学,2011.

[5]许家林,等.供应链融资:银企双赢新举措——基于福润公司的案例分析[J].财会学习,2012(1).

案例38 浙江义乌"e透"供应链融资

一、案情回放

(一)背景概述

浙江99%以上的企业都是小微企业。尤其义乌,它不仅是中国进出口贸易的核心地区,也是中国中小制造企业的中心。义乌外贸业务传统的付款方式是外商收到货物后向外贸公司付款,外贸公司收款后向供应商付款。由于汇率波动等多种原因,整个付款周期较长。义乌外贸业务的供应商以个体户为主,经济实力有限,受困于流动资金压力无法正常生产,同时普遍缺乏抵押物、担保品,向银行贷款非常困难。许多来义乌采购的外商同样是个体经营者,也存在资金不足问题。外贸公司则由于轻资产的经营模式,向银行融资的能力有限,难以提前垫付货款。所以,供货商和采购商常常面临因资金不足而无法正常交易的窘境。

(二)"e透"供应链融资模式

针对义乌当地的外贸业态,中国工商银行义乌分行联合浙江东方之星进出口公司(以下简称"东方之星")、中国出口信用保险公司在全国首创"e透"(易透)融资方案。所谓"e透",实质是一种供应链融资模式。在义乌外贸行业的供应链中,外贸公司东方之星处于供应链的中游,是整条供应链的核心,而众多为公司提供商品的中小微加工企业、小商品城商户和国外采购商分别构成供应链的上下游(参见图38-1)。

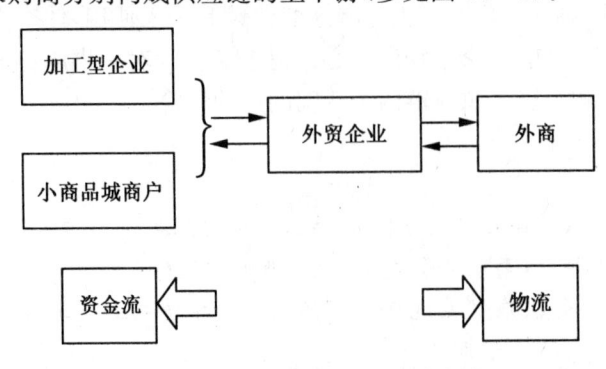

图38-1 义乌市外贸行业供应链

"e透"融资的具体做法是：外贸公司东方之星作为核心企业，其上游供应商——3 000余户小微企业或个体商户群加入"易透"服务平台，这批供应商均通过东方之星获得银行垫付的购货款，东方之星为供应商融资提供担保，在收讫出口货款后，偿还银行"代付"的货款，若采购商未按期支付货款，则由中国出口信用保险公司提供保险赔付。

(三)"e透"模式的主要操作环节

首先，由中国工商银行义乌分行给东方之星担保授信。中国工商银行根据公司以前与供应商的交易记录对东方之星指定的每个供应商进行授信，确定一个贷款额度，发放贷款卡——"易透卡"。所有供应商的贷款额度由东方之星提供担保，并由其母公司浙江东方之星控股集团对东方之星的担保提供再担保。

其次，东方之星统一代理买家向市场经营户采购，收到供应商产品后向买家出口，同时为货款未收讫的买家向中国出口信用保险公司投保，把中国出口信用保险公司出具给东方之星的保单权益质押给银行。

再次，供应商根据采购单向东方之星交货后，东方之星向中国工商银行提交电子单证（从ERP系统导出）。在每个供应商的贷款额度内，中国工商银行根据东方之星ERP系统导出电子单证和付款指令，自动支付供应商货款（即贷款）。

最后，所有对供应商的付款（即贷款）到期后由东方之星用收回的买家货款予以偿还。如买家未及时足额还款，则由中国出口信用保险公司的保险资金用于偿还。具体流程详见图38-2。

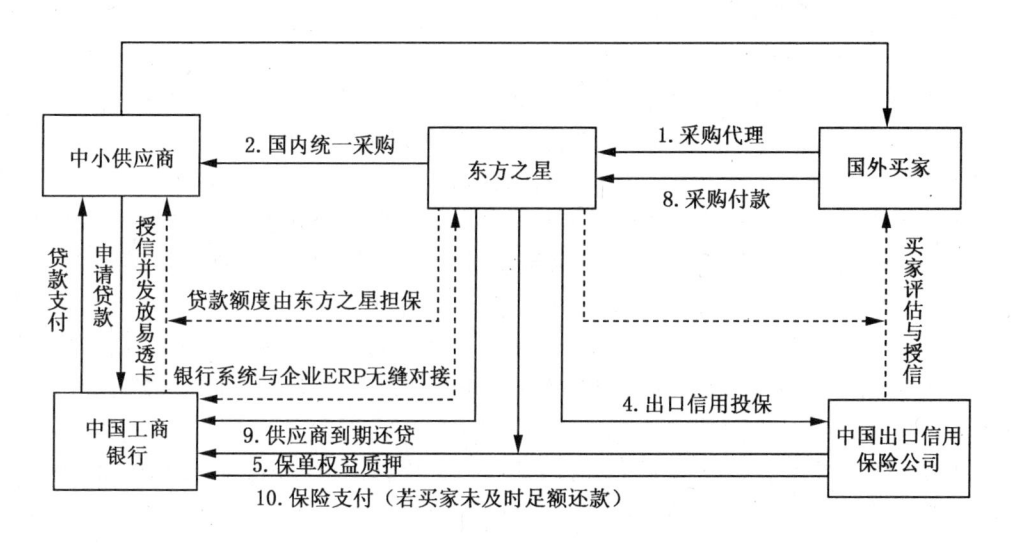

图38-2 "e透"融资流程

"e透"平台于2007年开始筹备，经过5年开发、调试，于2012年正式上线运行。

2012年4月,第一笔外商采购货款通过"e透"平台进行支付。运行一年,"e透"平台累计为义乌2 000多家小微供应商提供了5亿元以上的贸易融资,得到了外贸公司、小微企业和市场经营户的热烈欢迎。"e透"融资方案被评为中国工商银行总行2012年度金融创新奖,被义乌市政府评为"金融创新一等奖"。

二、案例评析

"e透"(易透)是一个由银行、保险、企业联手打造的信用保险项下的供应链融资平台,是金融支持实体经济大背景下服务小微企业的创新尝试。

(一) 融资特色

1. "自下而上"的金融创新

我国的金融创新多采用"自上而下"进行的模式,金融产品创新以吸纳和移植为主,缺乏特色性和原创性。而"e透"供应链融资模式是由中国工商银行义乌分行经过大量调研,针对义乌当地外贸业态,基于东方之星供应链的融资需求而量身打造的。2011年4月,中国工商银行义乌分行将《浙江东方之星进出口有限公司供应链易透融资方案》上报审批,获得总行批准并提供技术支持。在工行义乌分行副行长楼创新看来,"在特定的经济环境下,银行需要在寻求支持加工贸易类小微企业的途径和风险控制的要求之间找到平衡点,这就迫使银行在现有监管框架内对传统银行业务进行整合,走出一条既符合政策导向,又能有效控制风险,而且必须是通过批量化电子化操作来解决小微业务的人力资源效率问题,这就有了易透"。

2. 中国出口信用保险公司的嵌入有效规避贸易风险

"e透"供应链融资模式中的授信商户都是东方之星的上游供应商,由东方之星担保并负责还款。这有点类似于企业间的"互保",[①]但不同的是,融资链上多了一环,即中国出口信用保险公司。方案中增加了保险金还款,每笔交易订单都引入中信保投保。东方之星为货款未收讫的出口货物采购商向中国出口信用保险公司投保,若买家未及时足额还款,则由中国出口信用保险公司提供保险,因此,在保险前提下所有的回款都有保障。

在"e透"平台与中国出口信用保险业务的对接中,中国出口信用保险公司在多方面对"买方出口信用险"业务进行了延伸和突破:一是投保对象。原则上,中国出口信用保险公司投保对象应为完整意义上的企业或公司,并不针对个人买家。而"e透"平台最终取得了中国出口信用保险公司的信任并促成中国出口信用保险公司在个人买家授信、承保问题上授予东方之星更大的自主权。东方之星成为中国出口信用保险公司在中国唯一一

---

① 互保,即企业之间对等为对方保证贷款,当对方企业还不上钱的时候,互保方承担还款连带责任。还有一种联保,即三家或三家以上的企业组成担保联合体,联合体中的成员为其中任何一家的贷款承担连带责任。互保、联保制度被商业银行广泛普及于中小企业的担保,其中,又以民营经济发达的浙江地区为甚,企业互保、联保模式约占企业总融资比例的40%。

家试点境外个人买家的企业,允许公司自动对国外买家授信,同时也是中国工商银行总行唯一一家试点在市场采购模式下供应链融资的企业。二是保险额度。中国出口信用保险公司对规定范围内的客户,允许"e透"平台对其自动授信,即国外公司买家可授信额度为人民币40万元,国外个人买家可授信额度为人民币20万元,如需对其提升保险额度,还可以提交客户相关资料到中国出口信用保险公司公司申请。

3. 现代信息技术提升融资效率和安全性

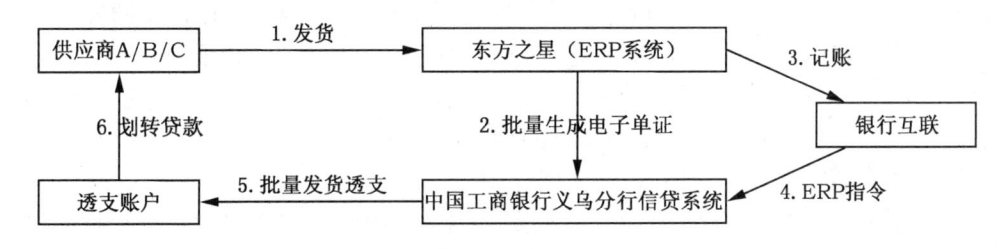

图38-3 易透融资系统流转过程

如图38-3所示,供应商根据采购单向东方之星发货后(货物运到指定仓库,并由公司安排装柜),东方之星向中国工商银行提交采购单、收货单、发货单、装柜清单等电子单证(从ERP系统导出),用于银行审核贸易真实性。只要采购商签署了收货确认书,ERP自动发送付款指令给中国工商银行。在每个供应商的贷款额度内,中国工商银行根据东方之星ERP系统导出电子单证和付款指令自动支付供应商货款(即贷款),实现实贷实付。相当于中国工商银行通过东方之星平台直接向每家商户发放流动资金贷款,每笔贷款平均在10万~20万元。

中国工商银行财务系统和东方之星ERP系统的技术对接,打通了企业、银行、保险的数据系统,所有操作实现了电子化,银行可以实时监控从客户下单开始的整个流程,系统数据也能及时传送到银行,便于银行审核贸易真实性,实现"公司进货、银行付款、机器处理、自动到账",参与方第一时间收到货款,提高了中小微企业的融资效率。

(二)融资成效

"e透"集中解决了银行担心的贸易背景真实性、小微企业融资难、供应商希望资金尽快回笼、外商采购资金不足、出口信用保险推广难等一系列问题,对于银行、小微企业、外贸公司、中国出口信用保险公司而言是一个多方共赢的选择。

1. 提高小微企业融资能力,缩短资金回笼周期

首先,"e透"平台可以提前为东方之星的上游供应商(小微企业)融资,取代以往直接向东方之星融资来支付应付款,缓解了后者垫款采购的融资压力与融资成本;其次,"e透"平台改变了中小微供应商因无抵押、担保困难等原因导致的融资困难,凡参与"e透"平台的厂商即可获得银行授信,交货后即可迅速回笼资金,确保资金周转和生产;

第三,"e透"平台东方之星对买家资信的调查与评估,使买家支付少量定金即可下单生产,海外客户在中国出口信用保险公司授信额度内获得信用支持,缓解资金压力,增强外商的采购意愿。2013年底,东方之星上下游企业的市场采购贸易量达到年出口额8亿多美元。

2. 降低银行授信风险,创新银行盈利模式

对于中国工商银行义乌分行而言,银行通过"e透"平台在线实时监测外贸公司的报关信息、物流信息、资金流信息,确保贸易背景的真实性,大大减小出口诈骗的发生概率。同时,金融创新也提高了银行的市场竞争力和盈利能力,是商业银行向中小企业业务转型、向中间业务转型的良好契机。中国工商银行通过对东方之星上下游小微企业的金融支持,扩大了客户基础,增强了银行的竞争优势。

3. 拓宽信保业务范围,加强银保深度合作

对于中国出口信用保险公司而言,"e透"平台可以利用自身优势,在合理的范围内有效控制风险,且与银行进行了深度合作,拓宽了其服务范围。以往,中小微企业参保意识淡薄,由东方之星通过集中、强制保险机制,推动了出口信用保险对中小微企业出口贸易业务的有效覆盖。到2013年底,中国出口信用保险公司完成了对东方之星201个买家的评估和授信,其中绝大部分为国外的个人买家,授信总额已达到2.53亿元人民币,平均每个买家的授信规模达到了126万元人民币,最大的个人买家授信金额达到了630万元人民币。

三、结论与启示

根据义乌市场交易方式的特点量身设计的"e透"供应链融资平台,是针对中小企业融资难问题进行的有益探索与实践,为全国范围内的推广提供了可资借鉴的经验。

(一)银行应主动寻找需求,创新产品

面对中小企业的困境和信贷需求的下滑,银行应该转变"高高在上"的传统思路,贴近小企业实际,主动创新产品,积极创造有效信贷供给。通过开发新技术、依托新平台主动寻找和对接小微企业有效需求,提供有针对性、保障性的金融服务。

(二)搭建信息平台、缓解银企信息不对称

银行和小微企业之间信息不对称,是小微企业融资难的主要原因,银行针对大批量小微企业的调查能力有缺陷,如何了解贸易的真实性,以及贷款实贷实付的要求如何实现,是银行参与其中的难题。"e透"平台依赖现实的贸易背景,有专业的贸易服务实体,与银行数据、后台进行了对接和共享,解决了融资难题。

当然,任何一个融资方案都不可能做到完美,总是有这样那样的风险。在执行层面上,对方案的风险一定要有足够的认识和必要的防范与控制:第一,银行系统与企业系统的对接需要建立一定的防火墙,因为银行系统对外开放存在风险;第二,外贸公司必须具

备较高的信用等级,防范"e透"融资中核心企业的风险传递;第三,中国出口信用保险公司虽有效控制和转嫁了融资的后续风险,但并非万无一失,因为保险公司承担的风险是有范围的;第四,降低"e透"融资业务各个环节中银行的操作风险,因为它会限制银行业务范围的扩大;第五,供应链融资绝不专属于银行,未来面对合作企业平台的做大做强,势必带来供应链融资的冲击,银行更需要未雨绸缪。

参考文献:

[1] 李伊琳.银行、保险、企业三角演义——义乌外贸采购供应链融资逆势输血[N].21世纪经济报道,2013-05-25.

[2] 张寒.供应链融资:把中小企业绑在大树下[N].中国经营报,2013-07-06.

[3] 吕晶晶.义乌首创"市场采购"供应链易透融资方案[N]. 义乌商报,2013-07-31.

[4] 佚名.以供应链管理助推义乌"市场采购"贸易发展——浙江东方之星控股集团构建"易透"平台[EB/OL].

[5] 张媛卿,等.义乌国际贸易综合改革试点背景下的金融创新研究——基于全国首创"易透"供应链融资模式分析[J].中共宁波市委党校学报,2014(5).

[6] 杨彦,陈江伟."市场采购"供应链易透融资风险防范——以义乌市为例[J].企业经济,2016(5).

案例39 大宗商品结构性贸易融资

一、案情回放

我国内地生产商A向香港H公司进口氧化铝,[1]由于资金紧张,付款条件为远期,作为互惠条件,A同意将向H购得的氧化铝生产出的铝锭以优惠的价格出口给H公司。香港H公司是贸易商,要向A公司供应氧化铝,必须首先向国外的氧化铝供应商购买,同时,H公司也与另一公司B成交了铝锭的销售计划,H公司很看中A公司给予的铝锭优惠价,可以给这笔铝锭的买卖交易带来不小的利润,于是答应了氧化铝的远期付款条件,这样,三笔合同,即生产商A与H公司的氧化铝进口合同、H公司与供应商的氧化铝

---

[1] 氧化铝(Alumina)俗称矾土,是将铝矾土原料经过化学处理,除去硅、铁、钛等的氧化物而制得,是纯度很高的氧化铝原料。将氧化铝通过电解等方法可以提炼出高纯度的铝。很多铝锭的生产厂家需要购买大量的氧化铝原料,进行生产。

购买合同以及 H 公司与购买商 B 公司的铝锭销售合同都签订并开始执行。

　　H 公司从国外的氧化铝供应商处购买氧化铝并立即安排运输至 A 公司,但由于 H 公司与生产商 A 签订合同的付款条件为远期,H 公司无法立即收到货款需要自行垫付,自己的资金流被占用。于是 H 公司考虑向银行贷款来支付购买氧化铝的货款,但作为贸易公司,没有固定资产可以给银行作抵押,要贷大笔资金的难度相当大。

　　为此,H 公司向渣打银行进行咨询,希望获得贸易融资。银行了解了整个贸易流程后,设计了一个结构性融资计划。首先,渣打银行对 H 公司进行综合考察、分析后,发现其经营正常、业务稳定增长,与国外客户 B 公司有长期稳定的交易记录,公司及股东个人的信用记录也都良好。同时,B 公司也是渣打银行的海外客户,因此,渣打银行认为 H 公司具有良好的发展潜力,只要银行对企业资金流进行有效监控,则对该公司的融资可以控制风险。于是渣打银行与 H 公司签订了融资协议,将货款直接支付给氧化铝的供应商,等 A 公司收到氧化铝生产所得铝锭装运给 B 公司,B 公司将铝锭货款直接支付给 H 公司在渣打银行的收款监管账户,扣除当初用于购买氧化铝的货款及银行利息后,银行将剩余款项拨入 H 公司的一般结算户,具体流程参见图 39-1。

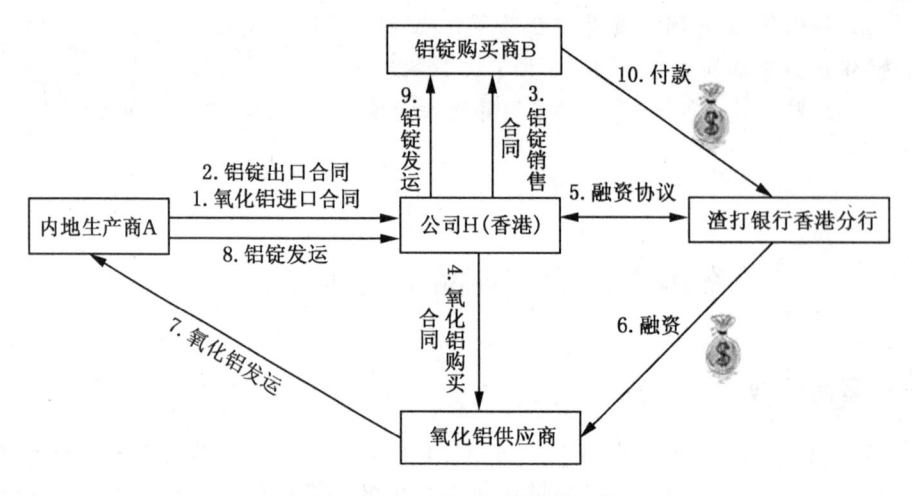

图 39-1　结构性贸易融资基本流程

二、案例评析

　　这是一宗典型的大宗商品结构性贸易融资。大宗商品(bulk commodity)是指可进入流通领域,具有商品属性和非零售性质的在基础生产和消费领域进行大批量交易的物质商品。[①] 大宗商品结构性贸易融资(structured commodity trade finance)是指银行根据大宗商品产业链各环节企业的经营特点,以大宗商品实物为交易标的,通过业务的流程化设计和产品的结构化安排,以该大宗商品销售产生的现金收入为主要还款来源,所开发的各类结算、融资以及与之相配套的个性化、综合性、组合式金融服务,其组合方式取决于交易本身的复杂程度和借款人要达到的目的,是银行大宗商品融资业务的精细化和高端化发展。

本案融资操作的亮点体现在:

(一)以客户需求为目标的运作模式

本案的成功,正是基于以客户的实际需求为首要服务目标而达成。大宗商品融资主体以轻资产的贸易商居多。在融资产品方案设计时,渣打银行根据便利客户上游采购、扩大下游销售、优化财务报表、规避市场风险等个性化诉求,在进行详细分析后,对目标客户H公司及其海外客户B公司的实际抗风险能力进行了评估和整体业务状况分析。以目标客户现金流为授信基础的融资方案相较传统融资方法,极大地减轻了需要固定资产抵押的融资压力。渣打银行结合企业的交易细节量身定制的金融服务,一站式满足了客户的多重业务需求。

(二)关注现金流的授信理念创新

贸易商一般规模较小,资产负债率偏高,可提供的不动产担保品有限,银行依据传统的授信理念和信贷模式难以对其提供足够的资金支持。渣打银行突破传统信贷业务注重不动产担保、强调企业财务状况的授信理念,转而关注交易现金流,重视贸易自偿性,以下游销售所产生的应收账款作为风险缓释和控制手段,为其采购端办理融资业务。通过结构化的设计和安排,货权控制、应收账款等元素被灵活、有机地嵌入到产品方案中,从而最大限度地分散和转嫁业务风险。相比不动产抵押,银行更加关注交易本身的贸易背景是否真实稳定、是否能够有效控制资金流或物流、经营者的品质能力、企业的经营体量和贸易规模等因素。

(三)融资资金的专项性

渣打银行的融资资金提供给原材料的供应商,确保专款专用,以保证整个贸易的开展,并且在各个销售环节都进行有效的控制和评估,如设置回款监管账户等。它并不针对直接的贷款人H公司进行贷款,而是为了整个贸易的开展,从根源上盘活了资金。这体现了结构性贸易融资最大的优点,即灵活、多样、可控以及有针对性。

三、结论与启示

在经济及贸易全球化的大背景下,大宗商品贸易规模不断扩大,企业对银行提供大宗

[①] 根据性质的不同,大宗商品可以分为硬性、软性及能源三大类;硬性商品主要包括有色金属、黑色金属等基础金属产品;软性商品主要包括大豆、棉花等农产品;能源商品包括原油、煤炭等动力类商品。

商品金融服务的需求日益旺盛。大宗商品结构性贸易融资技术壁垒高、综合性强、收益空间大,已成为外资银行大宗商品融资业务的重点发展方向,我国银行应该充分借鉴国际同业的先进做法和成熟经验,大力拓展大宗商品结构性贸易融资业务。在实践运作中,需要注意以下几个方面:

(一)调整经营理念、丰富产品体系

银行应探索信用证、应收账款融资等相关产品在不同行业、不同商品中的运用,提升服务水平。同时,推进高级结构化产品的研发,开展业务实践和探索,不断积累经验。

(二)提升定制化服务能力

大宗商品结构性贸易融资的特征是产品组合的自由性、结构设计的个性化以及风险环节的缓释和转移,它没有标准化的结构模式,实质在于根据交易各方的需求和环境,根据真实的贸易背景以及各环节的风险控制点来度身定制以缓释风险,借助有效的组合发挥结构性贸易融资的最大优势。

(三)确保交易现金流满足自偿性要求

借款人的还款来源为现金流,企业的履约风险非常关键,银行应密切关注借款人能否履约,以保证应收款的持续流入,需要从客户资质、交易商品、贸易流程和结构化风险缓释工具出发,进行分析评估,衡量交易现金流是否能够满足自偿性要求。

(四)开展全程监控的风险管理

银行在大宗商品交易过程中应对商品价格、物流运输、国内政策、市场环境、销售回款等各个环节进行全程监控,做到对风险的及时预警和处理。提升风险管理专业化水平,这是大宗商品结构化融资业务稳健发展的重要前提。

(五)引入第三方机构发挥专业化优势

外资银行可资借鉴的经验之一就是开展大宗商品结构性贸易融资业务时,与保险公司、担保机构、物流仓储公司、商品交易所及律师事务所等第三方专业机构开展广泛的合作,这在有效分摊风险的同时,也加强了信用增级、风险管理、货物监管等方面的职能,保障了业务的健康发展。

参考文献:

[1] 王新良,谭海文.大力拓展大宗商品结构化融资[J].中国外汇,2015(9).

[2] 赵昕,丁大伟.商业银行大宗商品结构贸易融资风险评价[J].金融发展研究,2011(5).

[3] 光国友.结构性贸易融资与大宗商品贸易[J].中国有色金属,2011(16).

[4] 吕钧.解析大宗商品贸易融资[J].中国外汇,2010(9).

[5] 刘瑛.大宗商品结构性贸易融资研究[D].复旦大学,2013.

第八部分　　出口信贷与信保专题

案例 40　　中国五矿和中冶集团出口巴西钢厂项目

一、案例回放

巴西钢铁产业集中度较高,其中盖尔道集团(GERDAU)规模大、技术领先、管理效益突出,在巴西钢铁冶金行业具有很大的影响力,也是拉丁美洲最大、世界排名第十三位的钢铁联合企业。作为一个国际性的集团,盖尔道集团生产经营遍布全球,在巴西、美国、加拿大、阿根廷、智利、哥伦比亚、西班牙、乌拉圭建有钢厂,钢铁库存量为1 870万吨原钢。

2004年12月,中国出口商——中国五矿贸易发展有限公司(以下简称"中国五矿")和中国冶金建设集团(以下简称"中冶集团")联合体参与了向盖尔道集团旗下Gerdau Acominas钢厂出口冶金成套设备的项目(含烧结、焦炉和高炉3个项目)投标。当时,借款人要求比较苛刻,对贷款行提出了很多具体的要求:如银团须由国际银行和中资银行共同组成;国际银行须在中国实际做过出口信贷业务;国际银行须有多年做贷款牵头行的经验,并在巴西设有分支机构等。出口商向法国巴黎银行提出申请,希望银行为投标出具贷款意向书。当时参加竞争的还有一些国际公司,如德国和日本的公司。为了帮助中国出口商在激烈的竞争中取胜,法国巴黎银行邀请中国工商银行在最短时间内为出口商出具了一份全额融资的贷款意向书。

经过多轮筛选,买方终于选择了中国出口商,并于2005年4月初与出口商签订了商务合同,金额超过2亿美元。合同包括提供设备和配件,工程和设计、土建、安装、调试、培训、监理等。然而,接下来是更加激烈的融资竞争,多家国际大银行纷纷为该项目报价。

经过几轮筛选,借款人于2005年4月底列出只有3家银行在内的短名单,并让银行派代表马上去面谈。经过反复筛选,借款人终于选定了法国巴黎银行和中国工商银行联合体,并于2005年5月初正式出具了委托函。2005年7月,中方代表团赴巴西考察项目。2005年8月,中国出口信用保险公司出具了承保意向书。2006年1月9日,贷款协议、保单和商务合同的签字仪式在香格里拉饭店举行。

该项目总金额约20亿元人民币,贷款包括出口信贷和商业贷款两部分。出口信贷85%,由法国巴黎银行(代理行)和中国工商银行作为联合牵头行,各占50%份额。出口信贷协议在签署委托函后5个月内签署,4个月后开始提款,项目进展顺利。商业贷款包括15%预付款融资和100%保费融资,由法国巴黎银行巴西分行提供全额融资。项目贷款关系如图40-1所示。

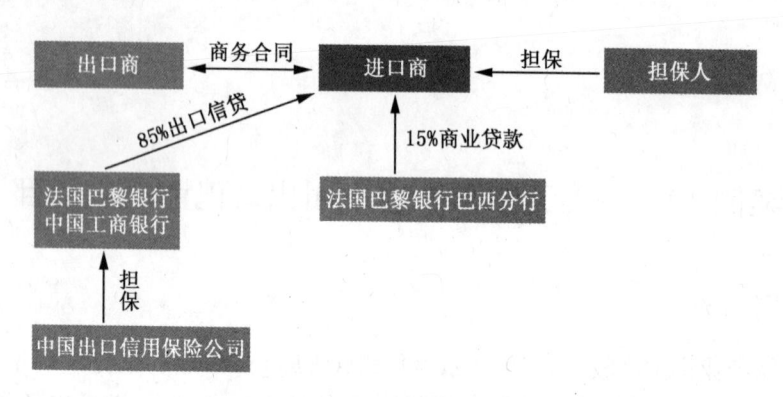

图40-1 中国五矿和中冶集团出口巴西钢厂项目贷款关系

中国五矿和中冶集团出口巴西钢厂项目,是我国首次向拉美地区出口大型设备,也是中国企业当时在钢铁行业最大的设备和技术出口合同。案例中的这一出口买方信贷项目荣获《贸易融资》、《全球贸易观察》、《贸易与福费廷观察》三种国际杂志2005年度最佳出口信贷项目奖。

二、案例评析

(一)出口买方信贷的优势

1. 出口商财务报表完美

出口买方信贷项下进口商负责筹资,所以出口商的财务报表上不体现长期的大额负债,不会因此提高负债率,增加偿债压力,可以实现财务报表的"完美",这是出口买方信贷产品大受欢迎的原因之一。

2. 出口商即期收汇,加速资金周转

银行在出口商发货后立即将款项直接打到出口商的账上,因而出口商可变远期收汇为即期收汇,从而加速资金周转,改善财务状况。

3. 为出口商提供相关项目信息

银行在出口买方信贷业务正式审批之前,会对出口商、生产厂家、买方、借款人、担保人的资信情况、履约能力和财务状况进行调查,并对项目所在国的政治风险、经济风险、外汇管制及相关法律进行调查,对项目的市场情况进行调研分析,了解当地的需求和产品的销路等,这也可以帮助出口企业全面了解和评估整个项目。

(二)本案的特色

1. 全额融资设计

本案中,强势的借款人提出的要求包括:全额融资,包括85%的设备款、15%的预付款和保费;买方直接借款,无银行或政府担保;贷款期限在10年以上。中国出口信用保险公司提供的出口信贷担保是对出口信贷融资协议的保证,属于融资担保,直接受益人是融资银行。正是通过与中国出口信用保险公司的有效联动,依托其融资性担保支持,法国巴黎银行和中国工商银行的巨额出口信贷最终帮助中国出口商以最优的融资结构、最好的全球性金融服务和最合理的融资价格在竞标中取胜。

2. 出口商强强联合

自2004年初项目投标最初阶段开始,中国五矿和中冶集团主动结成项目联合体,优势互补、风险共担、利益共享、共同对外投标。联合体选择了中冶集团所属的全国一流冶金设计研究院组成完整的技术支撑体系,既增强了我方的综合优势,又避免了中国企业间的无序竞争。最终,项目联合体在与奥钢联、蒂森、新日铁、德马克、JFE等世界一流国际工程公司的竞争中胜出,赢得了该招标项目。

三、结论与启示

(一)充分利用出口信贷是项目成功实施的前提

出口买方信贷业务是出口国为了支持本国机电产品、成套设备、对外工程承包等资本性货物、服务出口,以提供保险、担保、利率补贴或其他形式,支持本国银行给予进口商或由进口商银行提供中长期融资便利。海外项目融资金额大、风险相对较高,本项目就是充分利用出口信贷,解决了企业的资金"瓶颈"。出口买方信贷业务极大地帮助了中国的出口企业,促成了项目的成功。

(二)出口信贷担保是对出口信贷融资协议的强力保证

中国出口信用保险公司是由国家财政部和商务部牵头组建的国有独资政策性保险公司,也是我国目前承办政策性出口信用保险业务的唯一机构,是国家支持企业出口的重要政策性资源,切实服务于企业,助力于企业。对于我国出口机电设备、对外承包工程等大型项目的企业来说,中国出口信用保险公司与中资银行搭建合作平台,为出口买方信贷提供担保,能够起到防范风险、开拓市场、补偿损失和支持融资的作用,增强出口企业和银行的信心,风险对价低,融资成本远低于海外市场商业贷款的成本,成为国内出口商成功获得海外订单的重要原因。

(三)关注出口信贷重点支持的行业背景

任何融资项目都是在一个具体的行业背景下操作,银行在融资过程中必然要对项目所依赖的行业进行有的放矢的考察,判断项目的价值、可行性和前景等因素。只有前景良好、市场潜力巨大、国家政策支持的行业,才能切实保障项目的最终成功和贷款的安全,而且还易于吸引国际银团的参与。对行业前景的判断依据是国家的产业政策、金融政策、贸易政策、外交政策等大政方针,企业必须保持高度的政策敏感性和前瞻性思维。

参考文献:

邹小燕.改善财务状况的出口买方信贷[J].进出口经理人,2008(2).

案例 41 福费廷止付风波

一、案情回放

2008年8月5日,国内M公司向B银行提交了该信用证项下两笔单据议付,B银行以议付行身份寄单至开证行A银行索偿。8月8日,A银行发来承兑电,承诺于2008年11月28日到期付款。同时,M公司申请办理福费廷业务,以期尽快收到货款并办理出口收汇核销。B银行审核后决定以中介形式办理该业务,并联系了境外包买商C银行,与其签订了福费廷的中介协议,明确了双方的责任和义务,并办理了出口收汇核销。

但在2008年11月28日,B银行却收到开证行M银行发来的电文,告知该信用证项下已承兑款项被当地州立法院止付,但未在报文中提及该项止付令的发生背景。B银行随即发电文询问开证行止付令的细节,表明自己作为议付行也就是善意持票人的身份,并援引UCP600第7条C款——指定银行承付或议付相符交单并将单据转给开证行之后,开证行即承担偿付该指定银行的责任。对承兑或延期付款信用证下相符交单金额的偿付应在到期日办理,无论指定银行是否在到期日之前预付或购买了单据。开证行偿付指定银行的责任独立于开证行对受益人的责任——希望作为开证行的A银行能够给予付款。

结果,A银行不予回复。B银行继续发报询问催款,A银行发来该止付令的传真件,但此文件仅显示该笔款项被当地州立法院止付的事实,并未清楚说明止付的原因。A银行认为它应当遵从当地法院的判决,中止该款项的支付。同时,包买商C银行获悉此事,根据原先福费廷中介协议,利用法院法律纠纷例外条款向中介行行使追索权,中介行B银行陷入两难境地。

二、争议焦点

本案引发的争议性问题主要是两个:

第一,开证行A银行对信用证承兑后是否还可以欺诈理由拒付款项?

第二,包买商 C 银行是否可以行使追索权?

三、问题解析

第一,开证行 A 银行的这种做法不符合国际惯例和票据法。我国《最高人民法院关于审理信用证纠纷案件若干问题的规定》第 10 条规定,人民法院认定存在信用证欺诈的,应当裁定中止支付或者判决终止支付信用证项下款项,但有下列情形之一的除外:开证行的指定人、授权人已按照开证行的指令善意地进行了付款;开证行或者其指定人、授权人已对信用证项下票据善意地作出了承兑;保兑行善意地履行了付款义务;议付行善意地进行了议付。其他国家的法律也有类似"欺诈例外之例外"的条款。本案中 A 银行已经承兑了汇票,属于汇票的善意持票人,拥有汇票的合法权益。即使出口商出现欺诈,善意持票人也应能获得付款。因此,B 银行的反驳是有理的。如果 A 银行坚持不付款,B 银行可以通过诉讼的方式维护权益,但过程可能会比较复杂、时间较长、成本较高。

第二,包买商 C 银行可以行使追索权。包买商对出口商放弃追索权是有前提条件的,如交易正当、债权合法有效、担保有效等。因此,包买商通常在福费廷协议中约定,如因法院止付令、冻结令等司法命令而使该包买商未能按期收到债务人或承兑、承付、保付银行的付款,或有证据表明出口商出售给该包买商的不是源于正当交易的有效票据或债权时,包买商对出口商保留追索权,这属于无追索权的欺诈例外原则。

本案因为止付令的签发影响到福费廷项下应收账款的合法有效性。C 银行在要求偿付的报文中表明作为福费廷业务的包买商,因法院止付,其拥有向 M 公司追索的权利。这是因为福费廷业务是独立于基础合同的融资交易,包买商所承担的风险不应包括商业风险,也没有义务负责基础交易的履行。因此,当基础交易存在欺诈,让包买商卷入进口商和出口商的纠纷,导致其得不到应得的款项,是不公平的。更何况买、卖双方还可能串通,通过福费廷业务诈骗包买商的款项,所以,欺诈在任何成熟的法律体系中从来就不可能被排除责任。鉴于此,URF800 在第 13 条 b 款第 v 项中规定,如果在清算日之前或之后,因债权或者基础交易出现欺诈而影响到付款索偿权的实现或者其他义务履行的,福费廷最初卖方要对第一包买商负责。

因此,虽然本案中的 M 公司对福费廷业务的追索权尚有疑虑,但经过多方磋商,M 公司最终用其他外汇收入偿付了此两笔福费廷款项。当然,本案中包买商以善意持票人身份向法院提起止付令抗辩也是可以考虑的渠道。

本案例中,经多方调查得知,开证申请人 N 公司是 M 公司长期合作的老客户,本笔业务项下 M 公司发运的货物数量少了十多吨,双方产生了纠纷。事实上,并不存在任何欺诈,受益人 M 公司既没有欺诈的主观意图,也没有实质性的欺诈行为,这起贸易纠纷背后真正的原因是受金融危机波及,N 公司由于所在行业汽车制造业受危机影响比较严重,经营衰退,导致其现金周转出现问题,支付能力下降,无法按期付款,遂借货物数量短缺之由向当地法院申请了止付令。而当地法院从贸易保护主义角度出发，违背了止付令需基于重大的贸易欺诈行为，且不得损害善意第三人的利益的基本原则，颁布了该信用证款项的止付令。可见，作为福费廷业务的中介机构的议付行B银行，之所以面临不利局面，是开证申请人N公司擅自将欺诈例外原则扩大化应用的结果。

作为议付行B，其正确的做法应该是一边不断向开证行A银行催款，一边不断催促M公司抓紧时间与N公司解决纠纷。

四、结论与启示

（一）出口商要明确追索条件，防范欺诈例外的无限扩大化

福费廷业务的无追索权是相对的，参与方要有清醒的认识。在一般情况下，福费廷的包买商会在协议中加注欺诈例外条款（fraud exception）。但是，由于欺诈例外难以定性，其适用范围常常扩大到贸易双方的法律纠纷，无形中将这一风险转嫁到出口商及其相关方身上，使福费廷成为有条件的买断，实务中要明确追索权的各种具体情形。

（二）包买商要做好资信调查，慎重选择交易对手

虽然福费廷业务的信用额度主要取决于担保人的资信，即根据承兑/承付/保付银行和其所在国家的情况确定贴现额度的大小，但议付行在叙做福费廷业务之前，还是要对出口商、进口商的经营状况做一定的调查，对诚信不足、履约方面有较多不良记录的交易对手，慎重选择。

参考文献：

徐捷.国际贸易融资——实务与案例[M].北京：中国金融出版社，2013.

案例42　代理型福费廷被动垫款案

一、案情回放

我国大陆A公司与台湾T公司签订纺织品出口合同，金额20万美元，以付款期为3个月的远期信用证结算。在收到台湾I银行开立的远期自由议付信用证后，A公司于2013年4月办理纺织品装运，并向境内G银行提交出口信用证下全套单据（含信用证要求的远期汇票），G银行审核无误后，向I银行转寄单据，I银行审核无误后，向G银行发送信用证下承兑电文。A公司收到开证行I银行发出的电文后，向G银行申请叙做福费廷业务。由于未对I银行核有代理行贸易融资授信额度，G银行为A公司叙做代理型福费廷，包买商为境外N银行；同时，G银行发电文至I银行，告知I银行，信用证下款项已让渡给 N 银行,并要求其于信用证付款到期日将款项直接支付给 N 银行。

然而,至 2013 年 7 月,信用证下付款日之前数日,G 银行收到 N 银行发出的电文,称 N 银行已收到 I 银行发送至 N 银行的电文,信用证下款项因台湾当地法院下达止付令被中止支付,止付令裁定中止支付信用证下款项的理由是,受益人交付货物的质量存在重大瑕疵,严重违背基础合同关于货物质量的约定;根据 G 银行和 N 银行签订的福费廷业务协议中的追索权启动条款"You have the right to recourse for this transaction if a court injunction is issued or payment is refused due to any fraud or illegality issues"(由于任何欺诈或非法事项导致法院下达止付令或款项被拒绝支付,包买商享有追索权),N 银行要求 G 银行向其返还福费廷融资款项。G 银行遂向 A 公司追索融资款项,A 公司称其在信用证下提交货物质量完全符合合同约定,拒绝向 G 银行和 N 银行返还融资款项。在未能于信用证下收到开证行付款的情况下,N 银行持续向 G 银行施压,主张其在福费廷协议下的追索权。2013 年 9 月,G 银行被迫垫款向 N 银行返还福费廷融资款项。

二、争议焦点

本案引发的争议性问题主要是三个:

第一,该福费廷业务是否可以启动追索权?

第二,在传统的委托代理业务中,代理人通常不承担其在代理权限内做出的代理行为所产生的法律后果,而在该案代理型福费廷下,为何由代理人 G 银行,而非被代理人 A 公司直接承担福费廷协议下向第三方 N 银行返还福费廷款项的责任?

第三,代理型福费廷的中介银行该如何应对被追索所带来的风险?

三、问题解析

第一,该福费廷业务是否可以启动追索权。欺诈例外原则适用于福费廷,基础交易正当、合法、无欺诈属于无追索权的先决条件之一。本案中信用证下货物质量出现重大瑕疵,开证申请人以合同欺诈为由向当地法院申请止付令,未能满足无追索权的先决条件,使得包买商得以启动追索权。

第二,代理有直接代理和间接代理两类。直接代理下的代理型福费廷,代理人以被代理人的名义行事,代理后果直接由被代理人承担。而间接代理下的代理型福费廷,代理人以自己的名义行事,代理后果先由代理人承担,再由代理人转嫁被代理人。

G 银行根据其内部福费廷业务操作规程中的仅为中介的代理型福费廷办理该笔业务,既然是"仅为中介",理应认定为直接代理,然而,G 银行在其与包买商 N 银行签订的福费廷协议以及后续的往来电文中并未指明存在被代理人 A 公司,使得 N 银行并没有意识到福费廷业务中存在被代理人 A 公司,因此,G 银行叙做的代理型福费廷,其性质应为间接代理下的代理型福费廷,故应由 G 银行先行承担向包买商 N 银行返还融资款的责任。

另外，值得一提的是，间接代理下还有代理型福费廷与转卖型福费廷两种类型。转卖型福费廷方式下，中介银行将先行买入的信用证下应收账款，而后转卖给包买商。在追索路径上，间接代理下的代理型福费廷与转卖型福费廷有类似之处，即都向中介银行进行追索，但略有不同，在转卖型福费廷下，根据《票据法》设置的后手指向前手的追索机制，二级包买商可向任一前手行使追索权，而在间接代理下的代理型福费廷，只有当其后被代理人身份和姓名被公开，包买商才能享有选择追索对象的权利。

在涉及中介银行破产时，代理型福费廷和转卖型福费廷的区别更为明显。例如，二级包买商向一级包买商支付融资款项，而一级包买商尚未向受益人支付融资款项时即遭遇破产，由于在转卖型福费廷下，形成了两个独立的法律关系，根据合同的相对性原则，融资款项属于一级包买商的破产财产，被代理人受益人只能基于融资款未能得到支付而以普通债权人的身份参与。而在代理型福费廷下，当间接代理人破产时，由于间接代理人应视为被代理人受益人的融资款项受领辅助人，融资款项的所有权并不转移给间接代理人，而是归属被代理人受益人；而且如包买商尚未支付融资款项，则理应允许被代理人受益人"穿越"已破产的间接代理人直接向第三人——包买商主张融资款项，即产生"代理短路"的效果。

第三，中介银行被追索后，首先应调查贸易背景和出口商履约的真实性，防范出口商欺诈风险的产生。其次应关注返还福费廷融资款项后自己所获取的权利。行使追索权的法律后果是包买商从被追索人处索回福费廷融资款项；对应地，被追索人代位包买商成为应收账款的持有人以及票据（如有）下的持票人。中介银行可以有两种做法：一是向福费廷包买商返还福费廷融资款项后，取得信用证下应收账款，可以向当地法院主张自身在信用证下应收账款的善意受让人的地位，要求其撤销止付令，即本案中 G 银行向 N 银行返还福费廷融资款项后即代位 N 银行，取得自由议付信用证下议付行的地位，根据 UCP600 第 7 条 c 款之规定，开证行有责任向议付行进行偿付；二是在信用证款项支付前，开证行替交单行保管汇票，G 银行向 N 银行返还福费廷融资款项后即代位 N 银行，通过购买汇票取得汇票项下善意持票人地位，受欺诈例外的例外原则保护，法院理应撤销止付令。

四、结论与启示

代理型福费廷（agential forfeiting）又称中介式福费廷，是指中介银行为其客户寻找包买商，由包买商无追索权地购买由可信的机构提供信用支持的应收账款。由于其性质为代理业务，一般认为代理型福费廷为福费廷操作模式中风险系数最低的业务。但是，低风险业务不等于无风险，通过对本案例的剖析，可以汲取以下经验教训：

（一）无追索权是福费廷业务的基本原则，但基础交易欺诈例外

由于无追索权的先决条件并没有统一的标准，在福费廷协议中约定无追索权的范围十分必要且重要，作为福费廷应收账款的转让人应审慎审核福费廷业务协议中关于无追索权的先决条件,防范包买商假借无追索权的"相对性"将其扩大化,从而转嫁福费廷业务风险,损害转让人的权益。

(二)厘清不同代理型福费廷的法律特征和风险

中介银行在叙做代理型福费廷业务时,应分清其业务性质为直接代理下代理型福费廷还是间接代理下代理型福费廷。在直接代理下的代理型福费廷业务中,代理人原则上既不承担义务,亦不享有权利;在间接代理下,被追索人为中介银行,需考虑如遭遇包买商追索,如何确保能向被代理人追偿已向包买商返还的融资款项。同时,间接代理下有代理型福费廷与转卖型福费廷之分,追索路径又有区别。

(三)代理型福费廷的中介银行遭遇追索后应积极寻求权利救济

中介银行可利用信用证下应收账款的善意受让人地位和信用证下善意持票人地位,积极寻求惯例和法律的双重保护,避免自身利益受损。

参考文献:

王栋涛.逃离"无追索权"黑洞[J].金融&贸易,2014(3).

案例43　TBEA 的福费廷融资

一、案情回放

(一)背景概述

特变电工股份有限公司(TBEA Co. Ltd.,以下简称"TBEA")成立于1993年,总部位于新疆,是一家以输变电为主业的高科技企业。通过与行业优势企业的联合重组,TBEA建成了七个现代化的工业园区,形成了"以输变电为主导、新材料为源头、新能源为亮点"的三大产业互为依托、互为支撑的产业链群和上市公司集群。

TBEA主要业务集中于中国重大装备的制造、世界电力成套项目的总承包,中国最大的变压器产品研制和重要的电线电缆、高压电子铝箔新材料及太阳能光伏产品及系统的研发、制造和出口,在美国、哈萨克斯坦、印度、俄罗斯等23个国家和地区建立了海外常设办公机构。它目前已成为我国输变电行业的龙头企业,变压器年产能1.7亿KV,居世界前三、亚洲第一。

从2006年起,TBEA加大国际市场开拓力度,实施"走出去"战略,实现国际销售收入增长,成功签订了合同总价3.4亿美元的"塔吉克斯坦220-500KV高压输变电成套工程"。2008年,TBEA与苏丹国家电力公司签订了苏丹东部电网工程项目合同,总金额为9 419万欧元。2010年,TBEA签约了印度国家电网首条765千伏输变电线路工程,该合同总金额为 68 017 963 欧元及 461 691 754 印度卢比；TBEA 还承建了塔吉克斯坦合同总额达 5 000 万美元的胡占德至艾尼 220 千伏输变电成套项目总承包工程、巴基斯坦国家电网成套项目工程、尼泊尔国家电力建设工程、埃塞俄比亚及赞比亚 3.3 亿美元的电网建设成套工程项目等，这些在很大程度上提高了中国机电产品国际品牌影响力。仅 2010 年上半年数据表明，TBEA 国际市场签约总额同比增长 3.5 倍，其中成套项目总承包工程占签约总额的 60% 以上。

(二) 福费廷融资

2009 年 8 月 18 日，TBEA 与中国银行股份有限公司新疆分行国际部(以下简称"中行")签署了福费廷业务合同，中行向 TBEA 购买因商品、服务或资产交易产生的未到期债权，一经付款，中行即放弃对 TBEA 的追索权，TBEA 放弃所出售债权下的一切权益。本次福费廷业务的具体内容包括：TBEA 向中行出售巴基斯坦升压站项目买方信用证，信用证金额为 4 171 800 欧元。

TBEA 于 2009 年 9 月 8 日实际收到 4 072 135.07 欧元，折合人民币 39 887 377.44 元，支付手续费 99 664.94 欧元，折合人民币 976 237.92 元，信用证到期日为 2010 年 1 月 25 日。[①] 中行在承办此笔业务时，结合了 IFC 担保项下福费廷转卖、代理行非融资性风险参与及中行新疆分行买断三部分内容，成功为 TBEA 出口巴基斯坦业务叙做福费廷业务。

二、案例评析

(一) TBEA 运用福费廷的效果

1. 改善了企业财务状况

表 43－1   TBEA 2005－2009 年资产负债情况   单位：元

	2009－12－31	2008－12－31	2007－12－31	2006－12－31	2005－12－31
货币资金	1 959 087 250.70	1 042 497 113.45	578 474 305.49	326 971 217.75	185 455 856.81
应收账款	239 112 419.48	478 497 951.05	293 303 380.71	363 051 030.33	411 685 207.47
存货	859 940 335.84	813 685 551.82	488 137 899.59	302 957 842.15	406 534 894.54
流动资产合计	4 757 985 799.50	3 396 105 031.16	2 219 400 226.01	1 512 039 175.48	1 261 475 231.36
非流动资产合计	5 244 943 481.27	4 499 484 317.72	2 261 078 496.13	1 909 430 224.88	2 024 595 346.02
资产总计	10 002 929 280.77	7 895 589 348.90	4 480 478 722.14	3 421 469 400.36	3 286 070 577.38
短期借款	199 950 766.82	60 000 000.00	88 000 000.00	220 000 000.00	585 000 000.00
应付账款	623 999 601.71	479 965 285.50	167 200 197.46	146 890 795.17	188 203 309.16
流动负债合计	4 708 382 978.73	3 374 383 796.86	2 214 634 621.48	1 189 906 202.72	1 421 742 069.99

---

① 特变电工股份有限公司 2009 年年度报告。

续表

	2009-12-31	2008-12-31	2007-12-31	2006-12-31	2005-12-31
非流动负债合计	468 206 275.90	805 417 700.00	595 077 500.00	771 791 361.06	320 000 000.00
负债合计	5 176 589 254.63	4 179 801 496.86	2 809 712 121.48	1 961 697 563.78	1 741 742 069.99
股东权益合计	4 826 340 026.14	3 175 787 852.04	1 670 766 600.66	1 459 771 836.58	1 544 328 507.39
负债与股东权益合计	10 002 929 280.77	7 895 589 348.90	4 480 478 722.14	3 421 469 400.36	3 286 070 577.38

说明：2005—2008年数值是TBEA采用福费廷融资方式前的统计数据，2009年数值是TBEA采用福费廷融资方式后的统计数据。

资料来源：2005—2009新疆特变电工股份有限公司年报。

根据资产负债表的数据（见表43—1），可以计算流动资产/总资产、应收账款/流动资产、存货/流动资产及现金/流动资产等比率（详见表43—2）。

表43—2　　　　　TBEA2005—2009年资产结构数据

资产结构	2009年	2008年	2007年	2006年	2005年
流动资产/总资产(%)	47.57	43.01	49.54	44.19	38.39
应收账款/流动资产(%)	5.03	14.09	13.22	24.01	32.64
存货/流动资产(%)	18.07	23.96	21.99	20.04	32.23
现金/流动资产(%)	41.17	30.70	26.06	21.62	14.70

（1）2005—2008年间，TBEA总资产和流动资产在绝对值上都逐年增加，就流动资产占总资产的比例而言，2005—2007年稳步上升，表明企业这段期间内的资产流动性较好，但2008年较前一年下降了6.53%，同比下降幅度较大，企业资产的流动性有所下降。

（2）2005—2007年间，TBEA的应收账款稳步下降，应收账款/流动资产最低为13.22%，但在2008年又有所上升。

（3）2006—2007年间，TBEA的存货比例较低，2008年增加了近2%；货币资金则在2005—2008年稳步上升，最大增幅为6.92%。

综上所述，由于受到2008年金融危机的影响，市场电力需求放缓，公司较之前几年，除了货币资金没有出现逆转现象，其资产流动性下降，应收账款比例增加，并积压了更多的存货。于是当年，TBEA向银行申请办理了国际保理业务，以便改善其货币资金状况。为了进一步改善企业财务报表，2009年除继续采用保理融资外，TBEA开始尝试福费廷方式，将出口巴基斯坦项目的应收账款从资产负债表中剔除。

福费廷提供的是无追索权的贸易融资，TBEA将应收账款票据卖断给中行后，即完成了该笔出口业务的账款回收，不会增加企业资产负债表中的应收账款、银行贷款等项目，也不会产生负债。TBEA向中行出售巴基斯坦升压站项目买方信用证时，TBEA于2009年9月8日实际收到的4 072 135.07欧元折合人民币39 887 377.44元已记入资产账户，并不改变资产负债表中的应收账款等项目。从 2009 年 TBEA 的资产负债表中及各资产结构数据看：

(1) 流动资产和总资产绝对值较 2008 年有大幅增长，流动资产/总资产较 2008 年也增加了 4.56%；货币资金较 2005—2008 年大幅增长，其中近 4 000 万元因福费廷融资方式改善所致，现金/流动资产比 2008 年增长 10.47%，超过 2005—2008 年的最大增幅 6.92%。[①]

(2) 2009 年 TBEA 的应收账款为 239 112 419.48 元，低于以往任何一年，应收账款/流动资产也比 2008 年降低 9.06%。TBEA 因采用了有效的融资方式，海外出口项目得以顺利完成，增强了营运能力，存货也有所下降。

可见，TBEA 采用福费廷融资方式承办巴基斯坦升压站项目，将远期应收账款变成了现金销售收入，有效解决了应收账款的资金占用问题和对应收账款的回收管理问题，并且减少了出口商对国内银行的负债，改善了公司的资产负债表。

2. 有助于拓展海外市场

TBEA 的海外市场份额比例在 2007—2010 年间大幅提高，海外市场销售增长率在 2008 年达到了 200% 以上，2010 年海外市场销售额超过 35 亿元。

表 43—3　　　　TBEA2005—2010 年合同销售额与海外市场合同销售额

年份	合同销售额（元）	海外市场销售额（元）	海外市场销售额占比（%）	海外市场销售额增长率（%）
2005	4 487 561 810.08	312 441 191.85	6.96	—
2006	5 914 203 616.91	561 933 860.90	9.50	79.85
2007	2 893 150 793.60	609 973 812.04	21.08	8.55
2008	12 518 932 193.68	2 367 329 770.82	18.91	288.10
2009	14 754 293 043.02	2 794 551 535.33	18.94	18.05
2010	17 770 288 410.67	3 587 574 284.50	20.19	28.38

资料来源：根据特变电工股份有限公司 2005—2010 年年报整理而得。

机电产品和项目的出口金额巨大，进口商一般不能在短期内一次性付清，希望得到延期付款的资金融通。在全球机电产品和项目竞争愈演愈烈的背景下，除了品牌、技术、质量、价格、服务等因素，融资条件的竞争也成为争取进口商的决定性因素之一。所以，基于延期付款贸易合同的福费廷融资为 TBEA 给进口商提供延期付款便利、顺利开展国际业务起到了关键性的作用。TBEA 借助福费廷有效解决了自身的资金周转问题，提供了有利于买方的贸易条件，更容易在国际竞争中胜出。

---

① TBEA 在 2008 年和 2009 年为缓解金融危机造成的影响，还采用了国际保理融资方式，国际保理融资对 TBEA 的流动资产和现金也产生了重要作用。

3. 规避海外市场各类风险

TBEA机电产品类资本货物的出口多分布在亚洲和非洲地区,如塔吉克斯坦、巴基斯坦、苏丹等经济不发达国家。第三世界国家普遍存在政治经济环境不够稳定和外汇短缺等问题,金融危机更是加剧了它们的收汇风险。利用福费廷融资则可以有效规避相关风险,例如,TBEA向中行出售巴基斯坦升压站项目买方信用证项下的款项,将与出口贸易有关的国家风险、资金转移风险、信用风险一并转嫁给了银行及担保机构。在人民币不断升值的背景下,利用福费廷融资还规避了汇率风险。企业收到融资行的贴现款便相当于完成了合同交易的款项收付,债权到期后由融资行向进口商索汇,贷款利率和汇率变动不会对企业产生影响。

4. 提前取得出口退税①

按照国家外汇管理局的规定,只有实际收汇的出口企业,银行才能为其发放出口收汇核销联,出口企业才可以到相关税务部门申请出口退税。在福费廷方式下,出口企业获得贴现款项并按照规定办理结汇,既可以避免资金长期占用,又可以得到提前出口退税的优惠。虽然福费廷的融资报价比较高,如本案中TBEA支付中行的费用高达976 237.92元,但考虑到出口退税的利息收入可以弥补福费廷融资价格较高带来的额外损失,总体上,企业付出的融资成本仍低于银行贷款等其他融资方式。

(二)本单福费廷业务的特色

本单福费廷业务的特色在于中行充分利用IFC担保和非融资性风险参与避免了独家承受全部风险,成功实现风险分散化。在一般情况下,银行办理福费廷业务,在买断应收账款的同时,各种风险也随之全部转嫁到自身,本单业务金额大、期限长、风险高,于是,中行将TBEA巨额应收账款票据分三部分完成,即IFC担保项下福费廷转卖、代理行非融资性风险参与及中行新疆分行买断。

1. IFC担保项下的福费廷转卖

中行在国内率先以保兑行身份加入IFC、EBRD、ADB和IDB四家国际组织贸易融资项目,通过与这些组织紧密合作,中行将风险承担范围进一步拓展到亚洲、非洲、拉丁美洲等地区的新兴市场国家。巴基斯坦信用证项下开证行国家风险较高,付款期限长,同时开证行在中行的授信额度已满,中行总行及时转换思路,为TBEA叙做国内信用证福费廷即时转卖业务,将部分风险成功转嫁给IFC,由著名的国际组织IFC提供担保,中行的融资安全得以保障。

2. 代理行非融资性风险参与(unfunded risk participation)

非融资性风险参与是指参与风险的银行在债权到期前并不实际向出让风险的银行支

---

① 出口货物退税制度是一个国家退还在国内生产、流通、出口环节已缴纳的间接税的税收制度,目的是使出口货物以不含税价格进入国际市场,避免对跨国流动物品重复征税,以促进对外贸易。

付任何贴现款项,而是在债权到期后,如债务人或承兑(承付、保付)银行不付款时,风险参与将向出让风险的银行支付其参与份额的债权款项。因此,非融资性风险参与类似于提供付款担保。中行运用非融资性风险参与相当于为该部分福费廷融资又提供了坚实的保障。若巴基斯坦进口方银行到期未能支付款项,则由风险参与方支付相应的风险份额款。

通过引入风险承担方,实现了TBEA、银行和风险参与方的三方共赢。TBEA在不占用自身授信获得融资的同时,规避了各种风险;中行既维护了与重点客户的良好合作关系,又有效降低了该笔业务的风险,降低了风险资产,有效改善了银行的资产负债结构;而风险参与方则在不占用资金、规模的情况下增加了中间业务收入,拓宽了收益来源。

三、结论与启示

(一)出口企业的融资方式在很大程度上决定其国际化进程

出口企业应本着融资成本最低、融资风险最小的原则,不断寻求最佳融资途径。作为一种新型贸易融资方式,福费廷无疑在资金融通和风险规避等多方面都能够满足出口企业的需求。

(二)企业融资成本的核算应综合考虑多种因素

虽然福费廷的融资报价较高,在核算福费廷成本时,也需将提前取得的出口收汇款和出口退税因素考虑其中,以便对银行的报价作出正确的评估。

(三)银行应加快业务创新、提高服务水平

福费廷是中行的特色产品,业务种类丰富齐全,本案中的中行积极利用这一突出优势开展福费廷组合业务,让出口企业充分享受到产品运用的红利。对于银行而言,服务好客户,才是银行竞争的立足根本,为此,银行应多渠道与金融同业加强联系,积极寻找国际和国内的业务合作机会,打造综合服务优势,不断提升服务质量和能力,拓宽和创新业务模式,实现真正意义上的银企双赢。

参考文献:

鲁宁宁.我国出口企业的福费廷融资策略研究[D].西南财经大学,2011.

案例44 IFC担保项下出口贸易融资

一、案情回放

B公司为国内某著名轮胎生产企业,该公司轮胎相关产品畅销国内并远销欧洲、东南亚、中东、非洲等的120多个国家和地区。2008年前三季度出口额突破10亿美元,为当

地最大出口企业。

2008年B公司在海外市场拓展中捷报频传,新兴市场业务的快速增长成为该公司业务发展的最大亮点,但新兴市场潜在的巨大风险也让公司高层忧心忡忡。以该公司新拓展的南美国家巴拉圭市场为例,虽然产品在当地有很强的竞争力,市场需求强劲,但苦于该地区风险较大且当地银行资信较低,出口收汇缺乏保障,也难以取得国内银行出口融资,B公司对该地区的出口贸易难有大的突破。

A银行工作人员得知这一情况后,深入分析买卖双方及所在国的市场情况,及时向B公司推介国际金融公司(IFC)担保项下福费廷业务,通过IFC担保这一平台为B公司叙做福费廷业务。

2008年11月,B公司与巴拉圭某买家签署贸易合同,金额为150万美元,双方商定采用信用证结算方式,提单日后120天付款,分五批发货。本笔业务的开证行为巴拉圭当地一家银行,该银行已于2007年加入IFC的全球贸易融资服务项目(Global Trade Finance Program,GTFP)。于是,开证行开出以B公司为受益人的信用证,并通过国内A银行通知B公司。同时,开证行向IFC申请开立保函,IFC受理申请并根据业务具体情况向A银行开出以该行为受益人的保函。B公司收到信用证后即安排发货,发货后向A银行交单并将经开证行承兑的信用证项下票据卖断给A银行(即福费廷业务)。A银行则在持票到期后向开证行收取相关款项,目前A银行为该企业办理的几笔福费廷业务到期并按时收汇。

对B公司而言,IFC担保项下的福费廷业务既解决了B公司出口融资难问题,也保证了企业出口收汇安全,解决了出口企业的燃眉之急。

二、案例评析

全球贸易融资服务项目由IFC于2005年10月发起设立,通过IFC对非洲、拉丁美洲、亚洲、中东等地区的私有银行信用证、保函等提供担保,促进全球与这些地区新兴市场国家的贸易往来。在此担保基础上,国内银行为国内出口企业叙做信用证保兑、打包放款、出口押汇、福费廷等业务,推出一系列贸易融资产品。

常见的IFC担保项下出口贸易融资产品包括:第一,IFC担保项下福费廷业务。凭IFC的担保向客户提供福费廷融资,满足客户规避风险、改善现金流、优化财务报表、提前办理货款核销和出口退税等需求。第二,IFC担保项下保兑业务。凭IFC的担保,应客户要求对信用证加具公开保兑,提供信用等级更高的银行付款保障,降低客户收汇风险。第三,IFC担保项下转开保函业务。银行收到国外银行开来的保函后,凭IFC担保向客户转开保函,为客户向中高风险国家(地区)出口提供本地银行保障。本案属于IFC担保项下的一单福费廷业务。这类产品对出口企业来说属于利用"国际资源"的融资产品。其特色和优势将在下文作深度解析。

(一)全球贸易融资服务项目的特点

第一,该项目针对新兴市场。亚洲、非洲、拉丁美洲、中东地区新兴市场风险巨大且频发,很难被许多商业银行所接受,IFC担保正好填补了这一空白,有效解决了企业向这些地区出口中的融资、担保问题。

第二,该项目下IFC以服务于发展中国家民营经济为宗旨,因而为所有私营国际贸易提供担保,开证行绝大多数是私有银行,原则上不支持国有企业作为开证人的贸易融资(除非该贸易支持节能减排、能效融资)。对不同国家(地区)的银行担保期限有差别,最长可达3年(含3年)。

第三,该项目下IFC主要承担国家风险和银行风险。

第四,该项目下IFC通过SWIFT以备用信用证形式出具担保(见索即付,适用于UCP600),索赔后15天无条件付款。

第五,IFC为非营利机构,为促进新兴市场国家经济发展,收费较市场平均水平更具竞争力,每笔业务以询价方式确定价格。

(二)IFC担保区别于一般商业风险分摊的核心优势

得益于IFC成员国股东的支持和自身对新兴市场风险管理的经验,全球贸易融资服务项目具有一般商业风险分担所不具备的特殊优势。

第一,IFC成员国拥有优先债权人地位。IFC作为世界银行集团的成员,拥有182个成员国。IFC的成员国通常拥有优先债权人的地位,在特殊外汇管制的情况下,IFC比商业机构更少受外汇管制的影响。

第二,IFC擅长新兴市场风险评估。IFC对超过300家新兴市场的银行进行过股权、债权等投资,对于新兴市场银行的风险评估和监控具有丰富的经验。

IFC提供的数据显示,截至2011年3月底,以开证行身份加入全球贸易融资服务项目的银行有206家,属于86个国家;以保兑行身份加入全球贸易融资服务项目的银行有216家,属于92个国家。在全球范围内,全球贸易融资服务项目已开展了8 600多笔交易,金额累计110亿美元。每笔业务金额从1 000美元到数千万美元不等。自2005年以来,没有发生过一笔赔付。

(三)IFC担保项下贸易融资业务的操作流程

叙做IFC担保项下贸易融资业务,只要企业符合IFC商品限制、期限、额度的要求,并能够接受报价,就可以选择加入全球贸易融资服务项目的国内保兑行开展业务。

以信用证为例,国内银行(加入全球贸易融资服务项目的保兑行)在IFC网站www.ifc.org/GTFP查询全球贸易融资服务项目的开证行名单,如果国外开证行在IFC的名单上(开证行不必在国内行有授信额度),国内银行就会将信用证金额和期限等信息通过Email发送给IFC总部,询问IFC是否能够给国外开证行提供担保。随后,IFC会将担保的费用报价反馈给国内的银行。根据IFC的费用再加上银行利息、手续费等,国内的银行给国内出口企业提供报价。如果企业能够接受,国内银行再与 IFC 总部沟通,IFC 则通过发电报的形式,向国内银行出具一份担保。

(四)IFC 担保对银企的收益

1. 企业层面的收益

(1)帮助企业转嫁新兴市场的风险。新兴市场国家进口需求量大但外汇资金不充裕,多以赊销方式结算且账期较长。本案中出口企业开拓的拉美市场风险较大且当地银行资信较低,IFC 通过开立保函承担了进口国的国家风险和开证行的信用风险。一旦发生风险,IFC 对该保函项下贸易融资银行进行赔付,使企业出口收汇安全因此得以保证。

(2)有助于企业获得银行贸易融资支持。IFC 作为世界银行的成员机构,具有 3A 级的资信评级。在 IFC 提供担保的情况下,商业银行可以占用 IFC 授信额度解决企业融资需求,除了可为信用证提供保兑外,还可为出口企业提供打包放款、出口押汇、福费廷、转开保函等贸易融资服务,不占用企业在银行的授信额度,大大方便了出口企业。IFC 担保特别适合规模小、银行核定授信额度少、融资能力有限的企业。

(3)方便企业提前办理结汇核销。有了 IFC 担保,出口企业可以非常方便地获得银行出口押汇和福费廷等贸易融资支持,从而提早结汇,规避汇率风险。如果企业通过银行叙做福费廷业务,还可以提前办理出口核销和退税等手续。

(4)降低企业财务成本。IFC 为非营利机构,会根据开证行的国别风险、信用风险、业务金额等情况,结合市场水平进行报价,收费水平具有一定的竞争力。在此基础上的国内银行因不再承担开证行的国别风险及银行风险,而基于 IFC 的 3A 评级适当收取保兑费,有助于企业降低"走出去"过程中的财务成本。

2. 银行层面的收益

(1)保证银行贸易融资安全。IFC 担保项下一旦发生支付风险(进口国发生战争或外汇管制、开证行破产或拒付等),银行可根据保函向 IFC 提出索赔,IFC 见索即付,银行融资安全因此得以保障。

(2)拓展国际贸易融资业务,提升知名度。有了 IFC 的担保和全球贸易融资服务项目下的全球银行网络,资信不佳的新兴市场国家和地区的商业银行开来的信用证等支付工具也很容易获得出口银行的融资服务。对于以开证行(issuing bank)身份加入项目的银行来说,可以凭借 IFC 给予其的 3A 级信用支持,拓展与其他国家的进口贸易融资业务,延伸其国际贸易融资范围,提升国际认知度;对于以保兑行(confirming bank)身份加入项目的银行来说,该项目可以帮助银行承担以前不能承担的开证行风险,扩大其对新兴市场的贸易融资。

(3)贸易融资期限灵活。IFC 担保支持多种贸易结算工具,不仅包括信用证、保函,还包括经银行保付的汇票和银行本票等,既可以为客户提供 1 年以下的短期贸易服务,也可解决最长达 3 年的中长期项目融资。这有助于商业银行巩固和发展进出口客户,拓展对新兴市场的国际结算和贸易融资。

三、结论与启示

在后金融危机背景下,美、日、欧等发达经济体实体经济萎缩,新兴市场为我国出口行业提供了新的商机,但作为地缘政治高发区,新兴市场潜含的巨大风险往往使国内进出口企业望而却步。如何做到既保证企业进出口资金安全,又保障银行融资安全,成为我国银企关注的焦点。IFC担保项下全球贸易融资服务项目的推出,无疑为企业增加了一个全新的、更优的选择,为企业开拓海外新兴市场提供了保驾护航的利器。

目前,国内已有十余家银行加入全球贸易融资服务项目,如以保兑行身份加入的中国银行、建设银行、兴业银行、民生银行、北京银行等,以开证行身份加入的北京银行、杭州联合银行、德阳银行、天津滨海农村商业银行等,众多企业受益良多。现阶段我国IFC担保项下贸易融资正处于发展的上升期,未来还有很大的发展空间。

为了更好地争取IFC的扶持,出口企业在办理IFC担保项下贸易融资业务时,需要注意以下事项:

第一,与银行保持密切沟通,使其尽早介入合同谈判。在合同谈判时,企业就要明确结算方式、具体的开证行、开证行是否在IFC的名单上、报价等因素,对多方面因素进行综合考虑,以保证IFC担保项下贸易融资业务的顺利开展。并且,IFC对开证行的额度实行动态管理,一旦与国外买方达成意向,出口企业应要求银行尽快与IFC联系,由IFC预留开证行额度。

第二,出口商品应符合IFC的全球贸易融资服务项目条件。叙做IFC担保项下贸易融资,对列入IFC排除清单(exclusion list)的业务和商品,如对环境有害的化工类、军火、毒品烟酒等,IFC是不予支持的。

第三,开证行通常不包括国有银行。在一般情况下,IFC不对国有银行提供担保,其开证行名单内的银行多为新兴市场的非国有银行。

第四,事先了解业务办理的流程和手续。在国外开证行、企业均没有额度的情况下,叙做IFC担保项下贸易融资业务要经过询价、发报申请等程序,并须得到保兑行和开证行双方同意,业务办理时间需要一到两周,手续相对复杂。

第五,确保单证相符。信用证项下IFC赔付的前提是单证相符,因此,出口银行融资的前提也是单证相符。出口企业必须尽量满足这一条件,才能避免出现风险。

参考文献:

[1]朱力勇.不要让新兴市场的商机溜走——解读IFC担保项下出口贸易融资[J].中国外汇,2009(2).

[2]韩英彤.零距离接触"IFC担保项下贸易融资"[J].中国外汇,2011(14).

[3] 韩英彤,白琳. GTFP:扶持新兴市场国家的贸易融资项目[J]. 中国外汇,2011(14).

案例 45　福费廷包买商的风险

一、案情回放

瑞士某汽轮机制造公司(以下简称"瑞士公司")向拉脱维亚某能源公司(以下简称"拉脱维亚公司")出售汽轮机,价值 300 万美元。因当时汽轮机市场很不景气,而拉脱维亚公司坚持延期付款,因而瑞士公司找到其往来银行 A 银行寻求福费廷融资。该银行表示只要拉脱维亚公司能提供拉脱维亚 B 银行出具的票据担保即可。在获悉拉脱维亚 B 银行同意出保之后,A 银行与瑞士公司签署包买票据合约,贴现条件是:6 张 50 万美元的汇票,每隔 6 个月到期,第一张汇票在装货后的 6 个月到期,贴现率为 9.75% p.a.,宽限期为 25 天。

瑞士公司于某年 12 月 30 日装货,签发全套 6 张汇票寄往拉脱维亚公司。汇票于次年 1 月 8 日经拉脱维亚公司承兑并交拉脱维亚 B 银行出具保函担保后,连同保函一同寄给 A 银行。A 银行于 1 月 15 日贴现全套汇票。由于汽轮机的质量有问题,拉脱维亚公司拒绝支付到期的第一张汇票,拉脱维亚 B 银行因保函签发人越权签发保函并且出保前未得到中央银行用汇许可,而声明保函无效,并根据拉脱维亚法律,保函未注明"不可撤销",即为可撤销保函。而此时,瑞士公司因另一场官司败诉,资不抵债而倒闭。

二、案例分析

此案例中的包买商 A 银行受损基本成为定局。原因是:

首先,按照福费廷业务程序,A 银行在票据到期时首先要向担保行拉脱维亚 B 银行提示要求付款。然而,B 银行签发的保函因不符合本国保函出具的政策规定及银行保函签发人的权限规定而无效,并且根据该国法律的规定,即便有效,因未注明"不可撤销",该行如不愿付款,也可随时撤销保函下的付款责任。因此,A 银行通过第一收款途径已不可能收回款项。

其次,如果 A 银行转向进口商要求付款,进口商作为汇票的承兑人,应该履行其对正当持票人——包买商的付款责任,该责任不应受到基础合同履行情况的影响。但由于拉脱维亚属于外汇管制国家,没有用汇许可,进口商也无法对外付款,因此,虽然包买商在法理上占据优势地位,但事实上从进口商处收款同样难以实现。

最后,福费廷属于无追索贴现融资,即便为了防范风险,A 银行已与出口商瑞士公司事先就贸易纠纷的免责问题达成协议，但由于瑞士公司已经倒闭，即使 A 银行重新获得追索权，也难以通过追索弥补损失。

三、结论与启示

本案例的教训说明，在福费廷业务中，风险最大的便是包买商。包买商需要从以下方面着手防范风险：

（一）重视资信调查

在签订福费廷协议、办理福费廷业务之前，一定要重视对出口商、进口商、开证行、担保人本身资信情况和进口商所在国情况的调查。这些情况对于福费廷公司判断一笔业务的风险、确定报价，甚至决定是否接受这笔业务都具有非常重要的意义。

（二）确保担保有效

设定担保是福费廷业务开展的重要前提。担保人的资信尤为关键，担保人应是当地一流银行并获得包买商的认可。在实务中，担保人通常由包买商来指定。此案中，这家担保行确系 A 银行自己指定，但 A 银行实际上对这家担保行的资信并非特别了解。至本案发生，该担保行成立才两年多，办理业务的时间非常短，业务经验包括业务办理程序方面都不是很成熟，对于福费廷这样的复杂业务，接触更少。也正是因为这一原因，办理过程中出现了许多违反政策及业务规定的问题。

（三）了解进口国相关政策法律

如进口国的法律规定、银行对债权的合法权益和让渡。本案中的包买商 A 银行对进口国的相关政策法律并不清楚，对基础交易情况、货物情况也缺乏足够的了解，对客户资信也没有进行必要的审查和把握。

（四）要求提交重要单据文件

如用于了解交易背景的合同副本、用于防范进口国政策管制风险的进口及用汇许可证、L/C 条款的审查（一般不接受可转让信用证，因为要承担转让行的风险）、承兑电文的真实性和有效性等。本案中包买商疏于防范，对相关的重要文件和单据均未作出提交的规定和要求。

案例 46　出口信保融资风险案一

一、案情回放

南方生产企业 A 公司于某年向美国专业贸易公司 B 公司出口微型轴承，累计金额 330 万美元，并在 C 银行办理了信保融资 264 万美元。B 公司提货后拒绝支付货款。A 公司在 C 银行押汇到期，银行只能为 A 公司展期 90 天，并要求 A 公司立即向中国出口信用保险公司索赔,A 公司遂向中国出口信用保险公司申报可能损失,并委托后者追讨。

在追讨过程中,B 公司一再声称 A 公司的产品存在严重质量问题,导致其蒙受了巨大的经济损失。A 公司则对此予以否认。由于双方在质量问题上存在很大争议,中国出口信用保险公司根据保单条款的规定,要求 A 公司对 B 公司提起诉讼,并由中国出口信用保险公司律师代理 A 公司在美国诉讼。

当年 6 月,A 公司在美国对 B 公司提起诉讼,B 公司在收到起诉书后随即对 A 公司提起反诉。中国出口信用保险公司收到律师转来的最终判决。法庭认定 A 公司提供的价值 70 万美元的产品存在质量问题,该部分货款应从合同总金额 330 万美元中扣除,判定 B 公司偿还 A 公司 260 万美元的货款;但同时支持了 B 公司在反诉中提出的索赔请求,要求 A 公司赔偿 B 公司因产品质量问题而蒙受的 200 万美元的损失。法庭最终判令 B 公司向 A 公司支付 60 万美元。

由此,C 银行仅仅收到 B 公司支付的 60 万美元,由于中国出口信用保险公司是免责方,因而无法再向其追索,而 A 公司也无力对 C 银行还款,结果造成了 C 银行 204 万美元的坏账。

二、案例评析

传统的贸易融资银行以抵质押物为基础融通资金,出口信用保险使银行获得了保险公司一定的理赔保障,降低了融资风险,在借款人具备一定出口交易记录的前提下,银行无需占用借款人授信额度就可以发放信保融资。但是,看似低风险的出口信用保险融资对融资行而言,依然面临以下风险点:

(一)出口商的履约风险

中国出口信用保险公司按照保单约定,承担买方的商业风险和政治风险引起的直接损失,而因出口商自身原因造成的融资款无法收到的风险,需由银行自己承担,如出口货物的数量与质量未如实反映、未按合同要求发货等。出口商在向中国出口信用保险公司申报出口、向银行申请融资时提供的是全套单据,银行不可能实地核实真实的货物数量及质量。对于买卖双方由于质量或数量问题引起的贸易纠纷,中国出口信用保险公司免责,由此引起的进口商拒付或减价,银行只能向出口商追索,一旦出口商丧失偿付能力,银行只能自行承担融资损失。

(二)贸易真实性风险

贸易真实是保险公司赔付的基础,但中国出口信用保险公司在承保时只调查买方资信和财务状况,在中国出口信用保险公司、银行和企业三方签订的《赔款转让协议》中,中国出口信用保险公司不负责对贸易背景真实性进行认定,要求银行自行把握。如果出口商、进口商及中间商一方或几方出于诈骗、骗贷等目的,虚构贸易背景,将无法获得中国出口信用保险公司的理赔,银行就处于相当被动的境地了。

(三)汇路变化的风险

出口信用保险融资的主要还款来源是企业出口收汇款项,即所谓的自偿性。然而,一旦出口企业与银行发生其他贸易纠纷,企业为避免银行对其资金的占用,擅自改变汇路,将无法满足融资自偿性的要求。对中国出口信用保险公司而言,只要国外进口商已经将货款按期足额支付给出口商的任何一个账户,中国出口信用保险公司的保险责任即告终止。

(四)保险的免责条款

保险合同自然存在保险的免责情况。中国出口信用保险公司对买方商业信用风险和进口国政治风险以外的所有风险不予赔付。如因被保险人行为过失引起的损失、因买卖双方以外的第三方行为过失引起的损失、由进口方的行为过失引起的损失,都会使融资行面临很大的风险。即便发生政治风险和商业风险可以索赔的情况,如果出口商濒临倒闭边缘,无心管理,不履行索赔义务,如索赔时资料不完备、时效性延误、未付保费等,中国出口信用保险公司同样不承担赔偿责任。

本案中的C银行在办理业务时虽然审核了质检文件,但对于质检证明中的细节并未仔细把关。A公司出口的微型轴承产品在规格上与标准的要求相差0.0002英寸。法官在判决书中明确指出,该产品的特性和用途决定了其在质量问题上只有合格与不合格两种概念,只要产品不是完全符合质量标准,就应被认为是存在质量缺陷。一方面,A公司正是因其自身违约无法得到中国出口信用保险公司的赔偿;另一方面,违约还导致对进口商的高额赔偿,忽视产品质量问题是主要的根源。

由于出口商A公司未能严格按照合同履约,无法得到中国出口信用保险公司的赔偿,导致这笔融资所依赖的保单保障落空,加上银行没有要求A公司提供足额的抵押品,在A公司无力还贷的情况下,本案中的融资行C银行损失惨重。

三、结论与启示

出口信用保险融资是中国出口信用保险公司与银行合作的产物,使融资行、中国出口信用保险公司、出口企业三方建立了密切的合作关系。随着业务的发展,相继出现的坏账使大家不得不重新审视这种融资产品。从本案中,我们可以得到以下启示:

(一)正确认识出口信用保险

出口信用保险不是百分之百的融资担保,而是信用保险保单项下赔款权益或应收账款权益的转让。中国出口信用保险公司只有在出口商完全、适当地履行了销售合同及保险合同项下义务,且发生保险责任范围内损失的前提下,才承担赔偿责任。因此,一定要明确信用保险的保险责任范围以及除外责任。

(二)充分关注产品质量细节

出口信用保险融资这款看似万无一失的业务品种背后,对出口商隐含的要求和条件之一是真实的贸易背景和按时按质按量履行交货义务。由于质量问题以及其他贸易纠纷所产生的不付款情况并不属于信用保险的赔付责任之内。产品质量的轻微不达标不仅可能导致法律诉讼和高额赔偿,而且无法得到中国出口信用保险公司的赔付,出口商和银行应对此予以充分重视,对产品质量问题可能导致的后果应充分估量。

(三)牢牢把握自偿性

自偿性的丧失意味着贸易融资第一还款来源的消失。"只管单据不管货物"原则并不适用于信用保险融资业务。银行必须密切掌握客户的发展动态,及时跟进获得第一手信息。从客户准入、贸易背景以及回款路线等方面深入了解客户,进而了解客户的业务。尤其要注意关注借款人与上下游客户之间的交易记录,把握交易周期以及货物和资金的流向。

(四)密切关注是否存在潜在商业纠纷

商业纠纷是出口信用保险最常见的除外责任。银行在具体操作时可考察出口商历年来收汇情况、出口商的出口经验、对商品类别的限制、对进口国的限制及审核出口单据,重点了解客户在出口合同和保险合同项下的履约能力,减少或避免商业纠纷的发生,排除发生信用保险除外责任的情况。

参考文献:

[1] 徐捷.国际贸易融资——实务与案例[M].北京:中国金融出版社,2013.
[2] 沈华.信保融资风险成因及防范方法[J].进出口经理人,2014(11).
[3] 夏凡.信用保险项下融资经验谈[J].信用管理,2012(6).

案例47 出口信保融资风险案二

一、案情回放

L公司系一家中日合资企业,主要经营家用数字电视、数字刻录机、数码照相机等电子产品。2012年,L公司因资金融通需要,向银行申请办理贸易融资业务。银行经审查后,认为L公司符合办理短期出口信用保险项下融资业务的条件。L公司作为出口商,将其对日本进口商的应收账款权利转让给银行,并向M保险公司投保了短期出口信用保险,将获得的出口信用保险的赔款权利也转让给银行。在相关手续办妥后,经审核同意,银行向L公司累计发放了7笔融资款项,金额合计逾1 000万美元。但在融资款项到期日之前,因日本进口商拒绝履行付款责任,并将L公司出口的货物退回到国内保税区,导致L公司无法收回应收账款,结果对银行的该笔贸易融资造成重大风险。

二、案例评析

站在银行的角度,从理论上而言,因银行已获得 L 公司向 M 保险公司进行索赔的赔款权利,而 M 保险公司作为一家国有大型出口信用保险公司,具有相应的理赔能力,即使 L 公司自身无法清偿融资款项,银行也可以向 M 保险公司索赔,贷款风险应当依然可控。但实际上,银行要获得受偿权,困难重重。

在本案中,律师经查阅 L 公司向 M 保险公司投保保险单的相关条款,发现要获得保险公司赔款的首要条件是进口商与出口商之间的贸易背景必须真实有效,否则保险公司可以拒绝理赔。随后律师在该笔业务的调查取证中发现,银行在未核实出口货物海关报关单正本复印件的情况下就发放了贷款,而事后经海关调取的报关单正本复印件与 L 公司提供的出口货物预录报关单无法进行一一匹配,即 L 公司在申请贷款时向银行提供了虚假的海关报关单。存在该种情况,就算银行向法院提出民事诉讼,并向 M 保险公司提出保险索赔的申请,也无法保障受偿权的实现。

进一步,根据 M 保险公司提供的《短期出口信用保险综合保险条款》,会发现保险索赔实质上非常艰难。根据保单规定,凡是有付款担保的销售合同,在出口商未对担保人进行诉讼、仲裁并完成执行程序前,保险人不予定损核赔;贸易双方存在纠纷而引起买方拒付货款或拒绝接受货物的,出口商也必须对其进行诉讼、仲裁并完成执行程序后才能定损核赔;在买方破产或无力偿付债务的情况下,根据法律规定也需要进口商根据所在国法律完成法定破产程序后才能认定其破产、无力偿还债务。因此,要获得保险赔款对银行而言更是遥遥无期。

三、结论与启示

(一)切勿将保险合同等同于连带责任担保

银行不能迷信出口信用保险的法律效力,有了保险公司的"担保",并不意味着低风险,保险公司的保险责任与"连带责任保证"有着截然不同的法律效力。担保通常承担无条件担保责任;而保险只承担保险条款规定范围内和规定条件下的损失,是一种有条件的保证。

(二)重视贸易背景真实性

银行在贸易融资操作流程中要防止忽略审核能够证明贸易背景真实性的要件等重要凭证。在本案中,客户经理事前对出口商的资质没有详细调查了解,对是否存在恶意诈骗的事实没有进行认证,单方面相信了客户提供的资料及情况介绍,没有通过信用系统、历史往来记录、企业会计报表等几个方面进行侧面了解。国际业务部门没有协助客户经理对于出口企业的贸易背景的真实性进行把关,包括对出口单据的审单不严,没有通过合同、发票、提单等单据判断出出口企业不真实的贸易行为等。任何一个环节的疏忽大意,都可能给某些不法分子带来可乘之机,使银行的贸易融资承受风险。

(三) 审核出口商自身还款能力

出口信用保险的一纸保险合同,自然存在保险的免责情况、特定的保障额度和条件,有时,即便拥有出口信用保险的索赔权,由于种种原因,银行也无法获得赔偿。因此,银行不能一味依赖保险合同的法律效力,仍要加强对出口商自身还款能力的审核。

案例 48 结算方式调整与银行风险

一、案情回放

国内 S 公司在 A 银行办理信用证结算业务已有 4 年多,上游供应商为 M 公司,S 公司为其代理纺织品出口业务,下游买家为两家沙特阿拉伯的进口商:T 公司和 K 公司,付款方式为 90 天远期信用证。一直以来,S 公司的信用证业务都正常交单且收汇顺利。2010 年,应 M 公司的要求,S 公司还向 A 银行申请资金融通办理了几笔出口押汇和买断型的福费廷业务,到期均正常还款。

从 2011 年开始,由于业务的熟悉度进一步加深,S 公司和沙特两个买方合同中约定的结算方式由 90 天远期信用证改为 90 天 O/A 赊销,两家进口商均在中国出口信用保险公司上海分公司承保范围内,并由中国出口信用保险公司进行了前期海外调查,历年来收汇记录良好,S 公司后续在 A 银行申请叙做了出口信保融资业务。

从 2013 年 1 月底开始,沙特进口商 T 公司和 K 公司未支付任何货款,导致 S 公司在 A 银行的 35 笔 O/A 项下出口信保押汇业务全部逾期;其中,17 笔为无追索出口信保融资业务,共计本金 27 679 992.48 美元。按照 A 银行《短期出口信用保险融资业务管理办法》规定,所涉 35 笔业务均已向中国出口信用保险公司投保了短期出口信用保险,S 公司也将保险单项下的赔款权益全部转让给了 A 银行。

中国出口信用保险公司对 S 公司索赔申请的书面答复称,因境外限额买方(即沙特进口商 T 公司和 K 公司)书面贸易关系存在不真实性,部分货物已退货,故在 S 公司提供有效的书面证据材料,能够证明其与限额买方涉案项下贸易及应收账款债权的真实性且无争议之前,中国出口信用保险公司暂无法承担赔偿责任。但 S 公司坚称贸易真实存在,同时表示后续要进一步与法律顾问展开相关法律研究。最后,S 公司用自有资金归还了部分银行融资款项后,公司情况随即不断恶化,内部重组化方案亦难以实施。A 银行即启动对 S 公司的诉讼,并把中国出口信用保险公司列为第二被告,将其相关赔付责任一并纳入诉讼程序。案件至今仍在进行中。

二、案例评析

本案集中反映了 S 公司将信用证结算改为赊销项下信用保险融资业务后对银行所造成的风险。

(一)S 公司调整结算方式的动因分析

S 公司改变传统的信用证结算方式,主要基于以下的原因:

1. 节约结算成本

信用证业务虽然安全,但对企业而言最大的缺陷就是费用高。例如,一笔开证金额为 10 万美元的进口信用证,开证申请人从头到尾花费的费用大约在 600～1 000 美元左右。收费标准参见表 48－1。

表 48－1　　　　　　某银行国际信用证的收费标准一览

服务项目	服务价格
开证	每笔按开证金额的 1.5‰～10‰收取,最低人民币 300 元或 50 美元;按照信用证超装金额上限收取;效期超过 3 个月的,按照授信情况、资本占用及风险程度对超出部分每 3 个月增收信用证金额的 0～2.5‰,不足 3 个月,按 3 个月收取
转证	每笔按转证金额的 1‰收取,最低人民币 300 元或 50 美元,最高人民币 1 000 元或 170 美元
修改/进口、出口撤证	最低人民币 100 元或 17 美元,最高人民币 200 元或 34 美元,按笔收取;增加金额:增额部分按超装金额上限 1.5‰～1‰收取;延展信用证效期超过 3 个月的,对超出部分增收信用证金额的 0～2.5‰,不足 3 个月,按 3 个月收取
承兑	每笔按承兑金额的 1‰～2.5‰收取,最低人民币 300 元或 50 美元;每 3 个月收取承兑金额的 1‰～2.5‰,不足 3 个月,按三个月收取;付款期限超过 3 个月的,按照授信情况、资本占用及风险程度对超出部分每 3 个月增收承兑金额的 0～2.5‰,不足 3 个月,按 3 个月收取
信用证来单处理费	人民币 150 元或 25 美元,按笔收取
付款手续费	人民币 200 元或 34 美元,按笔收取
提单背书	人民币 300 元或 50 美元,按笔收取
进口退单手续费	人民币 200 元或 34 美元,按笔收取
出口来证预先通知	人民币 100 元或 17 美元,按笔收取
来证通知	人民币 200 元或 34 美元,按笔收取
保兑	每笔按保兑金额的 2‰～5‰收取,最低人民币 300 元或 50 美元,按季收取,不足 3 个月,按 3 个月收取

续表

服务项目	服务价格
来证转递	人民币 200 元或 34 美元,按笔收取
议付/验单	每笔按议付/验单金额的 1.25‰收取,最低人民币 150 元或 25 美元
转让证已议付寄单再修改	人民币 50 元或 8 美元,按笔收取
出口信用证预审费	按笔收取,预审部分单据收最低人民币 50 元或 10 美元
	按笔收取,预审全套单据收最低人民币 100 元或 17 美元
单据瑕疵修改费、复印费	人民币 30 元或 5 美元,按笔收取
信用证已议付寄单再修改	人民币 50 元或 8 美元,按笔收取
查询/催收	人民币 50 元或 8 美元,按笔收取
提货担保费	每笔按提货担保金额的 0.5‰收取,最低 300 元或 50 美元
不符点处理费	人民币 500 元或 85 美元,按笔收取

本案中的 S 公司代理 M 公司与国外进口商 T 公司和 K 公司进行国际贸易业务往来已经多年,在 A 银行以信用证结算时交易记录良好,且后续进行的出口贸易融资业务到期时国外开证行均正常回款。因此,随着贸易双方信任度的逐渐提升,供货商 M 公司即原来业务的开证申请人开始考虑其结算成本问题,信用证结算项下昂贵的银行结算费用、支付给 S 公司的进口代理费加上后续贸易融资安排费和预扣的利息费用成本不菲,于是 M 公司要求 S 公司同 T 公司、K 公司协商,更改合同中的结算方式,采用结算程序更为简单的以商业信用为基础的赊销方式代替原来的信用证结算。

2. 中国出口信用保险公司介入保障收汇安全

赊销方式的制度和流程设计本质上不具备防范买方信用风险的职能,收汇安全是出口企业的最大担忧。赊销一般建立在使用信用证基础之上,即赊销贸易双方的信用评判最初往往是从使用信用证结算开始的,并在其以后的贸易过程中不断考察对方信用度。案例中的 S 公司对买方的资信不完全确知,又迫于降低结算成本,迫切希望有第三方机构能调查买方资信并提供担保。因此,S 公司在中国出口信用保险公司对境外买方 T 公司和 K 公司进行了投保,认为即使在赊销结算方式下,中国出口信用保险公司同样能够为其提供类似信用证项下银行信用般的收汇保障。

3. 提高融资便利性

投保短期出口信用综合险能够为出口企业在银行争取到赊销结算项下的融资提供便利,赊销项下出口信用保险融资业务由于处于发展初期,A 银行对其授信准入要求比较低,S 公司的赊销项下信用保险融资业务在 A 银行的授信品种中属于无任何担保品的低风险业务,由此迎合了案例S公司的资金融通需求。

(二)S公司调整结算方式后银行的风险分析

S公司采用赊销项下出口信用保险融资后,对A银行而言,其面临的风险发生了以下变化:

1. 国家风险的保障度提高

作为信用证项下的议付行,来自境外开证行所在国国家风险一旦发生,就不可避免地会给银行造成损失。国际惯例UCP600第三十六条明确规定:"银行对由于天灾、暴动、骚乱、叛乱、战争、恐怖主义行为或任何罢工、停工或其无法控制的任何其他原因导致的营业中断的后果概不负责。银行恢复营业时,对于在营业中断期间已逾期的信用证。不再进行承付或议付。"本案中S公司早期在A银行承办的信用证和后续买断式融资业务,如果遭遇沙特阿拉伯发生此类国家风险,A银行可能面临回款资金无处追索的境地。

而站在赊销信用保险融资行的角度,境外买方从事对外贸易过程中面临的各类国家风险,如进口商所在国家发生政变、战争或调整贸易政策、实施外汇管制及各种进口限制等,都属于中国出口信用保险公司的承保范围,给予S公司融资的A银行便可以凭借赔款转让协议得到中国出口信用保险公司的索赔,获得风险保障。

因此,相比信用证开证行对国家风险的免责条款,赊销项下的信用保险担保在防控买方的国家风险方面力度更强,由此降低了A银行在这一方面的还贷风险。

2. 信用风险的保障度有所降低

信用证项下的议付行应主要考察开证行的信誉和从业人员的素质风险,在可以追索的情况下,其次考察出口商的资信问题。本案中,A银行之前给予S公司90天远期信用证的贴现或福费廷转卖业务,主要基于开证行的承兑即单证相符条件下的第一付款责任。

赊销信用保险融资行无法考量境外买方的商业信用问题,只能仰赖中国出口信用保险公司的信用保险。但以非证结算为基础的出口信用保险作用却相对有限。首先,一旦出险,贸易背景真实性的有效认定可能存在争议。本案中S公司已履行了下述被保险人义务:未更改付款条件、及时申报、按时缴纳保费。出险后,A银行支行核实S公司已向中国出口信用保险公司报可损、提索赔。从A银行的融资单据看,业务审批手续完整,业务资料齐全,包括《买方信用限额审批单》、《短期出口信用保险承保情况通知书》、出口信用保险单据、缴纳保险费凭证、业务申请资料、审批表、借款凭证、出口单据等,且报关单上的信息如合同协议号、启运国、指运港、运输工具名称、商品名称、数量、总价等,经与合同、出口单据核对,贸易背景单据审核真实。从A银行对S公司历史资金回流情况的监控看,截至2013年2月前,S公司与两家买方的贸易与结算情况正常,回款较及时,回款业务编号对应清晰(发票号与通过A银行寄单的发票号一致),未出现融资逾期现象。因此,A银行认为S公司与T公司、K公司的贸易真实有效。然而,中国出口信用保险公司认定存在纠纷,是否因此就可以否定真实贸易?银行利益又如何保护?这些问题仍无定论。其次，保单存在众多免责条款，但凡涉及卖方过失或买卖双方关联交易等均属免赔责任范围，认定违约责任时也存在许多灰色地带，很多是银行在放款前由于专业度有限而无法知晓和控制的，这种有条件的担保相比受国际惯例约束的信用证开证行无条件付款责任，在担保力度上大打折扣。

此外，信用证结算中议付行有"欺诈例外的例外"原则保护，这也恰是中国出口信用保险公司关于买方风险的免责范围。因此，中国出口信用保险公司对非证业务中买方信用风险担保的独立性，与信用证的开证行相比，还是增加了许多隐形的、潜在的附加条件，类似本案纠纷的发生也使银行对风险资产为零的赊销项下信用保险融资业务中关于信用保险承保的买方风险是否还可以作为"兜底"的增信手段提出质疑。

3. 风控对象和方式的变化

基于上述分析，调整结算方式后 A 银行的风控对象发生转变：信用证业务及项下融资总体以境外开证行资信为风险考察对象，而赊销项下信用保险融资业务风险考量的第一重点为出口商的资信和还款能力，其次才是中国出口信用保险公司的赔付能力。也就是说，非证业务下买方信用风险逐渐转嫁给了银行。了解交易双方贸易是否存在欺诈风险并对卖方主体担保情况的落实便成了 A 银行风险控制工作的重点。例如，信用证项下福费廷买断业务只需查询开证行的名录等级界定其资信情况，并充分调查所在国的国家安全和政治状况；而非证项下的信用保险融资则需在充分了解贸易背景的基础上，进一步调查出口商的担保和资金运转情况，中国出口信用保险公司对买方风险的索赔只能作为第二还款来源。在发生无追索式赊销项下信用保险融资时，还应尽可能通过公开披露的财务报表状况等了解买方的经营状况，必要时可以利用海外代理行等资源进行适当的资信调查。

三、结论与启示

近年来，随着国际贸易规模的扩大、信息技术的发展以及买方市场的形成，加之信用证本身的特点，国际、国内都呈现出结算方式逐渐非信用证化的趋势，以赊销汇款为代表的非证业务发展和出口信用保险融资等各类新兴业务异军突起，给银行的风险管理带来了新的课题。银行应顺应这一趋势，在不摒弃传统信用证结算业务的同时，进一步推进赊销项下出口信用保险融资、国际保理、福费廷等新兴业务的开展，以丰富服务品种，寻找新的利润增长点。

然而，新兴业务推广的前提是银行制定执行更为详实的管理办法防控风险。这要求银行进一步细化出口信用保险融资等业务的操作规程，密切关注实际业务中频发的风险点。具体注意事项包括：

（一）客观认识信用保险对出口商风险缓释的作用

短期出口信用保险承保特定买方应收账款的商业风险和政治风险，而非交易真实性风险。根据保险条款,中国出口信用保险公司承担保险责任是以贸易合同真实、合法、有效且能够对买方确立债权为前提。具体到买方商业风险,除破产或无力支付外,中国出口信用保险公司承保的风险仅包括买方拒收货物和收货后拖欠货款两类情形。因此,银行不能把保单当融资"兜底",放松对交易真实性的审查。事实上,中国出口信用保险公司承保之初并不需要对交易背景进行审查,只有在发生保险事故后被保险人索赔时,才开始审查相关单据,以确认交易背景真实性,故中国出口信用保险公司出具的保单并不能当作交易真实性的证明材料。

(二)加强贸易背景和单据审查责任,掌握索赔主动权

对单证审核的要求应参照中国出口信用保险公司理赔时的审单标准,切实在业务前段筛除虚假贸易可能给银行带来的风险,在签署《赔款转让协议》时应同时要求出口商提供签字盖章的委托代理协议等文件留存,以便在出险的有限期限内代替出口商的地位行使代位索赔权。

(三)提高客户准入门槛

严格控制客户准入标准,不能因为出口企业投保信用保险而降低准入门槛及业务审批要求,如担保条件等。投保信用保险不应作为唯一增信手段,仍应按照正常的审贷标准进行授信审批,做到了解客户、了解业务、了解货物及物流信息、全流程加强风险管控。

参考文献:

陈桑子.国际结算方式的变化及其对商业银行国际业务的影响——以 A 银行为例的研究[D].上海财经大学,2015.

案例 49 宁波 SDN 公司的出口信用风险管理

一、案情回放

(一)集团概况

宁波是中国服装生产和出口大市,素有"中国服装城"美誉。服装业是宁波的支柱产业之一。近年来,随着国内外经济环境的变化,国际贸易环境日趋复杂,宁波的服装业也时刻面临着各种严峻挑战。宁波狮丹努集团有限公司原名宁波东方宏业制衣有限公司,创建于 1994 年 5 月,是一家股份制集团型企业,公司下属两家进出口公司、六家工业生产型企业、两家自主品牌国内市场营销公司,以及中国香港、新加坡及柬埔寨三家海外公司和一家纺织质量技术服务公司,现有员工 7 000 余人。公司凭借自身强大的生产制造实力,成为世界第一运动服装品牌 adidas、世界第二休闲服装品牌 H&M 的黄金级供应商,

并成功与世界排名第一的休闲服装品牌 GAP 建立合作关系。

2014 年,集团公司完成销售 43.1 亿元,同比增长 20%,出口创汇 4.7 亿美元,同比增长 20.5%。同年,公司上缴国家税收 1.8 亿元,连续十年被评为宁波市纳税 50 强。另外,公司多年来陆续被授予"全国纺织和谐企业建设先进单位"、"全国双爱双评先进企业"、"浙江省创建和谐劳动关系先进企业"、"浙江省诚信企业"、"全国服装行业百强企业"、"中国纺织服装企业竞争力 500 强"、"中国纺织服装企业主营收入百强"和"中国纺织服装行业出口百强"等荣誉称号。企业在大力发展外向型经济的同时,全力打造具有自主知识产权的商标品牌。狮丹努被评为中国驰名商标、浙江省出口名牌和宁波市出口名牌,同时被评为浙江省著名商标和浙江省知名商号。宁波狮丹努进出口有限公司是集团下属的外贸公司之一,因业务拓展需要于 2004 年成立。

(二)SDN 公司与中国出口信用保险公司的合作

宁波狮丹努进出口有限公司(以下简称"SDN 公司")成立之初,即携手中国出口信用保险公司宁波分公司开展合作。中国出口信用保险公司宁波分公司成立于 2002 年 8 月 28 日,是中国出口信用保险公司首批成立的 12 家分支机构之一,分公司连续五年获得宁波市金融服务业"优质服务先进"奖。2014 年,该公司承接的出口信用保险项下出口贸易额达 165.4 亿美元,同比增长 13%,投保企业超过 3 600 家。目前,政策性出口信用保险在宁波一般贸易出口的渗透率和客户覆盖率都接近 30%。

SDN 公司建立 10 年来,发展迅猛,很大程度上得益于双方保持的长期战略合作关系。公司近年来的出口信用保险数据统计参见表 49-1。公司信用销售额逐年增加,其中 2013 年增幅最为明显,达到 27%,2015 年全年信用销售额高达 4 亿美元。而公司的保费支出则连年保持平稳态势,2012 年国家出台政策扶持外贸出口,调减出口保险费率,2013 年公司升级为中国出口信用保险公司 VIP 大客户,保险费率有所优惠,因而各年保费支出总额波动幅度不大。从索赔金额看,公司总体出险不高,仅为 4‰,索赔金额除 2011 年达到峰值 333 万美元外,其他各年年均仅几十万美元。从索赔赔付率来看,2010-2014 年索赔申报共计 530 万美元,中国出口信用保险公司实际赔付 292 万美元,索赔赔付率为 55%,远远低于中国出口信用保险公司给出的协议赔偿比 80%~90%。

表 49-1　　　　　　　　SDN 公司出口信用保险数据统计表　　　　　　　单位:万美元

	2010 年	2011 年	2012 年	2013 年	2014 年	合计
信用销售额	19 681	21 205	22 037	28 132	34 184	125 239
保费支出	112	120	117	126	132	607
索赔金额	9	333	122	34	32	530
赔付金额	9	197	45	16	25	292

资料来源:SDN 公司内部数据。

(三)SDN 公司出口风险管理流程

近年来,随着赊销业务规模的不断扩大,SDN 公司越来越重视信用交易业务的管理,确立了全流程出口风险管理模式,专门设立信管员岗位,加强应收账款事前跟踪管理。出口信用保险一般遵循限额预批—投保—限额申请—出运申报—贸易融资—索赔的流程。结合这一程序要求,SDN 公司将出口信用保险管理融入到企业出口风险管理制度中,在公司内部建立了行之有效的出口风险管理机制和流程(见图 49—1)。

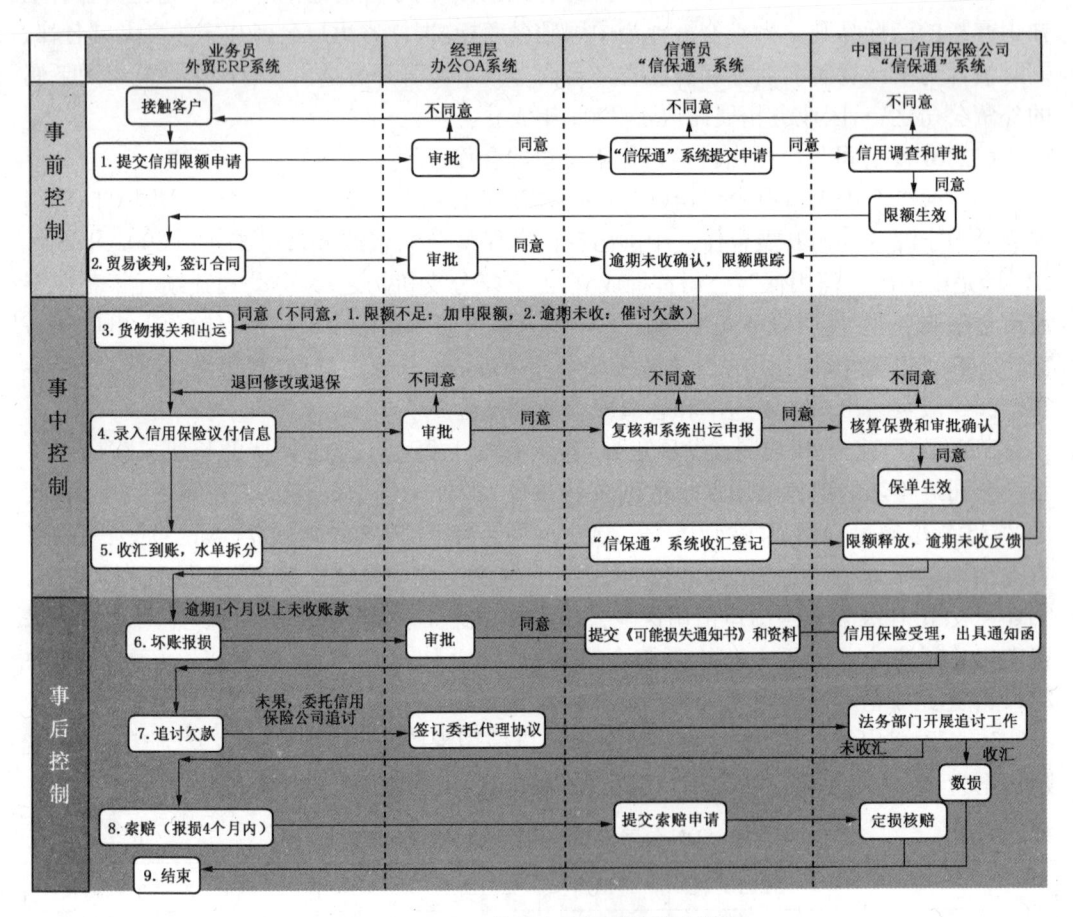

图 49—1 SDN 公司出口风险管理全流程

1. 筛选客户

业务员结识客户后,在订单签订前,根据预计销售额申请信用限额。审批后,信管员向中国出口信用保险公司提交信用限额申请表。中国出口信用保险公司经过 10~15 个工作日的资信调查,给客户批复一定的信用额度。信用限额是由中国出口信用保险公司批复的、对被保险人向适保范围内特定买方或特定开证行开立的信用证项下的出口可能承担赔偿责任的最高限额,体现了买家当前风险状况和偿债能力,具有循环使用、有限、可调配及动态性的特征。信用期限是从提单签发日期到合同约定的买家应付款日。SDN公司提供完整的信息,有利于中国出口信用保险公司及时批复限额,也有利于提高限额满足率,包括对买家的了解介绍(如有财务报告则更好)、历年交易情况、历史付款记录、当前定单情况/出运安排和合作前景等信息。对于未批复限额的客户,SDN公司出于风险控制的考虑,不予接单。

2. 签订合同

业务员与买家签订的合同必须经由信管员复核,满足信用保险要求。同时,信管员还要跟踪限额使用情况,避免超限额出运,如批复的限额不能满足需要,可以向中国出口信用保险公司申请追加限额。另外,信管员要审核该买家项下的逾期未收汇情况,如果存在逾期未收汇,则已知风险日后买家出运需要报经财务科审批,由财务科敦促业务员追讨欠款。

3. 申报出运

业务部门根据合同要求备货、发运,并在收到货代提单后,将相关的出运资料录入到外贸ERP系统内。信管员每月定期将外贸ERP系统内信用保险信息汇总、复核、整理成表,导入"信保通"系统[①]"出运申报"模块下。中国出口信用保险公司计征保险费并承担保险责任。按中国出口信用保险公司的规定,外贸公司对特定买家项下的出运必须在货物发运10个工作日内逐笔进行申报,申报必须及时、准确,不能漏报、挑报。

4. 确认收汇

在收到国外客户的汇款之后,业务员要在外贸ERP系统的模块中进行收汇确认,逐票拆分水单。信管员在"信保通"系统下做收汇申报,及时释放被占用的信用限额,逾期未收汇的情况统计成表,向业务员确认。

5. 报损理赔

信管员依照业务员坏账反馈意见表,在已知风险日后的相应天数内(具体参见表49-2)向中国出口信用保险公司提交《可能损失通知书》。报《可能损失通知书》是理赔的第一步。

表49-2 各类风险的报损时效

风险	报损时效
破产	知道风险发生后10个工作日内

---

① "信保通"系统是中国出口信用保险公司在互联网上为客户和合作伙伴提供金融保险服务和其他相关业务服务的客户服务窗口和信息服务平台。限额申请和出运申报、收汇申报等都通过"信保通"网上操作系统进行。

续表

风险	报损时效
拒收	风险发生后10个工作日内
拖欠	应收汇日后60天内
政治风险	知道风险发生后10个工作日内

例如,按中国出口信用保险公司的规定,应收汇日30天后未到款,说明拖欠风险已产生,被保险人已知风险日后须立即催款并暂停出运以减少损失。已知风险日后出运的保单,保险公司将不承担赔付责任。报损期限为应收汇日后的60天之内,超过此时间为迟报损。迟报可能损失,中国出口信用保险公司有权根据情况降低赔付率或拒绝理赔(参见图49—2)。在提交《可损通知书》后4个月内,如果仍未成功收汇,信保员要及时准备全套索赔材料,向中国出口信用保险公司提交《索赔申请书》。

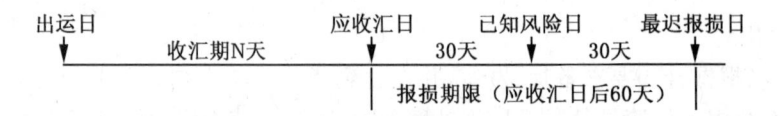

图49—2 货款拖欠后的报损时效

二、案例评析

(一)出口信用保险对SDN公司的成效

出口信用保险在宁波外贸企业业务中扮演着越来越重要的角色,其政策性功用和杠杆效应有效引导了狮丹努等龙头企业的发展,帮助企业"增订单、保市场、促增长"的效果显著。以2010年1—9月中国出口信用保险公司宁波分公司承保企业的业务发展状况为例(参见表49—3),分公司承保企业的平均业务增量明显高于同类企业:宁波外贸增长37.7%,而分公司承保的全部出口企业平均增幅达到39.0%;宁波百强出口企业出口增长41.9%,而分公司承保的百强企业出口增幅达到43.5%;另外,无论是分公司承保的机电产品企业还是高新技术企业,其业务的平均增幅都要高于宁波出口企业的平均增长水平。

表49—3　2010年1—9月中国出口信用保险公司宁波分公司承保企业发展状况

序号	类型	出口总量(亿美元)	同比增长(%)
1	宁波全部出口企业	383.5	37.7
2	分公司承保的出口企业	143.5	39.0

续表

序号	类型	出口总量(亿美元)	同比增长(%)
3	宁波百强出口企业	130.9	41.9
4	分公司承保的百强企业	70.1	43.5
5	分公司承保的机电企业	89.1	40.2
6	分公司承保的高新企业	34.0	41.4

资料来源：中国出口信用保险公司宁波分公司课题组．出口信用保险助推宁波外向型经济转型升级的调查[C]//中国保险学会学术年会入选文集2011(调研报告卷),2011．

SDN公司(包括集团业务的发展)一直受益于中国出口信用保险公司宁波分公司的支持。经过十年多的高速发展，目前SDN公司的品牌贸易伙伴已有426家，产品出口欧盟、美国、日本、澳大利亚等国家和地区，年出口额超过2亿美元。总资产、净资产、销售收入、利润总额等主要经济指标以年均10%以上的速度增长。公司近年来的财务数据统计表显示：2014年底，公司总资产超过17亿元人民币，净资产3.8亿元人民币。2014年营业收入近30亿元人民币，利润总额达1.92亿元人民币(参见表49－4)。

表49－4　　　　　　　　　　SDN公司财务数据统计

	2010年	2011年	2012年	2013年	2014年
总资产(亿元)	7.91	1 018	13.28	15.23	17.81
总资产变动率(%)	—	28.7	30.45	14.68	16.94
净资产(亿元)	1.76	2.05	3.19	3.37	3.83
净资产变动率(%)	—	16.48	55.61	5.64	13.65
销售收入(亿元)	17.88	19.38	20.87	25.5	29.8
销售收入变动率(%)	—	8.39	7.69	22.18	16.86
利润总额(亿元)	1.39	1.67	1.71	1.87	1.92
利润总额变动率(%)	—	20.14	2.40	5.26	6.67

资料来源：SDN公司内部数据。

中国出口信用保险公司对SDN公司的支持作用具体体现为：

1. 资信服务，提供风险预警

中国出口信用保险公司依托国家外交和外经贸体系、伯尔尼协会推出国家风险评估、风险预警服务、企业资信调查等服务，为提示风险提供了有力的支持，帮助企业防患于未然。企业可以通过出口信用保险，得到更多买家信息，获得买方资信调查和信用限额等其他相关服务，为公司与买家谈判提供依据，同时避免和防范损失发生。

2. 损失补偿，转嫁海外坏账风险

损失补偿是信用保险最基本的功能。中国出口信用保险公司的事后损失补偿机制可以使企业的损失最小化,帮助企业转移风险。如 2008 年受金融危机影响,SDN 公司某客户突然宣布破产,所幸因为公司投保了保险,按照相关贸易管理规范以及合同和相关单据,结果在报损后一个月内就完成了定损核赔。

3. 商账追收,全力挽回经济损失

中国出口信用保险公司利用自身在国际同行的知名度,与国际各类商账追收渠道紧密合作,可以为国内企业提供全方位的应收账款管理和追讨服务。2007 年底,SDN 公司合作多年的老客户澳门 M 买家突然拖欠货款,金额为 26 万美元。因买家故意躲避,SDN 公司自行追讨未果,只好向中国出口信用保险公司求助。接受委托后,中国出口信用保险公司立即与澳门当地的追偿渠道联系,积极展开追讨。经过多方努力,买家终于主动与 SDN 公司联系,第二天就付清全部欠款。该案件从接受委托到收到追偿款不超过一个星期,大大超出企业的预期,也赢得了公司的充分信任,于是主动提出将所有出口业务纳入信用保险。2008 年,整个狮丹努集团的投保额超过 1.7 亿美元。

4. 信用限额,助力开拓多元化市场

在赊销业务盛行的买方市场下,出口企业提交信用限额申请,其实是对国外买家信用的一次再评估,是决定公司与国外买家保持业务往来的依据。给定有限的额度,有助于企业进行出运风险的科学防范和管理。而信用限额不予批复,一般是由于国外买家信用记录不佳、上了"黑名单"、财务状况不佳,或者与国内其他出口企业业务已有拖欠情况。在信用限额的庇护下,在保障收汇的前提下,公司可以抓住老客户,争取新客户,灵活运用各种支付方式,力求把握谈判中的主动权,赢得市场先机。

5. 银保合作,提供多种融资便利

中国出口信用保险公司宁波分公司 2002 年首创出口信用保险项下贸易融资,与宁波各商业银行开展合作,2010 年累计帮助企业融资贷款超过 40 亿元人民币。信用保险项下贸易融资的最大好处就是不占用企业自身在银行的授信额度。依托信保,SDN 公司将保单项下的出口到银行押汇融资,可以提高企业信用等级,扩大授信额度,有力地促进公司出口规模的扩大。

6. 专业优势,协助公司建立风险内控体系

出口信用保险不仅保障公司出口收汇安全,更重要的是促进公司全面了解国别风险动向,提升公司风险管理意识与风险控制水平,激励公司业务人员增强自身风险意识,用全球化的思维评价贸易风险。中国出口信用保险公司作为专业性出口信用风险管理机构,帮助 SDN 公司引入国际先进的风险自控理念,建立健全内部的风险内控体系,从过去的被动规避转变为主动应对,从过去的事后争取转变为事前预测,实现事前、事中、事后的全流程风险管理,更严格、更专业、更规范地进行风险把控,从而提高企业管理水平。

7. 优惠费率,降低企业投保成本

中国出口信用保险公司宁波分公司根据宁波市政府与中国出口信用保险公司总部签署的战略合作协议，充分发挥政策性作用，本着"促进出口、坚持费率与风险匹配"的原则，根据不同出口市场、行业、产品的风险特征，实施结构性降费。SDN 公司又是中国出口信用保险公司的 VIP 客户，费率的优惠直接降低了公司的风险管理成本，减轻了负担，享受到出口信用保险的政策"阳光"。

(二)SDN 公司出口信用保险管理面临的现实问题

1. 业务员风险意识淡薄

作为大型的外贸公司，SDN 公司业务环节流程繁多，业务员操作过程中不够严谨细致，疏忽大意的现象时有发生。如在限额申请环节，部分业务员急着接单，认为客户实力强、国际知名度高，可以不走信用保险流程，直到交单出货时，才发现没有信用限额可用，再匆匆提交信用限额申请表。由于限额审批需要两周时间，信用限额晚申请不仅延误出货，有时碰到问题买家，还得不到中国出口信用保险公司批复，公司只能冒险出货，最后能否成功收汇都将成为问题。出运申报环节也常出现问题。按照规定，公司每月申报一次出运，每月 20 日前业务员要将本月出运票号的信保信息录入外贸 ERP 系统，但常常存在部分票号迟报、漏报、错报的现象。另外，投保申报有错误和遗漏、收汇确认与实际不符等问题也屡见不鲜。

2. 信息管理手段落后

公司配备的外贸 ERP 系统使用至今已有 10 年，相比公司不断上涨的业务量，系统相对落后，无法进行 EDI 数据转换，不能与中国出口信用保险公司的"信保通"系统实现集成对接，信保申报时必须将公司外贸 ERP 系统中填报的信保信息输出，按中国出口信用保险公司的要求汇总整理成标准格式的表格，再导入到"信保通"系统中。申报数据都是业务员手工录入，需要信管员针对填报信息逐票复核，耗时耗力，效率低下。

3. 应收账款管理粗放

SDN 公司自 2012 年起逐步完善应收账款管理体系，财务部专门设置人员跟踪管理收汇事宜、定期分析账龄、实时动态催收，应收账款坏账率明显下降。然而，这与"精细化管理"相比还有差距，特别是贸易额亿元以上的大客户的收汇，单次付汇金额往往是成百上千票订单的总额，其中部分订单可能存在退换货、报关差异、推销样品等各种问题引起的多付汇或少付汇情况，经常要跟客户反复核对才能确认，严重影响出险订单的理赔申报。此外，尽管公司 ERP 系统具备催收提醒功能，但应收账款逾期推算的基准为业务员制单时填写的出运预估日期，并非准确的装船日期，无法与海关数据系统对接，不能获得精确的报关出运信息，应收账款逾期提醒常常失准。甚至个别业务员填写时故意推迟出运日期，以逃避逾期催收的追责，使企业错过最佳追偿时机。

4. 客户管理"搭便车"

出于对中国出口信用保险公司强大的资信调查网络及数据分析能力的信任，SDN 公司弱化了自身对客户的筛选和管理:如对客户群未开展资信档案管理,只要中国出口信用保险公司批复信用限额的买家,公司一般不会对客户的资信再调查;未能及时获取客户动态信息,往往要到应收账款超期未收回,财务部通知出险后,才去了解;客户信用评价体系不健全,未按客户付款情况划分信用等级,并制定相应的信用管理政策。

5. 业务资料存档不善

从公司索赔情况来看,2010—2014年索赔赔付率为55%,远远低于中国出口信用保险公司的协议赔偿比80%~90%。究其原因,主要在于:一是迟报损,怕中国出口信用保险公司介入追讨破坏贸易关系,引发客户流失,一再拖延理赔申报;二是未按规定提交全套索赔资料,业务文件缺失、客户信息不符、付款条件变更、往来函电保存不当等导致中国出口信用保险公司拒绝理赔或降低赔付率。

三、结论与启示

出口信用保险是外贸企业控制出口风险、拓展海外市场的有效手段。宁波SDN公司从创立之初就一直积极利用出口信用保险,中国出口信用保险公司在帮助公司开拓新市场新客户的同时,在风险发生之前开展专业辅导,在风险发生之时积极动态介入,在风险发生之后又能及时处理和高效赔付,为公司的业务拓展起到了保驾护航的作用。本案充分体现了中国出口信用保险公司作为企业开拓国际市场的"助推器"、规避风险的"保障伞"和风险控制的"压舱石"的功能。

后金融危机时代,随着企业国际化经营和"走出去"步伐的加快,维护和保障海外利益安全的重要性和迫切性也日益增加,迫切需要出口信用保险提供更加强有力的服务和支持,继续加大对实体经济的支持力度。为此,本文提出若干建议。

(一)对政府层面的建议

推广政策性信用保险业务离不开政府的大力支持,政府应充分发挥出口信用保险的政策导向,加大财政扶持力度,推动出口信用保险的立法,建立健全出口信用保险的法规。借鉴其他国家经验,加强市场运作和规范治理,以便更有效地利用出口信用保险这一金融手段推动对外经贸的发展。同时,稳步放开"商业性"出口信用保险市场,打破出口信用险垄断格局,[1]形成适度良性的市场竞争环境,提高出口信用保险的经营管理水平。

(二)对中国出口信用保险公司的建议

中国出口信用保险公司应立足政策性定位,借力政策支持,与政府开展合作,形成良好互动。继续推行积极承保政策,从"做深"和"做广"两方面入手,提高承保渗透率和客户

---

[1] 根据财政部的规定,人保财险自2013年1月1日起试点开展短期出口信用保险,即保障信用期限一般在1年以内、最长不超过2年的出口信用保险业务。之后,平安产险、太保财险、大地财险相继获准经营短期出口信用保险。

覆盖面。利用自身专业优势和海外信息渠道优势,提供全方位服务。与出口企业建立合作长效机制,持续提供更多增值服务。

(三)对外贸公司的建议

外贸公司应强化风险理念,[①]认识和重视出口信用保险并加以积极利用,将中国出口信用保险公司等专业机构作为自己开展业务的参谋,重视企业风险管理。与此同时,也要清醒地意识到,投保了出口信用保险并不等于万无一失,还必须要有先进的管理手段、科学的管理方法作后盾和保障。公司应在内部管理方面加强与中国出口信用保险公司的对接,更严格、更专业、更规范地进行风险把控。就宁波SDN公司出口信保管理的现状而言,还需要在以下环节进一步提高和改善:强化风险意识,加强业务培训;全面升级管理信息系统,提高公司运作效率;实施应收账款精细化管理,杜绝漏网之鱼;客户资信建档,实时动态跟踪;落实业务资料归档,确保业务资料完整,以便切实保障出口信用保险的高效应用。

参考文献:

[1]黄佳欣.出口信用保险在外贸企业出口风险管理中的应用——以S外贸公司为例[J].国际商务财会,2016(2).

[2]中国出口信用保险公司宁波分公司课题组.出口信用保险助推宁波外向型经济转型升级的调查[C]//中国保险学会学术年会入选文集2011(调研报告卷),2011.

[3]佚名.做宁波外向型经济发展的"好帮手"——访中国出口信用保险公司宁波分公司总经理陈小萍[EB/OL].http://www.sinosure.com.cn/sinosure/xwzx/xbft/122691.html.

[4]金辉.政策性(出口)信用保险在宁波外向型经济发展中的作用分析[D].上海外国语大学,2013.

案例50 农产品出口的政治风险

一、案情回放

国内某出口企业A公司专营食品进出口业务。2009年9月9日及9月13日,A公

[①] 很多出口企业信用保险意识淡薄,面对风险,不仅无力建立风险防控体系,而且在预见到损失发生时不知道如何挽回,甚至不能及时吸取教训。如某些企业从不考虑风险,认为投保出口信用保险是白花钱;一旦投保信用保险,即不承认风险有内外之分;过度依赖国家政策扶持,没有补贴就不投保;对合同没有评审机制和相应管理制度;对信用保险的运行、规定和操作缺乏理解。

司从中国青岛向印度尼西亚买方出口 5 个货柜大蒜,货值合计 15 万美元。2009 年 9 月 26 日及 10 月 5 日,货物先后抵港,A 公司获悉印度尼西亚政府新近出台一项大蒜熏蒸新规定,调整了大蒜熏蒸药剂标准,不符合规定的大蒜将无法清关进口。

为避免货物被退回,A 公司不得不在当地重新进行了一次大蒜熏蒸,使得熏蒸后的大蒜药剂浓度能够符合印度尼西亚新规定,以确保顺利通关。重新熏蒸后,印度尼西亚买方顺利提货并全额支付货款,但 A 公司因重新熏蒸产生了熏蒸费用、滞期费、冻柜费用和其他相关杂费等,合计约 4 000 美元。

A 公司因投保了出口信用保险,按政治风险向中国出口信用保险公司报损并索赔,要求对因印度尼西亚新出台大蒜熏蒸政策而导致额外发生的费用进行赔付。接到报损后,中国出口信用保险公司迅速介入调查,发现印度尼西亚政府的确在 2009 年 11 月 19 日颁布了大蒜熏蒸新规定,提高了熏蒸药剂的浓度,导致包括 A 公司在内的众多中国企业的产品不能达标。印度尼西亚《商报》2009 年 10 月 21 日的报道显示,因不符合印度尼西亚农业部农业检疫机构所规定的质量标准,来自中国的 41 个货柜白蒜已被退回,主要原因是出口大蒜的熏蒸证书不符合规定。另据调查,中国出入境检验检疫局曾对 A 公司出运的大蒜出具了《熏蒸/消毒证书》与《植物检疫证书》,证明大蒜出口时符合印度尼西亚当时植物检疫政策要求。综上,本案很快被认定为政治风险致损,属于中国出口信用保险公司保险责任。中国出口信用保险公司迅速启动赔付程序,对 A 公司因大蒜熏蒸而产生的各项费用损失进行了足额赔付。

二、案例评析

近年来,随着国际农产品市场的竞争日趋激烈,国外实施的绿色贸易壁垒成为制约我国农产品出口的最大障碍。绿色贸易壁垒的应用范围主要集中于加工食品和饮料、农业、畜牧业、渔业、林业等传统农产品领域,这是一种隐蔽的限制进口的方式,给我国农产品出口带来巨大的直接或间接损失。为有效降低此类风险,投保出口信用保险是非常行之有效的手段。

(一)充分依托中国出口信用保险公司的政策性优势

本案的政治风险凸显中国出口信用保险公司政策性优势,体现了国家对出口企业的大力支持。一般出口商是弱势群体,在遇到出口拖欠、货款拖欠时,要摆脱"望洋兴叹"的困境,应主动寻求出口信用保险公司的协助。中国出口信用保险公司除了承保政治风险和商业风险以外,还具有海外渠道的本土优势,有助于出口商调查了解当地的情况。本案中的出口企业向中国出口信用保险公司通报政治风险时,从举证角度看,应当提供进口国新旧农产品政策的相关内容予以佐证,然而进口国并未公开或在政府官网上发布该项规定,且互联网上的新闻报道内容模糊,出口企业很难搜集到充分的证据以证明相关政策的真实性及与本案的关联性。对此,中国出口信用保险公司利用进口国当地律师资源,迅速了解了大蒜熏蒸新规定的详细情况,为本案定损核赔提供了充分依据。

(二)出口企业立足自身,主动作为,尽力减损

面临国外突发情况,出口企业应沉着应对,不等不靠。相比其他中国出口企业大蒜被退回的遭遇,本案中出口商在处理时较有经验,面对进口国海关变更新标准,随机应变,对货物进行及时再处理,使货物达到了进口国的新标准,避免了货物被退回所产生的较大损失,最终实现了安全收汇。此外,企业索赔单据齐全,对相关案情的说明详细清晰,也为案件的及时赔付扫清了障碍。

三、结论与启示

(一)重视进口国政治风险

当今国际贸易环境复杂多变,贸易保护主义不断升级,各国贸易政策经常出现调整,还有一些国家政局不稳、社会动荡,这些均可能引发政治风险。一旦风险发生,对出口企业影响巨大,出口商应对此予以足够的重视和警惕。

(二)关注进口商信用风险

出口商在开展国际贸易时,应事先通过专业渠道了解买方的资信状况,包括买方公司的注册信息、所有者信息、公司资产情况、历史进出口数据,是否有不良记录等,并注意与从买方处直接获得的信息进行比对,同时也要注意了解买方银行的情况。当发生风险时,应及时寻求专业机构的帮助,必要时采取法律手段维护自身合法权益,降低损失。

(三)投保出口信用保险

中国出口信用保险公司作为保障出口企业收汇风险的政策性保险公司,凭借专业的信用管理技术和风险信息渠道,可以帮助出口企业了解国外进口商的资信情况以及进口国的风险信息。一旦出口企业在出口信用保险所承保的政治风险和商业风险范围内遭受损失,中国出口信用保险公司将在规定期限内对出口企业进行补偿,并帮助出口企业调查实际损因,为出口企业挽回损失。

(四)投保谨防误区

尽管企业具备风险意识,投保也不能就此高枕无忧。对于已投保业务出现风险异动的,企业应保存好相关单证,尽可能收集相关证据文件,以保证未来理赔工作的顺利进行。保险理赔要随着事件本身的进展才能加以确定,最后的保险理赔情况与整个事件的进展以及企业受损资产的证据直接挂钩。

(五)加强企业管理和风控流程

企业应结合自身特点,加强与中国出口信用保险公司的对接,将保险的要求融入企业管理中,完善企业内部风险控制管理,建立一套完善的风险自控机制,在风险管控方面要从过去的被动规避转变为主动应对,从事后争取转变为事前预测,做到防患于未然。如借助中国出口信用保险公司的信息渠道和数据资源平台,完善买方风险评估,把握市场动态,选择优质客户,优化企业客户结构,逐步完善出口合同的审核制度、企业邮件管理制度、出口发货的确认流程、货款追踪管理制度等。

参考文献:

中国出口信用保险公司宁波分公司课题组.出口信用保险助推宁波外向型经济转型升级的调查[C]//中国保险学会学术年会入选文集2011(调研报告卷),2011.

案例51 低风险老买家追偿案

一、案情回放

出口商A企业是一家专业生产实木复合地板的企业,自2005年开始出口。近年来,在中国信用保险公司出口信用保险的支持下,A企业不仅转嫁了出口收汇风险,同时解决了融资问题,出口规模日益扩大,2012年出口量超过4 500万美元,主攻北美市场。

买家B是A企业从事出口业务以来最早的买家,双方自2005年开始合作,交易一直较为顺利,被A企业认为是"低风险的老买家"。

2011年初,买家B提出通过另一个公司抬头买家C向A企业下订单。A企业通过中国出口信用保险公司资信调查后授信,发现买家C为新成立的公司,资信极不透明,额度有限。出于风险控制角度考虑,A企业同意部分订单通过买家C下单操作。2012年4月,买家B拖欠金额达30余万美元,买家C拖欠金额达13余万美元。

经中国出口信用保险公司介入调查,买家B和买家C公司拖欠主要基于两点:一是由于美国对实木复合地板反倾销,其主要产品逐渐转变为竹制地板,且订单逐渐转向浙江湖州进行采购。二是由于A企业出口买家逐渐增加之后,该买家受重视的程度下降,双方合作关系大不如前。

经过详细调查分析,中国出口信用保险公司坚持对A企业项下债权的核实与追讨,最终买家基本确认债权金额,但提出A企业迟出运。经过A企业抗辩,买家未继续主张其迟出运,但仍不付款。

考虑到对该买家项下的追偿工作为"持久战",且拖欠时间较长,案情基本核实清晰,中国出口信用保险公司浙江分公司启动了定损核赔程序,A企业对这一处理结果较为满意。同时,在追讨过程中,与买家达成了每月付款1万美元的清偿协议,案件处理告一段落。

二、案例评析

在国际贸易中,双方历史交易时间长、贸易金额大、国外买家实力强等有利因素,极容易使出口企业产生大买家、老买家没有风险的认识误区。部分企业对新买家往往持较谨慎的操作态度,采用不放账或者控制出货频率达到风险锁定的目的,但对于老买家,鉴于双方良好的交易历史及熟悉程度,会逐渐放松对其信用风险的警惕。殊不知,任何企业都有生命周期,企业的资信状况是随着内外部环境的变化而不断变化的,而且,老买家、大买家一旦出险,对出口企业来说往往是灾难性的损失和打击。因此,出口企业对此应重点关注。

当老买家因各种原因无法再与出口企业继续合作时,其表现通常是以各种借口拒付或拖延付款,出口商应实时掌握买家资信动态,善于发现买家的此类风险信号。在接受到企业的风险信号时,要特别注意后续发货的节奏。本案中,正是因为 A 企业对老买家放松警惕,才产生了买家 B 和 C 的高额拖欠款项。

三、结论与启示

老买家普遍被认为属于低风险客户,但实践中因老买家风险而受损的案件不在少数,因此,出口企业切不能放松对老买家的风险警惕。

(一)实时关注买家资信变化

买家当前的实际经营情况、财务状况、经营策略转向以及有其他大额投资举动,均可能直接或间接影响到买家的付款意愿及付款能力。只有实时掌握买家资信动态,才能全面分析买家的信用风险,做好事前防范工作。要想做好买家资信情况的收集,除了依赖出口企业自身对买家的了解之外,还可借助信用保险公司等专业的渠道对买家状况进行较为综合的了解和评价。

(二)贸易过程中加强对贸易细节的确认

在该案中,买家提出 A 企业存在迟出运的问题。在贸易过程中,即使在合同中已约定了贸易细节,但实际不能准确按照合同约定中执行的,为了防止后续的贸易纠纷,卖家需与买家及时准确确认贸易细节,以便保障自身在出货时的权益。特别是对于老买家,由于贸易关系持续时间长,双方信任度相对高,在贸易过程中会产生"惯性认同",但是这种惯性操作未经过确认,一旦发生问题,较容易引起纠纷。

(三)老买家交易,要防范最后一笔货款无法收汇

在该案中,买家不但更换了采购主体、采购产品,同时更换了采购供应商。由于中国国内行业竞争激烈,部分出口企业明知国外买家可能存在信用问题,仍抱侥幸心理与其交易,这就进一步滋生了老买家的拖欠风险。在贸易过程中,出口企业需始终保持对买家的服务及沟通,了解买家动态,从而调整对单一老买家、大买家的交易策略。

(四)受损时尽快利用信用保险介入追讨

在理赔追偿实践中,对于老买家信用风险,基于长远合作关系,较多出口企业不愿报损或在报损后优先选择自追,在确实无法得到进展的情况下才委托中国出口信用保险公司介入。在重大案件项下,甚至老买家拖欠风险发生后最终破产,致使中国出口信用保险

公司错失了最优追偿时间,对于案件追偿结果带来较大影响。因此,出口企业出现风险后应及时报损,积极沟通案情、分析案情,同时利用限额资源、商业追讨、法律手段等多种手段,制定统一有效的追偿计划,从而达到追偿效果最大化。

参考文献:

郑洁.不可忽视"低风险老买家"的风险[J].国际融资,2013(9).

案例 52　非洲买方集团诈骗案

一、案情回放

(一)背景概述

2013年底,河北某化工出口企业A公司向乌干达两家买方B公司、C公司和多哥一家买方D公司出运了三票货物(阿斯巴甜),出运金额总计45.25万美元。A公司同三个买家交易项下合同约定支付方式为买方收到提单扫描件后支付货款的10%,剩余90%的货款支付方式为O/A 90天。三个买家支付了共计4万美元预付款款项后拖欠剩余货款。A公司于2014年4月委托中国出口信用保险公司进行海外调查和追讨工作。

(二)追偿历程

经向出口企业A公司了解,其系通过阿里巴巴平台结识了一个乌干达的中间商,该中间商共向A公司介绍了包括案件所涉B、C、D三家公司在内的四个买家。除B、C、D三家公司外,另外一家公司因资信状况较差,中国出口信用保险公司未对其进行授信,因而A公司未同其进行交易。涉案交易均为A公司同上述买家的首次交易。在交易协商阶段时,上述买方均未过多地在货物价格方面进行协商,且明确要求相关交易投保信用保险。

中国出口信用保险公司分别向买方B、D公司发函催讨,B公司和D公司均对其各自债务金额表示无异议,但称当前货物销售遇到问题造成其资金周转困难,要求将还款日期进行展延。然而,在还款日期展延期间,中国出口信用保险公司跟踪两个买方的付款进展时发现,它们均不再有任何回复。后中国出口信用保险公司通过海外渠道实地调查,但无法与B公司和D公司取得联系。中国出口信用保险公司收到A公司针对C买家的报案后,通过海外渠道多次向C公司催讨,均未收到买方任何回复。海外渠道赴C公司所在地实地走访,同样无法与买方取得任何联系。

此外,中国出口信用保险公司的海外渠道反馈,相关买家并未在本国工商机关进行企业注册登记,且有的买家所在地址为"半部落"地区,或者没有特定明确的地点。同时,调查发现，这些公司均无实质的资产，无论是非诉手段还是报警或诉讼等追讨方式均无法达到回收款项的预期，加之当地法律制度不完善，行政及司法机关人浮于事，即便是获得行政的强制执行令或司法机关的支持 A 公司的判决，也面临着面对这几家空壳公司而无法实际执行财产的窘境，追讨前景颇令人堪忧。

中国出口信用保险公司同 A 公司试图通过联系中间商推进案件的追讨，但中间商在 A 公司出险后也失去了联系。

经查，中国出口信用保险公司接到 B、C、D 三个买家各自项下的报损不止一起，山东、江苏、浙江、广东、江西等地均有出口企业针对上述买家的报损，总计涉案案件数量 9 起，涉案总金额超过 110 万美元。相关案件所涉交易项下的行业涉及医药化工、食品行业、农产品等多个行业。经过对上述案件进行调查和了解，中国出口信用保险公司发现全部案件所涉案情十分相似，均为相关买方在支付了小额预付款后，提取货物，之后拖欠货款，在出口企业或中国出口信用保险公司介入追讨时以各种理由拖延，或者直接躲避追讨。

经调取历史案例，中国出口信用保险公司发现，在 2010 年，多哥地区曾出现过一宗系列案，一伙来自尼日利亚的欺诈集团集中在多哥地区注册了多家公司，这些买家集中向中国出口企业进行采购，受害企业多达十家。这些买家一旦收货后即躲避追讨，有的买家甚至动用社会人员对律师进行人身威胁或攻击。这宗历史系列案也同样面临着当地法制不完善、公安机关办事效率低下、法院程序时间耗费长、无法执行相关资产等问题，追讨前景同样不容乐观。

二、案例评析

综合中国出口信用保险公司收集到的各种信息，可以认定 A 公司案件项下相关交易所涉的买家存在明显的欺诈意图，这些买家连同交易的中间商很有可能内部勾结，属于一起典型的买方集团诈骗案件。

这些非洲买家公司借贸易之名行诈骗之实，作案手法惊人地相似，其典型特征体现为：第一，出险对象多为非洲中西部等欠发达地区的客户。当地经济落后，政治环境不佳，法律制度不健全，行政机关、司法机关办事效率低下，大大增加了与之开展贸易的风险。客户往往在相关地区集中成立数家公司，注册管理不到位，公司地址模糊或处于"半部落"地区，为行骗提供了可趁之机。本案的部分公司就未登记注册或地址处于"半部落"地区。第二，涉及行业主要包括化工、食品、农产品、医药、橡胶制品等，案件项下交易的货物普遍属于低附加值的"大路货"，不涉及特殊规格、定制产品或知识产权等问题，相关货物在欠发达地区的需求量较大，且交易涉及的货物有较强的转卖性，买方在骗取相关货物之后较容易处理。第三，普遍要求账期并主动提示出口企业投保信用保险。针对赊销有疑虑的卖家，买家主动告知对方可投保信用保险，这类"以退为进"的行为反倒让卖家更加相信买家的"实力"和诚意。这说明某些买家较为了解中国出口信用保险公司及中国相关政策，有意利用中国政府扶持出口的政策将交易风险从企业转移到国家层面,而自己则从中坐收渔利。第四,交易前态度绝佳,通常不计较价格,只催促卖家尽快出运。一般的诈骗买家对价格都不敏感,不会刻意压低货物的价格,不斤斤计较,很少讨价还价,使交易的达成看似非常顺利,这样做的目的无非是为了打消出口企业的疑虑,让企业放松警惕。友好态度背后,不断催促卖家尽快出运的强烈的要货意图,才是其"醉翁之意"。第五,支付方式含一定的预付款。实则是以有限的预付款作为诱饵,引诱出口企业放松对货权的控制。第六,常常运用"缓兵之计"。如某些买家在面对追讨时提出延期付款的承诺,但承诺期限到期后即不见踪影;或者有的买家在收到货物时还要求出口企业安排后续的出运,其实邮件中答应付款、电话承诺付款都是缓兵之计,旨在制造一种假象,以达到自己提货后"金蝉脱壳"的目的。

  造成此类案件出险的原因是多方面的。

  首先,新兴市场国家在政治、经济、宗教、文化等方面有其自身特点。亚洲、非洲、拉丁美洲等新兴市场是中国出口企业开拓海外市场的重要目标,客户潜力很大,但往往也面临更多的风险。一来政策多变、政局不稳,政治风险较大;二是这些国家经济相对落后和脆弱,增加了商业风险发生的可能性;三是各国文化、宗教、风俗习惯错综复杂,加剧各类风险,因而诈骗案件的发生率远远大于传统欧美市场。

  其次,出口企业对买家缺乏了解,研判过于乐观。出口企业未在合同前期对买方资信状况、买方市场销售环境及能力充分了解,仅通过中间商沟通交流,资信调查缺乏科学性与时效性,埋下风险隐患。

  再次,出口企业之间缺乏信息交流。由于行业同质性及激烈竞争,很多企业对自身客户名单严格保密,对于出险信息避而不谈,行业协会等相关组织若未及时发现风险信号并将风险信息有效传递,出口企业也无法得到有效的信息提示。信息的封闭易导致"连环案"的发生。

  最后,承保环节未有效控制。在短时间内集中收到多家被保险人针对相同买方的报损,特别是该地区有过系列历史遗留案件,此类现象应引起承保部门的高度警惕与重视,需要及时改进。若未及时对买方资信进行全面调查了解,未建立完善的承保—理赔—业务处室信息沟通交流机制,便可能忽略潜在风险,不能及时发现风险并将信息传递至被保险人,从而造成高风险承保。

三、结论与启示

  A公司虽从中国出口信用保险公司顺利得到了海外应收账款损失的赔偿,但本案项下买方逃逸,后续追讨前景不佳。为了防范类似的风险和损失,必须要加强风险防控。

(一)出口企业的针对性措施

  1. 注重资信调查,全方位、多渠道了解买家信息海外资信调查是帮助企业有效筛选、认清买方以及实时监控买方风险的重要基础。出口企业在同非洲买方交易尤其是首次交易时，要加强对买方的全方位资信调查了解。中国出口企业对于同一时间、同一地点集中涌现的买方交易需求，尤其需要引起重视。非洲某些地区存在大量买方，其企业规模小，资产实力弱，且资信情况差。虽然针对特定的买方可以达成较小金额的交易，但是若集团化的买方使用"群狼攻击"方式实施欺诈，会给出口企业带来不小的损失。

出口企业不应将买方资信的获取局限于买卖双方的沟通或中间商的推介，应该充分借助专业的信用调查机构、相关行业组织、其他同业信息交流等渠道。如果条件允许，可以亲自上门拜访买家。此外，出口企业还应定期开展实时资信调查，及时了解买方资产、财务状况的变化。

2. 对风险的研判应见微知著，于细微处探寻买方的真实意图

买方诈骗案的发生并非无迹可寻，仔细梳理买卖双方贸易过程，就可以发现一些重要的风险（或潜在风险）信息。因此，出口企业在交易中应当培养对某些细节的敏感性，做到见微知著，通过微小迹象的谨慎分析，探寻风险发生发展的蛛丝马迹。例如，某些买方未注册且公司地址模糊；中间商介绍的几个买家中，存在资信状况差到无法授信的买方；买方对价格不敏感，交易达成过分顺利；等等。这些都是买方欺诈意图的蛛丝马迹。企业千万不可掉以轻心，被眼前的利益迷惑而放松警惕。

3. 出运后密切跟踪买家经营状况和收汇情况

出口企业在同国外买方交易时要始终保持高度警惕，不要被买方作出的承诺或言行所蒙蔽，应时刻关注买方所在国经济状况，了解买家经营状态，做到实时跟踪，密切关注买家的风险异动，及时捕捉风险信号。同时，密切跟踪买方的还款，及时进行催收和追讨，在确认相关款项收到后再安排后续备货和出运，做到"前款未收，后货不发"，避免损失扩大。在本案中，某些出口企业甚至在买方要求后进行了后续交易的生产备货，造成了额外的生产成本损失，教训深刻。

4. 严格把控交易方式，降低交易风险

出口企业在同非洲新买家进行交易时，即便有信用保险的保障，也应该加强自身的风险管理，慎用赊销，建议采用一些相对安全或风险小的付款方式，如信用证、付款交单（D/P）方式，或者提高预付款的比例。在出货数量安排上，尽量"单批少数量、整体多批量"，每笔货款收回后，再进行后续下一笔的出运安排。同时，与同一地区多个买家进行交易时，要特别注意防范买家集团欺诈的风险。

5. 风险发生后及时妥善应对

企业在相关业务出现风险异动信号时，应立即暂停交易，切勿自作主张。已投保的企业应第一时间通报中国出口信用保险公司，尽快采取有效措施进行追讨减损，以最大程度地降低损失。

(二)中国出口信用保险公司的改进措施

1. 增强资信报告研读能力与风险判断能力

中国出口信用保险公司应充分发挥在买方资信调查方面的优势,向出口企业提供高质量的资信产品与服务。资信部门与承保部门应充分沟通,定期调取买方资信报告,加强报告调取频次,掌握买方最新动态。

2. 加强行业风险研究,增进与行业组织的合作

中国出口信用保险公司加快行业小组建设,及时出台行业报告,将研究成果及时传达至出口企业,转化为市场价值。中国出口信用保险公司还可积极与行业协会等组织合作,通过风险与信息的交流,提高市场接触紧密度与市场反应速度。

3. 加强内部沟通协调,改进风险信息提示

承保、理赔与业务处室应加强沟通与反馈,建立系统内部强大的风险预警、沟通、处理、反馈机制。针对报损案件相关风险信息,能够第一时间了解并提示出口企业,如借助信息化的媒介将高危买方信息传递至出口企业,将买方集团欺诈等信息进行重点通报等,寻找承保业务的改进点。

参考文献:

[1]成凯.多哥诈骗案卷土重来的启示[J].国际融资,2014(5).

[2]吴磊.买方集团欺诈的贸易风险防范[J].国际融资,2016(4).

[3]李鹏飞.同一买方项下被保险人集中报损典型案例思考[J].国际融资,2016(7).

参考文献

[1]巴晴.债市国际化需完善信用评级[J].董事会,2015(11).

[2]巴晴.SDR风口来临:熊猫能飞起来么[J].董事会,2016(1).

[3]巴曙松,等.借鉴国际经验完善我国PPP模式[M]//巴曙松.新型城镇化融资与金融改革.北京:中国工人出版社,2014.

[4]白木.融资租赁的"东疆样本"[J].新理财·政府理财,2011(6).

[5]北京财政局.以我为主、为我所用——发挥世界银行贷款优势,促进经济社会发展(中国与世界银行合作三十周年征文)[EB/OL].http://www.mof.gov.cn/zhuantihuigu/cw30/ZWC/201009/t20100906_337537.html.

[6]北京市基础设施投资有限公司.PPP方式建设管理北京地铁四号线[J].城乡建设,2014(12).

[7]毕坚·瓦赛,等.飞机金融:波动行业投资成本的管理战略[M].北京:中国金融出版社,2014.

[8]曹晓风.光明食品海外并购巧融资[J].上海国资,2013(6).

[9]曹晓风.光明并购维他麦融资创新[J].上海国资,2013(11).

[10]曾海涛,刘畅.对一起进口保理商拒付风波的思考[J].中国外汇,2011(4).

[11]查迪玛·门迪斯.推动"一带一路"沿线国家债券券市场发展势在必行[J].博鳌观察,2015(7).

[12]柴莹辉.提振区域金融,工银租赁助力天津领跑[N].中国经营报,2012-11-17.

[13]陈红霞.央企长航油运退市无奇迹,表外再曝负债百亿[N].21世纪经济报道,2014-05-27.

[14]陈宏.跨境租赁:国产设备"走出去"的新途径——印度尼西亚轮胎设备直租项目承保分析[J].国际融资,2016(1).

[15]陈金涛,等.小股东参与合资公司管理实践——拉美公司委内瑞拉董事管理纪实[C]//中国石油学会石油经济专业委员会第三届青年论坛论文集.2014.http://www.doc88.com/p-6621234292475.html.

[16]陈琳."黑字还流"计划的实施过程[J].财经,2013(6).

[17]陈民、陈非迟.解密轨道交通PPP[M].北京:清华大学出版社,2016.

[18]陈楠枰.解读北京地铁4号线背后的PPP故事,政企"结亲"的一次有益尝试[J].交通建设与管理,2015(19).

[19]陈桑子.国际结算方式的变化及其对商业银行国际业务的影响——以A银行为例的研究[D].上海财经大学,2015.

[20]陈善昂.企业融资伸手海外[J].中国外汇,2011(24).

[21]陈霜华,蔡厚毅.商业保理实务与案例[M].上海:复旦大学出版社,2016.

[22]陈莹莹.金地集团3.5亿美元变相担保,境外融资路径揭秘[N].21世纪经济报道,2012—11—28.

[23]陈莹莹.中国银行发行"一带一路"主题债券[N].中国证券报,2015—08—27.

[24]陈竹.中亚天然气管道博弈[J].财经,2009(3).

[25]成凯.多哥诈骗案卷土重来的启示[J].国际融资,2014(5).

[26]达萨.中国企业境外发债如混沌西游——破解跨境融资迷局之一[N].中国企业报,2014—06—16.

[27]达萨.四方面解读中国企业境外发债——破解跨境融资迷局之二[N].中国企业报,2014—06—23.

[28]戴春宁,王守清.中国对外投资项目案例分析——中国进出口银行海外投资项目精选[M].北京:清华大学出版社,2009.

[29]戴赜.跨境债券融资实践[J].中国金融,2016(1).

[30]邓卫国.航运企业船舶融资租赁财务风险研究[J].交通财会,2009(7).

[31]董伟.首笔"一带一路"主题债券成功发行[N].中国青年报,2015—06—26.

[32]杜道利.巧用供应链融资[J].中国外汇,2011(12).

[33]杜艳.中行操刀华能国际150亿元再融资[N].21世纪经济报道,2009—09—22.

[34]高喜章.国际银团贷款中有关融资成本的问题研究——以东道国哈萨克斯坦为例[J].会计之友,2016(1).

[35]郜志雄,王颖.中国石油公司投资委内瑞拉:模式、效益与风险[J].拉丁美洲研究,2012(2).

[36]葛丰交,刘彤.新疆少数民族职业教育的现状、问题和对策研究[J].新疆文史,2011.

[37]葛华.商业银行供应链金融业务模式及风险管理研究——以渣打银行对李宁公司供应链金融服务为例[D].中央财经大学,2011.

[38]耿海玉,泰德·霍仕本.世界银行可调整计划贷款(APL)与上海环境建设的投融资创新[J].上海投资,2003(1).

[39]谷红.基准利率改革方案的评析及启示——从LIBOR到SHIBOR[J].征信,2015(11).

[40]光国友.结构性贸易融资与大宗商品贸易[J].中国有色金属,2011(16).

[41]郭草敏,何津津.SDR债券,助推人民币国际化[J].金融博览,2016(18).

[42]郭上.北京地铁四号线PPP模式案例分析[J].中国财政,2014(9).

[43]韩冰洁,等.巴克莱公司LIBOR虚报操纵案分析[J].证券市场导报,2013(3).

[44]韩英彤.零距离接触"IFC担保项下贸易融资"[J].中国外汇,2011(14).

[45]韩英彤,白琳.GTFP:扶持新兴市场国家的贸易融资项目[J].中国外汇,2011(14).

[46]韩余静.从一起贸易纠纷案透析国际保理业务风险及防范要点[J].对外经贸实务,2015(11).

[47]韩宇.MPE3:中石油和国开行的携手典范[J].石油观察,2014(5).

[48]韩宇.委内瑞拉MPE3油田开发项目贷款案例分析和启示[J].中国石油财会,2014(1).

[49]何熹.金属融资遭遇"骗贷门"[J].中国有色金属,2014(16).

[50]何玉珠,蔚乐.浅谈中国橡机借助跨境租赁走出去的经验与难点[J].橡塑技术与装备,2016(11).

[51]胡静.上海区县环境基础设施建设的投融资创新实践[J].中国人口资源与环境,2010(3).

[52]胡军伟.境外发债"潮起"[J].中国外汇,2012(11).

[53]黄斌.国际保理若干法律问题研究[D].清华大学,2005.

[54]黄斌.中行三年授信1000亿美元,押注"一带一路"[N].21世纪经济报道,2015-06-26.

[55]黄佳欣.出口信用保险在外贸企业出口风险管理中的应用——以S外贸公司为例[J].国际商务财会,2016(2).

[56]黄婧.投资委内瑞拉掘金拉美[N].中国联合商报,2012-08-10.

[57]季念,梁朝晖.飞机租赁创新模式的探讨——以天津东疆港SPV租赁为例[J].华北金融,2013(7).

[58]贾康,孙洁(中国财政学会公私合作(PPP)研究专业委员会课题组).北京地铁四号线PPP项目案例分析[J].经济研究参考,2014(13).

[59]贾雪,李勇.熊猫债券坐上"奔驰"快车?[J].中国经济周刊,2014(6).

[60]蒋兴国.飞机租赁业务的国内保税区SPV模式分析[J].中国总会计师,2015(8).

[61]金辉.政策性(出口)信用保险在宁波外向型经济发展中的作用分析[D].上海外国语大学,2013.

[62]凯轩.国开行开拓国际业务纪实:加强合作互利共赢[N].人民日报,2011-04-20.

[63]劳佳迪.长油死局,一家 A 股央企的"意外死亡"[J].中国经济周刊,2014(17).

[64]劳佳迪.青岛港骗贷案背后:仓单质押利益链错综[J].中国经济周刊,2014(25).

[65]雷霆华,刘佳洁.天津自贸区融资租赁业发展研究[J].天津经济,2015(5).

[66]李建奎.烟台万华并购匈牙利 BC 公司[M]//田明宝.十四个沿海城市开放纪实·烟台卷.北京:中国文史出版社,2014.

[67]李晶、张子枫.熊猫债将逐渐驶入发展"快车道"[J].中国银行业,2016(1).

[68]李岚.40 亿美元:中行"一带一路"债券成功发行中行相关负责人详解海外募资情况[N].金融时报,2015—06—26.

[69]李立群.求解中国式动产质押困局[J].中国银行业,2014—08—19.

[70]李良松.美元 LIBOR 操纵案及对中国的启示[J].上海金融,2012(6).

[71]李鹏飞.同一买方项下被保险人集中报损典型案例思考[J].国际融资,2016(7).

[72]李韧竹.亚洲开发银行的教育政策[J].世界教育信息,2000(10).

[73]李书文.商业保理理论与实务[M].北京:中国民主法制出版社,2014.

[74]李松梁,万泰雷.推进债券市场对外开放[J].中国金融,2015(22).

[75]李向阳,崔茉.来自中亚天然气管道建设一线的报道[N].中国石油报,2009—01—05.

[76]李彦荣.提货担保业务的风险及防范[J].物流工程与管理,2011(5).

[77]李伊琳.银行保险企业三角演义义乌外贸采购供应链融资逆势输血[N].21 世纪经济报道,2013—05—25.

[78]李勇. ST 长油将成央企退市第一股,中小股东维权指责其"恶意"[J].中国经济周刊,2014(14).

[79]李玉敏.青岛银行业沦陷德正系骗贷案,13 银行 52 亿涉案清单[N].21 世纪经济报道,2014—06—17.

[80]李泽,等.世界银行贷款新疆职业教育项目社会分析报告 [EB/OL].http://www.doc88.com/p-9905155622681.html,2014.

[81]林建煌.防范提货担保风险[J].中国外汇,2011(11).

[82]林建煌.反思青岛港事件[J].中国外汇,2014(7).

[83]林思明.2015:《暗保理如何"弃暗投明"》,中国贸易金融网.

[84]林小川.沪港台"上海银行"组建跨境银团贷款[N].21 世纪经济报道,2011—07—26.

[85]林跃伟.透视 NRA 账户[J].金融与贸易,2015(2).

[86]刘杰、鲍玲玲.中亚天然气管道乌国项目管理模式与优化[J].天然气与石油,2015(4).

[87]刘肯.日本"黑字还流"计划探析[J].中国金融,2012(1).

[88]刘文杰,等.发展海外贷款推动人民币境外使用——日本"黑字环流"案例[J].金融发展研究,2014(9).

[89]刘晓翠.海外融资的新趋势[J].上海国资,2013(5).

[90]刘晓翠.光明食品集团:全杠杆融资收购维他麦背后[J].上海国资,2013(7).

[91]刘晓翠.光明并购维多麦交出首份成绩单[J].上海国资,2013(9).

[92]刘毅彬.航运企业船舶租赁融资优化决策及风险控制研究[D].武汉理工大学,2012.

[93]刘毅彬,胡群峰.境外期租融资在航运企业中的实证研究[J].交通财会,2008(1).

[94]刘瑛.大宗商品结构性贸易融资研究[D].复旦大学,2013.

[95]刘勇,张云生.浅谈乌鲁木齐职业大学申报世界银行贷款项目存在的问题和经验[J].乌鲁木齐职业大学学报,2014(3).

[96]卢东斌,黄振京.基于软、硬约束因素的跨国并购人力资源整合研究——以中国华能国际并购新加坡大士能源为例[J].管理学家,2010(5).

[97]鲁宁宁.我国出口企业的福费廷融资策略研究[D].西南财经大学,2011.

[98]陆叶,宋华.国际暗保理失败谁之过[J].中国外汇,2012(3).

[99]吕晶晶.义乌首创"市场采购"供应链易透融资方案[N].义乌商报,2013-07-31.

[100]吕钧.解析大宗商品贸易融资[J].中国外汇,2010(9).

[101]马红.DFV——中小型环保基础设施项目融资创新实践(中国与世界银行合作三十周年征文)[EB/OL].http://www.mof.gov.cn/zhuantihuigu/cw30/ZWC/201009/t20100906_337492.html.

[102]马晓曦.中国银行:刷新人民币国际化专业优势[J].中国金融家,2015(10).

[103]孟繁春.中亚天然气管道项目管理模式创新[J].国际经济合作,2012(8).

[104]明茜.博弈中亚中石油天然气管道铺设始末[N].21世纪经济报道,2008-12-10.

[105]穆龙新.委内瑞拉奥里诺科重油带开发现状与特点[J].石油勘探开发,2010(3).

[106]聂伟柱,刘铮.革新商业模式,中国金融租赁公司的求索之路[N].第一财经日报,2012-11-08.

[107]彭斐.青岛港首次证实调查骗贷案多家银行卷入[N].每日经济新闻,2014-06-09.

[108]彭文平.亚洲开发银行对东盟国家的高等教育援助[J].东南亚研究,2014(5).

[109]彭作刚,严敏.LIBOR利率操纵事件原因影响及启示[J].债券,2012(9).

[110]钱亚林.PPTE项目管理模式的实践探索——以中亚天然气管道工程为例[J].国际经济合作,2013(1).

[111]钱谊娟,肖石.两岸三地"上海银行"的兄弟盟[J].中国经济周刊,2011(44).

[112]乔加伟,郑慧.建行、新暨阳集团对垒连环局、"暗保理"野蛮生长[N].21世纪经济报道,2014—07—28.

[113]秦凤华.揭密北京地铁4号线PPP模式[J].中国投资,2007(9).

[114]秦凤华.如何申请亚洲开发银行多批次贷款[J].中国投资,2009(12).

[115]秦凤华.解析亚洲开发银行多批次贷款机制[J].中国投资,2009(12).

[116]任克军.日本的"黑字还流"计划及其对亚太地区经济的影响[J].世界经济,1989(9).

[117]荣蓉,白琳.东疆的样本效应[J].中国外汇,2015(15).

[118]邵鹏璐.全球首支"一带一路"离岸债券发行升温债券上市[N].中国经济导报,2015—07—14.

[119]沈华.信保融资风险成因及防范方法[J].进出口经理人,2014(11).

[120]沈黎江.世界银行贷款新疆职业教育项目谈判工作圆满完成[EB/OL].新疆维吾尔自治区教育厅网站,2015.

[121]盛长琳.航空租赁打破外资垄断[J].中国外资,2015(11).

[122]施明慎,许志峰.国开行"以贷款换资源"成功运作一批国际大项目[EB/OL].http://www.sina.com.cn,2009—09—06.

[123]施智梁,等.光明收购维他麦始末[J].财经,2012—11—05.

[124]石化龙.一次具有里程碑意义的交易——"熊猫债券"诞生记[J].中国财政,2005(12).

[125]苏晓梅.飞机租赁东疆模式新探索:单机破冰、平台创新[J].新理财·政府理财,2011(6).

[126]孙波.快速优质创新:中亚天然气管道工程管理成功之道[M].北京:石油工业出版社,2014.

[127]孙红伟.幕后的主角——专访烟台万华常务副总裁兼CFO寇光武[J].中国外汇,2011(8).

[128]唐功爽.日本"黑字还流"计划对我国金融支持"一带一路"和"走出去"战略的启示[J].北方金融,2015(10).

[129]唐明琴,朱慧芳.供应链系统视角下的供应链融资模式及其风险——以渣打银行的供应链融资为例[J].征信,2015(2).

[130]田振清,任宇航.北京地铁4号线公私合作项目融资模式后评价研究[J].城市轨道交通研究,2011(12).

[131]王保群,等.浅谈中亚天然气管道项目特点及管理经验[J].国际石油经济,2014(22).

[132]王道军.孔庆伟:谱写都市运营新乐章[J].上海国资,2010(7).

[133]王栋涛.逃离"无追索权"黑洞[J].金融&贸易,2014(3).

[134]王汉齐.境外发债管理体制变身[J].中国外汇,2015(11).

[135]王灏.城市轨道交通投融资问题研究:政府民间合作(PPP)模式的创新与实践[M].北京:中国金融出版社,2006.

[136]王璞.委内瑞拉响起石油服务欠款警报[N].石油商报,2014－07－11.

[137]王生国.银练舞进水帘洞不知巨龙闹天宫——甘肃黑河水电公司清洁能源项目开发纪实[J].财会研究,2011(19).

[138]王霜丽.政府主权贷款风险控制——亚洲开发银行中国贷款项目案例研究[D].对外经济贸易大学,2010.

[139]王小平,刘静.山东中行助力企业"出海"扬帆[N].齐鲁晚报,2014－12－15.

[140]王新良,谭海文.大力拓展大宗商品结构化融资[J].中国外汇,2015(9).

[141]王勇,等.中亚天然气管道项目利益相关者差异化管理创新[J].国际经济合作,2015;(12).

[142]王雨晴.透过世界银行贷款北京环境二期项目看世界银行的项目设计和管理特色[J].经济研究参考,2011(17).

[143]王志伟,裴卓瑶.ST双城记——两家央企上市公司财务重整案分析[J].财务与会计,2014(9).

[144]王宗南.在创新中收购Weetabix——学习党的十八大报告笔谈[EB/OL].http://www.brightfood.com/cn/detail.aspx?Class_ID=27&info_id=43602.

[145]魏宗凯,陈爱平.光明食品集团发行5亿美元国际债券[EB/OL].新华网,2013－05－15.

[146]文森特·布鲁索,等.LIBOR丑闻:构想新的参考利率[EB/OL].http://www.voxeu.org/article/libor-scandal-and-reform,2013.

[147]邬丹.仓单质押融资核心风险防范[J].中国外汇,2014(10).

[148]吴磊.买方集团欺诈的贸易风险防范[J].国际融资,2016(4).

[149]吴秀波.木兰债的成功发行有助于人民币国际化进程[J].国际融资,2016(11).

[150]武树礼.城市轨道交通建设引入PPP模式研究——以北京地铁四号线为例[J].新视野,2014(6).

[151]夏传勇,蒋依丽.风口云端的飞机租赁业[J].大飞机,2014(7).

[152]夏凡.信用保险项下融资经验谈[J].信用管理,2012(6).

[153]向鹏成,谯宁.基于承包商视角的外国政府贷款项目汇率风险防范——以海南大学日元贷款建设项目为例[J].国际经济合作,2015(9).

[154]肖邦.金地香港发债12亿海外融资平台曝光[N].第一财经日报,2012－07－

23.

[155] 肖立晟. 香港人民币国际化调研报告[J]. 开发性金融研究, 2015(1).

[156] 肖前. 出口双保理业务风险防范[J]. 中国外汇, 2011(11).

[157] 肖旺. 五年雄关漫道, 金融租赁从头跃——专访工行副行长、银行业协会金融委员会会长、工银租赁董事长李晓鹏[N]. 金融时报, 2012-10-08.

[158] 徐捷. 国际贸易融资——实务与案例[M]. 北京: 中国金融出版社, 2013.

[159] 许家林, 等. 供应链融资: 银企双赢新举措——基于福润公司的案例分析[J]. 财会学习, 2012(1).

[160] 薛梅, 宋少宁. "金融与能源一体化"锁定互利共赢, 中国石油委内瑞拉项目创新合作蹚出发展新路[N]. 中国石油报, 2014-07-23.

[161] 亚洲开发银行. 关于工作人员使用多批次贷款融资模式的指南[R]. 2006.

[162] 亚洲开发银行. 行长就拟向中华人民共和国甘肃黑河农村水电开发投资项目提供多批次贷款融资致董事会的报告与建议[R]. 2008.

[163] 亚洲开发银行. 多批次贷款融资模式主流化[R]. 2008-06.

[164] 杨冠宇. 光明并购法: CFO 掌控 1000 亿资产逼退近 30 家银行[J]. 环球企业家, 2014(5).

[165] 杨虹. 北京地铁 4 号线: PPP 运作轨道交通模式调查[N]. 中国经济导报, 2016-06-17.

[166] 杨菁, 吴静. 巨轮末路[J]. 新世纪, 2014(20).

[167] 杨彦, 陈江伟. "市场采购"供应链易透融资风险防范——以义乌市为例[J]. 企业经济, 2016(5).

[168] 杨宇霆. 木兰债是什么[EB/OL]. 财新网, 2016-09-02.

[169] 姚东. 中行: 构建"一带一路"金融大动脉[J]. 中国金融家, 2015(9).

[170] 姚新超. 国际结算与贸易融资[M]. 北京: 北京大学出版社, 2010.

[171] 尹航. 进口押汇贸易融资的法律风险与防范[J]. 前沿, 2011(19).

[172] 于妍. 背对背保理业务模式的新突破[J]. 中国外汇, 2011(7).

[173] 俞莺. 背对背国际保理概述——兼与背对背信用证比较[J]. 技术经济与管理研究, 2003(2).

[174] 越石. 日本企业"走出去": 曾经的教训和经验[J]. 国际融资, 2009(12).

[175] 战雪雷. 亚洲开发银行甘肃黑河水电项目破解清洁能源融资难题[N]. 中国财经报, 2009-08-21.

[176] 张媛卿, 等. 义乌国际贸易综合改革试点背景下的金融创新研究——基于全国首创"易透"供应链融资模式分析[J]. 中共宁波市委党校学报, 2014(5).

[177] 张纲纲. 利率操纵案震动伦敦金融业[J]. 南风窗, 2012(16).

[178]张国宝.我亲历的中亚天然气管道谈判及决策过程[J].中国经济周刊,2016(1).

[179]张寒.供应链融资:把中小企业绑在大树下[N].中国经营报,2013-07-06.

[180]张洪榛.CEF 国际保理业务对中小型出口企业服务的案例分析[D].天津:天津大学,2011.

[181]张会云,等.飞机单机租赁业务"破冰"之旅——国内首单 SPV 模式飞机租赁.中国管理案例共享中心案例库教学案例.

[182]张丽文.金地境外发债玄机[J].地产,2013(1).

[183]张少峰.项目融资:中亚天然气管道工程的实践经验[J].国际经济合作,2012(11).

[184]张宇哲,董凌汐.贷款人国开行[J].财经,2009(5).

[185]赵洁,陈志伟.兴业银行与国际金融公司能效融资合作探析[J].福建金融,2007(7).

[186]赵姝杰.SPV 模式对飞机租赁业务的影响[J].中国民用航空,2013(8).

[187]赵先立,李子君.地铁经济中的公私合作——北京地铁 4 号线项目的运营、经验和意义[J].城市观察,2012(5).

[188]赵昕,丁大伟.商业银行大宗商品结构贸易融资风险评价[J].金融发展研究,2011(5).

[189]郑洁.不可忽视"低风险老买家"的风险[J].国际融资,2013(9).

[190]中国出口信用保险公司理赔部.国际贸易与出口信用保险案例集(第 2 辑)[M].北京:对外经济贸易大学出版社,2012.

[191]中国出口信用保险公司宁波分公司课题组.出口信用保险助推宁波外向型经济转型升级的调查[C]//中国保险学会学术年会入选文集 2011(调研报告卷),2011.

[192]中国银行业协会银团贷款与交易专业委员会.中国银行业银团贷款优秀案例[M].北京:中国金融出版社,2014.

[193]中国指数研究院.中国房地产企业海外发债专题研究[EB/OL].http://fdc.fang.com/report/6246.htm,2013.

[194]周亚霖.金地海外发债路径[N].经济观察报,2012-12-14.

[195]周依亭.沪港台三地"上海银行"神秘牵手[N].经济观察报,2002-01-08.

[196]周玉坤.欧债危机背景下国外买方商业风险及其防范[J].信用管理,2012(4).

[197]朱光海,冯宗宪.案例研究:外国政府贷款与国际金融组织贷款条件比较分析[J].企业经济,2006(1).

[198]朱剑平.解密万华成功并购 BC 公司案[N].上海证券报,2011-03-01.

[199]朱剑平.烟台万华并购案为何有"灯塔效应"[N].上海证券报,2011-03-01.

[200]朱力勇.不要让新兴市场的商机溜走——解读 IFC 担保项下出口贸易融资[J].

中国外汇,2009(2).

[201]宗军.中国债券市场开放前瞻[J].中国金融,2015(19).

[202]邹小燕.国际银团贷款[M].北京:中信出版社,2002.

[203]邹小燕.改善财务状况的出口买方信贷[J].进出口经理人,2008(2).

[204]南美公司委内瑞拉 MPE－3 项目[J].国外测井技术,2011(6).

[205]佚名.世界银行 APL 上海环境项目——"区(县)项目融资平台"设计及项目开发概况[EB/OL].http://www.docin.com/p－53618715.html.

[206]佚名.以供应链管理助推义乌"市场采购"贸易发展——浙江东方之星控股集团构建"易透"平台[EB/OL].http://zhejiang.mofcom.gov.cn/article/sjshangwudt/201305/20130500110120.shtml,2013－05－02.

[207]佚名.供应链融资:李宁牵手渣打[J].新理财,2010(5).

[208]佚名.世界银行发展新疆职业教育项目报告书[EB/OL].http://www.docin.com/p－1311024194.html.

[209]佚名.光明食品完成中国食品业最大海外并购案[EB/OL].http://finance.eastmoney.com/news/1344,20121106257848013_0.html.

[210]佚名.做宁波外向型经济发展的"好帮手"——访中国出口信用保险公司宁波分公司总经理陈小萍[EB/OL].http://www.sinosure.com.cn/sinosure/xwzx/xbft/122691.html.